dtv

Thomas Zahlten

München, Nov. 1999

Die wissenschaftliche Literatur über das Mittelalter, einen Zeitraum von immerhin rund tausend Jahren, ist seit langem unübersehbar und wächst ständig weiter. Diese Bibliographie bietet Hilfe: Sie vermittelt Suchstrategien und ist ein zuverlässiger und übersichtlicher Wegweiser durch die Grundlagen- und Spezialliteratur, die Quelleneditionen und die elektronischen Medien. Das für Anfänger wie fortgeschrittene Studenten, für Dozenten und Lehrer gleichermaßen nutzbringende Bücherverzeichnis erfaßt alle Aspekte der Mittelalterforschung: neben der politischen, Verfassungs-, Kirchen-, Kultur-, Sozial- und Wirtschaftsgeschichte auch die Technik-, Militär-, Regional-, Alltags- und Frauengeschichte sowie die Hilfswissenschaften. Einbezogen sind darüber hinaus die Nachbardisziplinen Philosophie, Philologie, Kunst- und Musikgeschichte.

Alfred Heit, geboren 1931, lehrte bis zu seiner Pensionierung 1996 Mittelalterliche Geschichte an der Universität Trier.

Ernst Voltmer, geboren 1946, lehrt Mittelalterliche Geschichte an der Universität Trier.

Bibliographie zur Geschichte des Mittelalters

Von Alfred Heit und
Ernst Voltmer

Deutscher Taschenbuch Verlag

Originalausgabe
Dezember 1997

Umschlagkonzept: Balk & Brumshagen
Satz und Gestaltung: Hartmut Czauderna, Gräfelfing
auf Apple Macintosh, Quark XPress
Schrift: 8/10˙ Times
Druck und Bindung: C. H. Beck'sche Buchdruckerei,
Nördlingen
Gedruckt auf säurefreiem, chlorfrei gebleichtem Papier
Printed in Germany · ISBN 3-423-33008-2

Inhalt

Vorwort

Über dies hinaus, mein Sohn, laß Dich warnen!
Des vielen Büchermachens ist kein Ende ...
Prediger XII,12 (um 200 vor Chr.)

Die Warnung des Predigers vor fast 2200 Jahren läßt erstaunen, zeigt sie doch, daß bereits in grauer Frühzeit das Gefühl literarischer Überproduktion aufkommen konnte – daß es mithin relativ ist. Dennoch: Die Produktion auch wissenschaftlicher Literatur hat seither und vor allem in unseren Tagen Zuwachsraten erfahren, die es schwer machen, Bestand und laufenden Zuwachs noch zu überblicken. Um so dringlicher ist eine Orientierungshilfe, eine Art »Literatur-Kompaß«, um sich in der Flut fachwissenschaftlicher Publikationen noch zurechtzufinden. Es gilt, den riesigen und weitverzweigten wissenschaftlichen Erkenntnisbestand der Mediävistik, wie er sich in den Publikationen abbildet, zu strukturieren, aus der Fülle eine noch zu handhabende Auswahl zu treffen und den raschen Neuzuwachs durch einen Blick in die Rüstkammer der Suchstrategien und Instrumente wahrnehmbar und damit nutzbar zu machen, wenn auch nicht alle Neuerscheinungen dauerhaften Gewinn bieten. Die Aktualität von Bibliographien schwindet immer rascher dahin, und der Benutzer sollte in der Lage sein, sie für seine Bedürfnisse selbst up to date zu halten. Hierbei auf knappem Raum mit einer methodischen Einführung behilflich zu sein, ist ein Novum mit allen Risiken.

Natürlich ist der Umgang mit Büchern, nicht zuletzt ihre Verzeichnung und Ordnung, immer auch eine sehr persönliche Angelegenheit. Die Bearbeiter gestehen, den beschriebenen Aufgaben objektiv nur in eingeschränktem Umfang gerecht geworden zu sein. Dennoch hoffen sie, daß aus ihrer Bemühung ein brauchbares Vademecum hervorging, das dem studierenden Anfänger den Einstieg vermittelt, aber auch den Fortgeschrittenen noch begleiten kann. Den Spezialisten können wir nicht zufriedenstellen, wohl aber wollen wir dem interessierten Fachmann aus den Nachbardisziplinen eine Handreichung bieten, wenn er sich in der mittelalterlichen Geschichte umtun will.

Eigens möchten wir feststellen, daß uns Bibliothekswissenschaft und -praxis vielfältig hilfreich waren, insbesondere auf dem Sektor der elektronischen Medien und digitalen Publikationen, wo ein kräftiger Entwicklungsschub vor sich ging. Dankbar haben wir die hervorragenden bibliothekarischen Hilfsmittel angenommen und die fachwissenschaftlichen Instrumentarien in dieser Hinsicht erweitert.

Aus den vielen Antrieben und Vorstellungen, die uns bei der Herstellung der Bibliographie unterschwellig geleitet haben, seien einige, die sich zu bewußten »Gestaltungsgrundsätzen« verdichtet haben, herausgehoben. Wir haben uns, wo immer möglich, an vorgegebene Organisationsstrukturen angelehnt, und zwar sowohl im allgemeinen bibliothekarisch-bibliographischen als auch im speziellen fachlichen Bereich. Neuere Bücher, die ältere Literatur angeben, wurden bevorzugt. Alle aufgenommenen Titel werden vollständig in der wissenschaftlich üblichen Art zitiert.

Bei notwendiger verkürzter Zitierweise wird an den Ort vollständiger Zitation verwiesen. Die erforderliche Beschränkung der Titelzahl schien uns ohne schmerzhafte Einbußen am ehesten realisierbar, wenn unselbständige, d. h. in Zeitschriften und Sammelwerken erschienene Veröffentlichungen – von wenigen Ausnahmen abgesehen – ausgeschlossen bleiben. Deutschsprachige Titel haben Vorrang, doch wird der Internationalität des Faches gebührend Rechnung getragen.

Wir haben versucht, die Kapitel, Abschnitte und Unterabschnitte einheitlich zu strukturieren und zu benennen. Dies ist jedoch schon aus Gründen der Forschungssituation nicht befriedigend möglich. Die Anzahl der ordnenden Einteilungen ist bewußt minimal gehalten: (Einführungen); Allgemeine/übergreifende Werke; Darstellungen, bei denen zeitliche, räumliche oder thematische Schwerpunkte in eigenen Abteilungen ausgegrenzt sind, möglicherweise mit Restbeständen (»Varia«). »Darstellungen« ohne nähere Bezeichnungen fassen tendenziell monographische Bestände mit gemischter Thematik zusammen, deren Ausdifferenzierung nicht sinnvoll erscheint. Grundsätzlich richten sich unsere Titelauswahl und der Versuch, sie zu ordnen, nach Größe, Organisation und der mediävistischen Relevanz der einzelnen Disziplin.

Aus Platzgründen war es nicht möglich, neben dem Register der Autoren und Sachtitel noch ein Sachregister und geographisches Register aufzunehmen.

Das Manuskript wurde größtenteils Ende 1996 abgeschlossen. Der bibliographische Berichtszeitraum reicht bis Ende 1995 mit vereinzelten Titelaufnahmen aus den Erscheinungsjahren 1996 und 1997.

Dank schulden wir vielen Kolleginnen und Kollegen, die wir hier nicht nennen können. Unter den namentlichen Danksagungen steht Frau Rita Voltmer wegen ihres maßgeblichen Anteils an dieser Bibliographie an erster Stelle. Die Universitätsbibliothek Trier und ihre Mitarbeiterinnen und Mitarbeiter boten uns die notwendigen Arbeitsvoraussetzungen und Hilfen, ohne die eine Bibliographie dieses Umfangs nicht zu erstellen ist. Dabei kamen uns Frau Diplombibliothekarin Karin Leyser und Herr Bibliotheksdirektor Hansjörg Hundemer in besonderer Weise entgegen. Last but not least danken wir Herrn Rudolf Bungert, der seine sachlich-fachliche Kompetenz und seinen bibliographischen Spürsinn in den Dienst unserer Sache gestellt hat.

Wir wünschen uns, daß diese Bibliographie gute Dienste leisten möge. Anregungen und Hinweise zu ihrer Verbesserung sind willkommen.

Trier — Alfred Heit, Ernst Voltmer

Zur Einführung: Wie erlange ich bibliographische Informationen im Bereich der Geschichte des Mittelalters?

Analysen, Anleitungen, Instrumente

Von Alfred Heit

I. Einschränkungen. Leitende Gesichtspunkte

Ein Schnellkurs in Bibliographie, wie wir ihn auf so knappem Raum bieten müssen, kann allenfalls einen Überblick und Einstieg vermitteln. Er soll aber dennoch bibliographisch handlungsfähig machen. Wir kombinieren dabei eigene Erfahrungen mit einschlägigen Darstellungen von Fachwissenschaftlern und Bibliothekaren. Wir haben die Anzahl der Titel, welche die Funktion einer thematischen Bezugsgrundlage erfüllen, klein gehalten, damit diese Einführung überschaubar und praktisch nachvollziehbar bleibt.[1] Daneben bieten wir in Kap. 1 Bibliographie und Kap. 16 Quellenbibliographie eine umfängliche Titelliste an bibliographischen Instrumenten und Hilfsmitteln. Wir beziehen uns vor allem auf deutsche Verhältnisse und deutschsprachige Instrumente.

Im *Allgemeinen Teil* dieser Einführung versuchen wir, Theorie und Praxis zu verbinden, denn eine Praxis ohne Begründungen und Einsichten in strukturelle Zusammenhänge wie auch eine Theorie ohne praktische Anbindungen und Zwecksetzungen sind gleichermaßen defizitär, wenn nicht nutzlos. Begriffserklärung und Systemtopographie stellen wir an den Anfang. Es folgt die Erläuterung des Verhältnisses von Bibliographie und Wissenschaft, das als kausale und funktionale Verknüpfung gesehen wird. Sodann zeigen wir die Bereiche auf, in denen sich Bibliographie konstituiert bzw. realisiert: Bibliothekswesen, Verlagswesen, organisierte Geschichtswissenschaft und Journalismus. Wir gehen weiter zur Phänomenologie und Terminologie publizierter Texte, denn man muß Erscheinungsbild, Entstehungsbedingungen und Namen der Dinge kennen, die man sucht, und zwar sowohl im Hinblick auf die eigene Fachwissenschaft als auch die Bibliothekswissenschaft und -praxis. Die Skizzierung von bibliographischen Bedarfsfällen und ihre Bearbeitung eröffnet den Einstieg in die Praxis. Der *Spezielle Teil* ist eine »Instrumentenlehre«. Hierbei scheint uns wichtig, sowohl mit den einzelnen einzusetzenden Instrumenten bekannt zu machen, als auch deren Platz im Gesamtzusammenhang aufzuzeigen, wobei zugleich das Bezeichnungsvokabular noch

[1] Es handelt sich um die in 1.1.1 aufgeführten Titel. Die (neuere) englische Ausg. von Caenegem/Ganshof ist wegen der bibliographischen Ergänzungen aufgenommen. Sie ist in den thematischen Ausführungen identisch mit: Caenegem, R. C., van; Ganshof, F. L.: Kurze Quellenkunde des westeuropäischen Mittelalters. Eine typologische, historische und bibliographische Einführung. Göttingen 1964. – Die Lektüre, mindestens aber die Durchsicht dieser Titel wird dringend empfohlen.

einmal gebührend hervortreten soll. Der Zweck der Bibliographie – dies sei einmal mehr grundsätzlich betont – ist die mediävistisch-geschichtswissenschaftliche Arbeit. Daher ist die Vorstellung der Mediävistik als Disziplin im Verein mit funktionalen Zielsetzungen unverzichtbar. Praxisorientierte Hinweise zu den in Kap. 1 Bibliographie zusammengestellten Instrumenten/Nachschlagewerken für die Bereiche Mediävistik/Geschichtswissenschaft und Allgemeinbibliographie sollen die kompakten Titelzusammenstellungen auflockern und durchsichtiger machen. *Abschließende Bemerkungen* beziehen sich auf die im Zuge der Digitalisierung sich abzeichnenden Entwicklungen und Probleme.

Schließlich sei noch einmal das leitende Prinzip, das auch in der Gliederung der Bibliographie durchgängig aufscheint, hervorgehoben: Wir beginnen im engeren mediävistischen Bereich, schreiten zum Gesamtfach Geschichtswissenschaft weiter, um schließlich auch die Allgemeinbibliographie einzubeziehen, wo das reiche Fachwissen und der Arbeitsertrag der Bibliothekswissenschaft und -praxis zur Verfügung stehen.

II. Allgemeiner Teil: Klärungen, Begründungen, Aspekte, Strategien

1. Was heißt »bibliographische Information«? Begriff und systematischer Ort der Bibliographie. Fachbibliographie, Spezialisierte Fachbibliographie

Den Begriff »bibliographische Information« verstehen wir als Summe aller zweckdienlichen Maßnahmen und Instrumente zum Titelnachweis vervielfältigter und veröffentlichter Texte, wie auch den formalisierten Nachweis selbst (»Bibliographie«). Unter Berücksichtigung neuerer und neuester Entwicklungen beziehen wir alle Textmedien ein: Druckmedien, Mikroformen und digitale Medien. Die Vielfalt des Begriffes »Bibliographie« beschäftigt uns hier nicht[2], wohl aber der immer stärker komplementär sich entwickelnde Begriff der »Dokumentation«, den wir im Anschluß an Allischewski[3] mit folgenden Merkmalen beschreiben: a) Literatur-Dokumentation in Verbindung mit Fakten-Dokumentation, b) Erfassung auch nichtgedruckter und nichtveröffentlichter Dokumente, c) Sacherschließung/Inhaltserschließung; Entwicklung von »Thesauren« (= begriffssystematisch zusammengefaßte Schlagwörter, sog. »Deskriptoren«), d) Entwicklung und Anwendung der EDV (Erstellung »dialogfähige(r) Datenbanken«).

Bibliographie und Dokumentation berühren und durchdringen sich, doch legen wir den Schwerpunkt auf »Bibliographie« mit einer Tendenz zur Öffnung. Wir nennen zur Umgrenzung des Problembereichs weitere Stichwörter: »Information und Dokumentation (IuD)«[4], »Fachinformation«.[5] Der Begriff »Fachinformations-

[2] Vgl. dazu Allischweski, S. 1–9; Bartsch, S. 16–18; Hiller, S. 44–45; Rehm, S. 25–28.
[3] Allischweski, S. 2.
[4] Rehm, S. 146–147.
[5] Rehm, S. 110–111.

system Geschichte«[6] ist nicht fachintern orientiert, sondern meint »Wissenschaftstransfer und Optimierung der wissenschaftlichen Informationsleistung nach außen«.[7] Wir setzen den Begriff »Instrumentelles Informationssystem der geschichtswissenschaftlichen Forschung« dagegen. Er ist der Oberbegriff aller denkbaren forschungsdienlichen Informationsinstrumente und -verfahren. Bibliographie ist ein Teil davon. Sie erfaßt Titel aus den Bereichen »Quellen« und »Literatur«, soweit sie vervielfältigt und veröffentlicht sind.

Die von uns im Bereich Mediävistik/Geschichtswissenschaft verwendeten Bezeichnungen »Allgemeine Fachbibliographie«/»Fachbibliographie« und »Spezialisierte Fachbibliographie«/«Spezialbibliographie«[8] bestimmen wir wie folgt: (Allgemeine) Fachbibliographien sind Bibliographien, die das Gesamtfach Geschichte oder dessen Teildisziplinen/Teilfächer (z.B. Mediävistik, Rechtsgeschichte) als Ganzes umspannen und weder formal (z. B. auf Festschriften) noch thematisch (z.B. auf Leibeigenschaft) spezialisiert sind. Spezialisierte Fachbibliographien/ Spezialbibliographien sind formal und/oder thematisch spezialisiert. Fachbibliographien und Spezialbibliographien können abgeschlossen, laufend/periodisch oder prospektiv angelegt sein.

2. Zum kausalen und funktionalen Zusammenhang zwischen Bibliographie und Wissenschaft

Wissenschaft – wir haben dabei insbesondere die Geschichtswissenschaft/ Mediävistik im Blick – bearbeitet einen definierten Gegenstandsbereich unter Anwendung einer methodologisch reflektierten Methodik anhand der Leitlinie einer auf den je gegebenen bzw. zu ermittelnden Forschungsstand bezogenen Fragestellung mit dem Ziel wissenschaftlicher Erkenntnisgewinnung. Die gewonnenen Erkenntnisse werden in Sachzusammenhängen geordnet, auf Informationsträgern »portioniert« und abrufbar gespeichert, damit sie entweder in die gesellschaftliche Praxis fließen oder als Ausgangsthesen eines erneuten Forschungsprozesses dienen. Wissenschaft ist ein infiniter Prozeß und eine räumlich verteilte Gemeinschaftsunternehmung. Kooperierend-rivalisierend gehen wissenschaftliche Fachgenossenschaften in einem infiniten Progreß auf die Überwindung des jeweils gegebenen – prinzipiell als vorläufig verstandenen – Forschungsstandes aus: perpetuum mobile. Die vollendete Forschungsunternehmung schafft einen neuen, jedoch ebenfalls nicht endgültigen Forschungsstand, wobei dessen Validität und Dauer unterschiedlich sein können.

[6] Quandt, Siegfried ...: Fachinformationssystem Geschichte. Historische Wissenschaft und öffentliche Kommunikation. Marburg 1992 (GGH 3).

[7] Ebd., Covertext; vgl. auch die fachinterne Verwendung des Begriffs »Fachinformationssystem« bei Rehm, S. 146.

[8] Wir definieren für den »eigenen Bedarf«. Der Gebrauch dieser Begriffe in der einschlägigen Literatur ist uneinheitlich. Siehe dazu Bartsch, S. 89–90, 120–130; Hiller, S. 109; Rehm, S. 110.

Die begleitenden bibliographischen Tätigkeiten, die einer bibliothekarischen Schulung bedürfen, sind: erstellen, ergänzen, aktualisieren, antizipieren. Dem entsprechen die bibliographischen Gattungen: Abgeschlossene Bibliographie (»erstellen, ergänzen«); Periodische/Laufende Bibliographie (»aktualisieren«); Prospektive Bibliographie (»antizipieren«).

Wir schlüsseln diesen verknappt wiedergegebenen Sachverhalt operativ auf: Am Beginn jeder Forschungsunternehmung steht eine Fragestellung, die sich am Wissensstandard, wie ihn die Zusammenfassungsliteratur ausweist, orientiert und ihm genügen muß, d. h. der Forscher muß mit Sachkompetenz an seine Aufgabe herantreten. In der Regel besteht spezieller Nachhol- bzw. Ergänzungsbedarf. Die Fragestellung muß sachlich-räumlich-zeitlich bestimmt und eingegrenzt werden, und sie muß einer oder mehreren Teildisziplinen oder Teilbereichen des Faches zugeordnet werden (»Spezialisierung«). Die hier verfügbaren Handbücher und Sachwörterbücher usw. sind in den einschlägigen Teilen zu erarbeiten. Es folgt die bibliographische Operationalisierung der sachlich-räumlich-zeitlichen Bestimmung:

(1) Die sachliche Komponente konkretisiert sich im »Begriffsfeld« (Summe der thematischen Stich- und Schlagwörter, die so zu wählen sind, daß sie in den Registern der Bibliographien »greifen«.) Im EDV-Bereich entspricht dem Begriffsfeld der »Thesaurus« (den Stich- und Schlagwörtern korrespondieren die »Deskriptoren«).

(2) Nähere Bestimmung der räumlichen Komponente (»thematischer Raum« – TR), z. B. Regnum teutonicum.

(3) Nähere Bestimmung der zeitlichen Komponente (»thematische Berichtszeit« – TBZ), z. B. »Spätmittelalter (1250–1500)«.

(4) Festlegung der zu bearbeitenden »bibliographischen Berichtszeit« – BBZ.

(5) Zusammenstellung der bibliographischen Ermittlungsinstrumente und Festlegung der Abfolge ihrer Benutzung (»differenzierte Suchstrategie«). Hierzu mehr in Abschnitt II.9.

Man erstellt ein bibliographisches Ausgangskorpus (Auswertung der Abgeschlossenen Bibliographien), das man mit dem Ausgangsdatum kennzeichnet. Im weiteren Fortgang der Arbeit ergänzt man es, weil möglicherweise Fragestellung und/oder die Zahl der Ermittlungsinstrumente verändert wurden. Ebenso notwendig ist die Aktualisierung (Auswertung der periodischen Bibliographien) und die Antizipierung (Auswertung der Prospektiven Bibliographien). Letzteres ist vor allem wichtig bei Qualifikationsarbeiten (Studienabschlußarbeiten), insbesondere Dissertationen, die einen eigenständigen wissenschaftlichen Fortschritt beinhalten müssen. Es gilt rechtzeitig zu erfahren, ob es mit dem eigenen Vorhaben konkurrierende Arbeiten gibt, die ein Reagieren erfordern. Das endgültige bibliographische Korpus sollte ein Redaktionsschlußdatum erhalten.

Das hier skizzierte Verfahren bezieht sich sowohl auf Literatur als auch Quellen, sofern eine medientechnische Vervielfältigung und Veröffentlichung vorliegt. Im Bereich der Quellen ist dies nur teilweise gegeben. Bei Forschungsunternehmungen arbeitet der Historiker in bedeutendem Umfang mit unveröffentlichten Archivalien. Ihre Ermittlung ist Aufgabe einer speziellen Dokumentation.

3. Bibliographie und Bibliothekswesen

Zur Beleuchtung der vielfältigen Aspekte dieses Bereichs verweisen wir auf **R. Hacker**, **G. Schwinge**, **R. Feldmann/K. Schultze** und **U. Grund/A. Heinen**.[9] Sie ergänzen sich. Dabei kommt es uns auch darauf an, mit der Weiterentwicklung der elektronischen Informationsstrategie und -technologie im Bibliothekswesen und in der Bibliographie (z. B. CD-ROM; OPAC – Online-Public-Access-Catalogue) bekanntzumachen. **Grund/Heinen** bieten hier eine aktuelle Einführung mit Arbeitsbeispielen.

Den besten laufenden Einblick in die Entwicklungen des Bibliothekswesens, verbunden mit großem bibliographischem Ertrag, vermitteln die **Zeitschrift für Bibliothekswesen und Bibliographie** [ZfBB], seit 1991 vereinigt mit dem **Zentralblatt für Bibliothekswesen** der ehemaligen DDR, und die zahlreichen Veröffentlichungen des 1978 gegründeten »Deutschen Bibliotheksinstituts« [DBI][10] in Berlin. Beide Publikationsforen werden von maßgebenden Fachleuten gestaltet. Bibliographisch von besonderer Bedeutung ist neben dem Besprechungsteil in der **ZfBB** die von K. Schreiber 1974 begründete und bis 1993 betreute Rubrik **Ausgewählte Bibliographien und andere Nachschlagewerke** [ABUN]. Das gleiche gilt für die ab 1993 von ihm beim **DBI** herausgegebenen **Informationsmittel für Bibliotheken** [IFB]. Das **Gesamtregister. 1948–1975** der ZfBB (nebst Sonderheften) und ihrer Vorgängerin, Nachrichten für wissenschaftliche Bibliotheken [NWB], erschließt erschöpfend das gesamte thematische und bibliographische Spektrum für den angegebenen Zeitraum. Das **Generalregister 1974–1993** der **ABUN** innerhalb der ZfBB und das **Laufend kumulierende Register. 1/3.1993/95** der IFB sind (zusätzlich) als Bibliographien mit ausführlichster Zitierweise ausgelegt. Sie dienen uns in zahlreichen Fällen als Bezugsgrundlage.

Sowohl in Beiträgen der ZfBB als auch in den Veröffentlichungen des DBI, hier vor allem in der Reihe **dbi-materialien** [dbi-mat] (31, 90, 97, 108, 111, 116, 135, 143) wird die herausragende Rolle der »Deutschen Forschungsgemeinschaft« [DFG],[11] Bonn-Bad Godesberg, im Hinblick auf Erforschung, Weiterentwicklung und Modernisierung des wissenschaftlichen Literaturversorgungssystems der Bundesrepublik Deutschland deutlich.

Bibliotheken erarbeiten Bibliographien und halten sie benutzungsbereit. Daneben erstellen sie für ihre Bestände Kataloge. Sind die Bestände einer Bibliothek besonders reich, so gewinnen ihre Kataloge den Rang hochwertiger Allgemeinbibliographien. Eine Maximierung und Optimierung läßt sich durch einen kooperativen Bibliotheksverbund erreichen.

DFG-geförderte regionale und überregionale Verbundsysteme in Deutschland haben zu einer Arbeitsgemeinschaft zusammengefunden mit dem Ziel, EDV-Servicezentren für Bibliotheken zu schaffen. »Aktuelle Informationen zur

[9] Siehe 1.1.1 sowie 8.2.

[10] Siehe 1.1.2; zum DBI vgl. Rehm, S.91.

[11] Rehm, S. 90.

Verbundarbeit in Deutschland, im Ausland sowie zur Arbeitsgemeinschaft der Verbundsysteme« liefert der WorldWideWeb-Server des DBI. Sechs kooperierende Verbundsysteme existieren derzeit in der Bundesrepublik.[12]

Auf internationaler Ebene sind die Kataloge u. a. folgender Bibliotheken bedeutsam: British Museum/British Library; Library of Congress; National Union Catalogue; New York Public Library; Bibliothèque Nationale, Paris.[13]

4. Bibliographie und Verlagswesen

Der »Buchhandel«[14] im weiteren Sinne teilt sich in Verlagsbuchhandel (= Verlage) und Sortimentsbuchhandel (= Buchhandel im engeren Sinne). Selbständige Buchhändler beider Bereiche sind im »Börsenverein des Deutschen Buchhandels e. V.«, Frankfurt am Main, zusammengeschlossen (gesamtdeutsche Vereinigung am 1. 1. 1991). Periodisches Publikationsorgan ist das **Börsenblatt für den deutschen Buchhandel**. Nachrichten und Anzeigenblatt des deutschen Buchhandels.

Innerhalb des Börsenvereins ist die »Buchhändler-Vereinigung GmbH«, Frankfurt am Main, an vielen bibliographisch relevanten Unternehmungen beteiligt, insbesondere solchen, die den Buchvertrieb betreffen. Sie hat die »Standard-Buchnummern-Verwaltung« inne (Zuteilung der ISBN für die Bundesrepublik Deutschland), und in ihrem Verlag erscheinen die verschiedenen Reihen der **Deutschen Nationalbibliographie** [DNB], die durch **Die Deutsche Bibliothek** bearbeitet und herausgegeben werden. Die »Buchhändlervereinigung« gibt auch das **Verzeichnis Lieferbarer Bücher** [VLB] heraus. Seit Juni 1996 wird das VLB, das bereits auf CD-ROM verfügbar ist, auch im Internet angeboten (WWW-Buchhandelsserver, German Books and Media GBM), und alle darin enthaltenen Titel sind international »online« recherchierbar.

Bibliographisch nutzbar sind auch Verlagsadreßbücher[15], die durch Fächer-Register erschlossen sind. Aus ihnen lassen sich Verlage ermitteln, bei denen Publikationsverzeichnisse angefordert werden können. Wir stellen eine Auswahl größerer, vornehmlich deutschsprachiger mediävistisch interessanter Verlage zusammen: Akademie-Verlag, Berlin; Akademische Druck- und Verlagsanstalt, Graz; Artemis & Winkler, Zürich; Beck'sche Verlagsbuchhandlung, München; Böhlau Verlag, Köln, Wien; Brepols, Turnhout; Brill, Köln, Leiden; de Gruyter, Berlin; Hahnsche

[12] Informationen zu den regionalen und überregionalen Verbundsystemen in Deutschland. Bearb. und Red. K. Weigert. 5., überarb. und aktualisierte Aufl. Berlin 1996; Diskette: Bibliographie deutschsprachiger unselbständiger Literatur zur Verbundkatalogisierung und angrenzenden Themen.

[13] Allischweski, S. 35–61; S. 61–78: Kataloge der Fachbibliotheken.

[14] Zum folgenden vgl. zu Buchhandel: Hiller, S. 63–64, Rehm, S. 62–63; Börsenverein, Börsenblatt: Hiller, S. 54–55, Rehm, S. 49–50; Internationale-Standard-Buch-Nummer [ISBN]: Hiller, S. 156, Rehm, S. 150–151; Buchhändler-Vereinigung GmbH.: Hiller, S. 66, Rehm, S. 64; Verzeichnis lieferbarer Bücher [VLB]: Hiller, S. 329, Rehm, S.280.

[15] Wir nennen als Beispiel: Deutschsprachige Verlage. Deutschland, Österreich, Schweiz ... Ausg. 1996/97. 46. Jg. Verlag der Schillerbuchhandlung Hans Banger oHG. Köln 1996.

Buchhandlung, Hannover; Herder, Freiburg; Klett-Cotta, Stuttgart; Kohlhammer, Stuttgart; Kröner, Stuttgart; Lang, Frankfurt/Main; Laßleben, Kallmünz; Niemeyer, Tübingen; Oldenbourg, München; Olms, Hildesheim; Ploetz, Freiburg; Pustet, Regensburg; Saur, München; Steiner, Stuttgart; Thorbecke, Sigmaringen; Verlag der Österreichischen Akademie der Wissenschaften, Wien; Vandenhoeck & Ruprecht, Göttingen; Westermann, Braunschweig; Wissenschaftliche Buchgesellschaft, Darmstadt.

5. Bibliographie und »organisierte Geschichtswissenschaft«. Vereine, Verbände, Institutionen, Forschungseinrichtungen

Den Bereich der Vereine, Verbände, Institutionen und Forschungseinrichtungen konsequent in bibliographische Suchstrategien einzubeziehen, ist nachdrücklich zu empfehlen. Zwei Instrumente sind hier dienlich: (1) Das **Jahrbuch der historischen Forschung in der Bundesrepublik Deutschland** [AHF-Jb][16] und das **Vademekum der Geschichtswissenschaften**.[17] Beide enthalten einschlägige Informationen. Während das AHF-Jahrbuch sich auf deutsche Forschungs-einrichtungen beschränkt, erfaßt das Vademekum laut Untertitel: »Verbände, Organisationen, Gesellschaften, Vereine, Institute, Seminare, Lehrstühle, Bibliotheken, Archive, Museen, Dienststellen und Ämter sowie Historiker in Deutschland, Österreich und der Schweiz«.

Das AHF-Jahrbuch, das in erster Linie eine prospektive Bibliographie ist, bietet zusätzlich in den Abteilungen »Forschungsberichte« und »Verzeichnis der Forschungseinrichtungen« (mit Angabe der Publikationsorgane) wertvolle bibliographische Hilfestellungen. Das gleiche gilt für die Abteilungen »Selbstdarstellungen« und »Einrichtungen« des Vademekum, die freilich in ihrer bibliographischen Aussage noch ausbaufähig sind. Die in beiden Instrumenten enthaltenen Verzeichnisse von Personen, die potentiell und aktuell Autoren, Herausgeber etc. sind, können zur Ausgangsbasis personalbibliographischer Ermittlungen z. B. in Katalogmedien (OPAC der Bibliotheksverbünde) gemacht werden (vgl. auch III. 2, 004.1.2.1.14, 004,1.2.4.1–2, 004.2.1.1.5.1). Über OPAC lassen sich auch »Forschungsberichte«, die von den meisten deutschen Universitäten kontinuierlich veröffentlicht werden, ermitteln. Gleiches gilt für die – leider seltenen – begleitenden und abschließenden Bibliographien, die im Zusammenhang DFG-geförderter »Sonderforschungsbereiche« entstehen.[18]

[16] Siehe 1.2.3.

[17] Siehe 8.1.

[18] Zur Ermittlung der Forschungsberichte deutscher Universitäten: Vademecum deutscher Lehr- und Forschungsstätten. Stätten der Forschung. Bd. 1–2. 10. Aufl. Stuttgart 1992; zu den Bibliographien der Sonderforschungsbereiche siehe 1.3.5.

6. Bibliographie und Journalismus

Sowohl Tageszeitungen als auch Zeitschriften und Magazine haben vielfältigen Bezug zur Bibliographie in Form von Anzeigen, Besprechungen und Berichten. Wir nennen nur einige in dieser Hinsicht ergiebige Blätter explizit: ›Frankfurter Allgemeine Zeitung‹, ›Le Monde‹, ›Süddeutsche Zeitung‹, ›Der Spiegel‹, ›Die Zeit‹, auch ›The New York Review of Books‹. Weitere lassen sich über Indices fassen,[19] die zugleich retrospektive Recherchen ermöglichen.

Zwei Gesichtspunkte vor allem sprechen für die Berücksichtigung von Zeitungen und Zeitschriften in bibliographischer Absicht: die Aktualität bei der Wahrnehmung, Verzeichnung und Bewertung von Neuerscheinungen und bibliographisch relevanten Kulturereignissen (Buchmessen, Ausstellungen, Kongresse wie die Historikertage) und der besondere »öffentliche« Blickwinkel als unverzichtbare Ergänzung der Fachperspektive.

7. Publizierte Texte und ihre Bezeichnungen. Fachwissenschaftliche und bibliothekswissenschaftlich-bibliothekarische Bezeichnungsfelder

Wir ordnen das bibliographische Material drei Bezeichnungsfeldern zu, deren jedes eine globale Erfassung anstrebt:

(1) Geschichtswissenschaftliche Textsorten
(2) Bibliothekarische Schriftenklassen
(3) Die »Grundbegriffe« der **Regeln für die alphabetische Katalogisierung** [RAK].[20]

Die drei Felder überschneiden sich, doch hat jedes seine spezifische Ausprägung. Der fachwissenschaftliche Bibliograph muß die Bezeichnungen auch der Felder (2) und (3) kennen. Will er umfassend bibliographieren, so darf sich ihm das gesuchte Material nicht unter unbekannten Termini verbergen. Stets muß er die gattungsmäßige Vollständigkeit seiner Bibliographie überprüfen und darüber Auskunft geben können. Dies gilt auch für Auswahlbibliographien.

Ohne vollständig sein zu können, wollen wir die Felder (1) bis (3) durch Bezeichnungsbeispiele charakterisieren:

Zu (1): Edition, Editionsreihe; Schriftenreihe; Handbuch, -beitrag, -artikel; Aufsatz, Abhandlung, Untersuchung, Abriß, Skizze, Überblick, Miszelle, Essay; Tagungsbericht; Rezension/Besprechung; Literaturbericht, Forschungsbericht …

Zu (2): Monographie; Selbständige Veröffentlichung; Unselbständige Veröffent-lichung; Serie; Zeitschrift; Festschrift; Kongreßschrift; Dissertation; Amtsdruck-schrift …[21]

[19] Siehe 1.3.7 und 1.5.2.17.

[20] Regeln für die alphabetische Katalogisierung in wissenschaftlichen Bibliotheken [RAK]. Hg. Komm. des DBI für Erschließung und Katalogmanagement. Red. Bearb. H. Popst. 2., überarb. Ausg. Berlin 1993; 1. Erg. 1995; 2. Erg. 1996.

[21] Vgl. Hiller, Hacker, Rehm unter dem jeweiligen Stichwort.

Zu (3): Einzelwerk; Sammlung; Sammelwerk: Begrenztes –, Fortlaufendes –; Enthaltenes Werk; Beigefügtes Werk …[22]

Die Notwendigkeit, die alphabetische Katalogisierung vor allem im Hinblick auf die elektronische Datenverarbeitung präzise und international konsensfähig zu gestalten, hat auch zur Definition von »Grundbegriffen« geführt, die wissenschaftliche Textsorten und bibliothekarische Schriftenklassen global umfassen. Kennzeichnend ist die Reduktion auf wenige Typen, die unter formalen Gesichtspunkten streng und verbindlich bestimmt werden.

Die wichtigsten zu diesem Zweck geschaffenen Instrumente sind international die **International Standard Bibliographic Description** [ISBD][23] und national (BRD) die Regeln für die alphabetische Katalogisierung.[24] Die Geschichte ihrer Entstehung ist im Vorwort der Erstauflage der RAK (1977)[25] nachzulesen. Man versucht, auch der neueren und neuesten Entwicklung – audiovisuelle Materialien, Mikromaterialien, digitale Medien – Rechnung zu tragen.[26]

Zum Abschluß wollen wir an einfachen Beispielen die Differenzen der Bezeichnungsfelder erläutern:

(1): Untersuchung = (2): Monographie = (3): Einzelwerk (welches noch näher differenziert wird).

(1): Aufsatz = Unselbständige Veröffentlichung = (3): Enthaltenes Werk.

Festzuhalten bleibt, daß die Terminologie der Bibliographie sich aus allen Bezeichnungsfeldern speist.

8. Publikationsformen und Publikationswege

Publikationsformen und Publikationswege stellen – ebenso wie Textsorten, Schriftenklassen und die Ordnungstermini der RAK – ein Ordnungsgefüge des bibliographisch zu ermittelnden Materials dar. Alle Druckschriften/Druckmedien - analog auch die digitalen Medien – lassen sich ihrer Veröffentlichungsform nach einteilen in Selbständige Veröffentlichungen und Unselbständige Veröffentlichungen. Das unterscheidende Merkmal ist der selbständige Veröffentlichungstitel. Die Unselbständige Veröffentlichung hat zwar – z. B. innerhalb eines Sammelwerks oder einer Zeitschrift – einen internen Titel, kommt aber unter diesem Titel nicht auf den Veröffentlichungsmarkt. Bei der Selbständigen Veröffentlichung ist der Titel zugleich Veröffentlichungstitel.

Hinsichtlich ihres Veröffentlichungsweges lassen sich Publikationen wie folgt einteilen:

(a) innerhalb des Verlagsbuchhandels
(b) außerhalb des Verlagsbuchhandels.

[22] RAK, 1. Erg., S. 2–5.
[23] Hiller, S. 156–157.
[24] Wie Anm. 20.
[25] Regeln für die alphabetische Katalogisierung. RAK. Wiesbaden 1977, S. V–IX [F. G. Kaltwasser].
[26] Vgl. die Abt. der ISBD bei Hiller, S. 157.

Diese Einteilung verwendet das Wöchentliche Verzeichnis der **Deutschen Nationalbibliographie** [DNB; Karten werden ausgegrenzt]. Es ist eine zweigliedrige, extrem vereinfachende Globalbegrifflichkeit, die traditionell von den Interessen des Buchhandels bestimmt wird. Für den Bereich (b), der aufgrund erleichterter Drucktechnik immer stärker anwächst, hat sich der Begriff »Graue Literatur« eingebürgert. Es finden immer wieder Ausgliederungen statt (z. B. Amtsdruckschriften). Auch die Hochschulschriften – solange sie nicht über den Buchhandel vertrieben werden – gehören begriffslogisch diesem Bereich zu. Ihre Fülle und Bedeutung machte jedoch eine formale Spezialbibliographie notwendig. Für den Mediävisten/Historiker von besonderem Interesse sind Regesten und Ausstellungskataloge, die außerhalb des Buchhandels erscheinen.

Publikationsformen und Publikationswege lassen sich kombinieren, so daß wir zu folgendem erweiterten Ordnungsschema gelangen:

(1) Veröffentlichungen innerhalb des Buchhandels
(1a) Selbständige Veröffentlichungen
(1b) Unselbständige Veröffentlichungen
(2) Veröffentlichungen außerhalb des Buchhandels
(2a) Selbständige Veröffentlichungen
(2b) Unselbständige Veröffentlichungen.

Dieses Schema zeigt in seinen fiktiven Teilen (1b) und (2b), die nichtvertriebsfähige – allenfalls als unverkäufliche Sonderdrucke kursierende – Texte betreffen, wie eng Nationalbibliographie und Buchhandel verquickt sind. Diese Teile erscheinen in der DNB nicht. Sie müssen durch besondere, meist fachliche bibliographische Initiativen erschlossen werden.

9. Bibliographische Bedarfsfälle und ihre Bearbeitung

Wenn man einen Buchtitel »aufschnappt«, so ist er meist unvollständig. Seine Vervollständigung ist ein bibliographischer Bedarfsfall. Man kann aber auch in der Bibliographie den »methodischen Zweifel« praktizieren und alle Titel, die man nicht selbst anhand zuverlässiger Instrumente ermittelt hat, grundsätzlich überprüfen. Man spricht von »überprüfender Titelsuche« (**E. Bartsch**) oder »Literaturüberprüfung/Literaturverifikation« (**G. Schwinge**). Beide Autoren bieten dazu probate Anleitungen.[27]

Ein bibliographischer Bedarfsfall, der größeren Aufwand erfordert, ist die »thematische Titelsuche« (E. Bartsch)[28] bzw. »Literatursuche/Literaturrecherche« (G. Schwinge)[29] und die daran anschließende »Überwachung von Neuerscheinungen/bibliographische Kontrolle« (E. Bartsch) bzw. »Laufende Literaturinformation/Literaturkontrolle« (G. Schwinge). Man muß diesen Bedarfsfall mit Augenmaß

[27] Bartsch, S. 136–151; Schwinge, S. 151–152.
[28] Bartsch, S. 152–160.
[29] Schwinge, S. 150, 153–154.

behandeln, Zweck (Kurzreferat oder Dissertation?) und Umstände (wieviel Zeit habe ich?) bedenken. Oft kann eine Minimallösung sinnvoll sein.

Unseren Entwurf einer ausführlichen Suchstrategie gründen wir auf die fünf Arbeitsschritte bei **J. Hansel**[30]:

(1) Sichtung der Zusammenfassungsliteratur (Kap. 10 dieser Bibliographie). Es geht um die Auswertung der bibliographisch ergiebigen Apparate, die für diese Gattung kennzeichnend sind.

(2) Bearbeitung der Abgeschlossenen Fachbibliographien

(3) Bearbeitung der Periodischen Fachbibliographien

(4) Überprüfung der Periodischen Allgemeinbibliographien

(5) Durchsicht der wichtigen einschlägigen Zeitschriften.

Wir ergänzen dieses nützliche Schema sowohl methodisch als auch instrumentell. Die methodischen Überlegungen zur Fragestellung und der notwendigen Sachkompetenz haben wir in Abschnitt II.2 vorgetragen. Die instrumentellen Ergänzungen sind aus dem folgenden Abschnitt ersichtlich.

III. Spezieller Teil: Die bibliographischen Instrumente in den Bereichen Mediävistik/Geschichtswissenschaft und Allgemeinbibliographie

1. Allgemeine Bemerkungen

Zur Ermittlung bibliographischer Informationen zur mittelalterlichen Geschichte reicht es nicht aus, sich nur in der Mediävistik umzutun. Wir gehen zwar von dieser aus, ziehen jedoch zusätzlich die Geschichtswissenschaft und die Allgemeinbibliographie heran. Diese Erweiterung ist unerläßlich, um die mediävistischen Defizite geschichtswissenschaftlich auszugleichen, die geschichtswissenschaftlichen allgemeinbibliographisch. Immer aber ist die Verzugszeit zwischen Fachbibliographie und Allgemeinbibliographie – etwa zwei Jahre – zu überbrücken.

Die in III.2 gebotene Typologie steckt das Gesamtfeld wie auch die Möglichkeiten für die ergänzende, aktualisierende und antizipierende Bibliographie ab. Dazu wird in III.5 und III.6 Näheres ausgeführt. In III.2 und III.3 werden nicht zuletzt Einsichten in die Struktur von Schrifttumsverzeichnissen vermittelt. Es erscheint wichtig, allgemeine systematische Ordnungsschemata vorzustellen als Gegengewicht zu fachpragmatisch vorgenommenen Anordnungen. Die Sequenz Mediävistische Bibliographie – Geschichtswissenschaftliche Bibliographie – Allgemeinbibliographie bildet auch die Gliederungsstruktur in Kap. 1.

[30] Hansel, S. 14–19, insbes. S. 17–18.

2. Typologie der Bibliographien. Versuch einer Gesamtschau

Der Versuch, Bibliographien unter bestimmten Gesichtspunkten zu ordnen,[31] führt in eine Vielfalt von Einteilungsmöglichkeiten und zwingt dazu, möglichst alle Erscheinungsformen zu berücksichtigen. Unser Ziel ist es, eine breite Grundlage zu gewinnen, sowohl zur Beschreibung und Bewertung von Bibliographien als auch zur Auswahl der Ordnungsschemata. Wir verwenden dabei zahlreiche bereits vorgeschlagene und eingeführte Benennungen und Einteilungen, die wir in freier Handhabung neu gruppieren.

Wir stellen den Typus der einführenden und grundlegenden, »hodegetisch-propädeutischen« Literatur für den Bereich der allgemeinen Bibliographie und Dokumentation an den Anfang. Die weiteren typologischen Einteilungen stellen wir unter Modi, die für die jeweilige Zusammenstellung maßgebend sind.

000 Einführende und grundlegende Bibliographien/Hodegetisch-propädeutische Bibliographien/Führer zu Informationsmitteln
000.1 Allgemeine Bibliographie und Dokumentation

001 Modus des Verfahrens und der Intention
001.1 Primärbibliographien (Autopsieprinzip; aus originalen Vorlagen erarbeitet)
001.2 Sekundärbibliographien
001.2.1 aus Primärbibliographien erarbeitet
001.2.2 aus beliebigen anderen Bibliographien erarbeitet
001.3 Auswahlbibliographien
001.4 Empfehlende Bibliographien (Auswahl guter und bester Bücher)
001.5 Verbietende Bibliographien

002 Modus der Verzeichnung
002.1 Anzeigende/Reine Bibliographien/Titelbibliographien
002.2 Annotierte Bibliographien
002.2.1 Referierende Bibliographien
002.2.2 Kritische/Räsonierende Bibliographien
002.3 Abstracts, Referateblätter
002.4 Literatur-/Forschungs-/Fortschritts-/Übersichtsberichte, Forschungsdokumentationen

003 Modus des Erscheinens (einmalig; einmalig mit Ergänzung(en); laufend/periodisch) und der Präsentation
003.1 Abgeschlossene Bibliographien
003.2 Abgeschlossene Bibliographien mit Supplement(en), die in bestimmten oder unbestimmten Abständen erscheinen

[31] Vgl. dazu die in 1.1.1 genannte Literatur, insbes. Bartsch, S. 84–133.

003.3	Laufende/Periodische Bibliographien
003.3.1	Retrospektive Laufende Bibliographien
003.3.2	Prospektive Laufende Bibliographien/Vorankündigungsdienste
003.4	Kumulierende Bibliographien
003.5	Selbständige/Selbständig erscheinende Bibliographien
003.6	Unselbständig erscheinende Bibliographien
003.7	Versteckte/Unselbständige Bibliographien (als Teil eines Werkes bzw. Apparat zum Nachweis der Quellen und Literatur)

004	Modus der Literaturerfassung (Begrenzungen, Entgrenzungen; Spezialisierungen)
004.1	Allgemeinbibliographien; Quasi-Allgemeinbibliographien
004.1.1	Nichtspezialisierte Allgemeinbibliographien/Quasi-Allgemeinbibliographien (mit der Ausnahme: formal meist spezialisiert auf Selbständige Veröffentlichungen)
004.1.1.1	Nationalbibliographien (in zahlreiche Abteilungen differenziert)
004.1.1.2	Buchhandelskataloge (Verzeichnis Lieferbarer Bücher VLB u. a.)
004.1.1.3	Antiquariats-/Auktions(preis)-Verzeichnisse
004.1.1.4	Bibliothekskataloge (Staatsbibliotheken, Landesbibliotheken, Großbibliotheken)
004.1.2	Spezialisierte Allgemeinbibliographien (nach Literaturarten/Werkformen, Allgemeinen Publikationsformen, Publikationswegen; räumlich; zeitlich; personal)
004.1.2.1	Nach Literaturarten/Werkformen
004.1.2.1.1	Abbildungswerke
004.1.2.1.2	Abkürzungswörterbücher/Abkürzungsverzeichnisse
004.1.2.1.3	Adreßbücher
004.1.2.1.4	Allgemein-Enzyklopädien/Allgemeine Nachschlagewerke
004.1.2.1.5	Alte und wertvolle Drucke/Bibliophile Drucke
004.1.2.1.6	Amtsdruckschriften/Amtliches Schrifttum
004.1.2.1.7	Anonyma und Pseudonyma
004.1.2.1.8	Bibliographien der Bibliographien (Bibliographien zweiten Grades)
004.1.2.1.9	Bibliographien der Bibliographien der Bibliographien (Bibliographien dritten Grades)
004.1.2.1.10	Bio-Bibliographien
004.1.2.1.11	Biographische Nachschlagewerke
004.1.2.1.12	Editionsreihen
004.1.2.1.13	Erotica et curiosa
004.1.2.1.14	Festschriften, Gedenkschriften (persönlich [meist mit subjektiven Personalbibliographien], nichtpersönlich)
004.1.2.1.15	Graue Literatur, Kleinschrifttum, informelles Material
004.1.2.1.16	Hochschulschriften
004.1.2.1.17	Institutionen (Handbücher über –; Veröffentlichungen von –)

004.1.2.1.18	Kongreßschriften (Tagungsberichte)
004.1.2.1.19	Non-book-materials/Nicht-Buch-Material/NBM (Mikroformen; Digitale Medien: CD-ROM; Mediographien: Diskographien, Filmographien, Videographien)
004.1.2.1.20	Quellen/Primärliteratur
004.1.2.1.21	Reprints
004.1.2.1.22	(Begrenzte) Sammelwerke ohne Festschriften und Kongreßschriften
004.1.2.1.23	Sammlungen/Sammelschriften
004.1.2.1.24	Schriftenreihen
004.1.2.1.25	Schulschriften
004.1.2.1.26	Selbständige Veröffentlichungen
004.1.2.1.27	Übersetzungen
004.1.2.1.28	Unselbständige Veröffentlichungen
004.1.2.1.29	Verkleidete Literatur
004.1.1.1.30	Veröffentlichungen des Verlagsbuchhandels
004.1.2.1.31	Veröffentlichungen außerhalb des Verlagsbuchhandels
004.1.2.1.32	Zeitschriften, Zeitschrifteninhalt
004.1.2.1.33	Zeitungen, Zeitungsinhalt
004.1.2.2	Allgemeinbibliographien mit räumlicher Spezialisierung
004.1.2.2.1	Landeskundliche Bibliographien
004.1.2.2.2	Lokale Bibliographien
004.1.2.2.3	Regionale Bibliographien
004.1.2.3	Allgemeinbibliographien mit zeitlicher Spezialisierung (Epochenbibliographien)
004.1.2.4	Allgemeinbibliographien, spezialisiert nach Personen (Autoren/Forscher)
004.1.2.4.1	Subjektive Personalbibliographien (Werke des Autors)
004.1.2.4.2	Objektive Personalbibliographien (Werke über den Autor)
	Bemerkung: Soweit keine Bibliographien vorliegen, wird aus Einzelnachweisen bibliographischer Dienste und Zeitschriften deduziert.
004.2	Fachbibliographien
004.2.1	Fachbibliographien, unterteilt nach wissenschaftlichen Fächern und Disziplinen
004.2.1.1	Geschichtswissenschaft/Mediävistik
004.2.1.1.1	Einführende und grundlegende Bibliographien/Führer zu Informationsmitteln
004.2.1.1.2	Abgeschlossene Fachbibliographien, (formal und thematisch) nicht spezialisiert/umfassend
004.2.1.1.3	Laufende retrospektive Fachbibliographien, (formal und thematisch) nicht spezialisiert/umfassend
004.2.1.1.4	Laufende prospektive Fachbibliographien, (formal und thematisch) nicht spezialisiert/umfassend
004.2.1.1.5	Formale und thematische Spezialbibliographien (formal speziali-

siert, thematisch umfassend; thematisch spezialisiert, formal umfassend)

004.2.1.1.5.1 Festschriften, Gedenkschriften, Sammelschriften (meist mit subjektiven Personalbibliographien)

004.2.1.1.5.2 Hochschulschriften

004.2.1.1.5.3 Institutionen/Körperschaften, Sonderforschungsbereiche, Bibliographien von –

004.2.1.1.5.4 Personalbibliographien

004.2.1.1.5.4.1 Subjektive Personalbibliographien

004.2.1.1.5.4.2 Objektive Personalbibliographien

004.2.1.1.5.5 Schriftenreihen, Bibliographien von –

004.2.1.1.5.6 Unselbständige Veröffentlichungen (Zeitschriftenaufsätze, Beiträge in Sammelwerken)

004.2.1.1.5.6 Titelbibliographien (abgeschlossen oder laufend) von Themen und Bereichen

004.2.1.1.5.6.1 Einzelne Themen und Bereiche

004.2.1.1.5.7 Forschungsberichte/Literaturberichte (abgeschlossen oder laufend) von Themen und Bereichen

004.2.1.1.5.7.1 Einzelne Themen und Bereiche

Zahlreiche weitere Kombinationsmöglichkeiten wurden hier nicht realisiert. Vielfältige Überschneidungen sind zu beachten, ebenso, daß die zur Verfügung stehende Terminologie nicht streng definiert ist. Diese Zusammenstellung dient übrigens nicht zuletzt der Einübung in die bibliographische Suchstrategie.

3. Beschreibung und Bewertung von Bibliographien

Beschreibung und Bewertung von Bibliographien richten sich auf die formale und inhaltliche Konzeption und deren Umsetzung in der Erstellung. Insbesondere ist die Beachtung der (wissenschaftlichen und bibliothekarischen) Normen zu bewerten. Es soll damit möglich werden, den Gebrauchswert und die Notwendigkeit der Ergänzung einer Bibliographie einzuschätzen. Die Kriterien bzw. Modi der obigen Typologie finden hier Verwendung, hinzu treten weitere formale Einstufungen, die sich in folgenden Punkten konkretisieren:

- Vorläufer – Nachfolger
- Bibliographische Berichtszeit (BBZ = Anfangs- und Endgrenze der Erscheinungsdaten der erfaßten Literatur)
- Thematische Berichtszeit (TBZ = Anfangs- und Endgrenze des literaturimmanenten, wissenschaftlich behandelten Zeitraums)
- Nationale Ausrichtung – Internationale Ausrichtung
- Besonderheiten des Inhalts und der Inhaltsgliederung
- Berichtigungen, Ergänzungen, Nachträge
- Register: (thematische) Personen, Autoren, Orte, Sachen/Begriffe; Kreuzregister.

Beschreibungen und Bewertungen im Rahmen des typologischen Schemas (siehe oben): Die Kennzeichnungen sollten aus den dort aufgeführten Bereichen entnommen sein. Wir geben dazu noch zwei ergänzende Stichpunkte:

Zu 001.3: Kriterien der Auswahl

Zu 002: Vollständigkeit der Verzeichnung (bibliothekarisch vollständig; wissenschaftlich vollständig; defekt: z.B. Erscheinungsort fehlt, Reihentitel fehlt)

4. Das fachliche und thematische Profil der Disziplin Mediävistik

Mediävistik, d. h. die Wissenschaft von der Geschichte des Mittelalters, bearbeitet nach einer fachlich in Deutschland weithin akzeptierten Grobdatierung der **Monumenta Germaniae Historica** [MGH] den Zeitraum von 500–1500, während das **Lexikon des Mittelalters** [LexMA] den Beginn auf ca. 300 legt und das Ende auf ca. 1500 (»thematische Berichtszeit«). Die Grobbestimmung des »thematischen Raums« umfaßt Europa in seiner Gänze (d. h. die Völker der Kelten, Germanen, Romanen, Slawen und weitere östliche Völker; die Juden), Kleinasien und Nordafrika (die byzantinische und islamische Welt, das Osmanische Reich). Die methodisch-thematische Substanz des Faches haben wir in der systematischen Gliederung unserer Bibliographie abzubilden versucht. Die dabei zutage tretende Vielfalt bedarf keiner Unterstreichung. Die moderne Mediävistik baut einen immer schon vorhandenen Zug zur Interdisziplinarität und Internationalität weiter aus. Die soeben ins Leben getretene Zeitschrift **Das Mittelalter. Perspektiven mediävistischer Forschung** hat ihn (erneut) zum Programm erhoben.[32]

Daneben hat die national akzentuierte Mittelalterforschung weiterhin ihre Berechtigung, nicht zuletzt unter pragmatischem Aspekt: Man muß sich einem begrenzten quantitativen Rahmen anpassen. Die Nähe der Forschungsgegenstände und -instrumente tut ein übriges. Der vernünftige Kompromiß, der auch in dieser Bibliographie angestrebt wird, konkretisiert sich in zwei Richtungen: 1) fachlicher Schwerpunkt (Verfassungs- und Sozialgeschichte, Geistesgeschichte, Kirchengeschichte) mit interthematischer und interdisziplinärer Öffnung, 2) nationaler Schwerpunkt mit bereits sachlich (Ma. Reich) gebotener internationaler Öffnung. Zudem spielen fachinterne Einflüsse (»Vergleichende Betrachtung«) und fachexterne Momente (europäische Einigung, internationale politisch-wirtschaftlich-kulturelle Kooperation) eine gewichtige Rolle.

5. Die bibliographischen Instrumente der Mediävistik/Geschichtswissenschaft

Die **Abgeschlossenen Allgemeinen Fachbibliographien** [AAFB] der Mediävistik (**Paetow** mit Supplement (1–5) von **Boyce**; **Schuler**) sind ergänzungsbedürftig. Hier ist zunächst auf die versteckten Bibliographien der Zusammenfassungs-

[32] Das Mittelalter. Perspektiven mediävistischer Forschung. Zeitschrift des Mediävistenverbandes. Bd. 1. 1996. H. 1, S. 3–4.

literatur zu verweisen, die freilich nur verknappte Angaben enthalten. AAFB der Geschichtswissenschaft sind **Baumgart**, vor allem aber **Dahlmann/Waitz** [DW].

Die Gattung der **Laufenden/Periodischen Allgemeinen Fachbibliographien** [LAFB] ist mediävistisch mit so hervorragenden Instrumenten vertreten wie dem **Medioevo Latino** [MEL], der **Revue d'histoire ecclésiastique** [RHE] und der **International medieval bibliography** [IMB]. Ergänzt werden diese durch laufende Berichte bzw. Zusammenstellungen in mediävistischen Fachorganen: **Cahiers de civilisation médiévale** [CCMéd], **Speculum** u. a.

Dennoch liefern die **Jahresberichte für deutsche Geschichte. Neue Folge** [JFDG NF] zahlreichen erwünschten Zuschub. Auf deren Vorgänger wird man nur noch selten zurückgreifen. Die **Historische Bibliographie** [HB] ist das retrospektive Pendant zum Jahrbuch der Historischen Forschung in der Bundesrepublik Deutschland [AHF-Jb] (siehe im folgenden). Die **International Bibliography of Historical Sciences** [IBHS] wird vom Internationalen Historikerverband herausgegeben.

Unter den **Prospektiven Allgemeinen Fachbibliographien** [PAFB] der Geschichtswissenschaft ist das AHF-Jb maßgebend. Die dort angezeigten Titel werden, sobald sie erschienen sind, in die Historische Bibliographie aufgenommen.

Die **Formal spezialisierten Fachbibliographien** [FSFB] erfassen Ausstellungskataloge, Festschriften, Forschungsberichte/Literaturberichte, Hochschulschriften, Allgemeine und biographische Nachschlagewerke (teils auf der Basis von Einzelhinweisen), Schriftenreihen und Unselbständige Veröffentlichungen. Sie sind abgeschlossen, abgeschlossen mit Supplementen und laufend/periodisch. Bei den Laufenden Bibliographien ist vor allem auf CD-ROM-Kumulationen (bereits vorliegend für HB, JFDG NF, IMB) zu achten, weil sie größere Zeiträume zusammenfassen und so Recherchen mit erheblich verkürztem Zeitaufwand gegenüber den Registern der Einzeljahrgänge vorgenommen werden können.

Die **Thematisch Spezialisierten Fachbibliographien** [TSFB] folgen der thematischen und disziplinären Gliederung dieser Bibliographie. Sie erhalten einen entsprechenden Zuordnungsvermerk. Ihre Zahl mußte von uns erheblich beschränkt werden.

6. Die bibliographischen Instrumente der Allgemeinbibliographie

Wie bereits ausgeführt, bieten Allgemeinbibliographien ein unverzichtbares Reservoir für die Fachbibliographien. Nicht nur zur thematischen Ergänzung und Aktualisierung, sondern auch zur Vervollständigung unvollständiger bibliographischer Zitationen sind sie notwendig.

Die Fülle der Allgemeinbibliographien haben wir in III.2 dargelegt. Den qualifizierten Zugriff auf diesen immensen Bereich haben die von K. Schreiber herausgegebenen bzw. geschaffenen Instrumente (siehe 1.1) erheblich erleichtert. Von den in III.2 aufgelisteten Bibliographie-Typen ausgehend, kann man in den Registern zu **ABUN** und **IFB** unmittelbar fündig werden. Der Zwang zu starker Beschränkung macht es erforderlich, daß wir nur teilweise eine eingehendere

Verzeichnung vornehmen, es im übrigen jedoch bei allgemeinen und speziellen Hinweisen auf die Register zu ABUN und IFB belassen.

Von besonderer Bedeutung im Bereich der Allgemeinbibliographie sind die Nationalbibliographien. Wir konzentrieren uns dabei auf die **Deutsche Nationalbibliographie** [DNB].[33]

7. Abschließende Bemerkungen

Als die **ZfBB** mit Heft 1 des Jahrgangs 42 (1995) die Rubrik ›Ausgewählte Bibliographien und andere Nachschlagewerke‹ [**ABUN**] in die Teil-Rubriken ›Digitale Medien‹ (Bearb. A. Oßwald) und ›Printmedien‹ (Bearb. E. Tröger) neu aufteilte, war damit dokumentiert, daß die »elektronischen Publikationen« qualitativ und quantitativ einen Stand erreicht hatten, der eine fachlich-bibliothekarische Reaktion erforderte und eine neue Phase des Bibliothekswesens wie auch der Bibliographie einleitete. K.-D. Lehmann, der »Die Deutsche Bibliothek« (Deutsche Bibliothek, Frankfurt/M.; Deutsche Bücherei, Leipzig; Deutsches Musikarchiv, Berlin) leitet und die ZfBB herausgibt, schrieb ein Geleitwort, in dem er den Bereich der digitalen Medien nach dem heutigen Stand umriß: »Datenbestände in kommerziellen Online-Datenbanken, Software und kleinere Datenbanken auf Disketten, (multimediale) Informationsangebote auf CD-ROM oder anderen, spezifischeren Datenträgern. In jüngster Zeit werden zunehmend auch online verfügbare Publikationen hinzugerechnet, die über Mailboxen – oder allgemeiner: Kommunikationsnetzwerke – beziehbar sind.«[34] Auch die **IFB** spiegeln seit Jahrgang 1 (1993) das Vordringen der digitalen Medien wider. Die ›Leipziger Empfehlungen zum Elektronischen Publizieren‹ (Börsenblatt 50, 24.6.1994, S. 16–18) versuchen erstmals vorsichtig eine Normierung und Regulierung. Seit 1994 bestimmen Stichwörter wie OPAC, ONLINE, INTERNET, überhaupt »digitale Publikationen« zunehmend das thematische Profil der ZfBB.[35] Die Mehrzahl

[33] Zur internationalen Erweiterung vgl. Allischweski, S. 79–162.

[34] ZfBB 42, 1995, S. 55–56.

[35] Behandelte Themen in Auswahl: ZfBB 41, 1994: Dietze, J.: Sachkatalogisierung in einem Opac, S. 297–303; Neubauer, K.-W.: Umfeld und mögliche Strategien der Bibliotheken im beginnenden elektronischen Zeitalter, S. 164–185; Oßwald, A.; Koch, T.: Internet und Bibliotheken – Ein einführender Überblick, S. 1–31; ZfBB 42, 1995: Deutsche Forschungsgemeinschaft: Elektronische Publikationen im Literatur- und Informationsangebot wissenschaftlicher Bibliotheken, S. 445–463; Gödert, W.: Inhaltliche Dokumentenerschließung, Information Retrieval und Navigation in Informationsräumen, S. 137–155; – ZfBB 43, 1996: Ahlers, T. ...: Die von der DFG geförderten Schwerpunktbibliotheken im Internet, S. 227–240; Deutsche Forschungsgemeinschaft: Neue Informations–Infrastrukturen für Forschung und Lehre, S. 133–155; Lehmann, K.-D.: Das kurze Gedächtnis digitaler Publikationen, S. 209–226; Lepsky, K. ...: Automatische Indexierung für Online-Kataloge, S. 47–56; Ruppert, H.-A.; Sühl-Strohmenger, W.: Kooperation beim Angebot von elektronischer Fachinformation und die Erwartung der Nutzer in Universitäten, S. 423–439; Rusch-Feja, D.: Informationsvermittlung, Informationsretrieval und Informationsqualität im Internet, S. 329–360; Tochtermann, K.: Kommunikation in virtuellen Bibliotheken, S. 313–327.

dieser Beiträge und Diskussionen unterstellt eine künftige Dominanz der digitalen Medien. K.-D. Lehmann bietet in seinem gewichtigen Beitrag ›Das kurze Gedächtnis digitaler Publikationen‹[36] – ein Titel, der auch Historiker aufhorchen lassen sollte – eine hervorragende Analyse der derzeitigen Situation. Wir referieren den einleitenden statistischen Teil in Stichpunkten: Weltweite Kommunikation im Netz: derzeit 60 Millionen Teilnehmer – derzeitige Datenübermittlung im Internet: 100 Millionen Buchseiten; Zuwachs im Internet: monatlich 10 bis 15 Prozent – zunehmend internationale »Programme zur retrospektiven Digitalisierung großer Bibliothekssammlungen« (USA, Frankreich) – Planungspapier der Deutschen Forschungsgemeinschaft DFG: dezentral organisierte digitale Forschungsbibliothek. Lehmann zeigt auch die »Gefährdung der kulturellen und intellektuellen Überlieferung«[37] auf, die mit massenhafter Digitalisierung einhergeht und einen effektiven Maßnahmenkatalog notwendig macht. Bibliographie ist von der Digitalisierung in doppelter Weise betroffen: Einerseits hat sie die Aufgabe der »Kontrolle« – »mediengerechte Erschließung und Katalogisierung« – bei der Sammlung und Langzeitsicherung digitaler Publikationen.[38] Andererseits werden die großen bibliographischen Instrumente selbst digitalisiert.[39] Für kleinere bibliographische Unternehmungen, auch für das Vademecum, die Know-how-Literatur, wird die Buchform weiterhin aktuell bleiben.

Wir befinden uns in einer Phase des Umbruchs und einer stürmischen Entwicklung. Dies gilt vor allem für den Bereich der Naturwissenschaften und Wirtschaftswissenschaften, auch die Bibliothekswissenschaft und -praxis, weniger für die Geistes- und Sozialwissenschaften. Dennoch tut der Historiker bzw. Mediävist gut daran, sich anhand zuverlässiger Informationen und Rezensionen, aber auch übergreifender Diskussionen, wie sie die ZfBB, die IFB und die weiteren Publikationen des Deutschen Bibliotheksinstituts bieten, auf dem laufenden zu halten, denn die großen geschichtswissenschaftlichen Datenbestände (z. B. in Bereichen wie Bibliographie, Quellen) fordern Digitalisierung als zusätzliche Ausgabeform heraus.

Im Internet baut sich derzeit eine für Historiker/Mediävisten zunehmend interessante Informationsvermittlung auf, die man mit Schlagworten wie »Globalisierung«, »Aktualisierung«, »mediendidaktische Aufbereitung« von Forschungskapazitäten/-initiativen und Datenbeständen kennzeichnen könnte.[40]

[36] ZfBB 43, 1996, S. 209–226.

[37] Ebd., S. 210–213.

[38] Ebd., S. 224.

[39] »Nachschlagewerke haben wir ... weitgehend im Netz.« K.-D. Lehmann im Spiegel-Gespräch (Der Spiegel Nr. 51, 16.12.96, S. 184–189, S. 186). Vgl. ebd.: Bibliotheken. Die letzten Kathedralen, S. 182–184 [die neuen Nationalbibliotheken in Paris, London, Frankfurt].

[40] Ditfurth, Christian von: Internet für Historiker. Frankfurt/M. ... 1997, bes. S. 134–138, 158–175. Dort zu ergänzen: On-Line Reference Book for Medieval Studies. Kalamazoo 1995–; MEL, Parte quarta: Elaborazione elettronica dei dati.

1 Bibliographie

1.1 Allgemeine und fachliche Hinführung und Grundlegung

1.1.1 »Führer zu Informationsmitteln«. Propädeutik. Grundlagen

Berlioz, Jacques ...: Identifier sources et citations. Turnhout 1994 (AdM 1)
Caenegem, Raoul Charles van; **Ganshof**, François Louis: Guide to the sources of medieval history. Amsterdam … 1978 (EMA 2)
Grund, Uwe; **Heinen**, Armin: Wie benutze ich eine Bibliothek? Basiswissen, Strategien, Hilfsmittel. München 1995 [2., überarb. Aufl. 1996]
Hansel, Johannes: Bücherkunde für Germanisten. Studienausgabe. Bearb. L. Tschakert. 7., neubearb. Aufl. Berlin 1978 [9., neubearb. Aufl. 1991]
Feldmann, Reinhard; **Schultze**, Klaus: Wie finde ich Literatur zur Geschichte. 3., durchges. Aufl. Berlin 1995 (OH 8)
Schwinge, Gerhard: Wie finde ich theologische Literatur. 3., völlig neu bearb. Aufl. Berlin 1994 (OH 16)
Allischewski, Helmut: Bibliographienkunde. Ein Lehrbuch mit Beschreibungen von mehr als 300 Druckschriftenverzeichnissen und allgemeinen Nachschlagewerken. 2., neubearb. und erw. Aufl. Wiesbaden 1986
Bartsch, Eberhard: Die Bibliographie. Einführung in Benutzung, Herstellung, Geschichte. München … 1979
Domay, Friedrich: Formenlehre der bibliographischen Ermittlung. Eine Einführung in die Praxis der Literaturerschließung. Mit einer Beispielsammlung ... (Modell eines bibliographischen Apparats). Stuttgart 1968
Hacker, Rupert: Bibliothekarisches Grundwissen. 5., durchges. Aufl. München ... 1989
Hiller, Helmut: Wörterbuch des Buches. 5., vollständig neu bearb. Aufl. Frankfurt/M. 1991
Koppitz, Hans-Joachim: Grundzüge der Bibliographie. München 1977
Literaturversorgung in den Geisteswissenschaften. 5. Deutscher Bibliothekartag in Trier 1985. Hg. R. Frankenberger; A. Habermann. Frankfurt/M. 1986 (ZfBB.Sh 43)
Rehm, Margarete: Lexikon Buch, Bibliothek, Neue Medien. München ... 1991
Von der systematischen Bibliographie zur Dokumentation. Hg. P. R. Frank. Darmstadt 1978

1.1.2 Bibliographien der Bibliographien

[siehe auch **Allischewski**, passim; 1.3.3: **BDLG, A**]
Gödan, Jürgen Christoph: International legal bibliographies. A worldwide guide and critique. Ardsley-on-Hudson/N.Y. 1992

Rouse, Richard H.: Serial bibliographies for medieval studies. Berkeley ... 1969

Domay, Friedrich: Bibliographie der nationalen Bibliographien = Bibliographie Mondiale des Bibliographies Nationales. Stuttgart 1987 (HBH 6)

Bibliographie der deutschen Bibliographien und der im Ausland mit deutschem Titel, in deutschsprachigen Veröffentlichungen oder über Deutschland und Persönlichkeiten des deutschen Sprachgebietes erschienenen Bibliographien sowie wichtiger ungedruckter Literaturzusammenstellungen. Bearb. Deutsche Bücherei. Bd. 1–25. Leipzig 1966–1990

Bibliographie der Bibliographien [BB]. Jahresverzeichnis selbständig und unselbständig erschienener Bibliographien. Hg. Die Deutsche Bibliothek. NF 1–. 1990–1991. Frankfurt/M. 1992–.

Totok-Weitzel: **Handbuch der bibliographischen Nachschlagewerke.** Hg. H.-J. und D. Kerchen. 6., erw., völlig neu bearb. Aufl. Bd. 1–2. Frankfurt/M. 1984–1985

Schreiber, Klaus: Ausgewählte Bibliographien und andere Nachschlagewerke. 1974–1993. Generalregister zur gleichnamigen Rubrik in der Zeitschrift für Bibliothekswesen und Bibliographie. Bearb. S. Krauch; K. Schreiber. Frankfurt/M. 1995 (ZfBB.Sh 61) [GRegABUN] [entspricht einer Bibliographie der Bibliographien; vollständigste Zitierweise]

Informationsmittel für Bibliotheken [IFB]. Besprechungsdienst und Berichte. Hg. K. Schreiber. Laufend kumulierendes Register [LKReg IFB]. 1/3. 1993/95. Bearb. K. Schreiber; S. Krauch. Berlin 1996 (IFB.Bh 3) [entspricht einer laufend kumulierten, d. h. stetig ergänzten Bibliographie der Bibliographien; vollständigste Zitierweise]

Informationsmittel für Bibliotheken [IFB]. Bd. 1–. Berlin 1993–

Zeitschrift für Bibliothekswesen und Bibliographie [ZfBB]. Bd. 1–. Frankfurt/M. 1954–

1.2 Allgemeine Fachbibliographien

1.2.1 Abgeschlossene Allgemeine Fachbibliographien

Bibliographie de l'histoire médiévale en France (1965–1990). Hg. M. Balard. Paris 1992

Medieval studies. A bibliographical guide. Bearb. E. U. Crosby ... New York ... 1984 (GRLH 427)

Paetow, Louis John: A guide of the study of medieval history. Überarb. Ausg. 1917, 1931, 1959. Ndr. [der Ausg. 1931] New York 1964

Literature of medieval history. 1930–1975. A supplement of Louis John Paetow's A guide to the study of medieval history. Erg. und hg. von Gay Cowan Boyce .... Bd. 1–5. New York 1981

Schuler, Peter-Johannes: Grundbibliographie Mittelalterliche Geschichte. Stuttgart 1990 (HGE 1)

GReg ABUN 0748

Planitz, Hans; **Buyken**, Thea: Bibliographie zur deutschen Rechtsgeschichte. Bd. 1–2. Frankfurt/M. 1952

Baumgart, Winfried: Bücherverzeichnis zur deutschen Geschichte. Hilfsmittel, Handbücher, Quellen. 10 , durchges. und erw. Aufl. München 1992 [12., überarb. und erw. Aufl. München 1997]

Dahlmann Waitz [DW]: Quellenkunde der deutschen Geschichte. Bibliographie der Quellen und Literatur zur deutschen Geschichte. 10., völlig neu bearb. Aufl. Hg. H. Heimpel; H. Geuss. Bd. 1–. Stuttgart 1969 – [vgl. LKReg IFB 1085; auch die 8. und 9. Aufl. Leipzig 1912 und 1932 sind ergänzend hinzuzuziehen]

1.2.2 Laufende/Periodische Allgemeine Fachbibliographien

[siehe auch 16.1]

Bibliographie annuelle du moyen-âge tardif. Auteurs et textes latins. Vers 1250–1500. Bd. 1–. Turnhout 1991– [vgl. LKReg IFB 0129]

Cahiers de civilisation médiévale, X^{e}–XIIe siècles [CCMéd]. Bd. 1–. 1958– [Bibliographie ab Bd. 13. 1977 separat]

Medioevo Latino [MEL]. Bolletino bibliografico della cultura europea ... Bd.1–. Spoleto 1980– [vgl. GReg ABUN 0938]

Revue d'histoire ecclésiastique [RHE]. Bd. 1–. Louvain 1901–

Jahresberichte der Geschichtswissenschaft. Hg. F. Abraham … Bd. 1–36. 1878 – 1913. Berlin 1880–1916

Jahresberichte der deutschen Geschichte. Hg. V. Löwe. Bd. 1–7. 1918 –1924. Breslau 1920–1926

Jahresberichte für deutsche Geschichte [JFDG]. Hg. A. Brackmann … Bd. 1–15/16. 1925–1939/40. Leipzig 1927–1942

Die deutsche Geschichtswissenschaft im Zweiten Weltkrieg. Bibliographie des historischen Schrifttums deutscher Autoren 1939–1945. Hg. W. Holtzmann … Tl. 1–2. Marburg 1951

Jahresberichte für deutsche Geschichte, Neue Folge [JFDG NF]. Hg. A. Brackmann … Bd.1–. 1949–. Berlin 1952–

Österreichische historische Bibliographie [ÖHB] [vgl. GReg ABUN 1021]

Historische Bibliographie [HB]. Bd. 1–. 1986–. München 1987–. [aus dem AHF-Jahrbuch abgeleitet]

International Bibliography of Historical Sciences [IBHS] … Bd.1–14. 1926–1939. Paris 1930–; Ndr. New York 1965 –; Bd. 15. 1940 –1946 bisher nicht ersch.; Bd. 16 –. 1947–. Paris o.J.; Ndr. New York 1968–; Bd. 45/46–. 1976/77–. München … 1980–

1.2.3 Prospektive Allgemeine Fachbibliographie

Jahrbuch der Historischen Forschung in der Bundesrepublik Deutschland [AHF-Jb]. Bd.1–. Stuttgart … 1974 –

1.3 Formal Spezialisierte Fachbibliographien

1.3.1 Ausstellungskataloge

Historische Ausstellungen 1960–1990. Eine Bibliographie der Kataloge. Hg. R. A. Müller. Bearb. Stefan Schnuch. Paderborn ... 1992 (QFGG NF 15)

1.3.2 Festschriften

[vgl. laufend **MEL**, Parte quinta: Studi in onore, Raccolte di lavori personali]
Bibliographie internationale des travaux historiques publiés dans les volumes de »Mélanges« [Bd.1]. 1880–1939. Internationale Bibliographie der in Festschriften und Festgaben veröffentlichten Aufsätze geschichtlichen Inhalts ... Hg. H. Nabholz. Bearb. M. Rotbarth; U. Helfenstein. Paris 1955; Bd.2: 1940–1950. Mit Erg. zu Bd.1. Hg. G. Ritter. Bearb. T. Baumstark. Paris 1965
Heit, Alfred: Bibliographie deutschsprachiger persönlicher Festschriften, Gedenkschriften und Sammelschriften aus dem Bereich der Geschichtswissenschaft. Berichtszeitraum: 1950–1990. Trier 1991
GReg ABUN 0551 (Germanistik); **LKReg IFB** 0151 (Jura)

1.3.3 Forschungsberichte/Literaturberichte

DW passim
Blätter für deutsche Landesgeschichte [BDLG]. Aufgenommen wird der jeweils neueste Bericht; dieser enthält Hinweise auf vorgängige Berichte.

A. Teildisziplinen, Teilbereiche, Hilfswissenschaften, Instrumente
Archäologie (Sammelwerke): 117 (1981), S. 551–570
Archivübersichten und -inventare: 126 (1990), S. 333–357
Bauernunruhen und Bürgerprotest: 126 (1990), S. 593–623
Bevölkerungsgeschichte: 119 (1983), S. 301–324
Biographische Sammelwerke: 128 (1992), S. 379–386
Historische Geographie, Siedlungsgeschichte und archäologische Siedlungsforschung: 128 (1992), S. 299–367
Historische Kartographie: 127 (1991), S. 363–399
Historische Ortslexika: 127 (1991), S. 47–64
Inschriften: 128 (1992), S. 369–378
Juden: 125 (1989), S. 251–288
Kunstgeschichte: 130 (1994), S. 259–326
Landesgeschichtliche Bibliographien: 129 (1993), S. 361–369
Numismatik und Geldgeschichte: 127 (1991), S. 329–361
Rechtsgeschichte: 126 (1990), S. 475–505
Siegel und Wappen: 125 (1989), S. 299–338
Sprachgeschichte: 127 (1991), S. 401–425

Städteforschung: 128 (1992), S. 387–852
Staufer: 117 (1981), S. 525–544
Territorialatlanten: 127 (1991), S. 19–45
Universitätsgeschichte: 126 (1990), S. 421–473
Urkundenbücher/Regestenwerke: 127 (1991), S. 1–18
Volkskunde: 122 (1986), S. 273–293
Wirtschafts- und Sozialgeschichte: 129 (1993), S. 371–479

B. Länder/Landschaften, Hansestädte
Altbayern: 129 (1993), S. 481–534
Baden: 127 (1991), S. 427–486
Baltische Länder (Estland, Lettland): 130 (1994), S. 463–507
Brandenburg und Berlin: 113 (1977), S. 593–634; 127 (1991), S. 305–327
Elsaß: 120 (1984), S. 690–759
Franken: 112 (1976), S. 441–487
Hamburg – Bremen: 126 (1990), S. 625–683
Hessen: 130 (1994), S. 327–404
Mecklenburg und Pommern: 110 (1974), S. 533–551
Niedersachsen: 121 (1985), S. 647–779
Österreich: 113 (1977), S. 678–768
Ost- und Westpreußen: 116 (1980), S. 549–603
Rheinhessen-Pfalz: 118 (1982), S. 591–659
Rheinland(e): 129 (1993), S. 535–613
Saarland: 127 (1991), S. 555–609
Sachsen-Anhalt (Bezirke Halle und Magdeburg DDR): 113 (1977), S. 634–678
Schweiz: 112 (1976), S. 542–560
Schlesien: 130 (1994), S. 405–461
Schleswig-Holstein: 110 (1974), S. 446–533
Thüringen: 122 (1986), S. 345–432
Westfalen: 112 (1976), S. 488–520
Württemberg und Hohenzollern: 127 (1991), S. 487–554

Historische Zeitschrift. Sonderhefte [HZ.Sh]. München

1. Literaturbericht [LB] über Neuerscheinungen zur außerdeutschen Geschichte. Hg. W. Kienast. 1962 (I. Skandinavien; II. Italien; III. Ungarn; IV. Polen; V. Sowjetrußland; Rußland und Sowjetunion; XI. Frankreich)
2. LB... Hg. W. Kienast. 1965 (I. Niederlande; II. Belgien; III. England; IV. Irland)
3. LB ... und zu den Kreuzzügen. Hg. W. Kienast. 1969 (II. Skandinavien; III. Spanien; IV. Portugal; V. Slowakei; VI. Jugoslawien; VII. Rußland und Sowjetunion; X. Byzanz; XI. Kreuzzüge)
4. Bohemica. Bearb. F. Seibt. Hg. W. Kienast. 1970 (u. a. MA)
5. LB ... Hg. W. Kienast. 1973 (III. Polen; IV. Rumänien; V. Neugriechenland 1453–; VI. Bulgarien; VII. Islamisches Persien)
7. Hg. L. Gall. Italien im Mittelalter. Neuerscheinungen von 1959–1975. Berichte von A. Haverkamp; H. Enzensberger. 1980

9. Hg. L. Gall. Hungarica. 1961–1974. LB über Neuerscheinungen zur Geschichte Ungarns von den Arpaden bis 1970 von K. Hitchins. 1981
11. Hg. L. Gall. Frankreich im Mittelalter ... (5./6. Jahrhundert bis 1270). Neuerscheinungen von 1961–1979. Bericht von J. Ehlers. 1982
14. Byzanz. Kritischer Forschungs- und Literaturbericht. 1968–1985. Von G. Weiß. 1986

Zeitschrift für Geschichtswissenschaft. Sonderbände [ZfG.Sbd]. 1970; 1980

Historische Forschungen in der DDR. 1960–1970. Analysen und Berichte. Berlin 1970 [auch MA]

Historische Forschungen in der DDR. 1970–1980. Analysen und Berichte. Berlin 1980 [auch MA]

Ludwig, Michael: Tendenzen und Erträge der modernen polnischen Spätmittelalterforschung unter besonderer Berücksichtigung der Stadtgeschichte. Berlin 1983 (GAAWEO 128)

Moraw, Peter: Fragen der deutschen Verfassungsgeschichte im späten Mittelalter. Bericht über ausgewählte Neuerscheinungen der Jahre 1969 bis 1974, in: Moraw, Peter: Über König und Reich ... , S. 11–46; Moraw, Peter: Neue Ergebnisse der deutschen Verfassungsgeschichte des späten Mittealters, ebd., S. 47–71

Riecks, Annette: Französische Sozial- und Mentalitätsgeschichte. Ein Forschungsbericht. Altenberge 1989 (MTA 2)

Vingt ans de recherche historique en Belgique. 1969–1988. Hg. L. Genicot. Bruxelles 1990 (CollHist, Sér. in 8°, 82)

1.3.4 Hochschulschriften

Hochschulschriften zur Geschichte und Kultur des Mittelalters. 1939 bis 1972/74 (Deutschland, Österreich, Schweiz). Tl. 1–3. München 1975 (MGHHm 1)

GReg ABUN 1061 (Philosophie)

Köbler, Gerhard; **Kumpf**, Johann Heinrich: Bibliographie der deutschen Hochschulschriften zur Rechtsgeschichte (1885–1945). Göttingen 1976 (ARS 6)

Köbler, Gerhard: Bibliographie der deutschen Hochschulschriften zur Rechtsgeschichte (1945–1964). Göttingen ... 1969 (GSRG.Sb 1)

1.3.5 Institutionen/Körperschaften, Sonderforschungsbereiche, Bibliographien von –

[siehe auch 8.5–6]

Akademie der Wissenschaften der DDR. Zentralinstitut für Geschichte. Abt. Information und Dokumentation. Die Veröffentlichungen des Zentralinstituts für Geschichte und seiner Mitarbeiter. 1956–1981. Bibliographie der Periodika, Schriftenreihen und Monographien. Berlin 1981

Fünfunddreißig Jahre Forschung über Ostmitteleuropa. Veröffentlichungen der Mitglieder des J.-G.-Herder-Forschungsrates 1950–1984. [Bearb. Hermann Böhm ...]. Marburg/L. 1985 (BGLO 1)

Gesamtverzeichnis der Veröffentlichungen des DHI Paris. Bearb. R. Babel; R. Große. Paris 1994

Historische Kommission bei der Bayerischen Akademie der Wissenschaften. 1858–1983. München 1984

Kommentierte Bibliographie zum Sonderforschungsbereich 235 [DFG]. Zwischen Maas und Rhein: Beziehungen, Begegnungen und Konflikte in einem europäischen Kernraum von der Spätantike bis zum 19. Jahrhundert. Berichtszeitraum 1987–Mai 1996. Trier 1996

Schmidt, Roderich: Achtzig Jahre Historische Kommission für Pommern. 1910–1990. Verzeichnis ihrer Veröffentlichungen. Ebsdorfergrund 1990

Sieben Jahre Sonderforschungsbereich 321. »Übergänge und Spannungsfelder zwischen Mündlichkeit und Schriftlichkeit«. Eine Zwischenbilanz. 1. Juli 1985–30. Juni 1992. Freiburg/Br. 1992

Stiftung Historisches Kolleg im Stifterverband für die Deutsche Wissenschaft. Erste Verleihung des Preises des Historischen Kollegs. Aufgaben, Stipendiaten, Schriften des Historischen Kollegs. München 1984 (SHK.D 1)

Vergleichende geschichtliche Städteforschung. Annotierte Gesamtbibliographie 1976–1988. Sonderforschungsbereich 164. Red. H.-J. Teuteberg. Münster 1989

Wissensliteratur im Mittelalter. Schriften des Sonderforschungsbereichs 226 Würzburg/Eichstätt. Hg. H. Brunner ... 1–. Wiesbaden 1987– [Reihe; bisher 26 Bde. erschienen]

20 Jahre Sonderforschungsbereiche [Deutsche Forschungsgemeinschaft DFG]. Hg. A. Streiter, 2., veränd. Aufl. Weinheim ... 1992

1.3.6 Personalbibliographien

1.3.6.1 Subjektive –

Siehe 1.4: zu Geschichtsforschung

Allischewski, S. 169–171

GReg ABUN, S. 329–330

LKReg IFB, S. 344

Bibliographie der deutschsprachigen Benediktiner. 1880–1980. [Hg. Aegidius Kolb]. Bd. 1–2. St. Ottilien 1985–1987 (SMGB 29,1–2)

Répertoire international des médiévistes [RIM] ... 6., durchges. und erw. Aufl. München ... 1987 [seit der 7. Aufl. 1990 nur noch Adreßbuch; 8. Aufl. Louvain-la-Neuve 1995 mit 17.777 Eintr.]

1.3.6.2 Objektive –

Siehe 1.4: zu Geschichtsforschung; auch 1.3.2 sowie 4.1. und 4.2

1.3.7 Rezensionen

Index to book reviews in historical periodicals. Bearb. W. Brewster; D. Gentry. 1972–. Metuchen/N. J. 1976–

1.3.8 Schriftenreihen

Heit, Alfred; **Reverchon**, Alexander [ab Tl. 2]: Bibliographie deutschsprachiger geschichtswissenschaftlicher Reihen nach Stücktiteln [DGRS]. Tl. 1. 2., überarb. Aufl. Trier 1992; Tl. 2–3. Trier 1993–1994 [wird fortgesetzt]

1.3.9 Unselbständige Veröffentlichungen

1.3.9.1 Allgemein
International medieval bibliography [IMB]. Bd. 1–. Leeds ... 1968–

1.3.9.2 Zeitschriften/Zeitschrifteninhalt
GReg ABUN 0652, 0788

1.4 Thematisch Spezialisierte Fachbibliographien. Einzelne Themen und Bereiche

[Folgt der Inhaltsgliederung dieser Bibliographie mit Zuordnungsvermerk: *Zu* ... Als Orientierungsmarken werden Kapitel- und Unterkapitelbezifferungen gesetzt.]

Zu Geschichte als Wissenschaft [7]
DW 1–8

Zu Theorie
Feldmann/Schultze 697, 700, 701

Zu Arbeitsfelder und Methoden
Feldmann/Schultze 694
A Bibliography of Psychohistory. Hg. Lloyd deMause. New York ... 1975

Zu Geschichtsforschung, Geschichtsschreibung
DW 7 (Neuzeit); moderne Geschichtswissenschaft: 7/68– (Das 18. Jahrhundert); 7/86– (Das 19. Jahrhundert); 7/125– (Das 20. Jahrhundert) – Deutsche Historiker: 7/202– (bis 1648); 7/286– (1648–1800); 7/417– (1800–1914); 7/1041– (seit 1914)
Feldmann/Schultze 261, 695, 696, 699, 853, 945

Zu Geschichtsphilosophie
Feldmann/Schultze 698

Zu Geschichtsdidaktik
Allischewski, passim; **Feldmann/Schultze** 705

Geschichtskultur – Geschichtsdidaktik. Internationale Bibliographie. Hg. K. Pellens ... Paderborn ... 1984 (GPSD 3)

Gies, Horst; **Spanik**, Stefan: Bibliographie zur Didaktik des Geschichtsunterrichts. Weinheim ... 1983

Kröll, Ulrich: Bibliographie zur neueren Geschichtsdidaktik. Münster 1983 (FGD 1)

Zu Aktivitäten, Institutionen, Organisationen [8]
DW 8 (Organisation); 9 (Archive); 10 (Bibliotheken); 11 (Museen)

Zu Archive
Feldmann/Schultze 321

Brenneke, Adolf; **Leesch**, Wolfgang: Archivkunde. Bd. 2: Internationale Archivbibliographie. Mit besonderer Berücksichtigung des deutschen und österreichischen Archivwesens. Von Wolfgang Leesch. 2., völlig neu bearb. und erw. Aufl. München 1993

Zu Bibliotheken
Eckert, Karin; **Albers**, Christoph: Neue Dienstleistungsangebote wissenschaftlicher Bibliotheken in Europa. Berlin 1995 (dbi-mat 145), S. 16, 25–26, 31, 39–40, 50, 71–73, 79, 84–85

Krieg, Werner: Einführung in die Bibliothekskunde, 2. Aufl. besorgt von R. Jung, Darmstadt 1990, S. 161–170, S. 173–179

Zu Museen
GReg ABUN 0052, 0800, 0961, 1396
LKReg IFB 0132, 0182

Zu Wörterbücher ... [9]
DW 28 (Slavische, baltische und finno-ugrische Sprachen); 29 (Romanische Sprachen); 30 (Germanische Sprachen); 31 (Nachklassisches Latein); 32 (Deutsche Sprachgeschichte und Sprachgeographie)

Kühn, Peter: Deutsche Wörterbücher. Eine systematische Bibliographie. Tübingen 1978 (RGL 15)

Zaunmüller, Wolfgang: Bibliographisches Handbuch der Sprachwörterbücher. Ein internationales Verzeichnis von 5600 Wörterbüchern der Jahre 1460–1958 für mehr als 500 Sprachen und Dialekte ... Stuttgart 1958

Zu Zusammenfassungsliteratur [10]
DW 58 ([Allgemeine und politische Geschichte:] Allgemeine Bibliographien und

Nachschlagewerke); 61–106 (Geschichte einzelner außerdeutscher Staaten und Völker); 107 (Allgemeine deutsche Geschichte) sowie die einzelnen Sachgebiete und Zeitabschnitte.

Zu Übergreifende biographische Nachschlagewerke
GReg ABUN 0830 (Lebensbilder-Register)

Zu Europa, Europäische Länder
Feldmann/Schultze, S. 246–313
Ferguson, Chris D.: Europe in transition. A select, annotated bibliography of the twelfth-century renaissance. New York 1989 (GRLH 875)

Zu Länder und Landschaften des deutschen Reiches [11]
[siehe auch 1.3.3: **BDLG**, **B** sowie **BDHS**]
DW 26/863–; 108 (Landesgeschichte. Allg.); 109–136 (einzelne Landschaften und Orte)
Feldmann/Schultze, S. 218–245
GReg ABUN, S. 332
LKReg IFB, S. 347–348
Lehmann, Rudolf: Bibliographie zur Geschichte der Niederlausitz. Berlin 1928 (BrandBibl 3; VHKBB 2); Bd. 2: 1926–1945 und Nachträge. Münster 1954 (MdtF 2)

Zu Das (deutsche) Mittelalter in zeitlicher Gliederung [12]
Feldmann/Schultze, S. 109–111
Bibliographie zur Vor- und Frühgeschichte in der Bundesrepublik Deutschland und Berlin (West) [ab 1982 zusätzlich: in den Grenzen vor 1990]. Das Schrifttum der Jahre 1980-1981; 1982–1983; 1984–1985. Hg. F. Stein … Stuttgart 1987–1994
DW 158 (Vor- und Frühgeschichte); 61, 159 (Die Kelten); 62, 160 (Die Germanen); 161 (Die Römer im westlichen und südlichen Mitteleuropa); 162 (Wanderungen und Reiche der Germanen) – Frühmittelalter (–911): 163 (Die Zeit des Frankenreiches. Allg.); 164 (Die merowingische Zeit); 165 (Die Einführung des Christentums); 166 (Die karolingische Zeit) – Hochmittelalter (911–1250): 199–202 – Spätmittelalter (1250–1500[1519]): 237–239

Zu Historische Disziplinen und Teilgebiete [13]
DW 26, 175, 212, 250 (Land und Siedlung); 27, 176, 213, 251 (Bevölkerung); 35, 181, 218, 256 (Gesellschaft); 36, 219, 257 (Öffentliche Meinung und Publizistik); 37, 182, 220, 258 (Wirtschaft); 38, 183, 221, 259 (Verkehr); 39, 184, 222, 260 (Recht und Staat); 40, 185, 223, 261 (Kriegs- und Wehrwesen); 41, 224, 262 (Gesundheits- und Wohlfahrtswesen); 42, 187, 225, 263 (Religion und Kirche); 43, 188, 226, 264 (Formen der Weltauffassung); 44, 189, 227, 265 (Bildung und Erziehung); 45, 190, 228, 266 (Wissenschaften. Allg.); 47, 191, 229, 267 (Philosophie); 48, 192, 230, 268 (Psychologie); 49, 193, 231, 269

(Naturwissenschaften); 50, 194, 232, 270 (Literatur); 51, 195, 233, 271 (Bildende Künste); 52, 196, 234, 272 (Musik); 56, 197, 235, 273 (Technik); 57, 198, 236, 274 (Tägliches Leben); 63 (Slaven); 64 (Reiternomaden); 65 (Juden); 66 (Araber und Islam); 67 (Geschichte der Päpste); 68 (Byzanz); 109–136 (Einzelne [deutsche] Landschaften und Orte)

Zu Rechtsgeschichte [13.1]

GReg ABUN 0395, 0783, 0785

Birtsch, Günter ...: Grundfreiheiten, Menschenrechte 1500–1850. Eine internationale Bibliographie. Bd. 1–5. Stuttgart-Bad Cannstatt 1991–1992

Köbler, Gerhard: Einfache Bibliographie europäisch-deutscher Rechtsgeschichte. Gießen/L. 1990 (ARS 29)

Zu Kirchengeschichte [13.4]

Schwinge, S. 134–138

GReg ABUN 0228, 0412

Zu Kirchenrecht

Welch, John W.: A biblical law bibliography. Arranged by subject and by author. Lewiston/N.Y. 1990 (TST 51)

Zu Orden

Bibliographie zur Geschichte der Sächsischen Franziskanerprovinzen. Bd. 1: Franziskaner in Westfalen. Bearb. H.-U. Kordwittenborg ... Hg. D. Berg. Werl 1994 (SaxFran 4)

Constable, Giles: Medieval monasticism. A select bibliography. Toronto 1976 (TMB 6)

Dessubré, M.: Bibliographie de l'ordre des Templiers. Imprimés et manuscrits. Paris 1928 (BIM 5)

Neu, Heinrich: Bibliographie des Templer-Ordens 1927–1965. Mit Erg. zur Bibliographie von M. Dessubré. Bonn 1965

Feldmann/Schultze, S. 182 (Deutscher Orden)

Zu Häresien, Inquisition

Berkhout, Carl T.; **Russel**, Jeffrey B.: Medieval heresies. A bibliography 1960–1979. Toronto 1981 (SubMed 11)

Vekené, Emile van der: Bibliotheca Bibliographica Historiae Sanctae Inquisitionis. Bibliographisches Verzeichnis des gedruckten Schrifttums zur Geschichte und Literatur der Inquisition. Bd. 1–3. Vaduz/Liechtenstein 1982–1992

Zu Predigt, Wallfahrt

Morvay, Karin; **Grube**, Dagmar: Bibliographie der deutschen Predigt des Mittelalters. Veröffentlichte Predigten. München 1974 (MTU 47)

Davidson, Linda Kay; **Dunn-Wood**, Maryjane: Pilgrimage in the Middle Ages. A research guide. New York ... 1993 (GMB 16)

Petzold, Leander: Bibliographie zur Ikonographie und materiellen Kultur des Wallfahrtswesens. Freiburg/B. 1972

Zu Klöster

Feldmann/Schultze 1074

Zu Wirtschafts- und Sozialgeschichte [13.5]

GReg ABUN 0169

LKReg IFB 1416

Zu Verkehr, Reisen, Migration

Feldmann/Schultze 687

Europäische Reiseberichte des späten Mittelalters. Eine analytische Bibliographie. Hg. W. Paravicini. Tl. 1: Deutsche Reiseberichte. Bearb. C. Halm. Frankfurt/M. … 1994 (KWS.D 5)

Simon, Achim: Bibliographie zur Verkehrsgeschichte Deutschlands im Mittelalter. Das mittelalterliche Straßen- und Wegenetz. Trier 1984 (WAGMN 2)

Zu Familie, Kindheit, Jugend

Milden, James Wallace: The family in past time. A guide to the literature. New York … 1977 (GRLSS 32)

Ulrich, Hermann …: Bibliographie zur Geschichte der Kindheit, Jugend und Familie. München 1980

Zu Frauen

Feldmann/Schultze 563

LKReg IFB 0148, 0152; 0514, 0515 (Kunstgeschichte), 0541 (Naturwissenschaften, Technik, Medizin), 0542 (Frauenforschung international)

Echols, Anne; **Williams**, Marty: An annotated index of medieval women. New York … 1992

Janzen, Dörte: Studienführer Frauengeschichte. Eine kommentierte Bibliographie der Hilfsmittel. Bonn 1991

Women in Western European History. A select chronological, geographical, and topical bibliography from Antiquity to the French Revolution. Comp. and ed. by L. Frey … Brighton 1982

Women's studies. A checklist of bibliographies. Comp. by Maureen Ritchie. London 1980

Zu Bevölkerung

Feldmann/Schultze, S. 102–103

Zu Personen/Personengruppen

Feldmann/Schultze 787 (Friedrich II., Spätstaufer)

GReg ABUN 0404

Bibliographie zu den biographischen Archiven … Mit einem Essay von H. Wollschläger. München 1994

Index bio-bibliographicus notorum hominum [IBNH]. Hg. J.-P. Lobies; F.-P. Lobies. Osnabrück. A Allgemeine Einführung ...; B Liste der ausgewerteten bio-bibliographischen Werke ... 1973–; C Corpus alphabeticum: Tl.1 Sectio Generalis. Bd. 1–. 1974–; Tl.2–6 [außereuropäische Abteilungen]; D Supplementum; E Gesamtregister der Verweisungen

Wolff, Christian: Répertoire bibliographique des biographies collectives d'Alsace. Strasbourg 1962 (PFSHAA 3)

Zu Technikgeschichte

GReg ABUN 1233

Lackner, Helmut ...: Technikgeschichte in Österreich. Eine bibliographische und museale Bestandsaufnahme. Wien 1996

Zu Krieg

Pohler, Joh.: Bibliotheca historico-militaris. Systematische Übersicht der Erscheinungen aller Sprachen auf dem Gebiete der Geschichte der Kriege und Kriegswissenschaft seit Erfindung der Buchdruckerkunst bis zum Schluss des Jahres 1880. Bd. 1–4. Kassel 1887–1895; Leipzig 1899

Zu Agrargeschichte

GReg ABUN 0235, 0236

Bibliographia Historiae Rerum Rusticarum Internationalis. 1960–. Budapest 1964–

Bibliographie Land-, Forst- und Ernährungswissenschaft. Deutschsprachige Hochschulschriften und Veröffentlichungen außerhalb des Buchhandels 1966–1980. Bd. 1–8. Red. I. Butt; M. Eichler. München 1994

GReg ABUN 0175 (Wein/Weinbau)

Zu Stadtgeschichte

[siehe auch 1.3.3: **BDLG, A.**; **SAGG** ab 1, 1983 lfd.]

Feldmann/Schultze 291 (international) 1033, 1035 (Deutschland), 1346 (Frankreich), 1194 (Österreich), 729 (Schweiz)

Österreichische Städtebibliographie 1985– ... Bearb. M. Schirmböck. Linz/ Donau 1986–

Bibliographie zur deutschen historischen Städteforschung [BDHS]. Bearb. B. Schröder; H. Stoob. Tl. 1–2; Index zu Tl. 1–2. Köln ...1986–1996 (SF.B 1)

Städtebau im Mittelalter. Bearb. T. N. Dahle. Stuttgart 1991 (IRB-LA 3302) [vgl. LKReg IFB 0131]

Zu Juden, Antisemitismus (Judenfeindschaft)

GReg ABUN 0206, 0658, 0781

LKReg IFB 0036, 0072, 0160, 0184

Schochow, Werner: Deutsch-jüdische Geschichtswissenschaft. Eine Geschichte ihrer Organisationsformen unter besonderer Berücksichtigung der Fachbibliographie. Mit einem Geleitwort von G. Kisch. Berlin 1969 (EHKB 3)

Bibliographien zur deutsch-jüdischen Geschichte. 1–. München 1989– [Reihe]

Antisemitism. An annotated bibliography. Hg. S. S. Cohen. Bd. 1–3. 1984–1988. New York … 1987–1994

Bibliographie zum Antisemitismus. Die Bestände der Bibliothek des Zentrums für Antisemitismusforschung der Technischen Universität Berlin. Hg. H. A. Strauss. Bd. 1–4. München … 1989–1993

Ellmann-Krüger, Angelika G.: Auswahlbibliographie zur jüdischen Familienforschung vom Anfang des 19. Jahrhunderts bis zur Gegenwart. Wiesbaden 1992

Index of articles on Jewish Studies (And the study of Eretz Israel) [RAMBI]; zuletzt ersch.: Vol. 39, 1993, Jerusalem 1996 [Founder and first editor: I. Joel]

International bibliography of Jewish history and thought. Ed. J. Kaplan. München … 1984

Müller, Thomas: Bibliographie deutschsprachiger Fest- und Gedenkschriften zur jüdischen Kultur und Geschichte, in: FS Alfred Heit. Trier 1996 (THF 28), S. 475–485

Zu Landesgeschichte. Historische Raumforschung [13.6]

GReg ABUN 0453

Zu Siedlungsgeschichte

Siehe S. 49 zu [11.]

Dennecke, Dietrich; **Fehn**, Klaus: Bibliographie zur europäischen Siedlungs-, Kulturlandschafts- und Stadtforschung … in: SAGG 1–, 1983–

Zu Geistes- und Kulturgeschichte [13.7]

Adamo, Giovanni: Bibliografia di informatcia umanistica. Rom 1994 (IDU 5)

Zu Universitäten

[siehe 1.3.3: **BDLG, A**]

Bibliographie internationale de l'histoire des Universités. Tl. 1–2. Genf 1973–1976 (CIHU 2; 5)

Pester, Thomas: Geschichte der Universitäten und Hochschulen im deutschsprachigen Raum von den Anfängen bis 1945. Auswahlbibliographie der Literatur der Jahre 1945–1986. Bearb. H. Vogt. Jena 1990 (BMUJ 46)

Zu Buch- und Bibliothekswesen

GReg ABUN 0036, 0133, 0174, 0280, 0495

Wolfenbütteler Bibliographie zur Geschichte des Buchwesens im deutschen Sprachgebiet (1840–1980). Bearb. E. Weyrauch. Tl. 1–6. München … 1990–1994

Zu Erziehung

LKReg IFB 0153

Bibliographie Bildungsgeschichte. Hg. Deutsches Institut für Internationale Pädagogische Forschung, Bibliothek für Bildungsgeschichtliche Forschung,

Berlin. 1994/1995. Baltmannsweiler 1996 [Druckausg. und Diskette; Periodische Bibliographie]

Guide International de la recherche en histoire de l'éducation ... Hg. P. Caspard. 2. Aufl. Paris ... 1995

Zu Philosophie

GReg ABUN 0191, 0208, 1060, 1062

Ockham-Bibliographie 1900–1990. Hg. J. P. Beckmann. Hamburg 1992

Zu Sprache, Literatur

GReg ABUN 0095 (Bibel), 0134, 0168, 0190, 0194, 0736

Gentry, Francis G.: Bibliographie zur frühmittelhochdeutschen geistlichen Dichtung. Berlin 1992 (BDLM 11)

Murphy, James J.: Medieval Rhetoric. A select bibliography. 2. Aufl. Toronto 1989 (TMB 3)

Schmidt, Heiner: Quellenlexikon der Interpretationen und Textanalysen. Personal- und Einzelwerkbibliographie zur deutschen Literatur von ihren Anfängen bis zur Gegenwart. Ein Handbuch für Schule und Hochschule. Bd. 1–9. Duisburg 1984–1987; 3., überarb., wesentl. erw. und auf den neuesten Stand gebrachte Aufl. unter dem Titel: Quellenlexikon zur deutschen Literaturgeschichte. Personal- und Einzelwerkbibliographien der internationalen Sekundärliteratur 1945–1990 zur deutschen Literatur von den Anfängen bis zur Gegenwart ... H. Schmidt. Bibliogr. Mitarbeit von G. Albrecht ... Bd. 1–. Duisburg 1994–

Vernet, André: La Bible au moyen-âge. Bibliographie ... Paris 1989

Zu Kunst, Musik, Architektur

GReg ABUN 0047 (A), 0210 (K), 0613 (K), 0728 (K), 0970 (M)

LKReg IFB 1252 (K: Frankreich)

Zu Mathematik, Naturwissenschaften, Medizin/Pharmazie

GReg ABUN 0473 (N, Med), 0903 (Math)

LKReg IFB 1171 (versch.)

Ebnöther, Rudolf; **Keller-Reichard**, Hildegard: Bibliographie zur Schweizer Pharmaziegeschichte. Zürich 1992 (VSGGP 11)

Index wissenschaftshistorischer Dissertationen [IWD]. Verzeichnis abgeschlossener Dissertationen auf dem Gebiet der Geschichte der Medizin, der Pharmazie, der Naturwissenschaften und der Technik. Laufende wissenschaftshistorische Dissertationen (LWD). 1. 1970/80 (1981); 2. 1981/86 (1987); 3. 1987/92 (1992)

Kren, Claudia: Medieval science and technology. A selected annotated bibliography. New York 1985 (BHST 11; GRLH 494)

Pharmaziehistorische Bibliographie [PhB]. 1–. Eschborn 1993– [Vorg.: Pharmaziegeschichtliche Rundschau. 1–. 1952–]

Zu Byzanz

Feldmann/Schultze, S. 133–134

Zu Islam

Feldmann/Schultze, S. 341–346

GReg ABUN 0043, 0605, 0668, 1084

Bär, Erika: Bibliographie zur deutschsprachigen Islamwissenschaft und Semitistik vom Anfang des 19. Jahrhunderts bis heute. Bd. 1–2. Wiesbaden 1985–1991

Bibliographie der deutschsprachigen Arabistik und Islamkunde. Von den Anfängen bis 1986 nebst Literatur über die arabischen Länder der Gegenwart. Hg. F. Sezgin. Bd. 1–19. Frankfurt/M. 1990–1993 (VIGAIW.A 3)

Zu Hilfswissenschaften [14]

[siehe auch 1.3.3: **BDLG, A**]

DW 12 (Hilfswissenschaften. Allg.); 13 (Epigraphik und Runenkunde); 14 (Paläographie); 15, 169, 205, 243 (Handschriftenkunde); 16, 244 (Buchkunde); 17 (Chronologie); 18, 170, 206, 245 (Diplomatik und Aktenkunde); 19, 171, 207, 246 (Sphragistik); 20, 208, 247 (Heraldik); 21, 172, 209, 247a (Genealogie); 22, 173, 210, 248 (Numismatik); 23, 174, 211, 249 (Statistik); 24 (Quellenkunde nach philologisch-historischer Methode); 25 (Quellenkunde nach archäologisch-historischer Methode)

Feldmann/Schultze, S. 141–142

Zu Chronologie

Feldmann/Schultze, S. 141, 175, 280

Zu Paläographie, Kodikologie

Feldmann/Schultze, S. 107–108, 142

Zu Epigraphik

Feldmann/Schultze, S. 141–142

Zu Sphragistik

Feldmann/Schultze, S. 108

Henning, Eckart; **Jochums**, Gabriele: Bibliographie zur Sphragistik. Schrifttum Deutschlands, Österreichs und der Schweiz bis 1990. Köln … 1995 (BHHW 2)

Zu Genealogie

Feldmann/Schultze, S. 102–103

GReg ABUN 0152, 0234

Zu Heraldik

Feldmann/Schultze, S. 103–104

Henning, Eckart; **Jochums**, Gabriele: Bibliographie zur Heraldik. Schrifttum Deutschlands und Österreichs bis 1980. Köln … 1984 (BHHW 1)

Zu Historische Geographie, Siedlungsforschung

Feldmann/Schultze, S. 104–105

DW 26/1– (S); 26/757– (G)
GReg ABUN 0109, 0170 (G), 0205 (G), 0329, 0814 (G)
LKReg IFB 0859 (G)

Zu Historische Kartographie
Feldmann/Schultze, S. 104–105
DW 26/1003–
GReg ABUN 1273 (Kartensammlungen)
LkReg IFB (Datenbank Historische Karten), 0817 (Bestandsverz.)
Jäger, Eckhard: Bibliographie zur Kartengeschichte von Deutschland und Osteuropa. Eine Auswahl des kartographischen Schrifttums ... Lüneburg 1978 (SRNOA 18)

Zu Metrologie
Heit, Alfred; **Petry**, Klaus: Bibliographie zur Historischen Metrologie. Tl. 1–2. Trier 1992–1995 (WAGMN 7,1–2)
Witthöft, Harald ...: Deutsche Bibliographie zur Historischen Metrologie. Das deutsche und deutschsprachige Schrifttum. Erweitert um ausgewählte Arbeiten zur Historischen Metrologie europäischer und außereuropäischer Staaten. St. Katharinen 1991 (HHM 1)

Zu Numismatik, Geldgeschichte
Feldmann/Schultze, S. 105–107

Zu Namenkunde
Feldmann/Schultze, S. 105
GReg ABUN 1349

Zu Germanische Philologie
GReg ABUN 0552, 0553, 0737

Zu Romanische Philologie
GReg ABUN 0139, 0157, 0470, 0471, 0829, 1141

Zu Slawistik
GReg ABUN 0133, 0140, 0188; **LKReg IFB** 1248, 1249
Bamborschke, Ulrich: Bibliographie slavistischer Arbeiten aus deutschsprachigen Fachzeitschriften, nichtslavistischen Zeitschriften sowie slavistischen Fest- und Sammelschriften. 1974–1983. Wiesbaden 1989 (BMOI 26)

Zu Mittelalter-Archäologie
LKReg IFB 0167

Zu Burgenkunde
DW 26/554–; 33/536–

Zu Realienkunde

Colas, René: Bibliographie générale du costume et de la mode … Bd. 1–2. Paris 1933

Zu Volkskunde

[siehe auch 1.3.3: **BDLG, A**]

Feldmann/Schultze 313

Bibliographie Geschichte, Volkskunde, Völkerkunde. Deutschsprachige Hochschulschriften und Veröffentlichungen außerhalb des Buchhandels 1966–1980. Red. I. Butt … München … 1993

Cox, Heinrich L.: Rheinische volkskundliche Bibliographie [BBZ: 1950–1980] Köln 1987–1991

Zobeley, Renate: Bibliographie zur pfälzischen Volkskunde. 1950–1990. Kaiserslautern 1992 (BPV 6)

Zu Geschichtsatlanten/Geschichtskarten [15]

[siehe auch 1.3.3: **BDLG, A**]

DW 26 (Land und Siedlung) 976–; **34** (Volkstum) 79–; **37** (Wirtschaft) 40–; **40** (Kriegs- und Wehrwesen) 426–; **58** (Allgemeine Bibliographien und Nachschlagewerke); **60** (Welt- und Universalgeschichte) 107–; **66** (Araber und Islam) 8–; **79** (Europa. Allg.) 107; **91** (Polen) 10–; **93** (Rußland und Sowjetunion) 22–; **100** (Grossbritannien. Irland …) 26–; **103** (Niederlande insges. Belgien. Luxemburg) 24–, 63–; **104** (Niederlande) 5–; **105** (Schweiz) 14–; **106** (Österreich) 4–; **108** (Landesgeschichte. Allg.) 13–

GReg ABUN 0723, 1157 (Schulatlanten 18. Jh. bis 1950)

LKReg IFB 0033 (Amtl. topographische Karten), 0034 (Handatlanten)

Zu Quellenbibliographie [16]

GReg ABUN 0151

LKReg IFB 1190 (Philosophie und angrenzende Gebiete)

Zu Quellenkunde [17]

DW 21 (Genealogie); **24**; **37** (Wirtschaft) 97–, 704–, 901–; **40** (Kriegs- und Wehrwesen) 1–; **43** (Formen der Weltauffassung) 41–; **50** (Literatur) 596–; **58** (Allg. Bibliographien und Nachschlagewerke); **66** (Araber und Islam) 26–; **68** (Byzanz) 33–; **92** (Estland und Lettland Litauen) 170–; **107** (Allg. deutsche Geschichte) 474–; **109** (Baden. Elsass) 133–, 1096–; **110** (Württemberg) 98–; **111** (Schweiz) 60–; **112** (Bayern) 88–; **113** (Österreich) 152–; **114** (Böhmische Länder) 105–; **115** (Schlesien) 144–; **116** (Pfalz) 82–; **117** (Trierer Lande. Saarland. Lothringen) 63–, 437–, 631–; **118** (Franken) 46–; **119** (Hessen) 95a; **120** (Thüringen) 62–; **121** (Sachsen) 129–; **122** (Sachsen-Anhalt) 102–; **123** (Nordrhein) 148–; **124** (Nördliche Niederlande) 90–; **125** (Südliche Niederlande)/96–; **126** (Friesland) 40–; **127** (Westfalen) 101–; **128** (Niedersachsen) 80–; **129** (Bremen) 24–; **130** (Hamburg) 17–; **131** (Lübeck) 14–; **132** (Schleswig-Holstein) 54–; **133** (Mecklenburg) 44–; **134** (Brandenburg-Preussen) 102–; **135** (Pommern) 62–; **136** (Preussenland) 87–, 829–

Zu Historiographie
DW 6 (Mittelalter)

Zu Quelleneditionen. Fundamentale Quellensammlungen [18]
DW 13 (Epigraphik und Runenkunde) 12– (E.), 71– (R.); **35** (Gesellschaft) 703–, 1021–; **37** (Wirtschaft) 147–, 901–; **42** (Religion und Kirche) 2054–; **44** (Bildung und Erziehung) 300–; **49** (Naturwissenschaften) 46–; **50** (Literatur) 525–; **51** (Bildende Künste) 474–; **52** (Musik) 173–; **58** (Allg. Bibliographien und Nachschlagewerke); **60** (Welt- und Universalgeschichte) 118–; **63** (Slaven) 30–; **65** (Juden) 78–, 129–; **66** (Araber und Islam) 26–; **67** (Geschichte der Päpste) 8–; **68** (Byzanz) 35–; **79** (Europa. Allg.) 108–; **82** (Ost- und Südosteuropa. Allg.) 93–; **87** (Jugoslawien) 70–; **91** (Polen) 56–; **92** (Estland und Lettland. Litauen) 80–; **98** (Dänemark) 20–; **100** Grossbritannien. Irland ...) 51–; **101** (Frankreich) 53–, 72–; **102** (Italien) 21–; **103** (Niederlande insges. Belgien. Luxemburg) 41–; **104** (Niederlande) 12–; **105** (Schweiz) 40–; **106** (Österreich) 40–; **107** (Allg. deutsche Geschichte) 75–, 367–, 479–, 690–; **109** (Baden. Elsass) 769–; **117** (Trierer Lande. Saarland. Lothringen) 310–, 811–; **118** (Franken) 372–; **120** (Thüringen) 494–; **122** (Sachsen-Anhalt) 651–

Zu Regesten [19]
Siehe 1.3.3: **BDLG, A**

1.5 Allgemeinbibliographie

1.5.1 Nichtspezialisierte Allgemeinbibliographien

1.5.1.1 Nationalbibliographien
GReg ABUN 0032, 0142
Gesamtverzeichnis des deutschsprachigen Schrifttums [GV]. 1700–1910. Bd. 1–160; Ergbd. 1979–1987 [vgl. GReg ABUN 0560]
Gesamtverzeichnis des deutschsprachigen Schrifttums [GV]. 1911–1965. Bd. 1–150. 1976–1981 [vgl. GReg ABUN 0559]
Deutsche Bibliographie/Nationalbibliographie [DB/DNB]
Reihe A: Monographien und Periodika des Verlagsbuchhandels. Wöchentliches Verzeichnis (Wochen- und Monatsregister) [vgl. GReg ABUN 0391; LKReg IFB 0342]
Reihe B: Monographien und Periodika außerhalb des Verlagsbuchhandels. Wöchentliches Verzeichnis (Wochen- und Monatsregister) [vgl. GReg ABUN 0392; LKReg IFB 0343]
Reihe C: Karten. Vierteljährliches Verzeichnis [vgl. LKReg IFB 0344]
Reihe D: Monographien und Periodika. Halbjahresverzeichnis [vgl. LKReg IFB 0345]
Reihe E: Monographien und Periodica. Fünfjahresverzeichnis (Deutsches Bücherverzeichnis DBV) [vgl. LKReg IFB 0346]

Reihe F: Verzeichnis amtlicher Druckschriften. 1957/58 (1962/63)–1981/82
Reihe F: Periodika. Fünfjahresverzeichnis
Reihe G: Fremdsprachige Germanica und Übersetzungen deutschsprachiger Werke. Vierteljährliches Verzeichnis [vgl. LKReg IFB 0347]
Reihe H: Hochschulschriften. Monatliches Verzeichnis [vgl. LKReg IFB 0348]
Reihe M: Musikalien und Musikschriften. Monatliches Verzeichnis [vgl. LKReg IFB 0349]
Reihe N: Vorankündigungen Monographien und Periodika (CIP). Wöchentliches Verzeichnis [vgl. LKReg IFB 0350]
[Bei den Reihen A und B sind für den Historiker/Mediävisten insbesondere folgende Sachgruppen einschlägig: 60: Archäologie, Vorgeschichte; 63: Geschichte und Historische Hilfswissenschaften; 64: Sozialgeschichte; 65: Wirtschaftsgeschichte. Die Reihe C erfaßt Karten; die historischen Atlanten finden sich in den Reihen A und B unter den genannten Sachgruppen.]

1.5.1.2 Buchhandelskataloge/-bibliographien/Books in print

Feldmann/Schultze, S. 78–80 (VLB; internat. Verzeichnisse)

1.5.1.3 Bibliothekskataloge

Feldmann/Schultze, S. 40–44
GReg ABUN 1033 (Osteuropa-Bestände Eutin), 1194 (Sondersammlungen DDR), 1208 (Spezialbestände)
Verbundkatalog maschinenlesbarer Katalogdaten deutscher Bibliotheken [VK]. 4. Grundwerk. Berlin 1994 [DBI; Stand Mai 1994; Monographien, mehrbändige Werke, Schriftenreihen; 18.597.907 Haupteintragungen auf 2.044 Mikrofiches]

1.5.2 Spezialisierte Allgemeinbibliographien

Die räumlich und nach Personen spezialisierten AB sind bereits in 1.3.6 und 1.4 [11] aufgenommen.

1.5.2.1 Abbildungswerke

LKReg IFB 0963–0966 (Inventar der Kunst in Deutschland, Deutsches Dokumentationszentrum für Kunstgeschichte, Marburg)

1.5.2.2 Abstracts (Dissertation –)

Feldmann/Schultze 147–149
Schwinge, S. 14, Nr. 10–12
GReg ABUN 0443

1.5.2.3 Abkürzungswörterbücher/-verzeichnisse

LexMa, Bd. 1 (1980)
MEL, zuletzt Bd. 17 (1996)
LThK^3, Abkürzungsverzeichnis. Freiburg/Br. 1993

TRE, Abkürzungsverzeichnis. 2., überarb. und erw. Aufl. Berlin ... 1994
Feldmann/Schultze 202
Schwinge, S. 75–76, Nr. 77–80
LKReg IFB 0003, 0004, 0247, 0742, 0757, 0758, 1049, 1183, 1246, 1247
Leistner, Otto: Internationale Titelabkürzungen von Zeitschriften, Zeitungen, wichtigen Handbüchern, Wörterbüchern, Gesetzen, Institutionen etc. Bd. 1–2. 5., erw. Aufl. Osnabrück 1993
Schwertner, Siegfried: Internationales Abkürzungsverzeichnis für Theologie und Grenzgebiete. Zeitschriften, Serien, Lexika, Quellenwerke mit bibliographischen Angaben. 2., überarb. und erw. Aufl. Berlin 1992

1.5.2.4 Adreßbücher

Feldmann/Schultze, 69 (Fachadreßbücher); 70 (World of learning); 71 (Wissenschaftliche Verbände und Gesellschaften); 72 (Universitäten und Fachhochschulen BRD, Österreich, Schweiz); 73 (Deutscher Hochschulführer); 74 (Deutsche Lehr- und Forschungsstätten); 81–84 (Bibliotheken und Spezialbibliotheken); 86 (Museen); **Schwinge** S. 76–78, Nr. 81–93

1.5.2.5 Allgemein-Enzyklopädien/Allgemeine Nachschlagewerke

Zischka, Gert Alois: Index lexicorum. Bibliographie der lexikalischen Nachschlagewerke. Wien 1959
Feldmann/Schultze, S. 85–95
Schwinge, S. 66–72
GReg ABUN 0046, 0077, 0088, 0415
LKReg IFB, S. 303–305

1.5.2.6 Amtsdruckschriften/Amtliches Schrifttum

GReg ABUN, S. 281
LKReg IFB, S. 275

1.5.2.7 Bio-Bibliographien

GReg ABUN, S. 292–293
LKReg IFB, S. 288–289
Kürschners Deutscher Gelehrten-Kalender 1996. Bio-bibliographisches Verzeichnis deutschsprachiger Wissenschaftler der Gegenwart, 17. Ausg. Geistes- und Sozialwissenschaften. Berlin... 1996 [siehe auch die vorgängigen Ausgaben]

1.5.2.8 Biographische Nachschlagewerke

GReg ABUN, S. 293–294
LKReg IFB, S. 289–291

1.5.2.9 Festschriften

GReg ABUN, S. 305
LKReg IFB, S. 307

Leistner, Otto: Internationale Bibliographie der Festschriften von den Anfängen bis 1979. Bd. 1–3 [Sachreg., Nachtr.]. 2., erw. Aufl. Osnabrück 1984–1989

Internationale Jahresbibliographie der Festschriften [IJBF]. Mit Verzeichnis aller Beiträge, Autorenreg., Sachreg. Bd. 1–. 1980–. Osnabrück 1982–

1.5.2.10 Graue Literatur, Kleinschrifttum, informelles Material

Bibliographie eingegangener Arbeiten. Archiv Ungedruckter Wissenschaftlicher Schriften. 1 (1958) –9 (1982). Ersch. eingest. [LKReg IFB 0146]

Gesamtverzeichnis des deutschsprachigen Schrifttums außerhalb des Buchhandels [GV[a]B]. 1966–1980. Hg. W. van der Meer; H. Schmuck. Bd. 1–45. München … 1988–1991 [GReg ABUN 0558]

Information sources in grey literature, ^{3}1994 [LKReg IFB 0724]

Le pubblicazioni minori e non convenzionali, 1993 [LKReg IFB 1135]

1.5.2.11 Hochschulschriften/Dissertationen, Habilitationsschriften

[siehe auch 1.5.2.2]

GReg ABUN 0218 (Bio-bibliogr. Verz., 16.–19. Jh.), 0317 (Thèses fr.), 0444 (Diss. in Wiss. und Biblioth.), 0617 (Int. theses and diss.), 0618 (Int. theses and diss.), 0660 (Univ. Köln), 0673 (Index to theses), 0765 (Thèses fr.), 1020 (Österr. Diss.), 1076 (Univ. Königsberg)

LKReg IFB 0415 (Diss. lat.), 1464–1465 (Würzburger HSS 1581–1885)

Gesamtverzeichnis deutschsprachiger Hochschulschriften [GVH]. 1966–1980. Hg. Willi Gorzny. Bd. 1–40. München 1984–1991

Jahresverzeichnis der an den deutschen Universitäten erschienenen Schriften. 1–, 1885/1886. Berlin 1887– [später unter dem Titel: Jahresverzeichnis der deutschen Hochschulschriften]

DNB, Reihe H [siehe 1.5.1.1; **GReg ABUN**, S. 300–301; **LKReg IFB**, S. 300–301

1.5.2.12 Institutionen/Körperschaften, Handbücher über –; Veröffentlichungen von –.

GReg ABUN, S. 314–315, 320–321

LKReg IFB, S. 320, 329–330

Domay, Friedrich: Handbuch der deutschen wissenschaftlichen Akademien und Gesellschaften. Einschließlich zahlreicher Vereine, Forschungsinstitute und Arbeitsgemeinschaften in der Bundesrepublik Deutschland. Mit einer Bibliographie deutscher Akademie- und Gesellschaftspublikationen. 2., völlig neu bearb. und erw. Aufl. des »Handbuch der wissenschaftlichen deutschen Gesellschaften«. Wiesbaden 1977

1.5.2.13 Kongreßschriften

[vgl. laufend **MEL**, Parte quinta: Congressi]

Feldmann/Schultze, S. 71–72

Gesamtverzeichnis der Kongreß-Schriften in Bibliotheken der Bundesrepublik Deutschland einschl. Berlin (West) … [Grundwerk]. München. Kongresse vor 1971. (1976); Suppl. für Kongr. bis 1976. (1977); Anschl.-Suppl. für Kongr. bis 1981 (1982)

Gesamtverzeichnis der Kongreß-Schriften GKS. Mikrofiche-Ausg. 10. Ausg. (Juli 1995). Erscheint jährl. (DBI)

1.5.2.14 Literatur-/Forschungs-/Fortschritts-/Übersichtsberichte; Forschungsdokumentationen

Feldmann/Schultze, 219 (Geisteswissenschaftliche Fortschrittsberichte: 1965–1975), 220 (Geistes- und Sozialwissenschaftliche Fortschrittsberichte: 1976–1987; eingestellt)

GReg ABUN 0539, 0540

1.5.2.15 Nicht-Buch-Material

Guide to microforms in print (incorporating international microforms in print). – Subject guide to microforms in print. München 1990–

Langlois, Jennifer: CD-ROM. An annotated bibliography of ressources. Westport/CT … 1992

The CD-ROM-directory. With multimedia CD's. International ed. (4). London 1990 (1989)

CD-ROM-Führer. München 1993

CD-ROMs in print. An international guide to CD-ROM, CD-I, CDTV & electronic book products. Westport/CT … 1990

GReg ABUN, S. 295–296

LKReg IFB, S. 293

1.5.2.16 Reprints

GReg ABUN 0291, 0732, 1221

1.5.2.17 Rezensionen

Feldmann/Schultze 159–162

Schwinge, S. 131

GReg ABUN, S. 333

LKReg IFB, S. 348–349

Internationale Bibliographie der Rezensionen [IBR]. Osnabrück 1971–

1.5.2.18 Sammelwerke. Sammlungen/Sammelschriften

Siehe 1.5.2.9; 1.5.2.13

1.5.2.19 Schriftenreihen

GReg ABUN, S. 334

1.5.2.20 Schulschriften/Programm-Abhandlungen

Allischewski, S. 294–295

GReg ABUN 1292

1.5.2.21 Übersetzungen

GReg ABUN 0529, 0983, 1397

LKReg IFB, S. 356; 0138 [Übers. aus dem Ital.]

1.5.2.22 Verkleidete Literatur
Allischweski, S. 191–198

1.5.2.23 Zeitschriften, Zeitschrifteninhalt; Zeitungen, Zeitungsinhalt
Allischewski, S. 199–261
GReg ABUN, S. 342–343
LKReg IFB, S. 364–365

2 Zeitschriften

Zu ergänzen mit: **Zeitschriften-Datenbank** [ZDB]. Hg. Deutsches Bibliotheksinstitut; Staatsbibliothek Preuß. Kulturbesitz. Berlin 1985–; Mikrofiches, zweimal jährlich überarb. und erg.; jetzt auch CD-ROM sowie online [siehe: Einführung in die ZDB. Berlin 1990]. Nachfolger vorhergehender Periodika mit anderem Titel, deren Ermittlung in der ZDB erfolgen kann, erhalten den Zusatz [Vorg.]. Für den aktuellen Stand siehe auch die Auswahl von **MEL**, zuletzt: 17, 1996 sowie **Dithfurth**, S. 138, 171.

2.1 Allgemein/übergreifend

Aevum. Rassegna di scienze storiche, linguistiche e filologiche. 1927–
The American Historical Review [AHR]. 1895/96–
Archivio storico italiano [ASI]. 1842–
Deutsche Literaturzeitung für Kritik der internationalen Wissenschaft [DLZ]. 1880–
The English Historical Review [EHR]. 1886–
Francia. Forschungen zur westeuropäischen Geschichte. 1973–; ab 17, 1990: Reihe 1: Mittelalter; Reihe 2: Frühe Neuzeit; Reihe 3: 19./20. Jahrhundert
German history [GH]. The journal of the German history society. 1984–
Geschichte in Wissenschaft und Unterricht [GWU]. Zeitschrift des Verbandes der Geschichtslehrer Deutschlands. 1949–
Geschichtsdidaktik. Probleme, Projekte, Perspektiven. 1976–
Göttingische Gelehrte Anzeigen [GGA]. 1802–
Hispania. Revista espana de historia. 1940/41–
The Historical Journal [HJ]. 1958– [Vorg.]
Historical methods. A journal of quantitative and interdisciplinary history. 1967/68–
Das historisch-politische Buch [HPB]. 1953–
Historische Anthropologie. Kultur. Gesellschaft. Alltag. 1993–
Historische Mitteilungen der Ranke Gesellschaft [HMRG]. 1988–
Historische Zeitschrift [HZ]. 1859–
Historisches Jahrbuch der Görres-Gesellschaft [HJb]. 1880–
History. The Journal of the Historical Association. 1912– ; NS 1916–
History and theory [HTh]. Studies in the philosophy of history. 1960/61–
International journal of middle east studies. 1970–
Jahrbücher für Geschichte Osteuropas [JbGO]. NF 1953– [Vorg.]
Kyrios. Vierteljahresschrift für Kirchen- und Geistesgeschichte Osteuropas. NS 1960/61– [Vorg.]
Mélanges de l'Ecole française de Rome. Moyen–Age. Temps modernes [MEFRM]. 1971– [Vorg.]

Mitteilungen des Instituts für österreichische Geschichtsforschung [MIÖG]. 1948– [Vorg.]
Neue politische Literatur [NPL]. Berichte über das internationale Schrifttum. 1956–
Nuova rivista storica [NRS] . 1917–
Quaderni storici [QS]. 1970– [Vorg.]
Quellen und Forschungen aus italienischen Archiven und Bibliotheken [QFIAB]. 1898–
Revista portuguesa de historia [RPort]. 1940–
Revue. Informatique et statistique dans les sciences humaines. 1991–
Rivista storica italiana [RSI]. 1884–
Römische historische Mitteilungen [RHM]. 1956/57–
Saeculum. Jahrbuch für Universalgeschichte. 1950–
Storia della storiografia. Histoire de l'historiographie. History of historiography. Geschichte der Geschichtsschreibung. 1982–
Studium generale. Zeitschrift für die Einheit der Wissenschaften im Zusammenhang ihrer Begriffsbildungen und Forschungsmethoden. 1947/48–
Die Welt als Geschichte [WaG]. Eine Zeitschrift für universalgeschichtliche Forschung. 1935–1963
Zeitschrift für Geschichtswissenschaft [ZfG]. 1953–
Zeitschrift für Ostforschung [ZOF]. Länder und Völker im östlichen Mitteleuropa. 1952–
Zeitschrift für Religions- und Geistesgeschichte. 1948–

2.2 Mittelalter

Bullettino dell'Istituto storico italiano per il medio evo e Archivio Muratoriano [BISIAM]. 1886–
Cahiers de civilisation médiévale, Xe – XIIe siècles [CCMéd]. 1958–
Classica et Mediaevalia. Revue danoise d'histoire et de philologie. 1938–
Collegium medievale. Tverrfaglig tidsskrift for middelalderforskning. 1988–
Deutsches Archiv für Erforschung des Mittelalters [DA]. 1951– [Vorg.]
Early medieval Europe [EME]. 1992–
Early medieval studies [EMS]. 1970–
Frühmittelalterliche Studien [FMSt]. Jahrbuch des Instituts für Frühmittelalterforschung der Universität Münster. 1967–
Italia medioevale e umanistica [IMU]. 1958–
Jahrbuch für Geschichte des Feudalismus [JGF]. 1977–1990
Journal of Medieval and Renaissance studies [JMRS]. 1971–
Journal of medieval history [JMH]. 1975–
Mediaeval Scandinavia [MSc]. A journal devoted to the study of medieval civilization in Scandinavia and Iceland. 1968–
Mediaeval Studies [MSt]. 1939–
Mediaevalia. A journal of mediaeval studies. 1975–

Mediaevistik. Internationale Zeitschrift für interdisziplinäre Mittelalterforschung. 1988–
Medieval and Renaissance studies [MARS]. Proceedings of the Southeastern Institute of Medieval and Renaissance Studies. 1965–1979 (1984)
Das Mittelalter. Perspektiven mediävistischer Forschung. 1996–
Le moyen âge [MA]. Revue d'histoire et de philologie. 1888– ; NF 1897– ; 1930–; 1946–
Quaderni medievali [QM]. 1976–
Reading medieval studies [RMS]. 1975–
Speculum. A journal of medieval studies. 1926–
Studi medievali [StM]. 1904–
Studies in Medieval and Renaissance history. [SMRH]. 1964–
Studies in medievalism. 1979–
Subsidia medievalia [SubMed]. 1972–
Zeitschrift für historische Forschung [ZHF]. Halbjahresschrift zur Erforschung des Spätmittelalters und der frühen Neuzeit. 1974–

2.3 Recht

Annali di storia del diritto [ASD]. 1957–
Anuario de historia del derecho espanol [AHDE]. 1924–
Ius commune. Veröffentlichungen des Max-Planck-Instituts für europäische Rechtsgeschichte. 1967–
Ius romanum medii aevi [IRMAE]. 1961–
Revue historique du droit français et étranger [RHDFE]. 1855–
Rivista di storia del diritto italiano [RSDI]. 1928–
Rivista internazionale di diritto comune [RIDC]. 1990–
Tijdschrift voor rechtsgeschiedenis [TRG]. 1918–
Zeitschrift der Savigny-Stiftung für Rechtsgeschichte [ZRG; ZSRG]: Germanistische Abt. [GA]. 1880–; Romanistische Abt. [RA]. 1880–; Kanonistische Abt. [KA]. 1911– [Vorg.]

2.4 Kirche, Kirchenrecht

2.4.1 Gesamtbereich ohne Orden

Analecta Bollandiana [ABoll]. Revue critique d'hagiographie. 1882–
Annuarium historiae conciliorum [AHC]. 1969–
Archiv für katholisches Kirchenrecht [AKKR]. 1857–
Archiv für Literatur- und Kirchengeschichte des Mittelalters [ALKGMA]. 1885–
Archiv für Liturgiewissenschaft [ALW]. 1950–

Archivum historiae pontificiae [AHP] 1963–
Bulletin of medieval canon law [BMCL]. 1971–
Bulletin of the Society for the study of the crusades and the Latin East. 1981–
Church history [ChH]. 1932–
Ephemerides theologicae Lovanienses. Theologia dogmatica, theologia moralis, jus canonicum. 1924–
Etudes grégoriennes. 1954–
Jahrbuch für Liturgiewissenschaft [JbLW]. 1921–
Journal of ecclesiastical history [JEH]. 1950–
Liturgisches Jahrbuch [LitJb]. 1951–
Münchener Studien zur historischen Theologie. 1921–
Österreichisches Archiv für Kirchenrecht. 1950–
Patristica et medievalia. 1975–
Revue d'hérésiologie médiévale. Edition de textes. Recherche. 1983–
Revue d'histoire de l'église de France [RHEF]. 1910–
Revue d'histoire ecclésiastique [RHE]. 1900–
Revue de droit canonique [RDC]. 1951–
Revue de l'Orient chrétien. 1896–
Revue grégorienne [RGreg]. Etudes de chant sacré et de liturgie. 1911–
Rivista di letteratura e di storia ecclesiastica [RLSE]. 1969–
Rivista di storia della chiesa in Italia [RSCI]. 1947–
Römische Quartalschrift für christliche Altertumskunde und Kirchengeschichte [RQ]. 1887–
Studia Gratiana [StudGrat]. 1953–
Studies in church history. 1962–
Zeitschrift für Kirchengeschichte [ZKG]. 1877–; 1950/51

2.4.2 Orden

Inhaltsübersicht der wichtigsten Zeitschriften in: **Bulletin du Centre européen de recherches sur les congrégations et ordres religieux** [CERCOR]

Alemannia Franciscana antiqua [AFrA]. 1956–; **Alsatia monastica**. 1950–; **Analecta Anselmiana** [AAns]. 1969–; **Analecta Augustianiana** [AAug]. 1905–; **Analecta Cartusiana** [ACart]. 1970–; **Analecta Franciscana**. [AFranc] 1883–; **Analecta Ordinis Carmelitorum** [ACarm]. 1909–; NS 1949–; **Analecta Ordinis Fratrum Minorum Capucinorum**. 1940–; **Analecta Praemonstratensia** [APraem]. 1925–; **Analecta Sacri Ordinis Cisterciensis**. [ACist] 1945–; **Analecta Sacri Ordinis Fratrum Predicatorum**. 1893–; **Archivum franciscanum historicum** [AFrH]. 1908–; **Archivum Fratrum Praedicatorum** [APraed]. 1931–; **Augustiniana**. Revue pour l'étude de Saint Augustin et de l'Ordre des Augustins. 1951–

Cîteaux. Commentarii cistercienses. Bulletin d'histoire cistercienne. Cistercian history abstracts [CCCist]. 1987–; **Collectanea cisterciensia** [ColCist] 1965– [Vorg.]; **Collectanea Franciscana** [CF]. 1931–

Dominican History Newsletter. Bulletin d'histoire dominicaine. Bollettino di storia domenicana [DHN]. 1992–
Franciscan Studies [FStud]. 1924–; **Franziskanische Studien** [FSt]. 1914–
Monastic studies. 1963–
Revue bénédictine [RBén]. 1884–; **Revue des études augustiniennes** [RAug]. 1955–
Studien und Mitteilungen zur Geschichte des Benediktinerordens und seiner Zweige [SMGB]. 1911– [Vorg.]; **Studies in medieval cistercian history**. 1971–

2.5 Wirtschaft, Gesellschaft

2.5.1 Allgemein/übergreifend

Annales. Économies. Sociétés. Civilisations. 1946– [Vorg.]
Economia e storia [EconStor]. Rivista italiana di storia economica e sociale. 1954–
The Economic history review [EconHR]. 1927–
Geschichte und Gesellschaft [GuG]. Zeitschrift für Historische Sozialwissenschaft. 1975–
Jahrbuch für Wirtschaftsgeschichte [JbWG]. 1960–
Journal for the economic and social history of the Orient [JESHO]. 1957–
The Journal of economic history [JEH]. 1941–
Past and Present [PP]. A journal of historical studies. 1952–
Revue d'histoire économique et sociale [RHES]. 1908–
Social history. 1976/77–
The Scandinavian economic history review [SEHR]. 1953–
Vierteljahrschrift für Sozial- und Wirtschaftsgeschichte [VSWG]. 1903– [Vorg.]

2.5.2 Demographie. Personenforschung

Annales de démographie historique. [ADH] Etudes, chronique, bibliographie, documents. 1965– [Vorg.]
Demography. 1964–
History of childhood quarterly. 1973–
Journal of family history. Studies in family, kinship and demography. 1976–
Medieval prosopography. 1980–
Pénélope. Pour l'histoire des femmes. 1979–

2.5.3 Juden

Aschkenas. Zeitschrift für Geschichte und Kultur der Juden. 1991–
Journal for the study of judaism [JSJ]. 1970–

Journal of jewish studies [JJS]. 1948–
Kairos. Zeitschrift für Judaistik und Religionswissenschaft. 1959–
Revue des études juives [REJ]. 1880–
Year Book. Publications of the Leo Baeck Institute. 1956–
Zeitschrift für die Geschichte der Juden. [ZGJ] 1964–1974 [Vorg.]

2.5.4 Agrargeschichte

Agricultural History [AgrH]. 1927–
The Agricultural History Review [AgrHR]. 1953–
Historia agriculturae [HistAgr]. Yaarbook uitgegeven door het Nederlands agronomisch–historisk instituut. 1953–
Rivista di storia dell'agricoltura [RSAgr]. 1961–
Zeitschrift für Agrargeschichte und Agrarsoziologie [ZAA]. 1953–

2.5.5 Klimageschichte

Klima. Climatic change. An interdisciplinary, international journal devoted to the description, causes and implications of climatic change. 1977/78–

2.5.6 Stadtgeschichte

Die alte Stadt. Vierteljahreszeitschrift für Stadtgeschichte, Stadtsoziologie und Denkmalpflege. 1984 [Vorg.]
Esslinger Studien. 1956– ; 1979– ; 1965–1971: Jahrbuch für Geschichte der oberdeutschen Reichsstädte
Hansische Geschichtsblätter [HGBll]. 1871–
Journal of urban history. 1974/75–
Storia della città. Rivista internazionale di storia urbana e territoriale. 1976–
Urban history Year book. 1974–

2.6 Landesgeschichte

2.6.1 Allgemein/übergreifend

Blätter für deutsche Landesgeschichte [BDLG]. 1937– [Vorg.]
Jahrbuch für die Geschichte Mittel- und Ostdeutschlands [JGMO]. 1952/53–
Jahrbuch für Regionalgeschichte und Landeskunde [JbRG]. 1990/92– [Vorg.]

2.6.2 Baden–Württemberg, Franken, Bayern

Archiv für Geschichte von Oberfranken. 1949/51– [Vorg.]
Beiträge zur Volkskunde in Baden-Württemberg. 1985–
Freiburger Diözesan-Archiv. 1865ff; NF 1900– ; 3. Folge 1949–

Jahrbuch des historischen Vereins für Mittelfranken. 1956–
Jahrbuch des Vereins für Augsburger Bistumsgeschichte. 1967–
Jahrbuch für fränkische Landesforschung [JFLF]. 1935–
Mainfränkisches Jahrbuch für Geschichte und Kunst. 1937/1949–
Württembergisch Franken. Jahrbuch des historischen Vereins für württembergisch Franken. 1882–
Würzburger Diözesan-Geschichtsblätter. 1933–
Zeitschrift des Historischen Vereins für Schwaben. 1874–
Zeitschrift für bayerische Kirchengeschichte [ZBKG]. 1926– [Vorg.]
Zeitschrift für bayerische Landesgeschichte [ZBLG]. 1928–
Zeitschrift für die Geschichte des Oberrheins [ZGO]. 1850–
Zeitschrift für württembergische Landesgeschichte [ZWLG]. 1937–

2.6.3 Saarland, Rheinland-Pfalz, Hessen, Thüringen

Archiv für hessische Geschichte und Altertumskunde. 1836– ; NS 1894–
Archiv für mittelrheinische Kirchengeschichte [AmrhKG]. 1949–
Hessisches Jahrbuch für Landesgeschichte [HJbLG]. 1951–
Jahrbuch für westdeutsche Landesgeschichte [JbWLG]. 1975–
Kurtrierisches Jahrbuch. 1961–
Mitteilungen des historischen Vereins der Pfalz [MHVP]. 1870–
Nassauische Annalen [NassA] . Jahrbuch des Vereins für nassauische Altertumskunde und Geschichtsforschung. 1913– [Vorg.]
Trierer Zeitschrift für Geschichte und Kunst des Trierer Landes und seiner Nachbargebiete [TZ]. 1926–
Zeitschrift des Vereins für Thüringische Geschichte [ZVThG]. 1992/1993– [Vorg.]
Zeitschrift für die Geschichte der Saargegend. 1951; 1956/57–

2.6.4 Sachsen, Brandenburg, Schlesien

Archiv für schlesische Kirchengeschichte [ASKG]. 1936–
Brandenburgische Jahrbücher [BrJbb]. Schriftenreihe für Natur- und Landschaftsschutz, Geschichtsforschung, Archivwesen, Boden- und Baudenkmalpflege, Volkskunde. 1936–
Jahrbuch für Berlin-Brandenburgische Kirchengeschichte. 1963– [Vorg.]
Jahrbuch für brandenburgische Landesgeschichte [JbBLG]. 1950–
Jahrbuch für schlesische Kirchengeschichte. 1996 [Vorg.]
Neues Archiv für sächsische Geschichte [NASäG]. (1888–); 1995– [Vorg.]

2.6.5 Rheinland, Westfalen

Annalen des Historischen Vereins für den Niederrhein [AHVN]. 1855–
Archiv für die Geschichte des Niederrheins. 1832–
Jahrbuch des Kölnischen Geschichtsvereins [JbKGV]. 1912–

Jahrbuch für Westfälische Kirchengeschichte. 1899–
Rheinische Vierteljahresblätter [RVB]. Mitteilungen des Instituts für geschichtliche Landeskunde der Rheinlande an der Universität Bonn. 1931–1942; 1948–
Westfälische Forschungen [WestFo]. Mitteilungen des Provinzialinstituts für westfälische Landes- und Volkskunde. 1938–
Westfälische Zeitschrift. 1931– [Vorg.]
Zeitschrift des Bergischen Geschichtsvereins. 1863–

2.6.6 Niedersachsen, Bremen, Schleswig-Holstein, Hamburg

Braunschweiger Jahrbuch. 1922–
Bremisches Jahrbuch. 1864–
Hannoversche Geschichtsblätter. 1898–
Jahrbuch der Gesellschaft für niedersächsische Kirchengeschichte. 1941/49– ; 1896–
Niedersächsisches Jahrbuch für Landesgeschichte [NdsJb]. 1924– [Vorg.]
Oldenburger Jahrbuch. 1877–; 1941/49–
Zeitschrift der Gesellschaft für schleswig-holsteinische Geschichte [ZSHG]. 1870–
Zeitschrift des Vereins für Hamburgische Geschichte. 1841/44–
Zeitschrift des Vereins für Lübeckische Geschichte und Altertumskunde. 1860–

2.6.7 Mecklenburg, Pommern

Jahrbuch für Bodendenkmalpflege in Mecklenburg [JbBM]. 1953–
Jahrbücher des Vereins für mecklenburgische Geschichte und Altertumskunde. 1836– ; teilweise auch: Mecklenburgische Jahrbücher
Pommersche Jahrbücher [PomJb]. 1900–

2.6.8 Ostsee, Skandinavien

Historisk Tidsskrift [HTD]. Hg. Danske historiske forening. 1840–
Historisk Tidsskrift Kristiniana [HTOs]. Oslo 1876–
Historisk Tidsskrift [HTSt]. Stockholm 1881– ; NF 1938– ; 1953–

2.6.9 Ostpreußen, Baltikum

Journal of baltic studies [JBS]. 1969–
Mitteilungen aus der livländischen Geschichte [MittLiv]. 1877–

2.6.10 Belgien

Revue belge de philologie et d'histoire. Belgisch tijdschrift voor filologie en geschiedenis [RBPH]. 1922–

2.6.11 Böhmen

Bohemia. Zeitschrift für Geschichte und Kunst der böhmischen Länder. A Journal of history and civilisation in east central Europe. 1980– [Vorg.]
Mediaevalia bohemica [MBohem]. 1969–

2.6.12 Elsaß, Lothringen

Annales de l'Est. 1887–
Annuaire de la société d'histoire et d'archéologie de la Lorraine [ASHAL]. 1920– [Vorg.]
Archives de l'église d'Alsace. 1946/47– [Vorg.]
Cahiers alsaciens d'archéologie, d'art et d'histoire. 1957– [Vorg.]
Revue d'Alsace. 1850–

2.6.13 Luxemburg

Hemecht. Zeitschrift für Luxemburger Geschichte. 1948–

2.6.14 Niederlande

Bijdragen voor de geschiedenis der Nederlanden. 1946–
Tijdschrift voor geschiedenis [TG]. 1886–

2.6.15 Österreich

Archiv für österreichische Geschichte [AÖG]. 1866– [Vorg.]
Mitteilungen des Instituts für österreichische Geschichtsforschung [MIÖG]. 1948–

2.6.16 Schweiz

Basler Zeitschrift für Geschichte und Altertumskunde. 1902–
Schweizerische Zeitschrift für Geschichte [SchZG]. Revue Suisse d'histoire. Rivista storica svizzera. 1951– [Vorg.]
Zeitschrift für schweizerische Archäologie und Kunstgeschichte. Revue suisse d'art et d'archéologie. 1939– [Vorg.]
Zeitschrift für schweizerische Kirchengeschichte. 1907–

2.7 Geistesgeschichte. Bildung. Kultur

2.7.1 Allgemein/übergreifend

Archiv für Kulturgeschichte [AKG]. 1903–

Bibliothèque d'humanisme et renaissance [BHR]. Travaux et documents. 1941– [Vorg.]
Etudes celtiques [ECelt]. 1936–
History of education. The journal of the history of education society. 1972–
History of universities. 1981–
Journal of the history of ideas [JHI]. 1940–
Mediaevalia et humanistica. Studies in medieval and renaissance culture. 1943–; NF 1970–
Renaissance studies. Journal of the Society for Renaissance studies. 1987–
Rivista di cultura classica e medioevale [RCCM]. 1959–
Studies in medieval culture. 1964–
Traditio. Studies in ancient and medieval history, thought and religion. 1943–
Viator. Medieval and Renaissance studies. 1970–

2.7.2 Buch und Bibliothek

Archiv für Geschichte des Buchwesens [AGB]. 1958–
Archiv für Schreib- und Buchwesen [ASchBW]. 1927–
Beiträge zum Buch- und Bibliothekswesen [BBBW]. 1954–
Biblos. Österreichische Zeitschrift für Buch- und Bibliothekswesen, Dokumentation, Bibliographie und Bibliophilie. 1952–
Gutenberg-Jahrbuch. 1926–
Revue française d'histoire du livre. 1974–
Zeitschrift für Bibliothekswesen und Bibliographie [ZfBB]. 1954–

2.7.3 Kunst

Aachener Kunstblätter [AaKbll]. 1906–
Archiv für Kunstgeschichte [AKu]. 1913–
Art history. 1978–
Arte medievale. 1983–
Journal of the Warburg and Courtauld Institutes [JWarburg]. 1937–
Marburger Jahrbuch für Kunstwissenschaft [MJb]. 1924–
Mitteilungen des kunsthistorischen Institutes in Florenz. 1908/11–
Münchner Jahrbuch der bildenden Kunst [MüJb]. 1906– ; NF 1924– ; 1950–
Revue de l'art chrétien [RAChr]. 1857–
Zeitschrift für Kunstgeschichte [ZK]. 1932–

2.7.4 Musik

Archiv für Musikforschung [AMF]. 1936–
Archiv für Musikwissenschaft [AMW]. 1918–
Early music history. Studies in medieval and early modern music. 1981–
Die Musikforschung [MF]. 1961–

2.7.5 Philosophie, Theologie

Archiv für Begriffsgeschichte [AfB]. 1955–
Archiv der Philosophie [APh]. 1947–
Archiv für Geschichte der Philosophie [AGPh]. 1888–
Archives d'histoire doctrinale et littéraire du moyen-âge [AHDL]. 1926–
Beiträge zur Geschichte der Philosophie und Theologie des Mittelalters [BGPTM]. 1928/30– [Vorg.]
Bulletin de philosophie médiévale. [BPhM] 1964– [Vorg.]
Bulletin de théologie ancienne et médiévale [BTAM]. Bulletin of ancient and medieval Christian Literature. 1929/1932–
Cahiers de l'Institut du moyen âge grec et latin [CIMA]. 1930–
Documenti e studi sulla tradizione filosofica medievale. Rivista della Società Internazionale per lo Studio del Medioevo Latino. 1990–
Freiburger Zeitschrift für Philosophie und Theologie [FZPhTh]. 1954– [Vorg.]
Medioevo. Rivista di storia della filosofia medievale. 1975–
Münchener Theologische Zeitschrift [MThZ]. 1950–
Philosophisches Jahrbuch der Görres Gesellschaft [PhJb]. 1888–
Philosophy and History. 1968–
Recherches de théologie ancienne et médiévale [RThAM]. A journal of ancient and medieval christian literature. 1929–
Revue des sciences philosophiques et théologiques [RSPhTh]. 1907–1940; 1947–
Revue Mabillon. Revue internationale d'histoire et de litterature religieuse. International Review for Ecclesiastical History and Literature. NS 1990–
Rivista critica di storia della filosofia [RCSF]. 1946–
Sacris Erudiri [SacEru]. Jaarboek voor Godsdienstwetenschappen. 1948–
Studies in medieval and reformation thought. 1966–
Theologie und Philosophie [ThPh]. Vierteljahresschrift für Theologie und Philosophie. 1966– [Vorg.]
Theologische Zeitschrift [ThZ]. 1945–
Trierer Theologische Zeitschrift [TThZ]. 1947– [Vorg.]
Vivarium. An international journal for the philosophy and the intellectual life of the middle ages and renaissance. 1974– [Vorg.]
Zeitschrift für Theologie und Kirche [ZThK]. 1891–

2.7.6 Sprache und Literatur

Anzeiger für deutsches Altertum und deutsche Literatur [ADA]. 1876–1944–; NF 1948/50–
Archivum latinitatis medii aevi. [ALMA] Bulletin Du Cange. 1924–
Beiträge zur Geschichte der deutschen Sprache und Literatur (Pauls und Braunes Beiträge) [PBB]. Halle 1874– ; Tübingen 1955–
Beiträge zur Namenforschung. 1949–
Bien dire et bien aprandre. Revue de médiévistique. 1978–

Colloquia Germanica. Internationale Zeitschrift für germanische Sprache und Literaturwissenschaft. 1967–
Deutsche Vierteljahrsschrift für Literaturwissenschaft und Geistesgeschichte [DVjs]. 1923–
Euphorion. Zeitschrift für Literaturgeschichte. 1894–
Germanisch-romanische Monatsschrift [GRM]. 1909– ; NF 1950ff
Journal of medieval latin [JML]. 1990–
Le médiéviste et l'ordinateur. 1979–
Médiévales. Langue, textes, histoire. 1982–
Medioevo Romanzo [MR]. 1974–
Medium aevum [MedAev]. 1932–
Mittellateinisches Jahrbuch [MlatJb]. Internationale Zeitschrift für Mediävistik. 1964–
Onoma. 1950–
Onomastica slawogermanica. 1965–
Perspectives médiévales. 1975–
Philologus. Zeitschrift für klassische Philologie. 1846– [auch Mittellatein]
Revue internationale d'onomastique. 1949–
Revue d'histoire des textes. 1971– [Vorg.: Bulletin IRHT]
Revue du moyen–âge latin [RMAL]. Etudes, textes, chronique, bibliographie. 1945–
Romanische Forschungen. Vierteljahresschrift für romanische Sprachen und Literaturen. 1883–
Romanistisches Jahrbuch [RJb]. 1947–
Studi mediolatini e volgari [SMV]. 1953–
Studies in medieval and renaissance latin language and literature. 1933–
Zeitschrift für deutsche Philologie [ZfdPh]. 1869–
Zeitschrift für deutsches Altertum und deutsche Literatur [ZfdA]. 1841–
Zeitschrift für romanische Philologie [ZRPh]. 1877–

2.8 Mathematik. Naturwissenschaften. Medizin. Technik

2.8.1 Allgemein/übergreifend

Abhandlungen zur Geschichte der Medizin und der Naturwissenschaften. 1934–
Ambix. The journal of the Society for the study of alchemy and early chemistry. 1937–
Archiv für Geschichte der Naturwissenschaften und der Technik [AGNT]. 1909–
Archive for history of Exact sciences [AHExSc]. 1960–
Archives internationales d'histoire des sciences [AIHS]. 1947–
Bibliotheca mathematica. Zeitschrift für Geschichte der mathematischen Wissenschaften. 1884–

British journal for the history of science. 1962/63–
Centaurus. International magazine of the history of mathematics, science and technology of science and medicine. 1950–
Historia mathematica [HM]. International journal of history of mathematics. 1974–
History of science. An annual review of literature, research and teaching. 1962–
An international review devoted to the history of science and its cultural influences. 1971–
Journal for the history of astronomy [JHA]. 1970–
Micrologus. Natura, scienze e società medievali/Nature, Sciences and Medieval Societies. 1993–
Quellen und Studien zur Geschichte der Naturwissenschaften und der Medizin [QStGNM]. 1931–
Sudhoffs Archiv für Geschichte der Medizin und der Naturwissenschaften [SudArch]. 1907–

2.8.2 Medizin, Pharmazie

Archiv der Pharmazie [APharm]. 1822–
Beiträge zur Geschichte der Medizin [BGM]. 1948–
Beiträge zur Geschichte der Pharmazie [BGPharm]. Mitteilungsblatt der Internationalen Gesellschaft für Geschichte der Pharmazie. 1969–
Bulletin of the history of medicine [BHM]. 1933–
Clio medica. Acta Academiae internationalis historiae medicinae. 1965–
Episteme. Rivista critica di storia delle scienze mediche e biologiche. 1967– [Vorg.]. 1945–
Journal of the history of medicine and allied sciences [JHM]. 1946–
Medical history [MedHist]. 1957–
Medizin, Gesellschaft und Geschichte [MedGG]. Jahrbuch des Institus für Geschichte der Medizin der Robert Bosch Stiftung. 1981–
Medizinhistorisches Journal [MedJourn]. 1966–
Pagine di storia della medicina [PSM]. 1957–
Pharmacy in history [PharmHist]. 1959–
Revue d'histoire de la pharmacie [RHPharm]. 1930– [Vorg.]
Rivista di storia della medicina [RSM]. 1957–
Rivista di storia delle scienze mediche e naturali [RSSMN]. 1910–
Social history of medicine. 1988–
Würzburger medizinhistorische Mitteilungen. 1983–

2.8.3 Technik

Blätter für Technikgeschichte. 1962– [Vorg.]
Historical metallurgy. Journal of the Historical metallurgy society. 1967–
Revue d'histoire des sciences et de leurs applications. 1947–

Technikgeschichte [TechG]. Beiträge über die geschichtliche Entwicklung der Technik und Industrie. 1933–41; 1965– [Vorg.]
Textile history. 1968/70–

2.9 Byzanz, Islam

Byzantinische Forschungen. Internationale Zeitschrift für Byzantinistik. 1966–
Byzantinische Zeitschrift [ByzZ]. 1892–
Byzantion. Revue internationale des études byzantines. 1924–
Der Islam. Zeitschrift für Geschichte und Kultur des islamischen Orients. 1910–
Revue des études byzantines [RByz]. 1946–
Revue des études islamiques [REI]. 1927–

2.10 Militärgeschichte, Burgen-, Waffen-, Kostümkunde

Armes anciennes. Revue consacrée à l'étude des armes anciennes. 1953/54–
Burgen und Schlösser. Zeitschrift der deutschen Burgenvereinigung e.V. für Burgenkunde und Denkmalpflege. 1960–
Château-Gaillard. Etudes de castellologie européenne. 1964–
Revue belge d'histoire militaire. 1965–
Revue internationale d'histoire militaire. 1939/40–
Waffen und Kostümkunde [WKK]. Zeitschrift der Gesellschaft für historische Waffen- und Kostümkunde. 1959– [Vorg.]

2.11 Hilfswissenschaften

2.11.1 Archäologie

Acta historica et archaeologica medievalia. 1980–
Archeologia medievale [ArchMed]. 1974–
Archéologie médiévale [ArchM]. 1971–
Cahiers archéologiques [CahArch]. Fin de l'antiquité et moyen-âge. 1945–
Medieval archaeology [MArch]. Journal of the Society of medieval archaeology. 1957–
Medieval ceramics. Bulletin for the medieval pottery research group. 1977–
Post-medieval archaeology. 1967/68–
Rivista di archeologia cristiana [RivAC]. 1924–
Zeitschrift für Archäologie [ZA]. 1967–
Zeitschrift für Archäologie des Mittelalters [ZAM]. 1973–

2.11.2 Archivkunde, Diplomatik, Paläographie

Archiv für Diplomatik, Schriftgeschichte, Siegel- und Wappenkunde [AfD]. 1955– [Vorg.]
Archivalische Zeitschrift [AZ]. 1876– ; NF 1890– ; 3. Folge 1915–
Der Archivar. Mitteilungsblatt für das deutsche Archivwesen. 1947/48–
Archivum. International review on archives. 1951–
Bibliothèque de l'Ecole des Chartes [BECh]. 1839–
Bullettino dell'Archivio paleografico italiano [BAPI]. 1908–1949; NS 1955–
Codices manuscripti [CodMan]. Zeitschrift für Handschriftenkunde. 1975–
Journal of the Society of Archivists. 1955–
Scriptorium. Revue internationale des études relatives aux manuscrits. International review of manuscript studies. 1946/47–

2.11.3 Genealogie, Heraldik, Sphragistik

Archivum Heraldicum. 1954– [Vorg.]
Le blason. Revue mensuelle belge de généalogie, d'héraldique et de sigillographie. 1946–
Bulletin français d'héraldique et de sigillographie [BFHS]. 1947– [Vorg.]
Coat of Arms. 1950–
Genealogisches Jahrbuch. 1961–
Göttinger Mitteilungen für genealogische, heraldische und verwandte Forschung [GMGHF]. 1951– [Vorg.]
Der Herold. Vierteljahresschrift für Heraldik, Genealogie und verwandte Wissenschaften. 1959– [Vorg.]
Revue générale de généalogie et d'héraldique. 1963–
Rivista araldica. 1903–

2.11.4 Historische Geographie

Imago mundi. The journal of the International Society for the history of cartography. 1935–
Journal of historical geography. 1975–

2.11.5 Metrologie

Cahiers de Métrologie. 1983–
Histoire et mesure. 1986–

2.11.6 Numismatik, Geldgeschichte

Aureus. Zeitschrift für Numismatik und Geldwesen. 1959–
Berliner Numismatische Zeitschrift [BNumZ]. 1949–
British numismatic journal. 1905–

Bulletin de numismatique [BullNum]. 1891–
Etudes numismatiques. 1960–
Hamburger Beiträge zur Numismatik [HBNum]. 1947–
Jaerboeek van het Koninklijk Nederlandsch Genootschap voor Munt- en Penningkunde. 1914– [Vorg.]
Jahrbuch für Numismatik und Geldgeschichte [JbNum]. 1949– [Vorg.]
Mitteilungen der österreichischen numismatischen Gesellschaft [MÖNumG]. 1947/48– [Vorg.]
The numismatic chronicle [NumChron]. 1938/39–
Numismatic literature. 1947–
Numismatische Zeitschrift [NumZ]. 1869–
Revue belge de numismatique et de sigillographie [RBNS]. 1908– [Vorg.]
Revue numismatique [RNum]. 1836–
Rivista italiana di numismatica. 1888–
Schweizer Münzblätter. 1949/50–
Schweizerische numismatische Rundschau. 1939–

2.11.7 Volkskunde

Deutsches Jahrbuch für Volkskunde [DtJbV]. 1955–
Jahrbuch für Volkskunde und Kulturgeschichte [JbV]. 1973–
Österreichische Zeitschrift für Volkskunde [ÖZVK]. 1947– [Vorg.]
Schweizerisches Archiv für Volkskunde [SchAV]. 1897–
Zeitschrift für Volkskunde [ZVK]. 1930– [Vorg.]

3 Reihen

3.1 Deutsche und europäische Geschichte

Abhandlungen zur Handels- und Sozialgeschichte [AHSG]. 1.1958–
Arbeiten zur Frühmittelalterforschung. Schriftenreihe des Instituts zur Frühmittelalterforschung der Universität Münster [AzF]. 1.1980–
Archiv für Kulturgeschichte. Beihefte [AKG.Bh]. 1.1951–
Beiträge zur Geschichte der Städte Mitteleuropas [BGSM]. 1.1963–
Beiträge zur Geschichte und Quellenkunde des Mittelalters [BGQM]. 1.1975–
Beiträge zur Wirtschafts- und Sozialgeschichte [BWSG]. 19.1982– ; Vorg.: Beiträge zur Wirtschaftsgeschichte [BWG]. 1.1978–18.1982
Berliner Historische Studien [BHS]. 1.1980–
Bibliothek des Deutschen Historischen Instituts in Rom [BDHIR]. Bd. 18.1939– ; Vorg.: Bibliothek des Preußischen Historischen Instituts in Rom [BPHIR]. 1. 1905–17.1930
Bochumer Historische Studien. Mittelalterliche Geschichte [BoHS.MG]. 1.1977–
Bonner Historische Forschungen [BHF]. 1.1952–
Dissertationen zur Mittelalterlichen Geschichte [DMG]. 1.1982–
Forschungen zur Deutschen Rechtsgeschichte [FDRG]. 1.1961–
Forschungen zur Geschichte der Juden. Abteilung A: Darstellungen [FGJ.A]. 1.1995–; Abteilung B: Quellen [FGJ.B]. 1.1996–
Forschungen zur Kaiser- und Papstgeschichte des Mittelalters. Beihefte zu J. F. Böhmer, Regesta Imperii [FKPM]. 1.1978–
Forschungen zur Kirchlichen Rechtsgeschichte und zum Kirchenrecht [FKRK]. 1.1957–
Forschungen zur Mittelalterlichen Geschichte [FMG]. 1. 1956–
Francia. Beihefte [Fr.Bh]. 1.1975–
Frankfurter Historische Abhandlungen [FHA]. 1.1972– ; Beihefte [FHA.Bh]. 1.1974–
Freiburger Rechtsgeschichtliche Abhandlungen [FRA]. 1.1931–6.1937; 7 NF 1.1978–
Geist und Werk der Zeiten. Arbeiten aus dem Historischen Seminar der Universität Zürich [GWZ]. 1.1957–
Göttinger Beiträge zur Wirtschafts- und Sozialgeschichte [GBWS]. 1.1978–
Göttinger Studien zur Rechtsgeschichte [GSRG]. 1.1969– ; Sonderbände. Arbeiten zur Rechts- und Sprachwissenschaft [GSRG.Sbd]. 1.1969–
Historische Studien [HS]. 1.1896–
Kieler Historische Studien [KHS]. 1.1966–
Kölner Historische Abhandlungen [KHA]. 1.1959–
Konstanzer Geschichts- und Rechtsquellen [KGRq]. 6.1954–; 1–5.1949–1951: Konstanzer Stadtrechtsquellen

Miscellanea Mediaevalia. Veröffentlichungen des Thomas–Instituts der Universität zu Köln [MM]. 1.1962–

Mitteilungen des Instituts für Österreichische Geschichtsforschung. Ergänzungsbände [MIÖG.Ergbd]. 1.1885–

Mitteldeutsche Forschungen [MdtF]. 1.1954– ; Sonderreihe. Quellen und Darstellungen in Nachdrucken [MdtF.Sr]. 1.1983–

Monographien zur Geschichte des Mittelalters [MGM]. 1.1970–1971

Münchener Beiträge zur Mediävistik und Renaissance-Forschung [MBMRF]. 1.1967– ; Beihefte [MBMRF.Bh]. 1.1972–

Münchener Historische Studien. Abt. **Geschichtliche Hilfswissenschaften** [MHS.GH]. 1.1965–

Münchener Historische Studien. Abt. **Mittelalterliche Geschichte** [MHS.MG]. 1.1964–

Münchner Beiträge zur Vor- und Frühgeschichte [MBVFG]. 1.1951–

Münsterische Forschungen [MF]. 16. 1965–; 1–15. 1950–1964: Münstersche Forschungen

Münstersche Mittelalter-Schriften [MMS]. 1.1970–

Nationes. Historische und philologische Untersuchungen zur Entstehung der europäischen Nationen im Mittelalter. 1.1978–

Päpste und Papsttum [PuP]. 1.1971–

Pariser Historische Studien [PHS]. 1.1962–

Passauer Historische Forschungen [PHF]. 1.1986–

Persönlichkeit und Geschichte. Biographische Reihe [PuG]. 1.1957–

Quellen und Darstellungen zur Hansischen Geschichte [QDHG]. NF 6.1928– ; Vorg.: Hansische Geschichtsquellen [HGq]. 1.1875– ; NF 1.1897– ; NF 5. 1922–

Quellen und Forschungen aus dem Gebiete der Geschichte [QFGG]. AF 1.1892– ; NF 1.1979–

Quellen und Forschungen zum Recht im Mittelalter [QFRM]. 1.1982–

Quellen und Forschungen zur Höchsten Gerichtsbarkeit im Alten Reich [QFHG]. 1.1973– ; Sonderreihe [QFHG.Sr]. 1.1988–

Quellen und Forschungen zur Lateinischen Philologie des Mittelalters [QFLPM]. 1.1906–

Quellen und Studien zur Geschichte des Deutschen Ordens [QSGDO]. 1.1967–

Rechtshistorische Reihe [RR]. 1.1982–

Schriften des Historischen Kollegs. Kolloquien [SHK.K]. 1.1982– ; Vorträge [SHK.V]. 1.1982 –; Dokumentationen [SHK.D]. 1.1984–

Schriften der Monumenta Germaniae Historica [SMGH]. 1.1938–

Settimane di studio del Centro italiano di studi sull'alto medioevo. [SSCI] 1. Spoleto 1953–

Stadt in der Geschichte. Veröffentlichungen des Südwestdeutschen Arbeitskreises für Stadtgeschichtsforschung [SiG]. 1.1977–

Städteforschung. Veröffentlichungen des Instituts für Vergleichende Städtegeschichte in Münster. Reihe A: Darstellungen [SF.A]. 1.1976– ; Reihe B: Handbücher [SF.B]. 1.1986– ; Reihe C: Quellen [SF.C]. 1.1985–

Studien und Vorarbeiten zur Germania Pontificia [SVGP]. 1.1912–
Trierer Historische Forschungen [THF]. 1.1981–
Untersuchungen zur Deutschen Staats- und Rechtsgeschichte [UDSRG]. AF 1.1878– ; NF 1.1962–
Veröffentlichungen des Grabmann-Institutes zur Erforschung der Mittelalterlichen Theologie und Philosophie [VGI]. AF 1.1958– [Sonderh. zu Bd. 9. 1964]; NF 1.1967–
Veröffentlichungen des Instituts für Mittelalterliche Realienkunde Österreichs [VIMRÖ]. 1.1976–
Veröffentlichungen des Max-Planck-Instituts für Geschichte [VMPIG]. 1.1972–
Vierteljahrschrift für Sozial- und Wirtschaftsgeschichte. Beihefte [VSWG.Bh]. 1.1923–
Vorträge und Forschungen [VuF]. 1.1952– ; Sonderbände [VuF.Sonderbd.]. 1.1963–
Zeitschrift für Historische Forschung. Beihefte [ZHF.Bh]. 1.1985–

3.2 Regionale deutsche Geschichte

Forschungen aus Württembergisch-Franken [FaWF]. 1.1967–
Forschungen zur Oberrheinischen Landesgeschichte [FOLG]. 1.1954–
Miscellanea Bavarica Monacensia. Dissertationen zur Bayerischen Landesgeschichte und Münchener Stadtgeschichte [MBM]. 1.1967–
Mitteldeutsche Forschungen [MdtF]. 1.1954– ; Sonderreihe. Quellen und Darstellungen in Nachdrucken [MdtF.Sr]. 1.1983–
Münchener Historische Studien. Abt. **Bayerische Geschichte** [MHS.BG]. 1.1955–
Oberrheinische Studien [OrhStud]. 1.1970–
Quellen und Abhandlungen zur mittelrheinischen Kirchengeschichte [QAmrhKG]. 1.1954–
Quellen und Darstellungen zur Geschichte Niedersachsens [QDGN]. 1.1883–
Quellen und Forschungen zur Geschichte Schleswig-Holsteins [QFGSH]. 1.1914–25.1940; 26.1952–
Rheinisches Archiv. Veröffentlichungen des Instituts für Geschichtliche Landeskunde der Rheinlande an der Universität Bonn [RhA]. 1.1922–; bis 7: Arbeiten zur Landes- und Kulturgeschichte
Veröffentlichungen der Historischen Kommission für Hessen [VHKH] 1.1972–; Vorg.: Veröffentlichungen der Historischen Kommission für Hessen und Waldeck [VHKHuW]. 1.1898–44.1941; 45/50.1947–74.1971
Veröffentlichungen der Kommission für Geschichtliche Landeskunde in Baden-Württemberg. Reihe A: Quellen [VKGLBW. A]. 1.1958–; Reihe B: Forschungen [VKGLBW. B]. 1.1958–

4 Festschriften, Sammelschriften

4.1 Festschriften

Landwirtschaft und ländliche Gesellschaft in Geschichte und Gegenwart. FS **Wilhelm Abel**. Hannover 1964 (SLS 44)

Wirtschaftliche und soziale Strukturen im säkularen Wandel. FS Wilhelm Abel zum 70. Geburtstag. Bd. 1–3. Hg. I. Bog … Hannover 1974 (SLS 70)

Theorie und Empirie in Wirtschaftspolitik und Wirtschaftsgeschichte. FS Wilhelm Abel zum 80. Geburtstag. Hg. K.H. Kaufhold; F. Riemann. Göttingen 1984 (GBWS 11)

Grundwissenschaften und Geschichte. FS **Peter Acht**. Hg. W. Schlögl; P. Herde. Kallmünz/Oberpf. 1976 (MHS.GH 15)

Beiträge zur Wirtschafts- und Stadtgeschichte. FS **Hektor Ammann**. Hg. H. Aubin … Wiesbaden 1965

The medieval Levant. Studies in memory of **Eliyahu Ashtor** (1914–1984). Hg. B. Z. Kedar … Haifa 1988 (AAS 22, 1–3)

Geschichtliche Landeskunde und Universalgeschichte. Festgabe für **Hermann Aubin**. Hamburg 1950

Festgabe Hermann Aubin zum 65. Geburtstag. Bonn 1950/51 (RVB 15–16)

Syntagma Friburgense. Historische Studien, Hermann Aubin dargebracht zum 70. Geburtstag. Lindau … 1956 (SKK 1)

FS Hermann Aubin zum 80. Geburtstag. Bd. 1–2. Hg. O. Brunner … Wiesbaden 1965

Secundum regulam vivere. FS **P. Norbert Backmund** O. Praem. Hg. G. Melville. Windberg 1978

FS **Karl Siegfried Bader**. Rechtsgeschichte, Rechtssprache, Rechtsarchäologie, rechtliche Volkskunde. Hg. F. Elsener; Wilhelm H. Ruoff. Zürich … 1965

Nit anders denn liebs und guets. Petershausener Kolloquium aus Anlaß des 80. Geburtstags von Karl S. Bader. Hg. C. Schott; C. Soliva. Sigmaringen 1986

FS **Johannes Bärmann**. Tl. 1–2. Wiesbaden 1966–1967 (GLK 3,1–2)

Recht und Wirtschaft in Geschichte und Gegenwart. FS Johannes Bärmann zum 70. Geburtstag. Hg. M. Lutter … München 1975

Beiträge zur mittelrheinischen Landesgeschichte. FS Johannes Bärmann. Wiesbaden 1980 (GLK 21)

Renaissance studies in honour of **Hans Baron**. Hg. A. Molho; J.A. Tedeschi. Florenz 1971

Geschichte, Wirtschaft, Gesellschaft. FS **Clemens Bauer** zum 75. Geburtstag. Hg. E. Hassinger … Berlin 1974

Deus qui mutat tempora. Menschen und Institutionen im Wandel des Mittelalters. FS **Alfons Becker** zu seinem 65. Geburtstag. Hg. E.-D. Hehl … Sigmaringen 1987

FS **Helmut Beumann** zum 65. Geburtstag. Hg. K.-U. Jäschke; R. Wenskus. Sigmaringen 1977

FS **Bernhard Bischoff** zu seinem 65. Geburtstag. Hg. J. Autenrieth; F. Brunhölzl. Stuttgart 1971

Scire litteras. Forschungen zum mittelalterlichen Geistesleben. FS Bernhard Bischoff. Hg. S. Krämer ... München 1988 (ABAW.PHK 99)

Les juifs au regard de l'histoire. Mélanges en l'honneur de **Bernhard Blumenkranz**. Hg. G. Dahan. Paris 1985

Universität und Bildung. FS **Laetitia Boehm** zum 60. Geburtstag. Hg. W. Müller ... München 1991

Discordia Concors. Festgabe für **Edgar Bonjour** zu seinem 70. Geburtstag. Bd. 1–2. Hg. M. Sieber. Basel ... Stuttgart 1968

Gesellschaft und Herrschaft. Forschungen zu sozial- und landesgeschichtlichen Problemen vornehmlich in Bayern. Eine Festgabe für **Karl Bosl** zum 60. Geburtstag. Red. R. van Dülmen. München 1969

Bayerische Geschichte als Tradition und Modell. FS Karl Bosl zum 65. Geburtstag. Hg. F. Prinz. München 1973 (ZBLG 36,2)

Geschichte in der Gesellschaft. FS Karl Bosl zum 65. Geburtstag. Hg. F. Prinz ... Stuttgart 1974

Die böhmischen Länder zwischen Ost und West. FS Karl Bosl zum 75. Geburtstag. Hg. F. Seibt. München ... 1983 (VCC 55)

Gesellschaftsgeschichte. FS Karl Bosl zum 80. Geburtstag. Bd. 1–2. Hg. F. Seibt. München 1988

Lübeck, Hanse, Nordeuropa. Gedächtnisschrift für **Ahasver von Brandt**. Hg. K. Friedland; R. Sprandel. Köln ... 1979

Mélanges en l'honneur de **Fernand Braudel**. Bd. 1–2. Toulouse 1973

Church and city, 1100–1500. Essays in honour of **Christopher Brooke**. Hg. D. Abulafia ... Cambridge 1992

Tradition und Wertung. FS **Franz Brunhölzl**. Hg. G. Bernt ... Sigmaringen 1989

Alteuropa und die moderne Gesellschaft. FS **Otto Brunner**. Göttingen 1963

Lateinische Dichtungen des X. und XI. Jahrhunderts. Festgabe für **Walther Bulst** zum 80. Geburtstag. Hg. W. Berschin; R. Düchting. Heidelberg 1981

Festgabe zum 60. Geburtstag von **Joachim Bumke** am 31. März 1989. Hg. U. Peters; J. Heinzle. Tübingen 1989 (BGDSL 111, 2)

FS **Louis Carlen** zum 60. Geburtstag. Hg. L.C. Morsak; M. Escher. Zürich 1989

Cloth and clothing in medieval Europe. Essays in memory of **Eleanor Mary Carus Wilson**. Hg. N.B. Harte; K.E. Ponting. London 1983 (PSTH 2)

La vie, la mort, la foi, le temps. Mélanges offerts à **Pierre Chaunu**. Paris 1993

Villes, bonnes villes, cités et capitales. Etudes d'histoire urbaine (XIIe–XVIIe siècle) offertes à **Bernard Chevalier**. Hg. M. Bourin. Tours 1989

Mathematics and its applications to science and natural philosophy in the Middle Ages. Essays in honour of **Marshall Clagett**. Hg. E. Grant; J.E. Murdoch. Cambridge 1987

Churrätisches und st. gallisches Mittelalter. FS **Otto P. Clavadetscher** zu seinem 65. Geburtstag. Hg. H. Maurer. Sigmaringen 1984

Aspekte europäischer Rechtsgeschichte. Festgabe für **Helmut Coing** zum 70. Geburtstag. Frankfurt/M. 1982 (IC.Sh 17)

Europäisches Rechtsdenken in Geschichte und Gegenwart. FS Helmut Coing zum 70. Geburtstag. Bd. 1–2. Hg. N. Horn … München 1982

Beiträge zur Rechtsgeschichte. Gedächtnisschrift für **Hermann Conrad**. Hg. G. Kleinheyer; P. Mikat. Paderborn 1979 (RSVGG NF 34)

Ars impressoria. Entstehung und Entwicklung des Buchdrucks. Eine internationale Festgabe für **Severin Corsten** zum 65. Geburtstag. Hg. H. Limburg … München … 1986

Rhein und Maas verbunden. FS Severin Corsten zum 65. Geburtstag. Hg. G. Knopp … Bonn 1985 (AHVN 188)

The light of nature. Essays in the history and philosophy of science, presented to **Alistair C. Crombie**. Hg. D. North; J.J. Roche. Dordrecht 1985 (AIHI 110)

Speculum Sueviae. FS **Hansmartin Decker-Hauff** zum 65. Geburtstag. Bd. 1–2. Hg. H.-M. Maurer; F. Quarthal. Stuttgart 1982 (ZWLG 40/41)

Pascua medievalia. Studies voor **J.M. de Smet**. Red. R. Lievens … Löwen 1983 (MLov I. 10)

Villes et campagnes au moyen âge. Mélanges **Georges Despy**. Hg. J.-M. Duvosquel; A. Dierkens. Lüttich 1991

Geschichtliche Landeskunde der Rheinlande. Regionale Befunde und raumübergreifende Perspektiven. **Georg Droege** zum Gedenken. Hg. M. Nikolay-Panter … Köln … 1994

Femmes. Mariages – lignages. XIIe–XIVe siècles. Mélanges offerts à **Georges Duby**. Brüssel 1992 (BMA 1)

Histoire et société. Mélanges offerts à Georges Duby. Bd. 1–4. Aix-en-Provence 1992

Volkskultur und Geschichte. FS **Josef Dünninger** zum 80. Geburtstag. Hg. D. Harmening; E. Wimmer. Würzburg 1986 (QFEE 3)

Florilegium Sangallense. FS **Johannes Duft** zum 65. Geburtstag. Hg. O.P. Clavadetscher … Sigmaringen 1980

Storiografia e storia. Studi in onore di **Eugenio Dupré-Theseider**. Bd.1–2. Rom 1974 (USR.FM.ISS)

Studien zu den germanischen Volksrechten. Gedächtnisschrift für **Wilhelm Ebel**. Vorträge, gehalten auf dem Fest-Symposium anläßlich des 70. Geburtstages von Wilhelm Ebel. Hg. G. Landwehr. Frankfurt/M. …. 1982 (RR 1)

Ut populus ad historiam trahatur. Festgabe für **Herwig Ebner** zum 60. Geburtstag. Hg. G.M. Dienes … Graz 1988

Wert und Bewertung von Arbeit im Mittelalter und in der frühen Neuzeit. Herwig Ebner zum 65. Geburtstag. Hg. G. Jaritz; K. Sonnleitner. Graz 1995

Fachliteratur des Mittelalters. FS **Gerhard Eis**. Hg. G. Keil … Stuttgart 1968

FS **Ferdinand Elsener** zum 65. Geburtstag. Hg. L. Carlen; F. Ebel. Sigmaringen 1977

Rom im hohen Mittelalter. Studien zu den Romvorstellungen und zur Rompolitik vom 10. bis zum 12. Jahrhundert. FS **Reinhard Elze** zu seinem 70. Geburtstag. Hg. B. Schimmelpfennig; L. Schmugge. Sigmaringen 1992

Köln – Stadt und Bistum in Kirche und Reich des Mittelalters. FS **Odilo Engels** zum 65. Geburtstag. Hg. H. Vollrath; S. Weinfurter. Köln … 1993 (KHA 39)

Libellus ad magistram. **Edith Ennen** zum 60. Geburtstag. Saarbrücken 1967

Die Stadt in der europäischen Geschichte. FS Edith Ennen. Hg. W. Besch … Bonn 1972

Rechtsgeschichte als Kulturgeschichte. FS **Adalbert Erler** zum 70. Geburtstag. Hg. H.-J. Becker … Aalen 1976

Recht, Gericht, Genossenschaft und Policey. Studien zu Grundbegriffen der germanistischen Rechtshistorie. Symposion für Adalbert Erler. Hg. G. Dilcher; B. Diestelkamp. Berlin 1986

Beiträge zur Geschichte des Regnum Francorum. Referate beim Wissenschaftlichen Colloquium zum 75. Geburtstag von **Eugen Ewig**. Hg. R. Schieffer. Sigmaringen 1990 (Francia.Bh 22)

Studi in onore di **Amintore Fanfani** nel venticinquennio di cattedra universitaria. Bd.1–6. Mailand 1962

La Storia come storia della civiltà. Atti del Memorial per **Gina Fasoli** (Bologna 3 aprile 1993). Hg. S. Neri; P. Porta. Bologna 1993

Eventail de l'histoire vivante. Hommage à **Lucien Febvre** (75e anniversaire). Bd. 1–2. Paris 1953

Archäologie des Mittelalters und Bauforschung im Hanseraum. Eine FS für **Günter P. Fehring**. Hg. M. Gläser. Rostock 1993 (SKMR 1)

Institutionen, Kultur und Gesellschaft im Mittelalter. FS **Josef Fleckenstein** zu seinem 65. Geburtstag. Hg. L. Fenske … Sigmaringen 1984

A propos des actes d'évêques. Hommage à **Lucie Fossier**. Hg. M. Parisse. Nancy 1991

L'écrit dans la société médiévale. Divers aspects de sa pratique du XIe au XVe siècle. Textes en hommage à Lucie Fossier. Hg. C. Bourret; A. Dufour. Paris 1991

Campagnes médiévales. L'homme et l'espace. Etudes offertes à **Robert Fossier**. Hg. E. Mornet. Paris 1995

Mélanges **Gérard Fransen**. Bd. 1–3. Hg. S. Kuttner; A. M. Stickler. Rom 1976 (StudGrat 19, 20)

Wege und Forschungen der Agrargeschichte. FS zum 65. Geburtstag von **Günther Franz**. Hg. H. Haushofer; W.A. Boelcke. Frankfurt/M. 1967 (ZAA.Sb 3)

Bauer, Reich und Reformation. FS Günther Franz zum 80. Geburtstag. Hg. P. Blickle. Stuttgart 1982

Geschichte und Naturwissenschaft in Hohenheim. Beiträge zur Natur-, Agrar-, Wirtschafts- und Sozialgeschichte Südwestdeutschlands. FS Günther Franz zum 80. Geburtstag. Hg. H. Winkel. Sigmaringen 1982

Aus Schwaben und Altbayern. FS **Pankraz Fried** zum 60. Geburtstag. Hg. P. Fassl … Sigmaringen 1991 (VSFKBL.R7 5)

FS **Theodor Frings**. Bonn 1952 (RVB 17)

Papsttum, Kirche und Recht im Mittellalter. FS **Horst Fuhrmann** zum 65. Geburtstag. Hg. H. Mordek. Tübingen 1991

Die Bedeutung der Wörter. Studien zur europäischen Rechtsgeschichte. FS **Sten Gagnér** zum 70. Geburtstag. Hg. M. Stolleis ... München 1991

Landesgeschichte und Reichsgeschichte. FS **Alois Gerlich** zum 70. Geburtstag. Hg. W. Dotzauer ... Stuttgart 1995

Calames et cahiers. Mélanges de codicologie et de paléographie offerts à **Léon Gilissen**. Hg. J. Lemaire; E. van Balberghe. Brüssel 1985

Aus der Arbeit des Archivars. FS **Eberhard Gönner**. Hg. G. Richter. Stuttgart 1986 (VSABW 44)

Aus der Geisteswelt des Mittelalters. Studien und Texte. **Martin Grabmann** zur Vollendung des 60. Lebensjahres. Tl. 1–2. Münster/W. 1935 (BGPTM.Supplbd III,1–2)

Politik, Gesellschaft, Geschichtsschreibung. Gießener Festgabe für **František Graus** zum 60. Geburtstag. Hg. H. Ludat; R.C. Schwinges. Köln ... 1982 (AKG.Bh 18);

Spannungen und Widersprüche. Gedenkschrift für František Graus. Hg. S. Burghartz ... Sigmaringen 1992

Variorum Munera Florum. Latinität als prägende Kraft mittelalterlicher Kultur. FS **Hans F. Haefele** zu seinem 60. Geburtstag. Hg. A. Reinle ... Sigmaringen 1985

Dona numismatica. FS **Walter Hävernick**. Hg. P. Berghaus; G. Hatz. Hamburg 1965

Consuetudines monasticae. Eine Festgabe für **Kassius Hallinger** aus Anlaß seines 70. Geburtstages. Hg. J. F. Angerer; J. Lenzenweger. Roma 1982 (StudAns 85)

Mélanges d'histoire du moyen âge dédiés à la mémoire de **Louis Halphen**. Paris 1951

Commentationes numismaticae 1988. Festgabe für **Gert** und **Vera Hatz**. Hg. P. Berghaus ... Hamburg 1988

Das Menschenbild des Nikolaus von Kues und der christliche Humanismus. Festgabe für **Rudolf Haubst** zum 65. Geburtstag. Hg. M. Bodewig ... Mainz 1978 (MFCG 13)

Tradition als historische Kraft. Interdisziplinäre Forschungen zur Geschichte des früheren Mittelalters, **Karl Hauck** zum 21. Dezember 1981 gewidmet. Hg. N. Kamp; J. Wollasch. Berlin ... 1982

FS **Walter Haug** und **Burghart Wachinger**. Hg. J. Janota ... Bd. 1–2. Tübingen 1992

FS **Friedrich Hausmann**. Hg. H. Ebner. Graz 1977

Geschichte und ihre Quellen. FS Friedrich Hausmann zum 70. Geburtstag. Hg. R. Härtel. Graz 1987

FS **Hermann Heimpel** zum 70. Geburtstag. Bd. 1–3. Göttingen 1971–1972 (VMPIG 36)

Aus Geschichte und ihren Hilfswissenschaften. FS **Walter Heinemeyer**. Hg. H. Bannasch; H.-P. Lachmann. Marburg/L. 1979 (VHKH 40)

Mabillons Spur. 22 Miszellen aus dem Fachgebiet für historische Hilfswissenschaften der Philipps-Universität Marburg zum 80. Geburtstag von Walter Heinemeyer. Hg. P. Rück. Marburg/L. 1992

Medizingeschichte in unserer Zeit. Festgabe für **Edith Heischkel-Artelt** und **Walter Artelt** zum 65. Geburtstag. Hg. H.-H. Eulner ... Stuttgart 1971

Liber amicorum necnon et amicarum für **Alfred Heit**. Beiträge zur mittelalterlichen Geschichte und geschichtlichen Landeskunde. Hg. F. Burgard ... Trier 1996 (THF 28)

Beiträge zur Wirtschafts- und Sozialgeschichte des Mittelalters. FS **Herbert Helbig** zum 65. Geburtstag. Hg. K. Schulz. Köln ... 1976

Östliches Europa, Spiegel der Geschichte. FS **Manfred Hellmann** zum 65. Geburtstag. Hg. C. Goehrke ... Wiesbaden 1977 (QSGÖE 9)

Landesgeschichte und Geistesgeschichte. FS **Otto Herding** zum 65. Geburtstag. Hg. K. Elm ... Stuttgart 1977 (VKGLBW.B 92)

Zwischen Saar und Mosel. FS **Hans-Walter Herrmann**. Hg. W. Haubrichs ... Saarbrücken 1995 (VKSLV 24)

FS **Franz-Josef Heyen** zum 65. Geburtstag. Hg. H.-G. Borck ... Koblenz 1993

Cadres de vie et société dans le Midi médiéval. Hg. P. Bonassie; J.-B. Marquette en hommage à **Charles Higounet**. Toulouse 1990

Medieval women. Dedicated and presented to **Rosalind M.T. Hill** on the occasion of her seventieth birthday. Hg. D. Baker. Oxford 1978; Ndr. 1981, 1989

Historia docet. Sborník príspevku k pocte sedesátych narozenin Ivana Hlavácka (FS für **Ivan Hlaváček** zum 60. Geburtstag). Hg. M. Polívka; M. Svatos. Prag 1992

FS **Eduard Hlawitschka** zum 65. Geburtstag. Hg. K.R. Schnith; R. Pauler. Kallmünz 1993 (MHS.MG 5)

Römische Kurie. Kirchliche Finanzen. Vatikanisches Archiv. Studien zu Ehren von **Hermann Hoberg**. Tl. 1–2. Hg. E. Gatz. Rom 1979 (MHP 45, 46)

Renovatio et reformatio. Wider das Bild vom »finsteren« Mittelalter. FS **Ludwig Hödl** zum 60. Geburtstag. Hg. M. Gerwing; G. Ruppert. Münster 1985

Mare Balticum. Beiträge zur Geschichte des Ostseeraums in Mittelalter und Neuzeit. FS zum 65. Geburtstag von **Erich Hoffmann**. Hg. W. Paravicini ... Sigmaringen 1992 (KHS 36)

Ireland in early medieval Europe. Studies in memory of **Kathleen Hughes**. Hg. D. Whitelock ... Cambridge ... 1982

Reformatio ecclesiae. Beiträge zu kirchlichen Reformbemühungen von der Alten Kirche bis zur Neuzeit. Festgabe für **Erwin Iserloh**. Hg. R. Bäumer. Paderborn ... 1980

Reformata reformanda. Festgabe für **Hubert Jedin** zum 17. Juni 1965. Tl. 1–2. Hg. E. Iserloh; K. Repgen. Münster 1965 (RGST.Supplbd 1)

Festgabe Hubert Jedin zum 75. Geburtstag. Bd. 1–2. Hg. W. Brandmüller; R. Bäumer. Paderborn 1975/1976 (AHC 7/8)

City and countryside in late medieval and Renaissance Italy. Essays presented to **Philip Jones**. Hg. T. Dean; C. Wickham. London ... 1990

Aus Reichsgeschichte und Nordischer Geschichte. **Karl Jordan** zum 65. Geburtstag. Hg. H. Fuhrmann ... Stuttgart 1972 (KHS 16)

Nord und Süd in der deutschen Geschichte des Mittelalters. Akten des

Kolloquiums veranstaltet zu Ehren von Karl Jordan. Hg. W. Paravicini. Sigmaringen 1990 (KHS 34)

Xenia medii aevi historiam illustrantia, oblata **Thomae Kaeppeli** O.P. Bd. 1–2. Hg. R. Creytens O.P.; P. Künzle O.P. Rom 1978 (SeL 141–142)

Aus Mittelalter und Neuzeit. **Gerhard Kallen** zum 70. Geburtstag. Hg. J. Engel; H.M. Klinkenberg. Bonn 1957

Wirtschaftskräfte und Wirtschaftswege. FS **Hermann Kellenbenz**. Bd. 1–5. Hg. J. Schneider ... Stuttgart 1978–1981 (BWG 4–8)

Aus Kirche und Reich. Studien zur Theologie, Politik und Recht im Mittelalter. FS **Friedrich Kempf** zu seinem 75. Geburtstag und fünfzigjährigen Doktorjubiläum. Hg. H. Mordek. Sigmaringen 1983

Studien zur Geschichte des Preußenlandes. FS **Erich Keyser** zu seinem 70. Geburtstag. Hg. E. Bahr. Marburg 1963

Ad fontes. Opstellen aangeboden aan prof. **C. van de Kieft** ter gelegenheid von zijn afscheid als hoogleraar in de middeleeuwse geschiedenis aan de Universiteit van Amsterdam. Red. C. M. Cappon ... Amsterdam 1984

Festgabe für **Paul Kirn**. Zum 70. Geburtstag. Hg. E. Kaufmann. Berlin 1961

FS **Guido Kisch**. Rechtshistorische Forschungen. Anläßlich seines 60. Geburtstags. Stuttgart 1955

FS zum 70. Geburtstag von **Herbert Klein**. Schriftl. F. Pagitz. Salzburg 1970 (MGSL 109)

Philosophie im Mittelalter. Entwicklungslinien und Paradigmen. **Wolfgang Kluxen** zum 65. Geburtstag. Hg. J.P. Beckmann ... Hamburg 1987

Aus Archiven und Bibliotheken. FS für **Raymund Kottje** zum 65. Geburtstag. Hg. H. Mordek. Frankfurt/M. 1992 (FBMG 3)

FS **Andreas Kraus** zum 60. Geburtstag. Hg. P. Fried; W. Ziegler. Kallmünz 1982 (MHS.BG 10)

Aus Bayerns Geschichte. Forschungen als Festgabe zum 70. Geburtstag von Andreas Kraus. Hg. E.J. Greipl ... St. Ottilien 1992

FS **Hermann Krause**. Hg. S. Gagnér ... Köln ... 1975

Neue Wege in der geographischen Erforschung städtischer und ländlicher Siedlungen. FS **Anneliese Krenzlin** zu ihrem 70. Geburtstag. Hg. W. Fricke; K. Wolf. Frankfurt/M. 1975 (RMF 80)

Itinerarium Italicum. The profile of the Italian Renaissance in the mirror of its European transformations. Dedicated to **Paul Oskar Kristeller** on the occasion of his 70th birthday. Hg. H.A. Oberman; T.A. Brady Jr. Leiden 1975 (SMRT 14)

Wege europäischer Rechtsgeschichte. **Karl Kroeschell** zum 60. Geburtstag. Hg. G. Köbler. Frankfurt/M. 1988 (RR 60)

Symbole des Alltags – Alltag der Symbole. FS **Harry Kühnel** zum 65. Geburtstag. Hg. G. Blaschitz ... Graz 1992

Vera Lex Historiae. Studien zu mittelalterlichen Quellen. FS **Dietrich Kurze**. Hg. S. Jenks ... Köln ... 1993

Law, church, and society. Essays in honor of **Stephan Kuttner**. Hg. K. Pennington; R. Somerville. University of Pennsylvania Press 1977

The two laws. Studies in medieval legal history dedicated to Stephan Kuttner. Hg. L.T. Mayali; S.A.J. Tibbetts. Washington D.C. 1990 (SMEMCL 1)
Etudes de civilisation médiévale (IXe–XIIe siècles). Mélanges offerts à **Edmond-René Labande**. Poitiers o.J. [1975]
Literatur und Sprache im europäischen Mittelalter. FS **Karl Langosch** zum 70. Geburtstag. Hg. A. Önnerfors ... Darmstadt 1973
FS zum 60. Geburtstag von **Karl Lechner**. Wien 1957 (JLNÖ NF 33)
FS zum 70. Geburtstag von Karl Lechner. Wien 1967 (JLNÖ NF 37)
Warriors and Churchmen in the High Middle Ages. Essays presented to **Karl Leyser**. Hg. T. Reuter. London ... 1992
FS **Alphons Lhotsky**. Tl. 1–2. Klosterneuburg 1963 (JSK NF 3–4)
Deutsches Recht zwischen Sachsenspiegel und Aufklärung. **Rolf Lieberwirth** zum 70. Geburtstag ... Hg. G. Lingelbach; H. Lück. Frankfurt/M. ... 1991 (RR 80)
Geschichtsschreibung und geistiges Leben im Mittelalter. FS **Heinz Löwe** zum 65. Geburtstag. Hg. K. Hauck; H. Mordek. Köln ... 1978
The medieval city. In honor of **Roberto Sabatino Lopez**. Hg. H.A. Miskimin ... New Haven/Conn. ... 1977
Beiträge zur Stadt- und Regionalgeschichte Ost- und Nordeuropas. **Herbert Ludat** zum 60. Geburtstag. Hg. K. Zernack. Wiesbaden 1971 (OHLH. R1 55)
Europa Slavica – Europa Orientalis. FS Herbert Ludat zum 70. Geburtstag. Hg. K.-D. Grothusen; K. Zernack. Berlin 1980 (OHLH. R1 100)
Wirtschaft, Geschichte und Wirtschaftsgeschichte. FS zum 65. Geburtstag von **Friedrich Lütge**. Hg. W. Abel ... Stuttgart 1966
Città, mercanti, dottrine nell'economia europea dal IV al XVIII secolo. Saggi in memoria di **Gino Luzzatto**. Hg. A. Fanfani. Mailand 1964
Patristique et humanisme. Mélanges pour **Henri-Irénée Marrou**. Paris 1976 (PatrSorb 9)
Aus Stadt- und Wirtschaftsgeschichte Südwestdeutschlands. FS **Erich Maschke** zum 75. Geburtstag. Stuttgart 1975 (VKGLBW.B 85)
Aus südwestdeutscher Geschichte. FS **Hans-Martin Maurer**. Hg. W. Schmierer ... Stuttgart 1994
Prager Festgabe für **Theodor Mayer**. Neu hg. von R. Schreiber. Salzburg 1953 (FGLS 1)
Aus Verfassungs- und Landesgeschichte. FS zum 70. Geburtstag von Theodor Mayer. Hg. H. Büttner ... Bd. 1–2. Konstanz ... 1954–1955
Miscellanea **Gilles Gérard Meersseman**. Bd. 1–2. Padua 1970 (IS.SDSE 15–16)
Studi in memoria di **Federigo Melis**. Bd. 1–5. Hg. L. de Rosa ... Neapel 1978
Studi di storia economica toscana nel medioevo e nel rinascimento in memoria di Federigo Melis. Pisa 1987 (BBSP.CS 33)
Studien zum 15. Jahrhundert. FS **Erich Meuthen**. Bd. 1–2. Hg. J. Helmrath ... München 1994
Scriptorum Opus. Schreiber-Mönche am Werk. **Otto Meyer** zum 65. Geburtstag. Wiesbaden 1971
Überlieferung, Frömmigkeit, Bildung als Leitthemen der Geschichtsforschung.

Vorträge beim wissenschaftlichen Kolloquium aus Anlaß des 80. Geburtstags von Otto Meyer. Hg. J. Petersohn. Wiesbaden 1987

Horizons marins, itinéraires spirituels (Ve–XVIIIe siècles). FS **Michel Mollat**. Bd.1–2. Hg. H. Dubois … Paris 1987 (PubSorb.HAM 20–21)

Gesellschaft und Umwelt. **Hans Mottek** zum 65. Geburtstag. Berlin 1976 (SAWDDR.GR 1976, 2)

Hansische Stadtgeschichte – Brandenburgische Landesgeschichte. FS **Eckhard Müller-Mertens**. Hg. E. Engel … Weimar 1989 (HansStud 8; AHSG 26)

Mensch und Erde. FS **Wilhelm Müller-Wille**. Hg. K.-F. Schreiber; P. Weber. Münster 1976 (WestGS 33)

Women of the Medieval World. Essays in Honour of **John H. Mundy**. Hg. J. Kirshner; S.F. Wemple. Oxford 1985

Miscellanea Medievalia in memoriam **Jan Frederik Niermeyer**. Groningen 1967

Das Andere Wahrnehmen. Beiträge zur europäischen Geschichte. **August Nitschke** zum 65. Geburtstag gewidmet. Hg. M. Kintzinger … Köln … 1991

Beiträge zur geschichtlichen Landeskunde. Geographie, Geschichte, Kartographie. Festgabe für **Ruthardt Oehme** zur Vollendung des 65. Lebensjahres. Stuttgart 1968 (VKGLBW.B 46)

Verbum et signum. Beiträge zur mediävistischen Bedeutungsforschung. Studien zur Semantik und Sinntradition im Mittelalter. **Friedrich Ohly** zum 60. Geburtstag. Bd. 1–2. Hg. H. Fromm … München 1975

Beiträge zur niedersächsischen Landesgeschichte. Zum 65. Geburtstag von **Hans Patze**. Hg. D. Brosius; M. Last. Hildesheim 1984 (VHKNB.Sb)

Hans Patze. Dem langjährigen Herausgeber der »Blätter für Deutsche Landesgeschichte« zum 65. Geburtstag in Dankbarkeit gewidmet. Göttingen 1984 (BDLG 120)

Vorträge und Forschungen zur Residenzfrage. Hans Patze zum 70. Geburtstag. Hg. P. Johanek. Sigmaringen 1990 (RF 1)

Landschaft und Geschichte. FS **Franz Petri** zu seinem 65. Geburtstag. Hg. G. Droege … Bonn 1970

Niederlande und Nordwestdeutschland. Studien zur Regional- und Stadtgeschichte Nordwestkontinentaleuropas im Mittelalter und in der Neuzeit. Franz Petri zum 80. Geburtstag. Hg. W. Ehbrecht; H. Schilling. Köln … 1983 (SF.A 15)

FS **Ludwig Petry**. Tl. 1–2. Wiesbaden 1968 (GLK 5)

Mundo multa miracula. FS **Hans Conrad Peyer**. Hg. H. Berger … Zürich 1992

FS **Gerhard Pfeiffer**. Neustadt/Aisch 1975 (JFLF 34/35)

Ex aequo et bono. **Willibald M. Plöchl** zum 70. Geburtstag. Hg. P. Leisching … Innsbruck 1977 (FRKG 10)

Wirtschaft, Gesellschaft, Unternehmen. FS für **Hans Pohl** zum 60. Geburtstag. Hg. W. Feldenkirchen … Stuttgart 1995 (VSWG.Bh 120)

Post Scripta. Essays on medieval law and the emergence of the european state in honor of **Gaines Post**. Hg. J.R. Strayer; D.E. Queller. Rom 1972 (StudGrat 15)

Studies in medieval history, presented to **Frederick Maurice Powicke**. Hg. R.W. Hunt … Oxford 1948; Ndr. 1969

Outremer. Studies in the history of the Crusading Kingdom of Jerusalem, presented to **Joshua Prawer**. Hg. B.Z. Kedar … Jerusalem 1982

War and government in the Middle Ages. Essays in honour of **J.O. Prestwich**. Hg. J. Gillingham; J.C. Holt. Cambridge 1984

Herrschaft, Kirche, Kultur. Beiträge zur Geschichte des Mittelalters. FS **Friedrich Prinz** zu seinem 65. Geburtstag. Hg. G. Jenal … Stuttgart 1993 (MGM 37)

Prophecy and milleniarism. Essays in honour of **Marjorie Reeves**. Hg. A. Williams. Harlow 1980

Economy, society, and government in medieval Italy. Essays in memory of **Robert L. Reynolds**. Hg. D. Herlihy … Kent/Ohio 1969

Haut moyen âge. Culture, éducation et société. Etudes offertes à **Pierre Riché**. Hg. C. Lepelley … La Garenne-Colombes 1990

Städtewesen und Bürgertum. Gedächtnisschrift für **Fritz Rörig**. Hg. A. von Brandt; Wilhelm Koppe. Lübeck 1953

Würzburger Prosastudien I. Wort-, begriffs- und textkundliche Untersuchungen. FS **Kurt Ruh** zum 50. Geburtstag. Hg. K. Matzel; G. Steer. München 1968 (MedAev 13)

Würzburger Prosastudien II. Untersuchungen zur Literatur und Sprache des Mittelalters. FS Kurt Ruh zum 60. Geburtstag. Hg. P. Kesting. München 1975 (MedAev 31)

Medium aevum deutsch. Beiträge zur deutschen Literatur des hohen und späten Mittelalters. FS Kurt Ruh zum 65. Geburtstag. Hg. D. Huschenbett … Tübingen 1979

Überlieferungsgeschichtliche Editionen und Studien zur deutschen Literatur des Mittelalters. Kurt Ruh zum 75. Geburtstag. Hg. K. Kunze … Tübingen 1989 (TuT 31)

Von archivarischer Kunst und Verantwortung. Festgabe für **Georg Wilhelm Sante**. Siegburg 1956 (Der Archivar 9,4)

Leo-Santifaller-FS. Anläßlich seines 60. Geburtstages … Wien 1950 (MÖS 3)

Leo Santifaller gewidmet als Festgabe zum 70. Geburtstag. Graz … 1960 (MIÖG 68)

Studi in onore di **Armando Sapori**. Bd. 1–2. Mailand 1957

Autonomie, Wirtschaft und Kultur der Hansestädte. FS **Johannes Schildhauer**. Hg. K. Fritze … Weimar 1984 (HansStud 6; AHSG 23)

Bausteine zur Medizingeschichte. **Heinrich Schipperges** zum 65. Geburtstag. Hg. E. Seidler; H. Schott. Wiesbaden … 1984 (SudArch.Bh 24)

FS **Walter Schlesinger**. Bd. 1–2. Hg. H. Beumann. Köln … 1973–1974 (MdtF 74)

Geschichte und Verfassungsgefüge. Frankfurter Festgabe für Walter Schlesinger. Wiesbaden 1973 (FHA 5)

Historische Forschungen für Walter Schlesinger. Hg. H. Beumann. Köln … 1974

Historiographia mediaevalis. Studien zur Geschichtsschreibung und Quellenkunde des Mittelalters. FS **Franz-Josef Schmale** zum 65. Geburtstag. Hg. D. Berg; H.-W. Goetz. Darmstadt 1988

Ecclesia et regnum. Beiträge zur Geschichte von Kirche, Recht und Staat im

Mittelalter. FS Franz-Josef Schmale zu seinem 65. Geburtstag. Hg. D. Berg; H.-W. Goetz. Bochum 1989

Person und Gemeinschaft im Mittelalter. FS **Karl Schmid** zum 65. Geburtstag. Hg. G. Althoff ... Sigmaringen 1988

Sprache und Recht. Beiträge zur Kulturgeschichte des Mittelalters. FS **Ruth Schmidt-Wiegand** zum 60. Geburtstag. Bd. 1–2. Hg. K. Hauck ... Berlin ... 1986

FS **Percy Ernst Schramm**. Zu seinem 70. Geburtstag. Tl. 1–2. Hg. P. Classen; P. Scheibert. Wiesbaden 1964

Als Festgabe für **Johannes Schultze** zum 75. Geburtstag. Red. W. Berges; C. Hinrichs. Tübingen 1956 (JGMO 5)

Brandenburgische Jahrhunderte. Festgabe für Johannes Schultze zum 90. Geburtstag. Hg. G. Heinrich; W. Vogel. Berlin 1971 (VVGMB 35)

Papsttum und Kirchenreform. Historische Beiträge. FS **Georg Schwaiger** zum 65. Geburtstag. Hg. M. Weitlauf; K. Hausberger. St. Ottilien 1990

Bild und Geschichte. Studien zur politischen Ikonographie. FS **Hansmartin Schwarzmaier**. Hg. K. Krimm; H. John. Sigmaringen 1997

FS **Berent Schwineköper** zum 70. Geburtstag. Hg. H. Maurer; H. Patze. Sigmaringen 1982

Westmitteleuropa, Ostmitteleuropa. Vergleiche und Beziehungen. FS für **Ferdinand Seibt** zum 65. Geburtstag. Hg. W. Eberhard ... München 1992 (VCC 70)

Von Aufbruch und Utopie. Perspektiven einer neuen Gesellschaftsgeschichte des Mittelalters. Für und mit Ferdinand Seibt aus Anlaß seines 65. Geburtstages. Hg. B. Lundt ... Köln ... 1992

FS zum 70. Geburtstage **Franz Xaver Seppelt** gewidmet. Hildesheim 1952 (ASKG 10)

Studien zur historischen Theologie. Festgabe für Franz Xaver Seppelt. Hg. W. Dürig; B. Panzram. München 1953

Studi di storia medievale e moderna per **Ernesto Sestan**. Bd. 1–2. Hg. F. Cardini ... Florenz 1980

The Bible in the medieval world. Essays in memory of **Beryl Smalley**. Hg. K. Walsh; D. Wood. Oxford 1985

The writing of history in the Middle Ages. Essays presented to **Richard William Southern**. Hg. R.H.C. Davis; J.M. Wallace-Hadrill. Oxford 1981

Festgabe für **Max Spindler**. München 1955 (ZBLG 18)

Gesellschaft, Staat, Kultur in Bayerns Geschichte. Max Spindler zum 70. Geburtstag. München 1965 (ZBLG 28,1–2)

FS Max Spindler zum 75. Geburtstag. Hg. D. Albrecht ... München 1969

Land und Reich. Stamm und Nation. Probleme und Perspektiven bayerischer Geschichte. Festgabe Max Spindler zum 90. Geburtstag. Bd. 1–3. Hg. A. Kraus. München 1984 (SBLG 78–80)

Festiva Lanx. Studien zum mittelalterlichen Geistesleben. **Johannes Spörl** dargebracht aus Anlaß seines 60. Geburtstages. Hg. K. Schnith. München 1966

Speculum historiale. Geschichte im Spiegel von Geschichtsschreibung und

Geschichtsdeutung. Johannes Spörl aus Anlaß seines 60. Geburtstages dargebracht. Hg. C. Bauer … Freiburg/Br. 1965

Vom Mittelalter zur Neuzeit. Zum 65. Geburtstag von **Heinrich Sproemberg**. Hg. H. Kretzschmar. Berlin 1956 (FMG 1)

Hansische Studien. Heinrich Sproemberg zum 70. Geburtstag. Hg. G. Heitz; M. Unger. Berlin 1961 (FMG 8)

Liber memorialis Heinrich Sproemberg. Rostock 1966 (EPCIHAE 36); Rostock 1968 (WZUR.GR 17)

Studien zur Geschichte und Kultur des Vorderen Orients. FS **Bertold Spuler** zum 70. Geburtstag. Hg. H.R. Roemer; A. Noth. Leiden 1981

Spätes Mittelalter. **Wolfgang Stammler** zum Gedenken. Hg. H. Moser; K. Ruh. Berlin … 1967 (ZfdPh 86, Sh)

Festgabe, dargebracht **Harold Steinacker** zur Vollendung des 80. Lebensjahres. Red. H. Rössler. München 1956

Südostdeutsches Kulturwerk. Festgabe Harold Steinacker zum 26. Mai 1955. München 1957

Gedenkschrift für Harold Steinacker (1875–1965). München 1966 (BSHK 16)

Aus Geschichte und Landeskunde. Forschungen und Darstellungen **Franz Steinbach** zum 65. Geburtstag. Bonn 1960

FS **Edmund E. Stengel** zum 70. Geburtstag. Red. E. Kunz. Münster 1952

Studia in honorem eminentissimi Cardinalis **Alphonsi M. Stickler** curante Rosalio Iosepho Card. Castillo Lara. Rom 1992 (STHIC 7)

Civitatum communitas. Studien zum europäischen Städtewesen. FS **Heinz Stoob** zum 65. Geburtstag. Tl. 1–2. Hg. H. Jäger … Köln … 1984 (SF.A 21)

Studia Luxemburgensia. FS Heinz Stoob zum 70. Geburtstag. Hg. F.B. Fahlbusch; P. Johanek. Warendorf 1989 (SLZ 3)

Antisemitismus und jüdische Geschichte. Studien zu Ehren von **Herbert A. Strauss**. Hg. R. Erb; M. Schmidt. Berlin 1987

Order and innovation in the Middle Ages. Essays in honor of **Joseph R. Strayer**. Hg. W.C. Jordan … Princeton 1976

Hochfinanz, Wirtschaftsräume, Innovationen. FS für **Wolfgang von Stromer**. Bd. 1–3. Hg. U. Bestmann … Trier 1987

Piemonte medievale. Forme del potere e della società. Studi per **Giovanni Tabacco**. Turin 1985 (SE 680)

Adel und Kirche. **Gerd Tellenbach** zum 65. Geburtstag. Hg. J. Fleckenstein; K. Schmid. Freiburg/Br. … 1968

Festgabe Gerd Tellenbach zum 80. Geburtstag. Stuttgart 1983 (ZGO 131)

Reich und Kirche vor dem Investiturstreit. Vorträge beim wissenschaftlichen Kolloquium aus Anlaß des 80. Geburtstages von Gerd Tellenbach. Hg. K. Schmid. Sigmaringen 1985

Vita Walfredi und Kloster Monteverdi. Toskanisches Mönchtum zwischen langobardischer und fränkischer Herrschaft. Gabe des Freiburger Toskana-Seminars an Gerd Tellenbach zu seinem 85. Geburtstag. Hg. K. Schmid … Tübingen 1991 (BDHIR 73)

Recht und Alltag im Hanseraum. **Gerhard Theuerkauf** zum 60. Geburtstag. Hg. S. Urbanski … Lüneburg 1993 (Sulte 4)

Rechtshistorische Studien. **Hans Thieme** zum 70. Geburtstag … Köln … 1977

Gerichtslauben-Vorträge. Freiburger Festkolloquium zum 75. Geburtstag von Hans Thieme. Hg. K. Kroeschell. Sigmaringen 1983

FS Hans Thieme zu seinem 80. Geburtstag. Hg. K. Kroeschell. Sigmaringen 1986

FS **Alois Thomas**. Archäologische, kirchen- und kunsthistorische Beiträge. Zur Vollendung des 70. Lebensjahres. Trier 1967

Popes, Teachers, and Canon Law in the Middle Ages. [**FS Brian Tierney**] Hg. J.R. Sweeney; S. Chodorow. Ithaca … 1989

Wirtschaft, Technik und Geschichte. Beiträge zur Erforschung der Kulturbeziehungen in Deutschland und Osteuropa. FS **Albrecht Timm** zum 65. Geburtstag. Hg. V. Schmidtchen; E. Jäger. Berlin 1980 (SNKL)

Bibliotheken im Dienst der Wissenschaft. FS **Wilhelm Totok** zum 65. Geburtstag. Hg. R. Oberschelp … Frankfurt/M. 1986

Wissenschaft, Wirtschaft und Technik. Studien zur Geschichte. **Wilhelm Treue** zum 60. Geburtstag. Hg. K.-H. Manegold. München 1969

Konzil und Papst. Historische Beiträge zur Frage der höchsten Gewalt in der Kirche. Festgabe für **Hermann Tüchle**. Hg. G. Schwaiger. München … 1975

Acht Jahrhunderte Deutscher Orden in Einzeldarstellungen. FS zu Ehren **P. Marian Tumler OT** anläßlich seines 80. Geburtstages. Hg. K. Wieser. Bad Godesberg 1967 (QSGDO 1)

Von Akkon bis Wien. Studien zur Deutschordensgeschichte vom 13. bis zum 20. Jahrhundert. FS zum 90. Geburtstag von P. Marian Tumler OT. Hg. U. Arnold. Marburg 1978 (QSGDO 20)

Convivium. FS **Johanna Maria van Winter**. Hilversum 1988

Pisa e la Toscana occidentale nel Medioevo. Bd. 1–2. A **Cinzio Violante** nei suoi 70 anni. Hg. G. Rossetti. Pisa 1991, 1992 (PBG 1,2)

Società, Istituzioni, Spiritualità. Studi in onore di Cinzio Violante. Bd. 1–2. Spoleto 1994 (CI.C 1)

Forschungen zur bayerischen Geschichte. FS für **Wilhelm Volkert** zum 65. Geburtstag. Hg. D. Albrecht; D. Götschmann. Frankfurt/M. … 1993

FS **Camille Wampach**. Bonn 1954 (RVB 19)

Ius et historia. Festgabe für **Rudolf Weigand** zu seinem 60. Geburtstag. Hg. N. Höhl. Würzburg 1989 (FKRW 6)

FS **Alfred Wendehorst** zum 65. Geburtstag … Hg. J. Schneider; G. Rechter. Bd. 1–2. Neustadt/Aisch 1992 (JFLF 52–53)

Beiträge eines internationalen Kolloquiums aus Anlaß des 60. Geburtstages von **Ernst Werner** (JGF 6, 1982, S. 11–193)

Media in Francia … Recueil de mélanges offert à **Karl Ferdinand Werner** à l'occasion de son 65e anniversaire par ses amis et collègues français. [Maulévrier] 1989

Das Profil des Juristen in der europäischen Tradition. Symposium aus Anlaß des 70. Geburtstages von **Franz Wieacker**. Hg. K. Luig; D. Liebs. Ebelsbach 1980

FS Franz Wieacker zum 70. Geburtstag. Hg. O. Behrends ... Göttingen 1978

Libertas. Grundrechtliche und rechtsstaatliche Gewährungen in Antike und Gegenwart. Symposion aus Anlaß des 80. Geburtstages von Franz Wieacker. Hg. O. Behrends; M. Dießelhorst. Ebelsbach 1991

Wandel der Volkskultur in Europa. FS **Günter Wiegelmann** zum 60. Geburtstag. Hg. N.–A. Bringéus ... Bd. 1–2. Münster/W. 1988 (BVN 60)

FS **Hermann Wiesflecker** zum 60. Geburtstag. Hg. A. Novotny; O. Pickl. Graz 1973

Domus Austriae. Festgabe Hermann Wiesflecker zum 70. Geburtstag. Hg. W. Höflechner ... Graz 1983

Vinculum Societatis. **Joachim Wollasch** zum 60. Geburtstag. Hg. F. Neiske ... Sigmaringendorf 1991

FS **Matthias Zender**. Studien zu Volkskultur, Sprache und Landesgeschichte. Bd. 1–2. Hg. E. Ennen; G. Wiegelmann. Bonn 1972

FS **Gerd Zimmermann**. Hg. F. Bittner; L. Bauer. Bamberg 1984 (BHVPGFB 120)

Ex ipsis rerum documentis. Beiträge zur Mediävistik. FS **Harald Zimmermann** zum 65. Geburtstag. Bd.1–3. Hg. K. Herbers ... Sigmaringen 1991

Historia socialis et oeconomica. FS **Wolfgang Zorn** zum 65. Geburtstag. Hg. H. Kellenbenz; H. Pohl. Stuttgart 1987 (VSWG.Bh 84)

4.2 Sammelschriften

Abulafia, David: Italia, Sicily and the Mediterranean, 1100–1400. Aldershot 1987 (CSS 250)

–: Commerce and conquest in the Mediterranean, 1100–1500. Aldershot 1993 (CSS 410)

Angermeier, Heinz: Das alte Reich in der deutschen Geschichte. Studien über Kontinuitäten und Zäsuren. München 1991

Appelt, Heinrich: Kaisertum, Königtum, Landesherrschaft. Gesammelte Studien zur mittelalterlichen Verfassungsgeschichte. Hg. O. Hageneder ... Wien ... 1988 (MIÖG.Ergbd 28)

Ashtor, Eliyahu: Studies on the Levantine trade in the middle ages. London 1978 (CSS 74)

–: The jews in the mediterranean economy. 10th–15th centuries. London 1983 (CSS 180)

–: Technology, industry and trade. The Levant versus Europe, 1250–1500. Aldershot 1992 (CSS 372)

Aubin, Hermann: Grundlagen und Perspektiven geschichtlicher Kulturraumforschung und Kulturmorphologie. Aufsätze zur vergleichenden Landes- und Volksgeschichte aus viereinhalb Jahrzehnten. Hg. F. Petri. Bonn 1965

Bader, Karl Siegfried: Ausgewählte Schriften zur Rechts- und Landesgeschichte. Bd. 1–2: Schriften zur Rechtsgeschichte. Hg. C. Schott. Sigmaringen 1984; Bd. 3: Schriften zur Landesgeschichte. Hg. H. Maurer. Sigmaringen 1983

Baethgen, Friedrich: Mediaevalia. Aufsätze, Nachrufe, Besprechungen. Tl. 1–2. Stuttgart 1960 (SMGH 17,1–2)

Baron, Hans: In search of Florentine civic Humanism. Essays on the transition from medieval to modern thought. Bd. 1–2. Princeton 1988

–: Bürgersinn und Humanismus im Florenz der Renaissance. Berlin 1992 (KKB 38)

Baron, Salo Wittmayer: History and jewish historians. Essays and addresses by Salo W. Baron. Hg. A. Hertzberg; L.A. Feldman. Philadelphia 1964

–: Ancient and medieval jewish history. Essays by Salo W. Baron. Hg. L. Feldman. New Brunswick 1985

Barraclough, Geoffrey: Geschichte in einer sich wandelnden Welt. Göttingen 1957

Bauer, Clemens: Gesammelte Aufsätze zur Wirtschafts- und Sozialgeschichte. Freiburg/Br. … 1965

Bautier, Robert-Henri: Chartes, sceaux et chancelleries. Études de diplomatique et de sigillographie médiévales. Bd. 1–2. Paris 1990 (MDEC 34)

–: Recherches sur l'histoire de la France médiévale. Des Mérovingiens aux premiers Capétiens. Aldershot 1991 (CSS 351)

–: Sur l'histoire économique de la France médiévale. La route, le fleuve, la foire. Aldershot 1991 (CSS 340)

–: Etudes sur la France capétienne. De Louis VI aux fils de Philippe le Bel. Aldershot 1992 (CSS 359)

–: Commerce méditerranéen et banquiers italiens au Moyen Age. Aldershot 1992 (CSS 362)

Beaujouan, Guy: Par raison de nombres. L'art du calcul et les savoirs scientifiques médiévaux. Aldershot 1991 (CSS 344)

Beck, Hans-Georg: Ideen und Realitäten in Byzanz. Gesammelte Aufsätze. London 1972 (CSS 13)

Beck, Marcel: Legende, Mythos und Geschichte. Die Schweiz und das europäische Mittelalter. Hg. A. Neukom; R. Dünki. Frauenfeld 1978

Bedos-Rezak, Brigitte: Form and order in medieval France. Studies in social and quantitative sigillography. Aldershot 1993 (CSS 424)

Beumann, Helmut: Wissenschaft vom Mittelalter. Ausgewählte Aufsätze. Köln … 1972

–: Ausgewählte Aufsätze aus den Jahren 1966–1986. Hg. J. Petersohn; Roderich Schmidt. Sigmaringen 1987

Beutin, Ludwig: Gesammelte Schriften zur Wirtschafts- und Sozialgeschichte. Hg. H. Kellenbenz. Köln … 1963

Bischoff, Bernhard: Mittelalterliche Studien. Ausgewählte Aufsätze zur Schriftkunde und Literaturgeschichte. Bd. 1–3. Stuttgart 1966–1981

Blickle, Peter: Studien zur geschichtlichen Bedeutung des deutschen Bauernstandes. Stuttgart … 1989

Bloch, Marc: Mélanges historiques. Bd.1–2. Paris 1963

Blumenkranz, Bernhard: Juifs et chrétiens. Patristique et moyen âge. London 1977 (CSS 70)

–: Juifs en France. Ecrits dispersés. Paris 1989 (FJ 13)

Bonjour, Edgar: Die Schweiz und Europa. Ausgewählte Reden und Aufsätze. Bd. 1–6. Basel 1958–1979

Borst, Arno: Reden über die Staufer. Frankfurt/M. … 1978

–: Barbaren, Ketzer und Artisten. Welten des Mittelalters. 2. Aufl. München … 1990

Borst, Otto: Babel oder Jerusalem? Sechs Kapitel Stadtgeschichte. Hg. H. Böhme … Stuttgart 1984

Bosl, Karl: Die bayerische Stadt in Mittelalter und Neuzeit. Altbayern – Franken – Schwaben. Regensburg 1988

– : Historia magistra. Die geschichtliche Dimension der Bildung. Hg. H. Freilinger. München 1988

Brandmüller, Walter: Papst und Konzil im Großen Schisma (1378–1431). Studien und Quellen. Paderborn … 1990

Braudel, Fernand: Schriften zur Geschichte. Bd. 1–2. Stuttgart 1992–1993

Brown, R. Allen: Castles, conquest and charters. Collected papers. Woodbridge 1989

Brown, Elizabeth A.R.: Politics and institutions in Capetian France. Aldershot 1991 (CSS 350)

–: The monarchy of Capetian France and royal ceremonial. Aldershot 1991 (CSS 345)

Brück, Anton P.: Serta Moguntina. Beiträge zur mittelrheinischen Kirchengeschichte. Hg. H. Hinkel. Mainz 1989 (QAmrhKG 62)

Brühl, Carlrichard: Aus Mittelalter und Diplomatik. Gesammelte Aufsätze. Bd. 1–2. Hildesheim … 1989

–: Palatium und Civitas. Studien zur Profantopographie spätantiker Civitates vom 3. bis zum 13. Jahrhundert. Bd. 2: Belgica I, beide Germanien und Raetia II. Köln … 1990

Brundage, James A.: Sex, law and marriage in the Middle Ages. Aldershot … 1993 (CSS 397)

Brunner, Otto: Neue Wege der Verfassungs- und Sozialgeschichte. 2., verm. Aufl. Göttingen 1968

Buck, August: Studia humanitatis. Gesammelte Aufsätze 1973–1980. Hg. B. Guthmüller … Wiesbaden 1981

–: Studien zu Humanismus und Renaissance. Gesammelte Aufsätze aus den Jahren 1981–1990. Hg. B. Guthmüller … Wiesbaden 1991 (WARF 11)

Büttner, Heinrich: Schwaben und Schweiz im frühen und hohen Mittelalter. Gesammelte Aufsätze von Heinrich Büttner. Hg. H. Patze. Sigmaringen 1972 (VuF 15)

–: Zur frühmittelalterlichen Reichsgeschichte an Rhein, Main und Neckar. Hg. A. Gerlich. Darmstadt 1975

–: Mittelrhein und Hessen. Nachgelassene Studien. Hg. A. Gerlich. Stuttgart 1989 (GLK 33)

Buisson, Ludwig: Lebendiges Mittelalter. Aufsätze zur Geschichte des Kirchenrechts und der Normannen. Hg. G. Moltmann; G. Theuerkauf. Köln … 1988

Caenegem, R.C. van: Legal History: A European Perspective. London ... 1991
–: Law, History, the Low Countries, and Europe. Hg. L. Milis ... London ... 1994
Classen, Peter: Ausgewählte Aufsätze von Peter Classen. Hg. J. Fleckenstein. Sigmaringen 1983 (VuF 28)
Clavadetscher, Otto P.: Rätien im Mittelalter. Verfassung, Verkehr, Recht, Notariat. Ausgewählte Aufsätze. Hg. U. Brunold; L. Deplazes. Sigmaringen 1994
Coing, Helmut: Gesammelte Aufsätze zur Rechtsgeschichte, Rechtsphilosophie und Zivilrecht. 1947–1975. Hg. D. Simon. Bd. 1–2. Frankfurt/M. 1982
Collins, Roger: Law, culture and regionalism in early medieval Spain. Aldershot 1992 (CSS 356)
Congar, Yves M.J., O.P.: Droit ancien et structures ecclésiales. London 1982 (CSS 159)
–: Thomas d'Aquin. Sa vision de théologie et de l'Eglise. London 1984. (CSS 190)
Constable, Giles: Religious life and thought (11th–12th centuries). London 1979 (CSS 89)
–: Monks, hermits and crusaders in medieval Europe. London 1988 (CSS 273)
Contamine, Philippe: La France au XIVe et XVe siècles. Hommes, mentalités, guerre et paix. London 1981 (CSS 144)
Cowdrey, H.E.J.: Popes, monks and crusaders. London 1984 (HistSer 27)
Crombie, Alistair C.: Science, optics and music in medieval and early modern thought. London ... 1990
Deér, Josef: Byzanz und das abendländische Herrschertum. Ausgewählte Aufsätze. Hg. P. Classen. Sigmaringen 1977 (VuF 21)
Dilcher, Gerhard: Bürgerrecht und Staatsverfasssung im europäischen Mittelalter. Köln ... 1996
Dollinger, Philippe: Pages d'histoire. France et Allemagne médiévales – Alsace. Paris 1977
Dopsch, Alfons: Gesammelte Aufsätze. Hg. E. Patzelt. Bd. 1–2. Wien 1928, 1938
Dubois, Henri: Commerce, finances et société (XIe–XVIe siècles). Recueil de travaux d'histoire médiévale. Hg. P. Contamine. Paris 1993 (CCM 9)
Duby, Georges: Hommes et structures du moyen âge. Recueil d'arcticles. Paris ... 1973 [Teilabdrucke: Hommes et structures du Moyen Age. Bd. 1–2. Paris 1988; dt.: Wirklichkeit und höfischer Traum]
–: Mâle moyen âge. De l'amour et autres essais. Paris 1988
–: Wirklichkeit und höfischer Traum. Zur Kultur des Mittelalters. Frankfurt/M. 1990
Duft, Johannes: Die Abtei St. Gallen. Ausgewählte Aufsätze in überarbeiteter Form. Bd. 1–3. Hg. P. Ochsenbein; E. Ziegler. Sigmaringen 1990–1994
Dupré-Theseider, Eugenio: Mondo cittadino e movimenti ereticali nel medioevo. Saggi. Bologna 1978
Ebel, Wilhelm: Probleme der deutschen Rechtsgeschichte. Göttingen 1978 (GRS 100)
Ehlers, Joachim: Ausgewählte Aufsätze. Hg. M. Kintzinger; B. Schneidmüller. Berlin 1997 (BHS 21)

Eis, Gerhard: Forschungen zur Fachprosa. Ausgewählte Beiträge. Bern ... 1971

Elsener, Ferdinand: Studien zur Rezeption des gelehrten Rechts. Ausgewählte Aufsätze. Hg. F. Ebel; D. Willoweit. Sigmaringen 1989

Elze, Reinhard: Päpste – Kaiser – Könige und die mittelalterliche Herrschaftssymbolik. Ausgewählte Aufsätze. Hg. B. Schimmelpfennig; L. Schmugge. London 1982 (CSS 152)

Engels, Odilo: Stauferstudien. Beiträge zur Geschichte der Staufer im 12. Jahrhundert. Hg. E. Meuthen; S. Weinfurter. Sigmaringen 1988

–: Reconquista und Landesherrschaft. Studien zur Rechts- und Verfassungsgeschichte Spaniens im Mittelalter. Paderborn ... 1989 (RSVGG NF 53)

Ennen, Edith: Gesammelte Abhandlungen zum europäischen Städtewesen und zur rheinischen Geschichte. Bd. 1. Hg. G. Droege ... Bonn 1977; Bd. 2. Hg. D. Höroldt; F. Irsigler. Bonn 1987

Erdmann, Carl: Forschungen zur politischen Ideenwelt des Frühmittelalters. Aus dem Nachlaß hg. von F. Baethgen. Berlin 1951

Esch, Arnold: Zeitalter und Menschenalter. Der Historiker und die Erfahrung vergangener Gegenwart. München 1994

Ewig, Eugen: Spätantikes und fränkisches Gallien. Gesammelte Schriften (1952–1973). Hg. H. Atsma. Bd. 1–2. München 1976–1979 (Francia.Bh 3,1–2)

Fasoli, Gina: Scritti di storia medievale. Hg. F. Bocchi ... Bologna 1974

Fawtier, Robert: Autour de la France capétienne. Personnages et institutions. Hg. J.C. Fawtier-Stone. London 1987 (CSS 267)

Febvre, Lucien: Pour une histoire à part entière. Paris 1962

–: Combats pour l'histoire. 2.Aufl. Paris 1965

–: Das Gewissen des Historikers. Hg. U. Raulff. Berlin 1988

Feine, Hans Erich: Reich und Kirche. Ausgewählte Abhandlungen zur deutschen und kirchlichen Rechtsgeschichte. Hg. F. Merzbacher. Aalen 1966

–: Territorium und Gericht. Studien zur süddeutschen Rechtsgeschichte. Hg. F. Merzbacher. Aalen 1978

Fichtenau, Heinrich: Beiträge zur Mediävistik. Ausgewählte Aufsätze. Bd. 1–3. Stuttgart 1975–1986

Fleckenstein, Josef: Ordnungen und formende Kräfte im Mittelalter. Ausgewählte Beiträge. Göttingen 1989

Foreville, Raymonde: Thomas Becket dans la tradition historique et hagiographique. London 1981 (CSS 130)

Fossier, Robert: Hommes et villages d'Occident au Moyen Age. Paris 1992

Fried, Pankraz: Forschungen zur bayerischen und schwäbischen Geschichte. Gesammelte Beiträge ... Zu seinem 65. Geburtstag. Hg. P. Fassl ... Sigmaringen 1997

Fryde, Edmund B.: Studies in medieval trade and finance. London 1983 (HistSer 13)

–: Humanism and Renaissance historiography. London 1983 (HistSer 21)

Galbraith, Vivian H.: Kings and chroniclers. Essays in English medieval history. London 1982 (HistSer 4)

Gaudemet, Jean: La formation du droit canonique médiéval. London 1980 (CSS 111)
–: La société ecclésiastique dans l'occident médiéval. London 1980 (CSS 116)
–: Eglise et société en occident au moyen âge. London 1984 (CSS 187)
–: Droit de l'Eglise et vie sociale au moyen âge. Aldershot 1989 (CSS 300)
Geary, Patrick J.: Living with the Dead in the Middle Ages. Ithaka N.Y. 1994
Genicot, Léopold: La noblesse dans l'Occident médiéval. London 1982 (CSS 163)
Ginzburg, Carlo: Spurensicherung. Über verborgene Geschichte. Geschichte, Kunst und soziales Gedächtnis. München 1988
Goetz, Walter: Italien im Mittelalter. Bd. 1–2. Leipzig 1942
Grabmann, Martin: Mittelalterliches Geistesleben. Abhandlungen zur Geschichte der Scholastik und Mystik. Bd. 1–3. München 1926–1956; Ndr. Hildesheim 1975
Grass, Nikolaus: Alm und Wein. Aufsätze aus Rechts- und Wirtschaftsgeschichte. Hg. L. Carlen; H.C. Faussner. Hildesheim 1990
–: Ausgewählte Schriften zum 80. Geburtstag. Hg. L. Carlen; H.C. Faussner. Hildesheim 1993
Grierson, Philip: Dark age numismatics. Selected studies. London 1979 (CSS 96)
–: Late medieval numismatics (11.–16. centuries). London 1979 (CSS 98)
Grundmann, Herbert: Ausgewählte Aufsätze, Tl. 1–3. Stuttgart 1976–1978 (SMGH 25, 1–3)
Grunebaum, Gustav E. von: Studien zu Kulturbild und Selbstverständnis des Islams. Zürich … 1969
[Gurjewitsch] **Gurevich**, Aaron: Historical anthropology of the Middle Ages. Hg. J. Howlett. Cambridge 1992
Hamilton, Bernard: Monastic reform, Catharism and the Crusades, 900–1300. London 1979 (CSS 97)
Haug, Walter: Strukturen als Schlüssel zur Welt. Kleine Schriften zur Erzählliteratur des Mittelalters. Tübingen 1989
Haverkamp, Alfred: Verfassung, Kultur, Lebensform. Beiträge zur italienischen, deutschen und jüdischen Geschichte im europäischen Mittelalter. Dem Autor zur Vollendung des 60. Lebensjahres. Hg. F. Burgard … Mainz … 1997
Heers, Jacques: Société et économie à Gênes (XIVe–XVe siècles). London 1979 (CSS 101)
Heimpel, Hermann: Der Mensch in seiner Gegenwart. Acht historische Essays. 2. Aufl. Göttingen 1957
Hellmann, Manfred: Beiträge zur Geschichte des östlichen Europa im Mittelalter. Gesammelte Aufsätze. Amsterdam 1988
Hellmann, Siegfried: Ausgewählte Abhandlungen zur Historiographie und Geistesgeschichte des Mittelalters. Hg. H. Beumann. Darmstadt 1961
Herlihy, David: The social history of Italy and Western Europe, 700–1500. London 1978 (CSS 84)
–: Cities and society in medieval Italy. London 1980 (CSS 108)
Higounet, Charles: Paysages et villages neufs du moyen âge. Bordeaux 1975 (EDA 2)

Hilton, Rodney H.: Class conflict and the crisis of feudalism. Essays in medieval social history. London … 1985

Hlawitschka, Eduard: Stirps regia. Forschungen zu Königtum und Führungsschichten im früheren Mittelalter. Ausgewählte Aufsätze. Hg. G. Thoma; W. Giese. Frankfurt/M. … 1988

Holtzmann, Walter: Beiträge zur Reichs- und Papstgeschichte des hohen Mittelalters. Ausgewählte Aufsätze. Bonn 1957 (BHF 8)

Houtte, Jan A. van: Essays on medieval and early modern economy and society. Löwen 1977

Huizinga, Johan: Geschichte und Kultur. Gesammelte Aufsätze. Hg. K. Köster. Stuttgart 1954

Iserloh, Erwin: Kirche – Ereignis und Institution. Aufsätze und Vorträge. Bd. 1–2. München 1985 (RGST.Supplbd 3, 1–2)

Jacoby, David: Recherches sur la méditerrannée orientale. London 1979 (CSS 105)

–: Studies on the Crusader States and on Venetian expansion. London 1989 (CSS 301)

Jordan, Karl: Ausgewählte Aufsätze zur Geschichte des Mittelalters. Stuttgart 1980 (KHS 29)

Kallen, Gerhard: Probleme der Rechtsordnung in Geschichte und Theorie. Zehn ausgewählte Aufsätze. Köln … 1965 (KHA 11)

Kantorowicz, Ernst H.: Selected studies. Hg. M. Cherniavsky; R.E. Giesey. Locust Valley N.Y. 1965

Kellenbenz, Hermann: Kleine Schriften. Hg. R. Walter. Bd. 1–3. Stuttgart 1991 (VSWG.Bh 92–94)

Kirchgässner, Bernhard: Wirtschaft, Finanzen, Gesellschaft. Ausgewählte Aufsätze. Hg. J. Wysocki … Sigmaringen 1988

Kisch, Guido: Studien zur humanistischen Jurisprudenz. Berlin … 1971

–: Ausgewählte Schriften. Bd. 1–3. Sigmaringen 1978–1980 [Bd. 1: 2., erw. Aufl.]

Klapisch-Zuber, Christiane: La maison et le nom. Stratégies et rituels dans l'Italie de la Renaissance. Paris 1990 (CeS 81)

Klein, Herbert: Beiträge zur Siedlungs-, Verfassungs- und Wirtschaftsgeschichte von Salzburg. Gesammelte Aufsätze. Salzburg 1965 (MGSL.Ergbd 5)

Klewitz, Hans-Walter: Reformpapsttum und Kardinalskolleg. Darmstadt 1957

Kötzschke, Rudolf: Deutsche und Slaven im mitteldeutschen Osten. Ausgewählte Aufsätze. Hg. W. Schlesinger. Darmstadt 1961

Kuhn, Walter: Beiträge zur schlesischen Siedlungsgeschichte. München 1971 (Silesia 8)

–: Vergleichende Untersuchungen zur mittelalterlichen Ostsiedlung. Köln; Wien 1973 (OVG 16)

–: Neue Beiträge zur schlesischen Siedlungsgeschichte. Eine Aufsatzsammlung. Sigmaringen 1984 (QDSG 23)

Kurze, Dietrich: Klerus, Ketzer, Kriege und Prophetien. Gesammelte Aufsätze. Hg. J. Sarnowsky … Warendorf 1996

Kuske, Bruno: Köln, der Rhein und das Reich. Beiträge aus fünf Jahrzehnten wirtschaftswissenschaftlicher Forschung. Köln 1956

Kuttner, Stephan: Collectanea Stephan Kuttner. Hg. J. Forchielli; A.M. Stickler. Rom 1967 (StudGrat 11, 12)

–: The history of ideas and doctrines of canon law in the middle ages. London 1980 (CSS 113)

–: Medieval councils, decretals and collections of canon law. London 1980 (CSS 126)

–: Gratian and the schools of law 1140–1234. London 1983 (CSS 185)

–: Studies in the history of medieval canon law. Aldershot 1990 (CSS 325)

Labande, Edmond-René: Spiritualité et vie littéraire de l'Occident, X^e^–XIIe siècles. London 1974 (CSS 27)

Ladner, Gerhart B.: Images and ideas in the Middle Ages. Selected studies in history and art. Bd. 1–2. Rom 1983

Lammers, Walther: Vestigia mediaevalia. Ausgewählte Aufsätze zur mittelalterlichen Historiographie, Landes- und Kirchengeschichte. Wiesbaden 1979 (FHA 19)

Le Goff, Jacques: Für ein anderes Mittelalter. Zeit, Arbeit und Kultur im Europa des 5.–15. Jahrhunderts. Ausgew. von D. Groh. Frankfurt/M. … 1984

–: Phantasie und Realität des Mittelalters. Stuttgart 1990

–: Geschichte und Gedächtnis. Frankfurt/M. … 1992

Lehmann, Paul: Erforschung des Mittelalters. Ausgewählte Abhandlungen und Aufsätze. Bd. 1–5. Stuttgart 1959–1962

Levison, Wilhelm: Aus rheinischer und fränkischer Frühzeit. Ausgewählte Aufsätze. Düsseldorf 1948

Lhotsky, Alphons: Aufsätze und Vorträge. Hg. H. Wagner; H. Koller. Bd. 1–5. München 1970–1976

Lintzel, Martin: Miszellen zur Geschichte des 10. Jahrhunderts. Berlin 1953 (BVSAWL.PHK 100/2)

Löwe, Heinz: Von Cassiodor zu Dante. Ausgewählte Aufsätze zur Geschichtsschreibung und politischen Ideenwelt des Mittelalters. Berlin … 1973

–: Religiosität und Bildung im frühen Mittelalter. Ausgewählte Aufsätze. Hg. T. Struve. Weimar 1994

Lopez, Roberto S.: Byzantium and the world around it. Economic and institutional relations. London 1978 (CSS 85)

– : The shape of medieval monetary history. London 1984 (CSS 247)

Ludat, Herbert: Deutsch-slawische Frühzeit und modernes polnisches Geschichtsbewußtsein. Ausgewählte Aufsätze. Köln … 1969

–: Slaven und Deutsche im Mittelalter. Ausgewählte Aufsätze zu Fragen ihrer politischen, sozialen und kulturellen Beziehungen. Köln … 1982 (MdtF 86)

Lütge, Friedrich: Studien zur Sozial- und Wirtschaftsgeschichte. Gesammelte Abhandlungen. Stuttgart 1963 (FSWG 5)

–: Beiträge zur Sozial- und Wirtschaftsgeschichte. Gesammelte Abhandlungen. Hg. E. Schremmer. Stuttgart 1970 (FSWG 14)

Luzzati, Michele: La casa dell'ebreo. Saggi sugli ebrei a Pisa e in Toscana nel Medioevo e Rinascimento. Pisa 1985

Maier, Anneliese: Ausgehendes Mittelalter. Gesammelte Aufsätze zur Geistesgeschichte des 14. Jahrhunderts. Bd. 1–3. Rom 1964–1977 (SeL 97, 105, 138)

Manselli, Raoul: Studi sulle eresie del secolo XII. Rom 1953 (StudStor 5)

–: Scritti sul medioevo. Rom 1994

Maschke, Erich: Domus Hospitalis Theutonicorum. Europäische Verbindungslinien der Deutschordensgeschichte. Gesammelte Aufsätze aus den Jahren 1931–1963. Bonn-Bad Godesberg 1970 (QSGDO 10)

–: Städte und Menschen. Beiträge zur Geschichte der Stadt, der Wirtschaft und Gesellschaft 1959–1977. Wiesbaden 1980 (VSWG.Bh 68)

Mayer, Hans Eberhard: Kreuzzüge und lateinischer Osten. London 1983 (CSS 171)

–: Probleme des lateinischen Königreichs Jerusalem. London 1983 (CSS 178)

Mayer, Theodor: Mittelalterliche Studien. Gesammelte Aufsätze. Sigmaringen 1959

Melis, Federigo: I vini italiani nel medioevo. Hg. A. Affortunati Parrini. Florenz 1984 (ID.OSFM 7)

–: La banca pisana e le origini della banca moderna. Con introduzione di L. de Rosa. Hg. M. Spallanzani. Florenz 1987 (ID.OSFM 5)

–; Industria e commercio nella Toscana medievale, con introduzione di Marco Tangheroni. Hg. B. Dini. O.O. 1989 (ID.OSFM 3)

–: I mercanti italiani nell'Europa medievale e rinascimentale. Einleitung Hermann Kellenbenz. Hg. L. Frangioni. [Grassina] 1990 (ID.OSFM 2)

Merzbacher, Friedrich: Recht – Staat – Kirche. Ausgewählte Aufsätze. Hg. G. Köbler. Wien … 1989 (FKRK 18)

Metz, Friedrich: Land und Leute. Gesammelte Beiträge zur deutschen Landes- und Volksforschung. Hg. E. Meynen; R. Oehme. Stuttgart 1961

Miskimin, Harry A.: Cash, credit and crisis in Europe, 1300–1600. London 1989 (CSS 289)

Mitteis, Heinrich: Die Rechtsidee in der Geschichte. Gesammelte Abhandlungen und Vorträge. Weimar 1957

Moeller, Bernd: Die Reformation und das Mittelalter. Kirchenhistorische Aufsätze. Hg. J. Schilling. Göttingen 1991

Moraw, Peter: Über König und Reich. Aufsätze zur deutschen Verfassungsgeschichte des späten Mittelalters. Hg. R.C. Schwinges. Sigmaringen 1995

Müller, Wolfgang: Heilige in Geschichte, Legende, Kult. Beiträge zur Erforschung volkstümlicher Heiligenverehrung und zur Hagiographie. Hg. K. Welker. Karlsruhe 1979

Nitschke, August: Fremde Wirklichkeiten I. Politik, Verfassung und Recht im Mittelalter. Goldbach 1993 (BibEr 3)

Oexle, Otto Gerhard: Geschichtswissenschaft im Zeichen des Historismus. Studien zu Problemgeschichten der Moderne. Göttingen 1996 (KSGW 116)

Ohly, Friedrich: Schriften zur mittelalterlichen Bedeutungsforschung. Darmstadt 1977
–: Ausgewählte und neue Schriften zur Literaturgeschichte und Dedeutungsforschung. Hg. U. Ruberg; D. Peil. Stuttgart 1995
Ohnsorge, Werner: Abendland und Byzanz. Gesammelte Aufsätze zur Geschichte der byzantinisch-abendländischen Beziehungen und des Kaisertums. Darmstadt 1958; Ndr. 1979
Ostrogorsky, Georg: Zur byzantinischen Geschichte. Ausgewählte kleine Schriften. Darmstadt 1973
Pacaut, Marcel: Doctrines politiques et structures ecclésiastiques dans l'Occident médiéval. London 1985 (CSS 223)
Patlagean, Evelyne: Structure sociale, famille, chrétienté à Byzance (IVe–XIe siècle). London 1981 (CSS 134)
Petri, Franz: Zur Geschichte und Landeskunde der Rheinlande, Westfalens und ihrer westeuropäischen Nachbarländer. Aufsätze und Vorträge aus vier Jahrzehnten. Hg. E. Ennen … Bonn 1973
–: Die fränkische Landnahme und die Entstehung der germanisch-romanischen Sprachgrenze in der interdisziplinären Diskussion. Darmstadt 1977
Petry, Ludwig: Dem Osten zugewandt. Gesammelte Aufsätze zur schlesischen und ostdeutschen Geschichte. Hg. N. Conrads; J.J. Menzel. Sigmaringen 1983 (QDSG 22)
Peyer, Hans Conrad: Könige, Stadt und Kapital. Aufsätze zur Wirtschafts- und Sozialgeschichte des Mittelalters. Hg. L. Schmugge … Zürich 1982
Postan, Michael M.: Essays on medieval agriculture and general problems of the medieval economy. Cambridge … 1973
–: Medieval trade and finance. Cambridge … 1973
Prinz, Friedrich: Mönchtum, Kultur und Gesellschaft. Beiträge zum Mittelalter. Zum 60. Geburtstag des Autors. Hg. A. Haverkamp; A. Heit. München 1989
Renouard, Yves: Etudes d'histoire médiévale. Bd. 1–2. Paris 1968
Richard, Jean: Orient et Occident au moyen âge. Contacts et relations (XIIe–XVe siècles). London 1976 (CSS 49)
–: Croisés, missionnaires et voyageurs. Les perspectives orientales du monde latin médiéval. London 1983 (CSS 182)
Riché, Pierre: Instruction et vie religieuse dans le haut Moyen Age. London 1981 (CSS 139)
–: Education et culture dans l'Occident médiéval. Aldershot 1993 (CSS 420)
Rörig, Fritz: Hansische Beiträge zur deutschen Wirtschaftsgeschichte. Breslau 1928 (VSHU 12)
–: Wirtschaftskräfte im Mittelalter. Abhandlungen zur Stadt- und Hansegeschichte. Hg. P. Kaegbein, 2., durchges. und erg. Aufl. Wien 1971
Rosen, Josef: Finanzgeschichte Basels im späten Mittelalter. Gesammelte Beiträge 1971–1987. Stuttgart 1989
Ruh, Kurt: Kleine Schriften. Hg. V. Mertens. Bd. 1–2. Berlin … 1984
Russell, Josiah C.: Medieval demography. New York 1987

Samaran, Charles: Une longue vie d'érudit. Receuil d'études. Bd. 1–2. Hg. M. Fleury; J. Vezin. Genf 1978 (CRHP. V 31)

Sapori, Armando: Studi di storia economica (secoli XIII–XIV–XV). Bd. 1–3. Florenz 1955–1967

Sayers, Jane E.: Law and records in medieval England. Studies on medieval papacy, monasteries and records. London 1988 (CSS 278)

Schaller, Hans Martin: Stauferzeit. Ausgewählte Aufsätze. Hannover 1993 (SMGH 38)

Schlesinger, Walter: Mitteldeutsche Beiträge zur deutschen Verfassungsgeschichte des Mittelalters. Göttingen 1961

–: Beiträge zur deutschen Verfassungsgeschichte des Mittelalters. Bd. 1–2. Göttingen 1963

–: Ausgewählte Aufsätze 1965–1979. Hg. H. Patze; F. Schwind. Sigmaringen 1987 (VuF 34)

Schmid, Karl: Gebetsgedenken und adliges Selbstverständnis im Mittelalter. Ausgewählte Beiträge. Sigmaringen 1983

Schmidinger, Heinrich: Patriarch im Abendland. Beiträge zur Geschichte des Papsttums, Roms und Aquileias im Mittelalter. Ausgewählte Aufsätze. Hg. H. Dopsch … Salzburg 1986

Schmidt-Wiegand, Ruth: Stammesrecht und Volkssprache. Ausgewählte Aufsätze zu den Leges Barbarorum. Festgabe … Weinheim 1991

Schramm, Percy Ernst: Kaiser, Könige und Päpste. Gesammelte Aufsätze zur Geschichte des Mittelalters. Bd. 1–4. Stuttgart 1968–1971

Seibt, Ferdinand: Mittelalter und Gegenwart. Ausgewählte Aufsätze. Hg. W. Eberhard; H.-D. Heimann. Sigmaringen 1987

–: Hussitenstudien. Personen, Ereignisse, Ideen einer frühen Revolution. 2. Aufl. München 1990 (VCC 60)

Sestan, Ernesto: Scritti vari. Bd. 1–2. Florenz 1988

Spindler, Max: Erbe und Verpflichtung. Aufsätze und Vorträge zur bayerischen Geschichte. Hg. A. Kraus. München 1966

Sproemberg, Heinrich: Beiträge zur belgisch-niederländischen Geschichte. Berlin 1959 (FMG 3)

Spuler, Bertold: Gesammelte Aufsätze. Leiden 1980

Steinbach, Franz: Collectanea Franz Steinbach. Aufsätze und Abhandlungen zur Verfassungs-, Sozial- und Wirtschaftsgeschichte, geschichtlichen Landeskunde und Kulturraumforschung. Hg. F. Petri; G. Droege. Bonn 1967

Steinen, Wolfram von den: Menschen im Mittelalter. Gesammelte Forschungen, Betrachtungen, Bilder. Hg. P. von Moos. Bern … 1967

Stengel, Edmund E.: Abhandlungen und Untersuchungen zur mittelalterlichen Geschichte. Köln … 1960

–: Abhandlungen und Untersuchungen zur hessischen Geschichte. Marburg/L. 1960 (VHKH 26)

–: Abhandlungen und Untersuchungen zur Geschichte des Kaisergedankens im Mittelalter. Köln … 1965

Strayer, Joseph R.: Medieval statecraft and the perspectives of history. Essays. Princeton 1971

Sydow, Jürgen: Cum omni mensura et ratione. Ausgewählte Aufsätze. Hg. H. Maurer. Sigmaringen 1991

Tellenbach, Gerd: Ausgewählte Abhandlungen und Aufsätze. Bd. 1–4. Stuttgart 1988–1989

Thieme, Hans: Ideengeschichte und Rechtsgeschichte. Gesammelte Schriften. Bd. 1–2. Köln ... 1986

Tierney, Brian: Church law and constitutional thought in the Middle Ages. London 1979 (CSS 90)

Toubert, Pierre: Etudes sur l'Italie médiévale. IXe–XIVe siècles. London 1976 (CSS 46)

–: Histoire du haut moyen âge et de l'Italie médiévale. London 1987 (CSS 252)

Ullmann, Walter: The papacy and political ideas in the middle ages. London 1976 (CSS 44)

Vauchez, André: Religion et société dans l'Occident médiéval. Turin 1980

–: Les laics au moyen âge. Pratiques et expériences religieuses. Paris 1987

Vercauteren, Fernand: Etudes d'histoire médiévale. [Brüssel] 1978 (CHPC.Sér in 8°, 53)

Wenskus, Reinhard: Ausgewählte Aufsätze zum frühen und preußischen Mittelalter. Hg. H. Patze. Sigmaringen 1986

Werner, Karl Ferdinand: Structures politiques du monde franc. London 1979 (CSS 93)

–: Vom Frankenreich zur Entfaltung Deutschlands und Frankreichs. Ursprünge – Strukturen – Beziehungen. Ausgewählte Beiträge. Sigmaringen 1984

Werveke, Hans van: Miscellanea mediaevalia. Verspreide opstellen over economische en sociale geschiedenis van de middeleeuwen. Gent 1968

Wickham, Chris: Land and power. Studies in Italian and European social history, 400–1200. London 1994

Wieruszowski, Helene: Politics and culture in medieval Spain and Italy. Rom 1971 (SeL 121)

Wunder, Gerd: Bauer, Bürger, Edelmann. Bd. 1–2. Sigmaringen 1984–1988 (FaWF 25, 33)

Zender, Matthias: Gestalt und Wandel. Aufsätze zur rheinisch-westfälischen Volkskunde und Kulturraumforschung. Hg. H.L. Cox; G. Wiegelmann. Bonn 1977

Zimmermann, Harald: Im Bann des Mittelalters. Ausgewählte Beiträge zur Kirchen- und Rechtsgeschichte. Hg. I. Eberl; H.-H. Kortüm. Sigmaringen 1986

Zöllner, Erich: Probleme und Aufgaben der österreichischen Geschichtsforschung. Ausgewählte Aufsätze. Hg. H. Dienst; G. Heiß. München 1984

5 Ausstellungskataloge

[Achthundert] **800 Jahre Deutscher Orden**. Ausstellung des Germanischen Nationalmuseums Nürnberg … Hg. G. Bott; U. Arnold. München 1990

Die Alamannen. Stuttgart 1997

Albertus Magnus. Ausstellung zum 700. Todestag. Historisches Archiv der Stadt Köln … Köln 1980

Das älteste Kloster im deutschen Sprachraum. St. Peter in Salzburg … Schätze europäischer Kunst und Kultur. Salzburg 1982

Aus 1200 Jahren. Ausstellung des Bayerischen Hauptstaatsarchivs [München] … 3., erg. Aufl. Neustadt/Aisch 1980

Die Bajuwaren. Von Severin bis Tassilo 488–788 … Hg. H. Dannheimer; H. Dopsch. München … 1988

Bernward von Hildesheim und das Zeitalter der Ottonen. Katalog der Ausstellung Hildesheim 1993. Bd. 1–2. Hg. M. Brandt; A. Eggebrecht. Hildesheim … 1993

Biblioteca Apostolica Vaticana. Liturgie und Andacht im Mittelalter. Stuttgart 1992

Bibliotheca Palatina. Katalog zur Ausstellung … Textbd. und Bildbd. Hg. E. Mittler. 3., verb. Aufl. Heidelberg 1986

Bischoff, Bernhard: Kalligraphie in Bayern. 8.–12. Jahrhundert. Ausstellung … in München. Wiesbaden 1981

Brücke zwischen den Völkern – Zur Geschichte der Frankfurter Messe. Hg. R. Koch. Bd. 1–3. Frankfurt/M. 1990

Bürger, Bauer, Edelmann. Berlin im Mittelalter … Berlin 1987

Cartographia Bavariae. Bayern im Bild der Karte. Weißenhorn 1988

Ecriture et enluminure en Lorraine au Moyen-Age. Catalogue de l'exposition »La plume et le parchemin«. Nancy [1984]

1100 Jahre Duisburg 883-1983. Duisburg im Mittelalter. Duisburg 1983

Federico II e l'Italia. Percorsi, Luoghi, Segni e Strumenti. Rom 1995

La formation territoriale du Pays de Luxembourg depuis les origines jusqu'au milieu du XVe siècle. Exposition documentaire … Red. J. Goedert. [ohne Ort und Jahr]

Die Franken – Wegbereiter Europas. Vor 1500 Jahren: König Chlodwig und seine Erben. Tl. 1–2. Mainz 1996

[Frankfurt am Main] **FFM**. Traditionen und Perspektiven einer Stadt. Hg. L. Gall. Sigmaringen 1994

Freising. 1250 Jahre Geistliche Stadt. Ausstellung … München 1989

Frieden durch Recht. Das Reichskammergericht von 1495 bis 1806. Hg. I. Scheurmann. Mainz 1994

Friedrichs III. Kaiserresidenz Wiener Neustadt. Ausstellung … Wien 1966

Die Fürstenkanzlei des Mittelalters. Anfänge weltlicher und geistlicher Zentralverwaltung in Bayern. München … 1983

Fuhrmann, Horst; **Mütherich,** Florentine: Das Evangeliar Heinrichs des Löwen und das mittelalterliche Herrscherbild. München 1986

Das große Sterben. Seuchen machen Geschichte. Hg. H. Wilderotter; M. Dorrmann. Berlin 1995

Hanse. Städte. Bünde. Die sächsischen Städte zwischen Elbe und Weser um 1500. Hg. M. Puhle. Bd.1–2. Magdeburg 1996 (MMus 4,1–2)

Die Hanse. Lebenswirklichkeit und Mythos. Eine Ausstellung des Museums für Hamburgische Geschichte … Bd. 1–2. Hamburg 1989

Der Heilige Leopold. Landesfürst und Staatssymbol. Katalog der Niederösterreichischen Landesausstellung 1985. Wien 1985

Die Heiligen Drei Könige. Darstellung und Verehrung. Köln 1982

Heiltum und Wallfahrt. Tiroler Landesausstellung … Hg. G. Ammann; G. Dankl. Innsbruck 1988

Heinrich der Löwe und seine Zeit. Herrschaft und Repräsentation der Welfen 1125–1235. Hg. J. Luckhardt; F. Niehoff. Bd. 1–4. München 1995

Herzöge und Heilige. Das Geschlecht der Andechs-Meranier im europäischen Hochmittelalter … Hg. J. Kirmeier; E. Brockhoff. München 1993 (VBGK 24)

Der Herzog und sein Taler. Erzherzog Sigmund der Münzreiche. Politik, Münzwesen, Kunst. Tiroler Landesausstellung … Innsbruck 1986

Hessen im Frühmittelalter. Archäologie und Kunst. Hg. H. Roth; E. Wamers … Sigmaringen 1984

Hessen und Thüringen. Von den Anfängen bis zur Reformation … Marburg 1992

Hexen und Zauberer. Katalog der Steirischen Landesausstellung 1987 … Hg. H. Valentinitsch; I. Schwarzkogler. Graz … Wien 1987; [Handbuch]: Hexen und Zauberer. Die große Verfolgung – ein europäisches Phänomen in der Steiermark. Hg. H. Valentinitsch. Graz … 1987

Himmel – Hölle – Fegefeuer. Das Jenseits im Mittelalter. Katalog von P. Jezler. Zürich 1994

Judaica. Kölnisches Stadtmuseum. Bearb. L. Franzheim. Köln 1980

Judentum im Mittelalter. Ausstellung im Schloß Halbturn. Eisenstadt 1978

Jüdische Lebenswelten. Bd. 1–2. Hg. A. Nachama … Frankfurt/M. 1991

Kaiserin Theophanu. Begegnung des Ostens und Westens um die Wende des ersten Jahrtausends. Gedenkschrift des Kölner Schnütgen-Museums zum 1000. Todesjahr der Kaiserin. Bd. 1–2. Hg. A. von Euw; P. Schreiner. Köln 1991

Kilian. Mönch aus Irland – aller Franken Patron 689–1989. Katalog … Würzburg 1989; Aufsätze. Hg. J. Erichsen. München 1989 (VGBK 19)

Köln – Westfalen 1180–1980. Landesgeschichte zwischen Rhein und Weser … Hg. P. Berghaus; S. Kessemeier. Bd. 1–2. Münster 1980

Kölner archivalische Kostbarkeiten. Ausstellung zur Einweihung des neuen Hauses des Historischen Archivs der Stadt Köln … (Katalog). Bearb. H. Stehkämper [Köln 1971]

Die Kölner Kartause um 1500. Eine Reise in die Vergangenheit. Aufsatzbd. Hg. W. Schäfke. Köln 1991

Krieger – Ritter – Freiherr. Entstehung und Wirken des Niederadels im Mittelalter. Bearb. V. Rödel … Koblenz 1988

Kunst und Kultur im Weserraum. 800–1600. Hg. H. Stoob. Bd. 1–3. Münster 1966–1970
Kurköln. Land unter dem Krummstab. Essays und Dokumente. Red. K. Flink. Kevelaer 1985 (VSANRW.C 22)
Land im Mittelpunkt der Mächte. Die Herzogtümer Jülich - Kleve - Berg. Kleve 1984; 3., überarb. Aufl. 1985
Leben im Mittelalter. 30 Jahre Mittelalterarchäologie im Elsaß. Hg. M.M. Grewenig. Speyer 1992
Die Manderscheider. Eine Eifeler Adelsfamilie. Herrschaft, Wirtschaft, Kultur ... Köln 1990
Matthias Corvinus und die Renaissance in Ungarn 1458–1541. Katalog der Niederösterreichischen Landesausstellung ... Wien 1982
Monumenta Annonis. Köln und Siegburg. Weltbild und Kunst im hohen Mittelalter ... Hg. A. Legner. Köln 1975
Monumenta Judaica. 2000 Jahre Geschichte und Kultur der Juden am Rhein. Hg. K. Schilling. Bd. 1: Handbuch ... 1963; Bd. 2: Katalog ... Köln [1963]
Der Name der Freiheit. 1288–1988. Aspekte Kölner Geschichte von Worringen bis heute ... Hg. W. Schäfke. Köln 1988
Nürnberg – Kaiser und Reich ... Hg. G. Schuhmann. München 1986
Ornamenta Ecclesiae. Kunst und Künstler der Romanik ... Bd. 1–3. Hg. A. Legner. Köln 1985
Die Parler und der Schöne Stil. 1350–1400. Europäische Kunst unter den Luxemburgern ... Bd. 1–5. Hg. A. Legner. Köln 1978–1980
Propter culturam pacis ... Um des Friedens willen. Der Rheinische Städtebund von 1254/56 ... Koblenz 1986
Ratisbona Sacra. Das Bistum Regensburg im Mittelalter ... München ... 1989 (KSBR 6)
Das Reich der Salier 1024–1125 ... Sigmaringen 1992
Reichsstädte in Franken. Bd. 1–3. Hg. R.A. Müller ... München 1987 (VBGK 14, 15,1–2)
Rhein und Maas. Kunst und Kultur 800–1400 ... Bd. 1–2 ... Köln 1972–1973
Saint Bernard & le monde cistercien. Hg. L. Pressouyre; T. N. Kinder. Paris 1990
Sankt Elisabeth. Fürstin, Dienerin, Heilige ... Marburg ... Sigmaringen 1981
Santiago de Compostela. 1000 ans de pèlerinage européen ... [Gent 1985]
Gli Scaligeri 1277–1387. Hg. G. M. Varanini. Verona 1985
Schraut, Elisabeth; **Opitz,** Claudia: Frauen und Kunst im Mittelalter. Braunschweig 1983
Severin. Zwischen Römerzeit und Völkerwanderung ... Linz 1982
[Siebenhundert] **700 Jahre Elisabethkirche in Marburg**. 1283–1983. Ausstellungen ... Katalog 1–7. Marburg/L. 1983
Stadt im Wandel. Kunst und Kultur des Bürgertums in Norddeutschland 1150–1650 ... Hg. C. Meckseper. Bd. 1–4. Stuttgart-Bad Cannstatt 1985
Stadtluft, Hirsebrei und Bettelmönch. Die Stadt um 1300. Stuttgart 1992

[Tausend] **1000 Jahre österreichisches Judentum**. Hg. K. Lohrmann. Eisenstadt 1982 (SJA 9)

Unter Kreuz und Adler. Der Deutsche Orden im Mittelalter ... Hg. F. Benninghoven. Mainz 1990

Vergessene Zeiten. Mittelalter im Ruhrgebiet. Bd. 1–2. Hg. F. Seibt ... Essen 1990

[Vierzehnhundertfünfundneunzig] **1495 – Kaiser. Reich. Reformen**. Der Reichstag zu Worms. Koblenz 1995

Vivre au Moyen Age. 30 ans d'archéologie médiévale en Alsace. Strasbourg 1990

Un village au temps de Charlemagne. Moines et paysans de l'abbaye de Saint-Denis du VIIe siècle à l'an Mil. Paris 1988

Wallfahrt ist überall ... München 1984

Werdendes Abendland an Rhein und Ruhr ... Hg. V.H. Elbern. 1.–4., verb. Aufl. Essen 1956

Wittelsbach und Bayern. Die Zeit der frühen Herzöge. Von Otto I. zu Ludwig dem Bayern. Hg. H. Glaser. Bd. 1–2. München ... 1980

Die Zähringer. Veröffentlichungen zur Zähringer-Ausstellung 1986 in Freiburg i. Br. Bd. 1–3. Sigmaringen 1986, 1990 [Bd. 2: 2. Aufl.]

Die Zeit der frühen Habsburger. Dome und Klöster 1279–1379. Katalog der Niederösterreichischen Landesausstellung ... Wien 1979

Die Zeit der Staufer. Geschichte – Kunst – Kultur ... Hg. R. Hausherr ... Bd. 1–5. Stuttgart 1977–1979

6 Einführungen

[siehe auch 7 und 18.1; **Baumgart**, S. 11–14]

6.1 Allgemein

Sellin, Volker: Einführung in die Geschichtswissenschaft. Göttingen 1995

6.2 Mittelalter – erste Annäherung

Arbeitsbuch Geschichte. Hg. E. Büssem; M. Neher. Mittelalter (3.–16. Jahrhundert). Repetitorium. Bearb. K. Brunner. 9., durchges. Aufl. München … 1990

Boockmann, Hartmut: Einführung in die Geschichte des Mittelalters. 6., durchges. Aufl. München 1996

Fuhrmann, Horst: Einladung ins Mittelalter. 4., durchges. Aufl. München 1989

–: Überall ist Mittelalter. Von der Gegenwart einer vergangenen Zeit. München 1996

Lebendiges Mittelalter. Ein Lesebuch. Hg. B. Hellmann. München 1995

Streifzüge durch das Mittelalter. Ein historisches Lesebuch. Hg. R. Beck. München 1989

6.3 Mediävistische Grundlagen

[siehe auch 1.1.1: **Berlioz; Caenegem/Ganshof**]

Goetz, Hans-Werner: Proseminar Geschichte: Mittelalter. Stuttgart 1993

Halphen, Louis: Initiation aux études d'histoire du Moyen Age. 3e édition, mise à jour par Y. Renouard. Paris 1952

Natale, Francesco; **Pispisa,** Enrico: Introduzione allo studio della storia medioevale. Messina 1986

Pacaut, Marcel: Guide de l'étudiant en histoire médiévale. 2., erw. Aufl. Paris 1973

Quirin, Heinz: Einführung in das Studium der mittelalterlichen Geschichte. 3., verm. Aufl. Braunschweig 1964; 4. Aufl. [mit einer neuen Einleitung] Stuttgart 1985 [5. Aufl. 1991]

Weddige, Hilkert: Einführung in die germanistische Mediävistik. 2., durchges. Aufl. München 1992

7 Geschichte als Wissenschaft

7.1 Klassische Texte

Bernheim, Ernst: Lehrbuch der Historischen Methode und der Geschichtsphilosophie. Mit Nachweis der wichtigsten Quellen und Hilfsmitteln zum Studium der Geschichte. 5. und 6., neu bearb. und verm. Aufl. Leipzig 1908

Bloch, Marc: Apologie der Geschichte oder der Beruf des Historikers. Hg. L. Febvre. Stuttgart 1974; veränd. und verb. Ausg. München 1985

Burckhardt, Jacob: Über das Studium der Geschichte. Der Text der »Weltgeschichtlichen Betrachtungen« [1868–1873] auf Grund der Vorarbeiten von E. Ziegler nach den Handschriften hg. von P. Ganz. München 1982

Droysen, Johann Gustav: Historik. Textausgabe. Studienausgabe. Rekonstruktionen der ersten vollständigen Fassung der Vorlesungen (1857), Grundriß der Historik in der ersten handschriftlichen (1857/58) und in der letzten gedruckten Fassung (1882). Stuttgart-Bad Cannstatt 1977

Febvre, Lucien: Das Gewissen des Historikers. Hg. U. Raulff. Berlin 1988

Ranke, Leopold von: Über die Epochen der neueren Geschichte [1888]. Historisch-kritische Ausgabe. Hg. T. Schieder; H. Berding. München 1971

Schieder, Theodor: Geschichte als Wissenschaft. Eine Einführung. 2., überarb. Aufl. München; Wien 1968

7.2 Theorie

Faber, Karl-Georg: Theorie der Geschichtswissenschaft. 5., erw. Aufl. München 1982

Feudalismus. Materialien zur Theorie der Geschichte. Hg. L. Kuchenbuch. Frankfurt/M. ... 1977

Haussmann, Thomas: Erklären und Verstehen. Zur Theorie und Pragmatik der Geschichtswissenschaft. Frankfurt/M. 1991

Marrou, Henri-Irénée: Über die historische Erkenntnis. Welches ist der richtige Gebrauch der Vernunft, wenn sie sich historisch betätigt? Freiburg/Br. ... 1973

Meran, Josef: Theorien in der Geschichtswissenschaft. Die Diskussion über die Wissenschaftlichkeit der Geschichte. Göttingen 1985 (KSGW 66)

Rüsen, Jörn: Grundzüge einer Historik. Bd. 1–3. Göttingen 1983–1989

–: Zeit und Sinn. Strategien historischen Denkens. Frankfurt/M. 1990

–: Historische Orientierung. Über die Arbeit des Geschichtsbewußtseins, sich in der Zeit zurechtzufinden. Köln … 1993

Theorie der Geschichte. Beiträge zur Historik. Bd. 1: Objektivität und Parteilichkeit in der Geschichtswissenschaft. Hg. R. Koselleck …; Bd. 2: Historische Prozesse. Hg. K.-G. Faber; C. Meier; Bd. 3: Theorie und Erzählung in der Geschichte. Hg. J. Kocka; T. Nipperdey; Bd. 4: Formen der Geschichtsschreibung.

Hg. R. Koselleck ...; Bd. 5: Historische Methode. Hg. C. Meier; J. Rüsen; Bd. 6: Teil und Ganzes. Zum Verhältnis von Einzel- und Gesamtanalyse in Geschichts- und Sozialwissenschaften. Hg. K. Acham; W. Schulze. München 1977–1990; siehe ergänzend: **Geschichte – Ereignis und Erzählung**. Hg. R. Koselleck; W.-D. Stempel. München 1973 (PuH 5)

Theorie der modernen Geschichtsschreibung. Hg. P. Rossi. Frankfurt/M. 1987; 2. Aufl. 1990

Theorieprobleme der Geschichtswissenschaft. Hg. T. Schieder; K. Gräubig. Darmstadt 1977

7.3 Arbeitsfelder und Methoden

7.3.1 Allgemein/übergreifend

Aspekte der historischen Forschung in Frankreich und Deutschland. Schwerpunkte und Methoden. Deutsch-Französisches Historikertreffen – Aspects de la recherche historique en France et en Allemagne. Tendances et méthodes. Hg. G.A. Ritter; R. Vierhaus. Göttingen 1981 (VMPIG 69)

Dictionnaire des sciences historiques. Hg. A. Burguière. Paris 1986

Faire de l'histoire. Nouveaux problèmes. Nouvelles approches. Nouveaux objets. Bd. 1–3. Hg. J. Le Goff; P. Nora. Paris 1974

Geschichte entdecken. Erfahrungen und Projekte der neuen Geschichtsbewegung. Hg. H. Heer; V. Ulrich. Reinbek 1985

Geschichte und Ökonomie. Hg. H.-U. Wehler. Köln 1973

Geschichte und Psychoanalyse. Hg. H.-U. Wehler. Köln 1971

Geschichte und Soziologie. Hg. H.-U. Wehler. Köln 1972

Groh, Dieter: Kritische Geschichtswissenschaft in emanzipatorischer Absicht. Überlegungen zur Geschichtswissenschaft als Sozialwissenschaft. Stuttgart 1973

L'Histoire et ses méthodes. Hg. C. Samaran. Paris 1961

International handbook of historical studies. Contemporary research and theory. Hg. G.G. Iggers; H.T. Parker. London 1980

Marxistische Typisierung und idealtypische Methode in der Geschichtswissenschaft. Hg. W. Küttler. Berlin [Ost] 1986 (SzG 7)

Methoden der Geschichtswissenschaft und Archäologie. Dargestellt von K. Acham ... München ... 1974 (EGA 10)

Methodenprobleme der Geschichtswissenschaft. Hg. T. Schieder. München 1974 (HZ.Bh 3)

Methodologische Probleme der Sozialwissenschaften. Hg. K. Acham. Darmstadt 1978

Nitschke, August: Historische Verhaltensforschung. Analysen gesellschaftlicher Verhaltensweisen. Ein Arbeitsbuch. Stuttgart 1981

Opp, Karl-Dieter: Methodologie der Sozialwissenschaften. Einführung in Probleme ihrer Theorienbildung. Erw. Neuaufl. Reinbek 1976

Sozialgeschichte im internationalen Überblick. Ergebnisse und Tendenzen der Forschung. Hg. J. Kocka. Darmstadt 1989

Sozialgeschichte in Deutschland. Entwicklungen und Perspektiven im internationalen Zusammenhang. Hg. W. Schieder; V. Sellin. Bd. 1–4. Göttingen 1986–1987

Soziologie und Sozialgeschichte. Aspekte und Probleme. Hg. P.C. Ludz. Opladen 1972 (KZSS.Sh 16)

Steuer, Heiko: Frühgeschichtliche Sozialstrukturen in Mitteleuropa. Eine Analyse der Auswertungsmethoden des archäologischen Quellenmaterials. Göttingen 1982 (AAWG.PHK F3 128)

Vergleichende Geschichtswissenschaft. Methode, Ertrag und ihr Beitrag zur Universalgeschichte. Hg. F. Hampl; I. Weiler. Darmstadt 1978

7.3.2 Quantifizierung, Computer

Computerfibel für die Geisteswissenschaften. Einsatzmöglichkeiten des Personal Computers und Beispiele aus der Praxis. Hg. B. Gregor; M. Krifka. München 1986

Computer in den Geisteswissenschaften. Konzepte und Berichte. Frankfurt/M. 1989 (SHS 7)

Floud, Roderick: Einführung in quantitative Methoden für Historiker. Hg. F. Irsigler. Stuttgart 1980

Geschichtswissenschaft und elektronische Datenverarbeitung. Hg. K.H. Kaufhold; J. Schneider. Wiesbaden 1988 (BWSG 36)

L'histoire médiévale et les ordinateurs. Medieval history and Computers. Hg. K.F. Werner. München … 1981

Informatique et histoire médiévale. Hg. L. Fossier … Rom 1977 (CEFR 2)

Jarausch, Konrad H. …: Quantitative Methoden in der Geschichtswissenschaft. Eine Einführung in die Forschung, Datenverarbeitung und Statistik. Darmstadt 1985

Le médiéviste et l'ordinateur. Paris 1979–. Lfd. Information. Hg. IRHT. Section Informatique [zuletzt: Nr. 28. 1993 – CD ROM]

Méthodologies informatiques et nouveaux horizons dans les recherches médiévales. Turnhout 1992 (RPhM 2)

Quantitative Methoden in der Wirtschafts- und Sozialgeschichte der Vorneuzeit. Hg. F. Irsigler. Stuttgart 1978 (HSF 4)

7.4 Geschichtsforschung. Geschichtsschreibung

[siehe auch 1.3.3]

Actes du 100e congrès des sociétés savantes. Bd.1: Tendances, perspectives et méthodes de l'histoire médiévale. Paris 1977

Borgolte, Michael: Sozialgeschichte des Mittelalters. Eine Forschungsbilanz nach der deutschen Einheit. München 1996 (HZ.Bh 22)

Braudel, Fernand ...: Der Historiker als Menschenfresser. Über den Beruf des Geschichtsschreibers. Berlin 1990

Burke, Peter: Offene Geschichte. Die Schule der »Annales«. Berlin 1991

Cantor, Norman F.: Inventing the middle ages: the lives, works and ideas of the great medievalists of the twentieth century. New York 1991

Couteau-Bégarie, Hervé: Le phénomène Nouvelle Histoire. Grandeur et décadence de l'école des »Annales«. 2., vollst. überarb. Aufl. Paris 1989

Demandt, Alexander: Metaphern für Geschichte. Sprachbilder und Gleichnisse im historisch-politischen Denken. München 1978

Deutsche Geschichtswissenschaft nach dem Zweiten Weltkrieg (1945–1965). Hg. E. Schulin. München 1989 (SHK.K 14)

Deutsche Historiker. Bd. 1–9. Hg. H.-U. Wehler. Göttingen 1971–1982

Duby, Georges: Eine andere Geschichte. Stuttgart 1992

Epochenschwelle und Epochenbewußtsein. Hg. R. Herzog; R. Koselleck. München 1987 (PuH 12)

Ernst Kantorowicz – Heute. Hg. J. Fried. Stuttgart 1997 (FHA 39)

Forum. Materialien und Beiträge zur Mittelalter-Rezeption. Göppingen 1986 (GAG 360)

Fuhrmann, Horst (mit M. Wesche): »Sind eben alles Menschen gewesen«. Gelehrtenleben im 19. Jahrhundert. Dargestellt am Beispiel der Monumenta Germaniae Historica und ihrer Mitarbeiter. München 1996

Geschichte der deutschbaltischen Geschichtsschreibung. Hg. G. von Rauch. Köln ... 1986 (OVG 20)

Geschichte und Geschichtswissenschaft in der Kultur Italiens und Deutschlands. Hg. A. Esch; J. Petersen. Tübingen 1989 (BDHIR 71)

Geschichtsdiskurs. Hg. W. Küttler ... Bd. 1–4. Frankfurt/M. 1993–1997

Geschichtswissenschaft in der DDR. Bd. 1–2. Hg. A. Fischer; G. Heydemann. Berlin 1988–1990 (SGDF 25,1–2)

Geschichtswissenschaft in Frankreich. Hg. G. Verheyen. Bd. 1–2. Bonn 1992 (DAAD.DuM 23–24)

Geschlecht und Geschichte. Ist eine weibliche Geschichtsschreibung möglich? Hg. M. Perrot. Frankfurt/M. 1989

Groh, Dieter: Anthropologische Dimensionen der Geschichte. Frankfurt/M. 1992

Hardtwig, Wolfgang: Geschichtskultur und Wissenschaft. München 1990

Heydemann, Günther: Geschichtswissenschaft im geteilten Deutschland. Entwicklungsgeschichte, Organisationsstruktur, Funktionen, Theorie- und Methodenprobleme in der Bundesrepublik Deutschland und in der DDR. Frankfurt/M. ... 1980 (ErlHS 6)

L'histoire médiévale en France. Bilan et perspectives. Hg. M. Balard. Paris 1991

Historikerlexikon. Von der Antike bis zum 20. Jahrhundert. Hg. R. vom Bruch; R. A. Müller. München 1991

Historische Semantik und Begriffsgeschichte. Hg. R. Koselleck. Stuttgart 1979 (SuG 1)

Historische Sinnbildung. Problemstellungen, Zeitkonzepte, Wahrnehmungshorizonte, Darstellungsstrategien. Hg. K.-E. Müller; J. Rüsen. Reinbek 1997

Iggers, Georg G.: Neue Geschichtswissenschaft. Vom Historismus zur Historischen Sozialwissenschaft. Ein internationaler Vergleich. München 1978

–: Geschichtswissenschaft im 20. Jahrhundert. Ein kritischer Überblick im internationalen Zusammenhang. Göttingen 1993

Itinera. Red. B. Mesmer. Fasc. 1: Ortsgeschichte; 2–3: Auf den Spuren weiblicher Vergangenheit; 4: Kirchengeschichte und allgemeine Geschichte in der Schweiz. Die Aufgabe der Helvetia Sacra; 5–6: Wirtschaft und Gesellschaft in Berggebieten. Basel ... 1985

Jütte, Robert: Die Emigration der deutschsprachigen »Wissenschaft des Judentums«. Die Auswanderung jüdischer Historiker nach Palästina 1933–1945. Stuttgart 1991

Marc Bloch aujourd'hui. Histoire comparée et sciences sociales. Hg. H. Atsma; A. Burguière. Paris 1990 (RHSS 41)

Max Weber als Historiker. Hg. J. Kocka. Göttingen 1986 (KSGW 73)

Mentalitäten-Geschichte. Zur historischen Rekonstruktion geistiger Prozesse. Hg. U. Raulff. Berlin 1987

Mittelalterforschung nach der Wende 1989. Hg. M. Borgolte. München 1995 (HZ.Bh 20)

Mittelalter-Rezeption. Ein Symposion. Hg. P. Wapnewski. Stuttgart 1986 (GS.B 6)

Niedergang. Studien zu einem geschichtlichen Thema. Hg. R. Koselleck; P. Widmer. Stuttgart 1980 (SuG 2)

Osteuropa in der historischen Forschung der DDR. Bd. 1–2. Hg. M. Hellmann. Düsseldorf 1972

Probleme der Geschichte Österreichs und ihrer Darstellung. Hg. H. Wolfram ... Wien 1991 (VKGÖ 18)

Raphael, Lutz: Die Erben von Bloch und Febvre. Annales-Geschichtsschreibung und Nouvelle histoire in Frankreich 1945–1980. Stuttgart 1994

Schulze, Winfried: Deutsche Geschichtswissenschaft nach 1945. München 1989 (HZ.Bh 10)

Spätzeit. Studien zu den Problemen eines historischen Epochenbegriffs. Hg. J. Kunisch. Berlin 1990 (HF 42)

Universalgeschichte. Hg. E. Schulin. Köln 1974

Vierzig Jahre Konstanzer Arbeitskreis für mittelalterliche Geschichte. Hg. J. Fried. Sigmaringen 1991

Weber, Wolfgang: Biographisches Lexikon der Geschichtswissenschaft in Deutschland, Österreich und der Schweiz. Die Lehrstuhlinhaber für Geschichte von den Anfängen des Faches bis 1970. Frankfurt/M. ... 1984

–: Priester der Klio. Historisch-sozialwissenschaftliche Studien zu Herkunft und Karriere deutscher Historiker und zur Geschichte der Geschichtswissenschaft 1800–1970. Frankfurt/M. ... 1984 (EHS.III 216)

Werner, Karl Ferdinand: Das NS-Geschichtsbild und die deutsche Geschichtswissenschaft. Stuttgart 1967

White, Hayden: Metahistory. Die historische Einbildungskraft im 19. Jahrhundert. Frankfurt/M. 1991

Wippermann, Wolfgang: Der Ordensstaat als Ideologie. Das Bild des Deutschen Ordens in der deutschen Geschichtsschreibung und Publizistik. Berlin 1979 (EHKB 24)

7.5 Geschichtsphilosophie

Jaeger, Friedrich; **Rüsen**, Jörn: Geschichte des Historismus. Eine Einführung. München 1992

Muhlack, Ulrich: Geschichtswissenschaft im Humanismus und in der Aufklärung. Die Vorgeschichte des Historismus. München 1991

Schaeffler, Richard: Einführung in die Geschichtsphilosophie. Darmstadt 1980

Schnädelbach, Herbert: Geschichtsphilosophie nach Hegel. Die Probleme des Historismus. Freiburg/B. ... 1974

Thyssen, Johannes: Geschichte der Geschichtsphilosophie. 4. Aufl. Bonn 1970

Zemlin, Michael-Joachim: Geschichte zwischen Theorie und Theoria. Untersuchungen zur Geschichtsphilosophie Rankes. Würzburg 1988 (EWWS.P 35)

7.6 Geschichtsdidaktik

Didaktik der Geschichte. Hg. K. Pellens. Darmstadt 1978

Geschichte des Mittelalters. Gesellschaftsprozeß als Leitthema des Unterrichts. Hg. C.A. Lückerath; U. Uffelmann. Düsseldorf 1982

Geschichtsdarstellung. Determinanten und Prinzipien. Hg. K.-E. Jeismann; S. Quandt. Göttingen 1982

Handbuch der Geschichtsdidaktik. Bd. 1–2. Hg. K. Bergmann ... 3., völlig überarb. und erw. Aufl. Düsseldorf 1985

Rohlfes, Joachim: Geschichte und ihre Didaktik. Göttingen 1986

Spurensuche Geschichte. Anregungen für einen kreativen Geschichtsunterricht. Hg. P. Knoch. Bd. 1–5. Stuttgart 1991–1993

8 Aktivitäten. Institutionen. Organisationen

8.1 Allgemein

[siehe auch **Feldmann/Schultze**, S. 8–14, 52–54]

Vademekum der Geschichtswissenschaften [VGW]. Verbände, Organisationen, Gesellschaften, Vereine, Institute, Seminare, Lehrstühle, Bibliotheken, Archive, Museen, Dienststellen und Ämter sowie Historiker in Deutschland, Österreich und der Schweiz. 2. Ausgabe 1996/1997. Stuttgart 1996 [erscheint zweijährlich]

Rogalla von Bieberstein, Johannes: Archiv, Bibliothek und Museum als Dokumentationsbereiche. Einheit und gegenseitige Abgrenzung. Pullach 1975 (BP 16)

8.2 Bibliotheken

Biblioteca Apostolica Vaticana. Hg. A. M. Stickler; S. de Salvia. Stuttgart ... 1986

Handbuch der Bibliotheken. Bundesrepublik Deutschland, Österreich, Schweiz. Hg. H. Lengenfelder. München ... 1984

Handbuch der Handschriftenbestände in der Bundesrepublik Deutschland. Tl. 1. Bearb. T. Brandis; I. Nöther. Berlin 1992

Paravicini, Werner: Die Nationalbibliothek in Paris. Ein Führer zu den Beständen aus dem Mittelalter und der Frühen Neuzeit. München 1980 (DWE 5)

Handbuch der historischen Buchbestände in Deutschland. Hg. B. Fabian. Hildesheim ... Bd. 1. 1996; Bd. 3–10. 1992–1996; Bd. 14–15. 1995

World guide to libraries. 9. Aufl. München 1989 (HIDI 8)

World guide to special libraries. 2. Aufl. Bd. 1–2. München 1990 (HIDI 17)

8.3 Archive

Brenneke, Adolf: Archivkunde. Ein Beitrag zur Theorie und Geschichte des europäischen Archivwesens. Bearb. W. Leesch. Leipzig 1953

EDV und Archive. Bearb. H. Romeyk. Siegburg 1981 (VSANRW.E 2)

Franz, Eckhart G.: Einführung in die Archivkunde. 4., überarb. Aufl. Darmstadt 1993

Haase, Carl: The records of German history in German and certain other record offices with short notes on libraries and other collections - Die Archivalien zur deutschen Geschichte in deutschen und einigen anderen Archiven mit kurzen Bemerkungen über Bibliotheken und andere Sammlungen. Boppard/Rh. 1975

Archive in der Bundesrepublik Deutschland, Österreich und Schweiz. 15. Aufl. Münster 1995 [Erg: IFB 95-3-336]

8.4 Museen

Borger, Hugo: Das Römisch-Germanische Museum Köln. München 1977
Deutsches Historisches Museum. Ideen, Kontroversen, Perspektiven. Hg. C. Stölzl. Frankfurt/M. 1988
Frankreichs Museen. Ein Führer. Hg. E. de Bonnafos; J. Fribourg. München 1972
Das Germanische Nationalmuseum Nürnberg 1852–1977. Beiträge zu seiner Geschichte. Hg. B. Deneke; R. Kahsnitz. München ... 1978
Geschichte sehen. Beiträge zur Ästhetik historischer Museen. Hg. J. Rüsen ... Pfaffenweiler 1988 (GD NF 1)
Handbuch der Museen. Bundesrepublik Deutschland, Deutsche Demokratische Republik, Österreich, Schweiz, Liechtenstein. Red. H. Glaeser ... 2., neubearb. Aufl. München ... 1981
Das historische Museum. Labor, Schaubühne, Identitätsfabrik. Hg. G. Korff; M. Roth. Frankfurt/M. ... 1990
Luttervelt, Remmet van: Holländische Museen. Köln 1975
Die Nation als Ausstellungsstück. Planungen, Kritik und Utopien zu den Museumsgründungen in Bonn und Berlin. Hamburg 1987 (GW 11)
Pomian, Krysztof: Der Ursprung des Museums. Vom Sammeln. Berlin 1988 (KKB 9)
Das Schatzhaus der deutschen Geschichte. Das Germanische Nationalmuseum. Unser Kulturerbe in Bildern und Beispielen. Hg. R. Pörtner. Düsseldorf 1982

8.5 Deutsche Forschungsgemeinschaft [DFG]

Deutsche Forschungsgemeinschaft DFG: Jahresbericht [1–]. [Bonn] 1970–

8.6 Deutsche Historische Institute im Ausland

Deutsches Historisches Institut in Rom [DHIR]
Das Deutsche Historische Institut in Rom. 1888–1988. Hg. R. Elze; A. Esch. Tübingen 1990 (BDHIR 70)
Deutsches Historisches Institut Paris [DHIP]
Les Ateliers de l'Institut Historique Allemand ... Hg.W. Paravicini ... Paris 1994
Deutsches Historisches Institut London [DHIL]
Siehe **Vademekum** 1996/1997, S. 119
Deutsches Historisches Institut Warschau
Siehe **Vademekum** 1996/1997, S. 123
Deutsches Historisches Institut Washington
Siehe **Vademekum** 1996/1997, S. 123

9 Wörterbücher. Glossare. Konkordanzen

[siehe auch: **Caenegem/Ganshof**, S. 276–296; **Berlioz**, S. 28–29, 78–92]

9.1 Klassisches und spätes Latein

9.1.1 Klassisches Latein

Thesaurus linguae latinae ... [TLL]. Bd. 1– . Leipzig 1900– ; Onomasticon. Leipzig 1907–23; Index librorum ... Leipzig 1904; Suppl. Leipzig 1958

Forcellini, Egidio: Totius latinitatis lexicon ... Neubearb. von V. de Vit. Bd. 1–10. 4. Aufl. Prato 1858–1887 [Bd. 7–10: Onomasticon totius latinitatis. Neu hg. von J. Perin. Bd. 1–2. Padua 1903–1920]

Georges, Heinrich; **Ernst**, Karl: Ausführliches lateinisch-deutsches Handwörterbuch ... Bd. 1–2. 8. Aufl. Hannover ... 1918

Oxford Latin Dictionary. Hg. P. G. W. Glare. Oxford 1968–1982

9.1.2 Spätantike–Frühmittelalter (bis 600)

Souter, Alexander: A glossary of Later Latin to 600 A.D. Oxford 1949; verb. Ndr. 1964

9.2 Kleine Wörterbücher

Pons Globalwörterbuch lateinisch-deutsch. Bearb. R. Hau. Stuttgart 1984

Der Taschen-Heinichen. Lateinisch-Deutsches Taschenwörterbuch zu den klassischen und ausgewählten mittelalterlichen Autoren. 5. Aufl. Stuttgart 1975

Mittellateinisches Glossar. Hg. E. Habel; F. Gröbel. 2. Aufl. Paderborn 1959; Ndr. mit Einführung von H. D. Heimann. Paderborn ... 1989

9.3 Mittellatein

9.3.1 Allgemeine Wörterbücher

Du Cange, Charles Du Fresne Sieur : Glossarium mediae et infimae latinitatis. Bd. 1–3. Paris 1678; [beste Neuaufl.:] Bd. 1–7. Bearb. G.A.L. Henschel. 4. Aufl. Paris 1840–1850 [mit altfrz. Glossar]; Bd. 1–10. Bearb. L. Favre. 5. Aufl. Niort 1883–1887 [mit altfrz. Glossar von **Favre,** L.: Glossaire français faisant suite au Glossarium mediae et infimae latinitatis ... Bd.1–2. Niort 1879]; Ndr. Bd. 1–5. Graz 1954 [Nachträge: **Schmidt**, Charles: Petit supplément au dictionnaire de Du Cange. Straßburg 1906, sowie in ALMA 1924; 1925; 1952]

sollte ersetzt werden durch:

Novum glossarium mediae et infimae latinitatis ab anno DCCC usque ad annum MCC. Hg. F. Blatt. Fasz. 1– . Kopenhagen 1957– [bisher nur: L–Pepticus]; Index scriptorum novus ... 2. Aufl. 1973 [Suppl. 1989]

Mittellateinisches Wörterbuch bis zum ausgehenden 13. Jahrhundert. Bd. 1–. München 1967–; Abk.- und Quellenverz. 2., verb. und erw. Aufl. 1996

Niermeyer, Jan Frederik: Mediae latinitatis lexicon minus. Lexique latin médiéval-français/anglais. A medieval Latin-French/English dictionary. Leiden 1976

9.3.2 Nationale Wörterbücher

Latham, Ronald E.: Revised medieval latin word-list from British and Irish sources. London 1965

–: Dictionary of medieval latin from British sources. Fasc.1– . London 1975– [Fasc. 1 mit Bibliogr.]

Lexicon latinitatis neerlandicae medii aevi. Woordenboek van het Middeleeuws Latijn van de Noordelijke Nederlanden. Hg. J.W. Fuchs. Mitarbeit O. Weijers ... Fasc. 1– . Amsterdam 1970–

Brinckmeier, Eduard: Glossarium diplomaticum. Zur Erläuterung schwieriger, einer diplomatischen, historischen, sachlichen oder Worterklärung bedürftiger lateinischer, hoch- und besonders niederdeutscher Wörter und Formeln ... Bd. 1–2. Gotha 1856–1863

Diefenbach, Lorenz: Glossarium latino-germanicum mediae et infimae aetatis ... Frankfurt/M. 1857

–: Novum Glossarium latino-germanicum mediae et infimae aetatis ... Frankfurt/M. 1867

Haltaus, Christian Gottlob: Glossarium Germanicum medii aevi ... Leipzig 1758

Köbler, Gerhard: Lateinisch-althochdeutsches Wörterbuch. Göttingen 1971 (GSRG.Sb 12)

–: Lateinisch-altniederdeutsches Wörterbuch. Göttingen 1972

–: Lateinisch-germanistisches Lexikon. Göttingen ... 1975

9.3.3 Spezialwörterbücher

Blaise, Albert: Dictionnaire latin-français des auteurs chrétiens. Neubearb. von H. Chirat. 2. Aufl. Straßburg 1954; Addenda et Corrigenda. 1967

–: Dictionnaire latin-français des auteurs du moyen âge. Lexicon latinitatis medii aevi, praesertim ad res ecclesiasticas investigandas pertinens ... Turnhout 1975 (CC.CM)

Kirchenlateinisches Wörterbuch. Ausführliches Wörterverzeichnis ... 2., sehr verm. Aufl. des »Liturgischen Lexikons«. Hg. A. Sleumer. Limburg/L. 1926; 3. Aufl. Bonn 1962

Heumann, Hermann Gottlieb; **Seckel**, Erich: Handlexikon zu den Quellen des römischen Rechts. 9. Aufl. Jena 1907

Deutsches Rechtswörterbuch [DRW]. Wörterbuch der älteren deutschen Rechtssprache. Bd. 1– . Weimar 1914– [Quellenh. 1912; Ergh. 1930]

Glossary of medieval terms of business. Italian series, 1200–1600. Hg. F. Edler. Cambridge 1934 (MAA 20)

Haemmerle, Albert: Alphabetisches Verzeichnis der Berufs- und Standesbezeichnungen vom ausgehenden Mittelalter bis zur neueren Zeit. München 1933

Graesse, Johann Georg Theodor: Orbis latinus oder Verzeichnis lateinischer Benennungen der bekanntesten Städte ... Dresden 1861; 2. Aufl. bearb. von F. Benedict. Berlin 1909; 4. Aufl. u.d.T. **Graesse-Benedict-Plechl**. Orbis latinus. Lexicon lateinischer geographischer Namen des Mittelalters und der Neuzeit. Bd. 1–3. Hg. H. Plechl. Braunschweig 1972; Handausgabe, lateinisch-deutsch, deutsch-lateinisch. Hg. H. Plechl. Braunschweig 1971

Förstemann, Ernst: Altdeutsches Namenbuch. Bd. 1: Personennamen; Bd. 2: Orts- und sonstige geographische Namen. 2. Aufl. Bearb. H. Jellinghaus. Bonn 1913–1916

Oesterley, Hermann: Historisch-geographisches Wörterbuch des deutschen Mittelalters. Gotha 1883 [weitere nationale und regionale Ortsverzeichnisse bei **Caenegem/Ganshof**, S. 308–314]

Demandt, Karl E.: Laterculus notarum. Lateinisch-deutsche Interpretationshilfen für spätmittelalterliche und frühneuzeitliche Archivalien. Mit 3 Tafeln spez. Zahlenschreibungen des 14.–16. Jahrhunderts. 3., neu bearb. und erw. Aufl. Marburg 1979 (VAM 7)

9.3.4 Konkordanzen und Initienverzeichnisse

9.3.4.1 Allgemein

[siehe auch 18.5.2 sowie **Berlioz**, S. 38–43, 82–87 (zu einzelnen Autoren und Werken), 214–216]

Quellet, Henri: Bibliographia indicum, lexicorum et concordantium auctorum latinorum. Répertoire bibliographique des index, lexiques et concordances des auteurs latins. Hildesheim; New York 1980 [für die »vorelektronische« Zeit grundlegend]

CD-ROM – auf der Grundlage des Incipitverzeichnisses für Texte der lateinischen Literatur der Antike und des Mittelalters, seit 1937 am IRHT (Paris) gesammelt (ca. 400.000 Microfiches):

In Principio. Incipit index of latin texts. 2 CD-ROM [A–L; A–Z]. Turnhout 1993. 1994 [ab 1995 periodisch erw. Neubearb., zusammen mit der Hill Monastic Manuscript Library (Universität Collegeville/Minnesota); die Nationalbibliothek Berlin bearbeitet ein Incipit-Verzeichnis der Handschriften aus deutschen Bibliotheken; schon fortgeschritten ist das **Repertorium initiorum manuscriptorum** der Katholischen Universität Louvain-la-Neuve; vgl.: **Hamesse**, Jacqueline: Le repérage des manuscrits à l'aide d'une base de données d'incipits, in: Méthodologies informatiques, S. 111–129; 113ff.]

9.3.4.2 Einzelne Verzeichnisse

Dicke, Gerd; **Grubmüller**, Klaus: Die Fabeln des Mittelalters und der Frühen Neuzeit. Ein Katalog der deutschen Versionen und ihrer lateinischen Entsprechungen. München 1987 (MMS 60)

Tubach, Frederic C.: Index exemplorum. A handbook of medieval religious tales. Helsinki 1969 (FF.C 204)

Novae concordantiae bibliorum sacrorum juxta vulgatam versionem critice editam. Hg. B. Fischer. Bd. 1–5. Stuttgart-Bad Cannstatt 1977

Stegmüller, Friedrich: Repertorium biblicum medii aevi. Bd.1–7. Madrid 1940–1961; Bd. 8–11 (Suppl. Mitarb. K. Reinhardt) 1976–1980

Hanslik, Rudolphus: Benedicti regula. Index verborum. Wien 1960 (CSEL 75]

La règle de St. Benoît. Bd. 1–6. Hg. A. De Vogüé; J. Neufville. Paris 1971–1972 (SC 181–186) [Bd.2: Konkordanz]

Initienverzeichnis zu August Potthast, Regesta pontificum Romanorum (1198–1304). Bearb. H.M. Schaller. München 1978 (MGHHm 2)

Initien- und Empfängerverzeichnis zu Italia Pontificia I–X. Bearb. R. Hiestand. München 1983 (MGHHm 6)

Initienverzeichnis und chronologisches Verzeichnis zu den Archivberichten und Vorarbeiten der Regesta pontificum Romanorum. Bearb. R. Hiestand. München 1983 (MGHHm 7)

Arengenverzeichnis zu den Königs- und Kaiserurkunden von den Merowingern bis Heinrich VI. Bearb. F. Hausmann; A. Gawlik. München 1987 (MGHHm 9)

Lateinisches Hexameter-Lexikon. Dichterisches Formelgut von Ennius bis zum Archipoeta. Bearb. O. Schumann. Tl. 1–6. München 1979–1983 (MGHHm 4)

Wortkonkordanz zum Decretum Gratiani. Bearb. T. Reuter; G. Silagi. München 1990 (MGHHm 10)

9.4 Volkssprachliche Wörterbücher

9.4.1 Verschiedene

Clark Hall, John R.: A concise Anglo-Saxon dictionary containing words used by English writers from the twelfth to the fifteenth century. 4. Aufl. Bearb. und erg. von H.D. Meritt. Cambridge 1960

Dizionario del linguaggio italiano storico e amministrativo. Hg. G. Rezasco. Florenz 1881; Ndr. Bologna 1966

Französisch für Historiker. Fachsprachlicher Wortschatz mit Hinweisen zum Geschichtsstudium in Frankreich. Hg. H. Drummer … Berlin 1991

Godefroy, Frédéric: Dictionnaire de l'ancienne langue française et de tous les dialectes du IXe au XVe siècle. Bd. 1–10. Paris 1881–1902; Ndr. New York 1961 [Berücksichtigt nur lit. Texte; zu erg. durch Tobler-Lommatzsch]

Greimas, Algirdas Julien: Dictionnaire de l'ancien français jusqu'au milieu du

XIVe siècle. 2. Aufl. Paris 1976 [Extrakt von Godefroy und Tobler-Lommatzsch]

Levy, Emile: Petit dictionnaire provençal-français. 3. Aufl. Heidelberg 1961

Tobler, Adolf: Altfranzösisches Wörterbuch. Nachgelassene Materialien hg. von E. Lommatzsch. Bd. 1–. 1915–

Verdam, J(acob): Middelnederlandsch handwoordenboek. Teilw. überarb. Ndr. Hg. C.H. Ebbinge Wubben. Den Haag 1932

Verwijs, Eelco; **Verdam**, J(acob): Middelnederlandsch Woordenboek. Bd. 1–9. Den Haag 1885–1929 [Erg.: Bd. 10. 1927–1935; Bd. 11. 1941]

9.4.2 Althochdeutsch

Graff, Eberhard G.: Althochdeutscher Sprachschatz oder Wörterbuch der althochdeutschen Sprache. Bd. 1–6. Berlin 1834–1842 [Indexbd. 1846]

Köbler, Gerhard: Wörterbuch des althochdeutschen Sprachschatzes. Paderborn ... 1993

Schützeichel, Rudolf: Althochdeutsches Wörterbuch. 2. Aufl. Tübingen 1974; 4., überarb. und erg. Aufl. 1989

–: Addenda und Corrigenda (III) zum althochdeutschen Wortschatz. Göttingen 1991 (SAHD 12)

9.4.3 Mittelhochdeutsch

Henning, Beate: Kleines mittelhochdeutsches Wörterbuch. Tübingen 1993

Mittelhochdeutsches Wörterbuch mit Benutzung des Nachlasses von G.F. Benecke ausgearb. von W. Müller und F. Zarncke [BMZ]. Bd. 1–4. Leipzig 1854–1866; Bd. 5: Alphabet. Index. Bearb. E. Koller. Stuttgart 1990

Lexer, Matthias: Mittelhochdeutsches Handwörterbuch. Bd. 1–3. Leipzig 1872–1878

–: Mittelhochdeutsches Taschenwörterbuch. 35. Aufl. mit neubearb. und erw. Nachträgen von U. Pretzel. Stuttgart 1979

Koller, Erwin; ...: Neuhochdeutscher Index zum mittelhochdeutschen Wortschatz (Lexer). Stuttgart 1990

Wörterbuch der mittelhochdeutschen Urkundensprache [WMU]. Auf der Grundlage des Corpus der altdeutschen Originalurkunden bis zum Jahr 1300. Hg. B. Kirchstein; U. Schulze. Lfg. 1–. Berlin 1986–; Schreibortverzeichnis. 1991

9.4.4 Mittelniederdeutsch

Lasch, Agathe; **Borchling**, Conrad: Mittelniederdeutsches Handwörterbuch. Fortgeführt von G. Cordes. Bd. 1–. Neumünster 1956–

Lübben, August: Mittelniederdeutsches Handwörterbuch. Nach dem Tode des Verfassers vollendet von C. Walther. Norden ... 1888

Schiller, Karl; **Lübben**, August: Mittelniederdeutsches Wörterbuch. Bd. 1–6. Münster … 1875–1881

9.4.5 Frühneuhochdeutsch

Frühneuhochdeutsches Wörterbuch [FNWB]. Hg. R.R. Anderson … Bd.1–. Berlin 1989–

Götze, Alfred: Frühneuhochdeutsches Glossar. 7. Aufl. Berlin 1967 (KTVÜ 101)

Grimm, Jacob und Wilhelm: Deutsches Wörterbuch [DWB]. Bd. 1–32. Leipzig 1854–1954; Bd. 33: Quellenverz. Stuttgart 1966–1971

10 Zusammenfassungsliteratur

10.1 Lexika, Handwörterbücher, Sachwörterbücher

10.1.1 Allgemein/übergreifend und ergänzend

Bayer, Erich; **Wende**, Frank: Wörterbuch zur Geschichte. Begriffe und Fachausdrücke. 5., neugest. und erw. Aufl. Stuttgart 1996

Das Fischer Lexikon Geschichte. Hg. R. van Dülmen. Frankfurt/M. 1990

Fuchs, Konrad; **Raab**, Heribert: dtv-Wörterbuch zur Geschichte. Bd.1–2. 6., bearb. und erw. Aufl. München 1987

Geiss, Imanuel: Geschichte griffbereit. Bd. 1–6 [Regbd.]. Dortmund 1993

Geschichtliche Grundbegriffe [GG]. Historisches Lexikon zur politisch-sozialen Sprache in Deutschland. Hg. O. Brunner … Bd. 1–8. Stuttgart 1972–1995

Haberkern, Eugen; **Wallach**, Joseph Friedrich: Hilfswörterbuch für Historiker. Mittelalter und Neuzeit. 2., neubearb. und erw. Aufl. Bern … 1964

Handwörterbuch des deutschen Aberglaubens [HdA]. Hg. H. Bächtold-Stäubli. Bd. 1–9. Berlin-Leipzig 1927–1942

Lexikon der biblischen Personen. Mit ihrem Fortleben in jüdischer, christlicher und islamischer Tradition sowie in Dichtung, Musik und Kunst. Bearb. M. Bocian … Stuttgart 1989

Lurker, Manfred: Lexikon der Götter und Dämonen. 2., erw. Aufl. Stuttgart 1989

–: Wörterbuch biblischer Bilder und Symbole. 3., erw. Aufl. Stuttgart 1987

Paulys Realencyclopädie der classischen Altertumswissenschaften [RE]. Hg. G. Wissowa … Reihe 1: Bd. 1–24. Stuttgart 1893–1963; Reihe 2: Bd. 1–10. Stuttgart 1914–1972; Suppl. Bd. 1–15. Stuttgart 1903–1978

Der Neue Pauly. Enzyklopädie der Antike. Hg. H. Cancik; H. Schneider. Bd.1–. Stuttgart 1996– [Bd.1 ersch.; geplant 15 Bde.]

Der Kleine Pauly. Lexikon der Antike. Hg. K. Ziegler; W. Sontheimer. Bd. 1–5. München 1964–1975

Reallexikon der germanischen Altertumskunde [RGA]. Begr. J. Hoops. Hg. [H. Jankuhn;] H. Beck … 2., völlig neu bearb. und stark erw. Aufl. Bd. 1– . Berlin … 1968– [Ergbd. 1– . 1986–]; 1. Aufl. Straßburg 1911–

Wörterbuch der Symbolik. Hg. M. Lurker. 5., erw. Aufl. Stuttgart 1991

Lexikon der deutschen Geschichte. Personen, Ereignisse, Institutionen. Von der Zeitwende bis zum Ausgang des 2. Weltkrieges. Hg. G. Taddey. 2., neubearb. und erw. Aufl. Stuttgart 1983

Sachwörterbuch zur deutschen Geschichte. Von H. Rössler … München 1958

10.1.2 Mittelalter

Barbero, Alessandro; **Frugoni**, Chiara: Dizionario del Medioevo. Rom … 1994

Clavis medievalis. Kleines Wörterbuch der Mittelalterforschung. Hg. O. Meyer; R. Klauser. Wiesbaden 1962

Dictionary of the middle ages. Hg. J.R. Strayer. Bd. 1–12 [Bd. 13: Reg.]. New York 1982–1989

Favier, Jean: Dictionnaire de la France médiévale. Paris 1993

Grabois, Aryeh: Enzyklopädie des Mittelalters. Frankfurt/M. [o.J.]

Kulturhistorisk leksikon for nordisk middelalder fra vikingetid til reformationstid. Hg. J. Bronsted ... Bd. 1–22. Kopenhagen 1956–1978

Lexikon des Mittelalters [LexMA]. Bd. 1– . München ... 1980– [ersch. Bd. 1–8,8: –Vladimir]

Sachwörterbuch der Mediävistik. Hg. P. Dinzelbacher. Stuttgart 1992

Volkert, Wilhelm: Adel bis Zunft. Ein Lexikon des Mittelalters. München 1991

10.1.3 Ortslexika (Hand- und Sachwörterbücher zu archäologischen Denkmälern, historischen Stätten und Länderkunde)

[siehe auch 10.1.6: **Deutsches Städtebuch**; 13.4.3; 14.19

Binding, Günther: Deutsche Königspfalzen. Von Karl dem Großen bis Friedrich II. (765–1240). Darmstadt 1996

Die deutschen Königspfalzen [DKPf]. Repertorium der Pfalzen, Königshöfe und übrigen Aufenthaltsorte der Könige im deutschen Reich des Mittelalters. Bd. 1–. Göttingen 1983– [bisher ersch.: Bd. 1: Hessen. Lfg. 1–3. 1983–1986; Bd. 2: Thüringen: Lfg. 1–4. 1984–1991; Bd. 3: Baden–Württemberg. Lfg. 1–2. 1988–1993]; siehe auch: **Deutsche Königspfalzen**. Beiträge zu ihrer historischen und archäologischen Erforschung. Bd. 1–4. Göttingen 1963–1996 (VMPIG 11,1–4).

Führer zu archäologischen Denkmälern in Deutschland. Bd. 1– . Stuttgart 1983–

Führer zu vor- und frühgeschichtlichen Denkmälern. Bd. 1–50. Mainz 1964–1982 [regionale Gliederung]

Geschichte der deutschen Länder. Territorien-Ploetz. Hg. G.W. Sante ... Bd. 1–2. Würzburg 1964–1971 [MA: Bd. 1; auch Sonderausg. für einzelne Länder]

Handbuch der historischen Stätten [HHS]. Bd.: Ost- und Westpreußen. Stuttgart 1966; Bd.: Schlesien. Stuttgart 1977

Handbuch der historischen Stätten Deutschlands [HHSD]. Bd. 1–12; versch. Aufl. Stuttgart 1958–1989. Bd. 1: Schleswig-Holstein und Hamburg. 3., verb. Aufl. 1976; Bd. 2: Niedersachsen und Bremen. 5., verb. Aufl. 1986; Bd. 3: Nordrhein-Westfalen. 2., neubearb. Aufl. 1970; Bd. 4: Hessen. 3., überarb. Aufl. 1976; Bd. 5: Rheinland-Pfalz und Saarland. 3., erw. Aufl. 1988; Bd. 6: Baden-Württemberg. 2., überarb. Aufl. 1980; Bd. 7: Bayern. 3., überarb. Aufl. 1981; Bd. 8: Sachsen. 1965; Bd. 9: Thüringen. 2., verb. Aufl. 1989; Bd. 10: Berlin und Brandenburg. 3., korr. und akt. Aufl. 1995; Bd. 11: Provinz Sachsen-Anhalt. 2., überarb. und erg. Aufl. 1987; Bd. 12: Mecklenburg/Pommern. 1995

Handbuch der historischen Stätten Dänemark [HHSDk]. Stuttgart 1982

Handbuch der historischen Stätten Österreich [HHSÖ]. Bd. 1: Donauländer und Burgenland. Stuttgart 1970; Bd. 2: Alpenländer mit Südtirol. 2., erw. Aufl. Stuttgart 1978

Handbuch der historischen Stätten Schweiz [HHSSchw]. Hg. V. Reinhardt. Stuttgart 1996

Köbler, Gerhard: Historisches Lexikon der deutschen Länder. Die deutschen Territorien vom Mittelalter bis zur Gegenwart. 5., vollst. überarb. Aufl. München 1996

10.1.4 Rechts- und Verfassungsgeschichte

Handwörterbuch zur deutschen Rechtsgeschichte [HRG]. Hg. A. Erler; E. Kaufmann. Bd. 1– . Berlin 1971–

10.1.5 Kirchengeschichte

Andresen, Carl; **Denzler**, Georg: dtv-Wörterbuch der Kirchengeschichte. 4., überarb. und aktual. Aufl. München 1993

Augustinus-Lexikon. Hg. C. Mayer … Red. K.H. Chelins. Bd. 1–. Basel 1988–

Bertholet, Alfred: Wörterbuch der Religionen. In Verb. mit H. Frh. von Campenhausen neu hg. und erw. von K. Goldammer. 4. Aufl. Stuttgart 1985

Bibliotheca Sanctorum. Bd. 1–12. Rom 1961–1970; Ergbd. 1987

Dictionnaire d'archéologie chrétienne et de liturgie. Hg. Dom F. Cabrol; Dom H. Leclercq. Fortgef. von H.-I. Marrou. Bd. 1–15. Paris 1907–1953

Dictionnaire d'histoire et de géographie ecclésiastiques [DHGE]. Hg. A. Baudrillart … Bd. 1–. Paris 1912– [zuletzt Bd. 24. Lfg. 142: –Housseau]

Dictionnaire de droit canonique [DDC]. Contenant tous les termes du droit canonique avec un sommaire de l'histoire de ses institutions et de l'état actuel de la discipline. Hg. R. Naz … Bd. 1–7. Paris 1935–1967

Dictionnaire de théologie catholique. Bd. 1–15. Paris 1903–1950; Reg.: Bd. 1–3. Paris 1951–1972

Dictionnaire historique de la papauté [DHP]. Hg. P. Levillain. Paris 1994

Dizionario degli Istituti di Perfezione. Hg. G. Pelliccia; G. Rocca. Bd. 1–. Rom 1974–

Duchet-Suchaux, Gaston u. Monique: Les Ordres religieux. Guide historique. Paris 1993

Keller, Hiltgart L.: Reclams Lexikon der Heiligen und der biblischen Gestalten. Legende und Darstellung in der bildenden Kunst. 2., durchges. Aufl. Stuttgart 1991

Kelly, John Norman Davidson: Reclams Lexikon der Päpste. Stuttgart 1988 [= Oxford Dictionary of Popes. Oxford 1986; frz.: Turnhout 1994]

Lanczkowski, Johanna: Kleines Lexikon des Mönchtums. Stuttgart 1993

Lexikon für Theologie und Kirche [LThK]. Hg. M. Buchberger. Bd. 1–10. Freiburg/Br. 1930–1938; 2., völlig neubearb. Aufl. Hg. J. Höfer; K. Rahner. Bd.

1–10. 1957–1965; Regbd. 1967; Erg.: Bd. 1–3. 1967–1968; 3., völlig neubearb. Aufl. Hg. W. Kasper ... Bd. 1–. Freiburg/Br. ... 1993– [zuletzt Bd.5: – Kirchen ...]

Maier, Bernhard: Lexikon der keltischen Religion und Kultur. Stuttgart 1994

Mönchtum, Orden, Klöster. Von den Anfängen bis zur Gegenwart. Ein Lexikon. Hg. G. Schwaiger. 2., durchges. Aufl. München 1994

Oury, Guy Marie: Dictionnaire des ordres religieux et des familles spirituelles. Chambray-lès-Tours 1988

Reallexikon für Antike und Christentum [RAC]. Sachwörterbuch zur Auseinandersetzung des Christentums mit der antiken Welt. Begr. von F. J. Dölger ... Hg. T. Klauser. Bd. 1– . Stuttgart 1950–

Die Religion in Geschichte und Gegenwart [RGG]. Handwörterbuch für Theologie und Religionswissenschaft. Bd. 1–5. Tübingen 1909–1913; 2. Aufl. Hg. H. Gunkel; L. Zscharnak. Bd. 1–5. 1926–1932; 3., völlig neu bearb. Aufl. Hg. K. Galling. Bd. 1–6. 1957–1965

Simek, Rudolf: Lexikon der germanischen Mythologie. 2., erg. Aufl. Stuttgart 1995

Stadler, Hubert: Päpste und Konzilien. Kirchengeschichte und Weltgeschichte. Personen. Ereignisse. Begriffe. Düsseldorf 1983

Theologenlexikon. Von den Kirchenvätern bis zur Gegenwart. Hg. W. Härle; H. Wagner. 2., neubearb. und erw. Aufl. München 1994

Theologische Realenzyklopädie [TRE]. Hg. G. Krause; G. Müller. Bd.1– . Berlin ... 1976– [Reg. zu Bd. 1–17. 1990] [= Neubearb. der Realenzyklopädie für protestantische Theologie und Kirche. 3. Aufl. Hg. A. Hauck. Bd. 1–21. Leipzig 1896–1913]

Reclams Bibellexikon. Hg. K. Koch ... Stuttgart ... 1978

Wörterbuch der Mystik. Hg. P. Dinzelbacher. Stuttgart 1989 [frz.: Dictionnaire de la mystique. Turnhout 1993]

10.1.6 Wirtschafts- und Sozialgeschichte

Handwörterbuch der Sozialwissenschaften [HSW]. Zugleich Neuaufl. des Handwörterbuches der Staatswissenschaften. Hg. E. von Beckerath ... Bd. 1–12. Stuttgart ... 1956–1968

Handwörterbuch der Wirtschaftswissenschaften [HWW]. Hg. W. Albers ... Bd. 1–9. Tübingen ... 1976–1983; Studienausg. 1988

International Encyclopedia of the Social Sciences. Bd. 1–16. [New York] 1868–1979

Schomburg, Walter: Lexikon der deutschen Steuer- und Zollgeschichte. Abgaben, Dienste, Gebühren, Steuern und Zölle von den Anfängen bis 1806. München 1992

Von Aktie bis Zoll. Ein historisches Lexikon des Geldes. Hg. M. North. München 1995

Wirtschafts-Ploetz. Die Wirtschaftsgeschichte zum Nachschlagen. Hg. H. Ott; H. Schäfer. Freiburg/Br. 1984

Raum und Bevölkerung in der Weltgeschichte. Bevölkerungs-Ploetz. Bd. 1–2. Würzburg 1955–56; 3. Aufl. Bd. 1–4. 1965–1968

Encyclopédie internationale des sciences et des techniques. Hg. P. Auger; M.D. Grmek. Bd. 1–10; Indexbd. Paris 1969–1974

Feldhaus, Franz M.: Die Technik. Ein Lexikon. Der Vorzeit, der geschichtlichen Zeit und der Naturvölker. Wiesbaden [o. J.]; Sonderausg. München 1970

Lexikon des alten Handwerks. Vom späten Mittelalter bis ins 20. Jahrhundert. Hg. R. Reith. 2., durchges. Aufl. München 1991

Otto Luegers Lexikon der gesamten Technik und ihrer Hilfswissenschaften. Hg. E. Frey. Bd. 1–6. 3., vollst. neu bearb. Aufl. Stuttgart … 1926–31

Deutsches Städtebuch. Handbuch städtischer Geschichte. Hg. E. Keyser. Stuttgart 1939–1974. Bd. 1: Nordostdeutschland. 1939; Bd. 2: Mitteldeutschland. 1941; Bd. 3: Nordwestdeutschland. Tl. 1: Niedersächsisches Städtebuch. 1952; Tl. 2: Westfälisches Städtebuch. 1954; Tl. 3: Rheinisches Städtebuch. 1956; Bd. 4: Südwestdeutschland. Tl. 1: Hessen. 1957; Tl. 2: Baden-Württemberg. 1959–1962; Tl. 3: Rheinland-Pfalz und Saarland. 1964; Bd. 5: Bayerisches Städtebuch. Tl. 1–2. 1971–1974

Österreichisches Städtebuch. Wien 1968– . Bisher ersch.: Bd. 1: Die Städte Oberösterreichs. 1968; Bd. 2: Die Städte des Burgenlandes. 1970; Bd. 3: Die Städte Vorarlbergs. 1973; Bd. 4,1–3: Die Städte Niederösterreichs. 1988. 1976. 1982; Bd. 5: Die Städte Tirols. 5,1: Bundesland Tirol. 1980

Encyclopaedia Judaica. Hg. C. Roth; G. Wigoder. Bd. 1–16. Jerusalem 1971–1972

Encyclopaedia Judaica. Hg. J. Klatzkin; I. Elbogen. Bd. 1–10. Berlin 1928–1934 [bis Bd. 10: –Lyra]

Germania Judaica [GJ]. Bd. 1: Von den ältesten Zeiten bis 1238. Hg. I. Elbogen … Tübingen 1963 [Ndr. der Ausg. Breslau 1934]; Bd. 2: Von 1238 bis zur Mitte des 14. Jahrhunderts. Hg. Z. Avneri. Tl. 1–2. 1968; Bd. 3: 1350–1519. Hg. A. Maimon … Tl. 1–2. 1987–1995

Jüdisches Lexikon. Hg. G. Herlitz; B. Kirchner. Bd. 1–5. Berlin 1927–1930

Lexikon des Judentums. Hg. J.F. Oppenheimer. Gütersloh … 1991

10.1.7 Geistes- und Kulturgeschichte

10.1.7.1 Bildung. Erziehung

Lexikon der Pädagogik. Neue Ausg. Bd. 1–4. Freiburg/Br. … 1970–1971

Neues pädagogisches Lexikon. Hg. H.-H. Groothoff; M. Stallmann. 5., vollst. neu bearb. Aufl. Stuttgart 1971

10.1.7.2 Sprache und Literatur

Bußmann, Hadumod: Lexikon der Sprachwissenschaft. 2., grundl. überarb. und erw. Aufl. Stuttgart 1990

Crystal, David: Die Cambridge Enzyklopädie der Sprache. Frankfurt/M. 1995

Lexikon der Germanistischen Linguistik. Studienausgabe. Hg. H.P. Althaus ... 2., vollst. neu bearb. und erw. Aufl. Bd. 1–4. Tübingen 1980

Lexikon der Romanistischen Linguistik. Hg. G. Holtus ... Bd. 1– . Tübingen 1988–

Wilpert, Gero von: Sachwörterbuch der Literatur. 7., erw. Aufl. Stuttgart 1989

Die deutsche Literatur des Mittelalters. Verfasserlexikon [VL]. Begr. von W. Stammler, fortgef. von K. Langosch. 2., völlig neu bearb. Aufl. Hg. K. Ruh ... Bd. 1– . Berlin ... 1977– [grundlegend; auch lat. Autoren und Werke]

Enzyklopädie des Märchens. Handwörterbuch zur historischen und vergleichenden Erzählforschung. Hg. K. Ranke. Bd. 1. Berlin ... 1977

Frenzel, Elisabeth: Stoffe der Weltliteratur. Ein Lexikon dichtungsgeschichtlicher Längsschnitte. 8., überarb. und erw. Aufl. Stuttgart 1992

–: Motive der Weltliteratur. Ein Lexikon dichtungsgeschichtlicher Längsschnitte. 4., überarb. und erw. Aufl. Stuttgart 1992

Harenberg-Lexikon der Weltliteratur. Autoren, Werke, Begriffe. Bd. 1–5. Vollst. überarb. und erw. Studienausg. Dortmund 1994

Kindlers Neues Literatur Lexikon. Hg. W. Jens. Bd. 1–20. München 1988–1992

Literatur-Lexikon. Autoren und Werke deutscher Sprache. Hg. W. Killy, Bd. 1–12: Autoren. München 1988–1992

Neues Handbuch der Literaturwissenschaft. Hg. K. von See. Wiesbaden 1978–1990. Bd. 5: Orientalisches Mittelalter. 1990; Bd. 6: Europäisches Frühmittelalter. 1986; Bd. 7: Europäisches Hochmittelalter. 1981; Bd. 8: Europäisches Spätmittelalter. 1978

Reallexikon der deutschen Literaturgeschichte [Merker-Stammler]. Hg. W. Kohlschmidt; W. Mohr; ab Bd. 4 Hg. K. Kanzog; A. Masser. Bd. 1–4. Berlin 1925–1931; Bd. 1–5. 2. Aufl. Berlin ... 1958–1988

Thompson, Stith: Motif-Index of Folk-Literature. A classification of narrative elements in folktales, ballads, myths, fables, medieval romances, exempla, fabliaux, jest-books and local legends. Bd. 1–5; Regbd. Kopenhagen 1955–1958

Lexikon des gesamten Buchwesens. 2., völlig neubearb. Aufl. [LGB]. Hg. S. Corsten ... Bd. 1– . Stuttgart 1987–

10.1.7.3 Philosophie

Enzyklopädie Philosophie und Wissenschaftstheorie. Hg. J. Mittelstraß. Bd. 1–. Mannheim 1980–

Historisches Wörterbuch der Philosophie. Hg. J. Ritter ... Völlig neubearb. Ausg. des Wörterbuchs der philosophischen Begriffe von R. Eisler. Bd. 1– . Basel; Darmstadt 1971–

Lexikon der philosophischen Werke. Hg. F. Volpi; J. Nida-Rümelin ... Stuttgart 1988

Philosophisches Wörterbuch. Hg. W. Brugger. 18. nach der 14. Aufl. fortgef. von J. Schmidt. Freiburg/Br. ... 1990

Philosophisches Wörterbuch. Begr. H. Schmidt. 22. Aufl. Neu bearb. von G. Schischkoff. Stuttgart 1991

10.1.7.4 Kunst, Musik. Architektur

Allgemeines Lexikon der bildenden Künstler von der Antike bis zur Gegenwart. Begr. U. Thieme; F. Becker. Hg. H. Vollmer. Bd. 1–37. Leipzig 1907–1950

Bildwörterbuch der Kleidung und Rüstung. Vom alten Orient bis zum ausgehenden Mittelalter. Hg. H. Kühnel. Stuttgart 1992

Dehio, Georg: Handbuch der Deutschen Kunstdenkmäler. Bd. 1–5. Berlin 1905–1929; versch. Ndr. Berlin 1937–1944. Bearb. von E. Gall. Bd. 1–11. 1935–1956; versch. Ndr. Neubearb. Berlin 1971– [regionale Gliederung; z.B.: Rheinland-Pfalz. Saarland. Bearb. H. Caspary ... Berlin-Darmstadt 1972]; auch: Dehio, Georg: Handbuch der Deutschen Kunstdenkmäler in der Ostmark. Hg. D. Frey; K. Ginhart. 2./3., neubearb. Aufl. Berlin-Wien 1941–1943

Deutsche Kunstdenkmäler. Ein Bildhandbuch. Hg. R. Hootz. Darmstadt ... 1964– [regionale Gliederung; versch. Aufl.]

[daneben: Handbuch der Kunstdenkmäler; versch. europäische Länder; z.B.: **Hotz,** Walter: Handbuch der Kunstdenkmäler im Elsass und in Lothringen. Darmstadt 1976]

The Dictionary of Art. Hg. J. Turner. Bd. 1–34. London 1996

Enciclopedia dell'arte medievale. Bd. 1–. Rom 1991–

Heinz-Mohr, Gerd: Lexikon der Symbole. Bilder und Zeichen der christlichen Kunst. 2. Aufl. Düsseldorf ... 1972

Jahn, Johannes: Wörterbuch der Kunst. Fortgef. von W. Haubenreißer. 12. Aufl. Stuttgart 1995

Koepf, Hans: Bildwörterbuch der Architektur. 2. Aufl. Stuttgart 1985

Lexikon der christlichen Ikonographie [LCI]. 1. Tl. Bd. 1–4: Allgemeine Ikonographie. Hg. E. Kirschbaum; 2. Tl. Bd. 5–8: Ikonographie der Heiligen. Begr. E. Kirschbaum. Hg. W. Braunfels. Freiburg/Br. ... 1968–1990

Lexikon der Kunst. Hg. H. Olbrich. Bd. 1–7. München 1996

List, Claudia; **Blum**, Wilhelm: Sachwörterbuch zur Kunst des Mittelalters. Darmstadt 1996

Müller, Werner: dtv-Atlas zur Baukunst. Tafeln und Texte. Bd. 1–2. München 1974

Reallexikon zur deutschen Kunstgeschichte [RDK]. Begr. O. Schmitt. Hg. E. Gall; L.H. Heydenreich. Bd. 1– . Stuttgart 1937–

Michels, Ulrich: dtv-Atlas zur Musik. Tafeln und Texte. Bd. 1–2. München 1978

Die Musik in Geschichte und Gegenwart [MGG]. Allgemeine Enzyklopädie der Musik. Hg. F. Blume. Bd. 1–14 [Bd. 15–16: Suppl.; Bd. 17: Reg.] Kassel ... 1949/51–1986

Neues Handbuch der Musikwissenschaft. Hg. C. Dahlhaus; fortgef. von H. Dahlhaus. Bd. 1–13 [MA: Bd. 2;3]. Laaber 1996

Thiel, Eberhard: Sachwörterbuch der Musik. 4., verb. Aufl. Stuttgart 1984

Wörner, Karl H.: Geschichte der Musik. Ein Studien- und Nachschlagebuch. 8., neu bearb. Aufl. Hg. L. Meierott. Göttingen 1993

10.1.7.5 Mathematik, Naturwissenschaften. Medizin

Reallexikon der Medizin und ihrer Grenzgebiete. Bd. 1–5. München 1977

10.1.7.6 Byzanz

The Oxford Dictionary of Byzantium. Hg. A.P. Kashdan ... Bd. 1–3. New York ... 1991

Reallexikon der Byzantinistik ... Hg. P. Wirth. Reihe A. Lfg. 1–6. Amsterdam 1968–1976 [mehr nicht erschienen]

Reallexikon zur byzantinischen Kunst. Hg. K. Wessel. Bd. 1– . Stuttgart 1966–

10.1.7.7 Islam

Enzyklopädie des Islam. Geographisches, ethnographisches und biographisches Wörterbuch der mohammedanischen Völker. Hg. M.Th. Houtsma. Bd. 1–4. Leiden [Leipzig] 1913–1934; Ergbd. 1938; Neuaufl.: **Encyclopédie de l'Islam**. Dictionnaire géographique, ethnographique et biographique des peuples musulmans. Hg. C. Bosworth. Leiden ... 1954–1991; **The Encyclopedia of Islam**. Hg. H.A.R. Gibb ... Bd. 1–. Leiden 1967–

Handbuch der Orientalistik. Hg. B. Spuler ... Abt. 1: Der Nahe und der Mittlere Osten. Bd. 1–. 2., verb. und erw. Aufl. Leiden 1970–

Lexikon der islamischen Welt. Hg. K. Kreiser ... Bd. 1–3. Stuttgart ... 1974

Khoury, Adel ... : Islam-Lexikon. Geschichte, Ideen, Gestalten. Bd. 1–3. Freiburg/Br. 1991

10.2 Historisch-statistische und tabellarische Darstellungen

Der große Ploetz. Auszug aus der Geschichte. 31., aktual. Aufl. Freiburg/Br. 1991

Kinder, Hermann; **Hilgemann**, Werner: dtv-Atlas zur Weltgeschichte. Tafeln und Texte. Bd. 1–2. München 1964; 1991

Matz, Klaus-Jürgen: Wer regierte wann? Regententabellen zur Weltgeschichte. München 1992

Das Mittelalter in Daten. Literatur, Kunst, Geschichte 750–1250. Hg. J. Heinzle. München 1993

10.3 Übergreifende biographische Nachschlagewerke

Allgemeine Deutsche Biographie [ADB]. Bd. 1–56 [Bd. 45–55 Nachtr., Bd. 56 Generalreg.]. Leipzig 1875–1912

Biographisches Wörterbuch zur deutschen Geschichte. Begr. H. Rössler; G. Franz. Bearb. K. Bosl ... Bd. 1–3. 2., völlig neubearb. und stark erw. Aufl. München 1973–1975

Deutsche Biographische Enzyklopädie. Hg. W. Killy (†). Bd. 1–. München 1995– [geplant 10 Bde.]

Neue Deutsche Biographie [NDB]. Bd. 1–. Berlin 1953–

Deutsches Biographisches Archiv [DBA]. Hg. B. Fabian. München 1982–1986 [ca. 1000 Microfiches; Kumulation von 254 Deutschland betreffenden biogr.

Nachschlagewerken bis zum Ende des 19. Jahrhunderts mit Verweisen auf ADB und NDB]

»Lebensbilder«-Register. Alphabetisches Verzeichnis der in den deutschen regionalen »Lebensbilder«-Sammelbänden behandelten Personen. Zusammengest. von E. Friedrichs. Bd. 1–2. Neustadt/Aisch 1971–1985

Biographie nationale. Bd. 1–27; Ergbd. 1–12; Indexbd. Brüssel 1866–1978

Nouvelle biographie nationale. Bd. 1–. Brüssel 1988–

Nationaal biografisch woordenboek. Bd. 1–. Brüssel 1964– [Bd. 10. 1983: Gesamtreg.]

Nieuw nederlandsch biografisch woordenboek. Red. P.C. Molhuysen ... Bd. 1–10. Regbd. Leiden 1911–1937

Biografisch archief van de Benelux. Hg. W. Gorzny. Bd. 1–. München 1992– [Biographien-Kumulation; Microfiche]

Biographisches Lexikon zur Geschichte der Böhmischen Länder. Hg. H. Sturm [F. Seibt ...]. Bd. 1–. München ... 1979–

Biographisches Lexikon zur Geschichte Südosteuropas. Hg. M. Bernath; F. von Schroeder. München 1972 (SOEA 75)

British Biographical Index. Hg. D. Bank. Bd. 1–4. London 1990 [Biographien-Kumulation]

The Dictionary of national biography from the earliest times to 1900. Hg. L. Stephen; S. Lee. Bd. 1–22. 2. Aufl. London 1908–1909 [Index 1913]

Dictionary of scientific biography. New York 1981

Archives biographiques françaises. Hg. S. Bradley. München 1988–1991 [Biographien–Kumulation; Microfiche]

Dictionnaire de biographie française. Bd. 1–. Paris 1933–

Dizionario biografico degli italiani. Bd. 1–. Rom 1960–

Indice biografico italiano. Hg. T. Nappo. Bd. 1–4. München 1993 [Biographien-Kumulation]

Die großen Familien Italiens. Hg. V. Reinhardt. Stuttgart 1992

Historisch-biographisches Lexikon der Schweiz. Hg. H. Türler ... Bd. 1–7. Supplbd. Neuenburg 1921–1934

Keller, Willy: Schweizer biographisches Archiv. Zürich 1952–1958

Scandinavian biographical archive. Abt. A: Dänemark, Island, Norwegen; Abt. B: Schweden, Finnland. London 1989 [Biographien-Kumulation; Microfiche]

Indice biografico de Espana, Portugal e Iberoamerica. Hg. V. Herrero Mediavilla. München 1990 [Biographien-Kumulation]

Die Großen der Weltgeschichte. Hg. K. Fassmann ... Bd. 1–12. Zürich 1970–1979 [MA: Bd. 2,2–4,2]

Die Habsburger. Ein biographisches Lexikon. Hg. B. Hamann. München 1988

10.4 Handbücher und allgemeine Darstellungen zur Weltgeschichte

The Cambridge Medieval History [CMH]. Hg. H. Melvill Gwatkin; J. Pounder Whitney. Bd. 1–8. London 1924–1936

The New Cambridge Medieval History. Geplant Bd.1–7; bisher ersch. Bd.2: c.700–c.900. Hg. R. McKitterick. 1995

Fischer Weltgeschichte. Bd. 1–36. Frankfurt 1965–1981 [MA: Bde. 9–12]

Histoire Générale des Civilisations. Dir. M. Crouzet. Vol. 1–. 1959– [MA: Bd. 3]

Historia Mundi. Ein Handbuch der Weltgeschichte in 10 Bdn. Begr. F. Kern ... Hg. F. Valjavec. Bd. 1–10. München ... 1952–1961 [MA: Bde. 5, 6]

Nouvelle Clio. L'histoire et ses problèmes. Bd. 1–. Paris 1966– [MA: Bde. 12–26]

Peuples et civilisations. Histoire générale. Hg. L. Halphen; P. Sagnac. Bd. 1–21. Paris 1931–1969

Propyläen Weltgeschichte. Eine Universalgeschichte. Hg. G. Mann ... Bd. 1–10. 1 Ergbd., 1 Bd. Bilder und Dokumente. Berlin ... 1960–1965 [MA: Bde. 5, 6]

Saeculum Weltgeschichte. Hg. H. Franke ... Bd. 1–7. Freiburg/Br. ... 1965–1975 [MA: Bde. 4, 5]

10.5 Handbücher und allgemeine Darstellungen zur Geschichte Europas und einzelner europäischer Länder

10.5.1 Allgemein/übergreifend

Allgemeine Geschichte des Mittelalters. Hg. M. Kossok ..., 2., durchges. Aufl. Berlin 1991

Bosl, Karl: Europa im Aufbruch. Herrschaft, Gesellschaft, Kultur vom 10. bis zum 14. Jahrhundert. München 1980

Collection U. Série »Histoire médiévale«. Paris: Pacaut, Marcel: Les structures politiques de l'Occident médiéval. 1969; Fourquin, Guy: Histoire économique de l'Occident médiéval. 1969; Fossier, Robert: Histoire sociale de l'Occident médiéval. 1970; Chélini, Jean: Histoire religieuse de l'Occident médiéval. 1968; Demians d'Archimbaud, Gabrielle: Histoire artistique de l'Occident médiéval. 1968; Fournier, Gabriel: L'Occident du Ve siècle – fin du IXe siècle. 1970; Devailly, Guy: L'Occident du Xe au milieu du XIIIe siècle. 1970; Chevalier, Bernard: L'Occident de 1280 à 1492. 1969

Conze, Werner: Ostmitteleuropa von der Spätantike bis zum 18. Jahrhundert. Hg. K. Zernack ... München 1992

Duby, Georges: Europa im Mittelalter. Stuttgart 1986

Europa. Bausteine seiner Geschichte. Hg. F. Braudel. Frankfurt/M. 1989

Handbuch der europäischen Geschichte [HEG]. Hg. T. Schieder. [MA:] Bd. 1–3. Stuttgart 1976, 1987, 1971

Histoire Générale de l'Europe. Dir. G. Livet ..., Vol. 1–3. Paris 1980

Le Goff, Jacques: Kultur des europäischen Mittelalters. München ... 1970

Leuschner, Joachim; **Boockmann**, Hartmut: Europa im Hoch- und Spätmittelalter. Stuttgart 1982 (StudGesch 4)

Oldenbourg. Grundriß der Geschichte [OGG]. Hg. J. Bleicken ... Bd. 1–. München ... 1980–; Bd. 4: Martin, Jochen: Spätantike und Völkerwanderung. 3., überarb. und erw. Aufl. 1995; Bd. 5: Schneider, Reinhard: Das Frankenreich. 2., überarb. und erw. Aufl. 1990; Bd. 6: Fried, Johannes: Die Formierung Europas 840–1046. 1991; Bd. 7: Jakobs, Hermann: Kirchenreform und Hochmittelalter 1046–1215. 3., überarb. und erw. Aufl. 1994; Bd. 8: Dirlmeier, Ulf; Fouquet, Gerhard: Europa im Spätmittelalter 1215–1378 [in Vorber.]; Bd. 9: Meuthen, Erich: Das 15. Jahrhundert. 3., überarb. und erw. Aufl. 1996; Bd. 22: Schreiner, Peter: Byzanz. 2., überarb. und erw. Aufl. 1994

The Oxford Illustrated History of Medieval Europe. Hg. G. Holmes. Oxford 1988

Pitz, Ernst: Europa im Früh- und Hochmittelalter. Stuttgart 1982 (StudGesch 3)

Propyläen Geschichte Europas. Bd. 1–, Frankfurt/M. ... 1975–; Bd. 1: Diwald, Hellmut: Anspruch auf Mündigkeit. Um 1400–1555. 1975

Seibt, Ferdinand: Glanz und Elend des Mittelalters. Eine endliche Geschichte. Berlin 1987

Studienbuch Geschichte. Europäische Weltgeschichte in einem Band. Hg. R. Elze; K. Repgen. 2., überarb. Aufl. Stuttgart 1983

Zernack, Klaus: Osteuropa. Eine Einführung in seine Geschichte. München 1977

10.5.2 Balkan

Weithmann, Michael W.: Balkan-Chronik. 2000 Jahre zwischen Orient und Okzident. Regensburg 1995

Hösch, Edgar: Geschichte der Balkanländer. Von der Frühzeit bis zur Gegenwart. München 1988

10.5.3 Dänemark

Lauring, Paul: Geschichte Dänemarks. Neumünster 1964

10.5.4 England, Irland

Beckett, James Camlin: Geschichte Irlands. Stuttgart 1991

England and Germany in the High Middle Ages. In honour of Karl J. Leyser. Hg. A. Haverkamp; H. Vollrath. Oxford; London 1996 [Studies from the German Historical Institute, London]

England-Ploetz. Geschichte von Großbritannien und Irland zum Nachschlagen. Hg. C. Witz ... Freiburg ... 1985

Jäschke, Kurt-Ulrich: Die Anglonormannen. Stuttgart 1981

Kluxen, Kurt: Geschichte Englands. Von den Anfängen bis zur Gegenwart. 4. Aufl. Stuttgart 1991

Krieger, Karl-Friedrich: Geschichte Englands von den Anfängen bis zum 15. Jahrhundert. München 1990
Richter, Michael: Irland im Mittelalter. Kultur und Geschichte. München 1996

10.5.5 Frankreich

Duby, Georges; **Mandrou**, Robert: Histoire de la civilisation française. 8., erg. Aufl. Bd. 1–2. Paris 1979–1980 [MA: Bd.1]
Ehlers, Joachim: Geschichte Frankreichs im Mittelalter. Stuttgart 1987
Frankreich-Ploetz. Französische Geschichte zum Nachschlagen. Hg. W. Loth. Freiburg … 1985
Geschichte Frankreichs. Hg. J. Favier. Beratung der deutschen Ausg. K.F. Werner. Bd.1–. Stuttgart 1989–; Bd. 1: Werner, Karl Ferdinand: Die Ursprünge Frankreichs bis zum Jahr 1000. 1989; Bd. 2: Favier, Jean: Frankreich im Zeitalter der Lehnsherrschaft 1000–1515. 1989
Histoire de France. Bd. 1–2. Paris 1987; Bd. 1: Duby, Georges: Le Moyen Age (987–1460); Bd. 2: Le Roy Ladurie, Emmanuel: L'Etat Royal (1460–1610)

10.5.6 Griechenland

Heurtley, Walter A.: Griechenland. Altertum, Mittelalter, Neuzeit. Stuttgart … 1966

10.5.7 Italien

Goez, Werner: Grundzüge der Geschichte Italiens in Mittelalter und Renaissance. 3. Aufl. Darmstadt 1988
Italien-Ploetz. Italienische Geschichte zum Nachschlagen. Von J. Schwarzkopf … Freiburg … 1986
Schumann, Reinhold: Geschichte Italiens. Stuttgart 1983
Seidlmayer, Michael: Geschichte Italiens. Vom Zusammenbruch des Römischen Reiches bis zum ersten Weltkrieg. Mit einem Beitrag: Italien vom ersten zum zweiten Weltkrieg, von T. Schieder … 2., erw. Aufl. Stuttgart 1989
Storia d'Italia. Hg. G. Galasso. Turin 1981– .
Storia d'Italia. Hg. R. Romano; C. Vivanti. Turin 1972– [MA: Bd 1–2; Annali Bde. 1, 4, 6, 8, 9]

10.5.8 Polen

Hellmann, Manfred: Daten der polnischen Geschichte. München 1985
Hoensch, Jörg K.: Geschichte Polens. 2., neubearb. und erw. Aufl. Stuttgart 1990
Kossmann, Oskar: Polen im Mittelalter. Bd. 1–2. Marburg/L. 1971–1985
Meyer, Enno: Grundzüge der Geschichte Polens. 3., erw. Aufl. Darmstadt 1990

10.5.9 Rumänien

Huber, Manfred: Grundzüge der Geschichte Rumäniens. Darmstadt 1973

10.5.10 Rußland. Mongolen

Handbuch der Geschichte Rußlands. Hg. M. Hellmann ... Bd.1,1–2. Stuttgart 1981–1989
Stökl, Günther: Russische Geschichte. Von den Anfängen bis zur Gegenwart. 5., erw. Aufl. Stuttgart 1990
Die Mongolen. Beiträge zu ihrer Geschichte und Kultur. Hg. M. Weiers ... Darmstadt 1986
Spuler, Berthold: Die Goldene Horde. Mongolen in Russland. 1223–1502. 2., erw. Aufl. Wiesbaden 1965
–: Geschichte der Mongolen. Nach östlichen und europäischen Zeugnissen des 13. und 14. Jahrhunderts. Zürich ... 1968

10.5.11 Skandinavien

Sawyer, Birgit u. Peter: Medieval Scandinavia. From Conversion to Reformation, circa 800–1500. Minneapolis ... 1993 (NordS 17)

10.5.12 Spanien, Portugal

Bisson, T.N.: The medieval crown of Aragon. A short history. Oxford 1986
Spanien-Ploetz. Spanische und portugiesische Geschichte zum Nachschlagen. Von K.-J. Ruhl ... 2., aktual. Aufl. Berlin ... 1991
Vones, Ludwig: Geschichte der Iberischen Halbinsel im Mittelalter (711–1480). Reich, Kronen, Regionen. Sigmaringen 1993

10.5.13 Ungarn

Balazs, György, **Szelenyi**, Karoly: Die Magyaren. Geburt einer europäischen Nation. Wien 1989
Bogyay, Thomas von: Grundzüge der Geschichte Ungarns. 4., überarb. Aufl. Darmstadt 1990
Die Geschichte Ungarns. Von den Anfängen bis zur Gegenwart. Hg. P. Hanák. Essen 1988

10.6 Handbücher und allgemeine Darstellungen zur deutschen Geschichte

Buchner, Rudolf: Deutsche Geschichte im europäischen Rahmen. Darstellung und Betrachtungen. Darmstadt 1975

Deutsche Geschichte in zwölf Bänden. Hg. H. Bartel ... [MA: Bd. 1–3]. Köln 1985–1986

Deutsche Geschichte. Hg. J. Leuschner, Bd. 1–10 [MA: Bd. 1–3]. Göttingen 1974–1976

Enzyklopädie deutscher Geschichte [EDG]. Hg. L. Gall .... Bd. 1–. München 1988– [MA: ersch.: Bd. 26: Kaiser, Reinhold: Das römische Erbe und das Merowingerreich. 1993; Bd. 31: Ehlers, Joachim: Die Entstehung des deutschen Reiches. 1994; Bd. 27: Boshof, Egon: Königtum und Königsherrschaft im 10. und 11. Jahrhundert. 1993; Bd. 21: Hartmann, Wilfried: Der Investiturstreit. 1993; Bd. 37: Schimmelpfennig, Bernhard: Könige und Fürsten, Kaiser und Papst nach dem Wormser Konkordat. 1996; Bd. 14: Krieger, Karl-Friedrich: König, Reich und Reichsreform im Spätmittelalter. 1992; Bd. 38: Schubert, Ernst: Fürstliche Herrschaft und Territorium im späten Mittelalter. 1996; Bd. 17: Borgolte, Michael: Die mittelalterliche Kirche. 1992; Bd. 13: Rösener, Werner: Agrarwirtschaft, Agrarverfassung und ländliche Gesellschaft im Mittelalter. 1992; Bd. 32: Paravicini, Werner: Die ritterlich-höfische Kultur des Mittelalters. 1994; Bd.1: Blickle, Peter: Unruhen in der ständischen Gesellschaft 1300–1800. 1988; angekündigt Bd. 40: Berg, Dieter: Deutschland und seine Nachbarn 1200–1500]

Gebhardt, Bruno: Handbuch der deutschen Geschichte. Hg. H. Grundmann. Bd. 1–4. 9., neubearb. Aufl., Stuttgart 1970–1976. [MA: Bd. 1–2]

Neue Deutsche Geschichte. Hg. P. Moraw ... München 1984– [gepl. Bd. 1–10]; Bd. 1: Prinz, Friedrich: Grundlagen und Anfänge. Deutschland bis 1056. 1985; Bd. 2: Haverkamp, Alfred: Aufbruch und Gestaltung. Deutschland 1056–1273. 2., vollst. überarb. Aufl. 1993; Bd. 3: Moraw, Peter: Wahlreich und Territorien. Deutschland 1273–1500 [in Vorber.]; Bd. 4: Rabe, Horst: Reich und Glaubensspaltung. Deutschland 1500–1600. 1989

Propyläen Geschichte Deutschlands. Hg. D. Groh ..., Berlin 1983–; bisher ersch.: Bd. 1: Fried, Johannes: Der Weg in die Geschichte. Die Ursprünge Deutschlands. Bis 1024. 1994; Bd. 2: Keller, Hagen: Zwischen regionaler Begrenzung und universalem Horizont. Deutschland im Imperium der Salier und Staufer. 1024 bis 1250. 1986; Bd. 3: Moraw, Peter: Von offener Verfassung zu gestalteter Verdichtung. Das Reich im späten Mittelalter. 1250 bis 1490. 1985

Siedler Deutsche Geschichte. Das Reich und die Deutschen (800–1800). Berlin 1987– [keine Bandzählung]. MA: Wolfram, Herwig: Herrschaftsbildungen zwischen Antike und Mittelalter. 1990; Schulze, Hans K.: Vom Reich der Franken zum Reich der Deutschen. Merowinger und Karolinger. 1987; Schulze, Hans K.: Hegemoniales Kaisertum. Ottonen und Salier. 1990; Boockmann, Hartmut: Stauferzeit und spätes Mittelalter. 1987

11 Länder und Landschaften des deutschen Reiches

11.1 Der ›deutsche‹ Osten, die Ostsiedlung

Benl, Rudolf: Die Gestaltung der Bodenrechtsverhältnisse in Pommern vom 12. bis zum 14. Jahrhundert. Köln 1986 (MdtF 93)

Das Havelland im Mittelalter. Untersuchungen zur Strukturgeschichte einer ostelbischen Landschaft in slawischer und deutscher Zeit. Hg. W. Ribbe. Berlin 1987 (BHS 13; GSl 5)

Deutsche Geschichte im Osten Europas in 10 Bdn. Hg. H. Boockmann. Berlin 1993– : Baltische Länder. Hg. G. v. Pistohlkors. 1994; Böhmen und Mähren. Hg. F. Prinz. 1993; Galizien, Bukowina, Moldau. Hg. H. Glassl. 1994; Land an der Donau. Hg. G. Schödl. 1995; Ostpreußen und Westpreußen. Hg. H. Boockmann. 2. Aufl. 1993; Pommern. Hg. R. Schmidt. 1996; Schlesien. Hg. N. Conrads. 1994; Welt zwischen Warthe und Weichsel. 1996; Zwischen Adria und Karawanken. Hg. A. Suppan. 1995

Deutsche Ostsiedlung in Mittelalter und Neuzeit. Köln 1971 (SDO 8)

Die deutsche Ostsiedlung des Mittelalters als Problem der europäischen Geschichte. Hg. W. Schlesinger. Sigmaringen 1975 (VuF 18)

Erlen, Peter: Europäischer Landesausbau und mittelalterliche deutsche Ostsiedlung. Ein struktureller Vergleich zwischen Südwestfrankreich, den Niederlanden und dem Ordensland Preußen. Marburg/L. 1992 (HLOS 9)

Germania Slavica [GSl]. Bd. 1–2. Hg. W.H. Fritze. Berlin 1980–1981 (BHS 1;4)

Gotland. Tausend Jahre Kultur- und Wirtschaftsgeschichte im Ostseeraum. Bearb. R. Bohn. Sigmaringen 1988 (KHS 32)

Higounet, Charles: Die deutsche Ostsiedlung im Mittelalter. Berlin 1986

Petersohn, Jürgen: Der südliche Ostseeraum im kirchlich-politischen Kräftespiel des Reichs, Polens und Dänemarks vom 10. bis 13. Jahrhundert. Mission, Kirchenorganisation, Kultpolitik. Köln ... 1979 (OVG 17)

11.2 Länderübergreifende Darstellungen

Aspekte thüringisch-hessischer Geschichte. Hg. M. Gockel. Marburg/L. 1992

Die Alpen in der europäischen Geschichte des Mittelalters. Lindau ... 1965 (VuF 10)

Bader, Karl Siegfried: Der deutsche Südwesten in seiner territorialstaatlichen Entwicklung. Stuttgart 1950

Beiträge zur mittelrheinischen Landesgeschichte. Wiesbaden 1980 (GLK 21)

Dotzauer, Winfried: Der historische Raum des Bundeslandes Rheinland-Pfalz. Der Weg zu einem Kernraum deutscher Reichsgeschichte (bis 1500). Versuch eines Arbeitsbuchs. Von den vor- und frühgeschichtlichen Anfängen bis zur Kurfürstenlandschaft. Frankfurt/M. 1992

Feger, Otto: Geschichte des Bodenseeraumes. Tl. 1–3. Lindau … 1958

Fritze, Wolfgang H.: Frühzeit zwischen Ostsee und Donau. Ausgewählte Beiträge zum geschichtlichen Werden im östlichen Mitteleuropa vom 6. bis zum 13. Jahrhundert. Hg. L. Kuchenbuch; W. Schich. Berlin 1982 (BHS 6; GSl 3)

Hansische Studien VII. Der Ost- und Nordseeraum. Politik, Ideologie, Kultur vom 12. bis zum 17. Jahrhundert. Hg. K. Fritze … Weimar 1986 (AHSG 25)

Die Historische Landschaft zwischen Lech und Vogesen. Hg. P. Fried; W.-D. Sick. Weißenhorn 1988 (VAIF 59; VSFKBL.I 17)

Maurer, Helmut: Schweizer und Schwaben. Ihre Begegnung und ihr Auseinanderleben am Bodensee im Spätmittelalter. 2., erw. Aufl. Konstanz 1991 (KUR 136)

Nonn, Ulrich: Pagus und Comitatus in Niederlothringen. Untersuchungen zur politischen Raumgliederung im frühen Mittelalter. Bonn 1983 (BHF 49)

Oberrheinische Studien. Hg. A. Schäfer. Bd. 1–2. Karlsruhe 1970–1973

Pauli, Ludwig: Die Alpen in Frühzeit und Mittelalter. Die archäologische Entdeckung einer Kulturlandschaft. München 1980

Le pays de l'entre-deux au Moyen Age. Questions d'histoire des territoires d'Empire entre Meuse, Rhône et Rhin. Paris 1990

Werner, Matthias: Der Lütticher Raum in frühkarolingischer Zeit. Untersuchungen zur Geschichte einer karolingischen Stammlandschaft. Göttingen 1980 (VMPIG 62)

Wissenschaftliche Länderkunden. Hg. W. Storkenbaum … Bd. 8/1–. Darmstadt 1975– [Länder der BRD]

Wolfram, Herwig: Salzburg, Bayern, Österreich. Die Conversio Bagoariorum et Carantanorum und die Quellen ihrer Zeit. München 1995

11.3 Allgäu

Baumann, Franz Ludwig; **Rottenkolber**, Josef: Geschichte des Allgäus. Bd. 1–4. Kempten 1883–1938

Weitnauer, Alfred: Allgäuer Chronik. Daten und Ereignisse. Bd. 1–5. Kempten/Allgäu 1962–1984 [MA: Bd. 2,1]

11.4 Baden [siehe auch Württemberg]

Bausteine zur geschichtlichen Landeskunde von Baden-Württemberg. Stuttgart 1979

Becker, Josef … : Badische Geschichte. Vom Großherzogtum bis zur Gegenwart. 2. Aufl. Stuttgart 1987

Das Land Baden-Württemberg. Amtliche Beschreibung nach Kreisen und Gemeinden. Bd. 1–8. Stuttgart 1974–1983 [Bd. 1. 2., verb. Aufl. 1977]

Sütterlin, Berthold: Geschichte Badens. Bd. 1: Frühzeit und Mittelalter. 2., verb. Aufl. Karlsruhe 1968

11.5 Baltikum [siehe auch 11.1]

Forstreuter, Kurt: Deutschland und Litauen im Mittelalter. Köln … 1962 (SDO 1)
Hellmann, Manfred: Grundzüge der Geschichte Litauens und des litauischen Volkes. 4. Aufl. Darmstadt 1990
Schmidt, Alexander: Geschichte des Baltikums. Von den alten Göttern bis zur Gegenwart. München … 1992

11.6 Bayern

Bosl, Karl: Bayerische Geschichte. 7., durchges. Aufl. Pfaffenhofen 1990
Franken, Schwaben, Oberpfalz bis zum Ausgang des 18. Jahrhunderts. Hg. M. Spindler. 2., verb. Aufl. München 1979
Handbuch der bayerischen Geschichte. (Hg. M. Spindler) Begr. M. Spindler. Hg. A. Kraus. Bd. 1–4. München 1974–1995 [versch. Neubearb.]
Kraus, Andreas: Geschichte Bayerns. Von den Anfängen bis zur Gegenwart. 2. Aufl. München 1992

11.7 Belgien (Flandern)

Histoire de Flandre des origines à nos jours. Hg. E. Witte. Bruxelles 1983
Pirenne, Henri: Histoire de Belgique. Bd. 1–3 [7]. Bruxelles 1900–1932
Volmuller, H.W.J.: Nijhoffs geschiedenislexikon. Nederland en Belgie. 's-Gravenhage 1981

11.8 Böhmen [siehe auch 11.1]

Handbuch der Geschichte der böhmischen Länder. Hg. K. Bosl. Bd. 1–4. Stuttgart 1967–1974 [MA: Bd. 1–2]
Hoensch, Jörg K.: Geschichte Böhmens. Von der slawischen Landnahme bis ins 20. Jahrhundert. 3., aktual. und erg. Aufl. München 1997
Prinz, Friedrich: Böhmen im mittelalterlichen Europa. Frühzeit, Hochmittelalter, Kolonisationsepoche. München 1984

11.9 Brandenburg [siehe auch: **BDHS** 5113–]

Schultze, Johannes: Die Mark Brandenburg. Bd. 1–5. Berlin 1961–1969 [MA: Bd. 1–3]

11.10 Braunschweig-Lüneburg

Braunschweigische Landesgeschichte im Überblick. Hg. R. Moderhack. Braunschweig 1976 (QFBG 23)

Havemann, Wilhelm: Geschichte der Lande Braunschweig und Lüneburg. Bd. 1–3. Göttingen 1853–1857

11.11 Burgund [siehe auch: **Dotzauer**. Anhang I. 1–15]

Boehm, Laetitia: Geschichte Burgunds. Politik, Staatsbildungen, Kultur. 2., erg. Aufl. Stuttgart … 1979

Resmini, Bertram: Das Arelat im Kräftefeld der französischen, englischen und angiovinischen Politik nach 1250 und das Einwirken Rudolfs von Habsburg. Köln … 1980 (KHA 25)

11.12 Elsaß

Büttner, Heinrich: Geschichte des Elsass. Hg. T. Endemann. Bd. 1: Politische Geschichte des Landes von der Landnahmezeit bis zum Tode Ottos III. Ausgewählte Beiträge zur Geschichte des Elsass im Früh- und Hochmittelalter. Sigmaringen 1991

Histoire de l'Alsace. Hg. P. Dollinger. Toulouse 1970

Das Reichsland Elsaß-Lothringen. Tl. 1–3. Straßburg 1898–1901

11.13 Friaul

Krahwinkel, Harald: Friaul im Frühmittelalter. Vom Ende des 5. bis zur Mitte des 10. Jahrhunderts. Wien … 1992

11.14 Franken [siehe auch Bayern]

Franken. Land, Volk, Geschichte, Kunst und Wirtschaft. Hg. C. Scherzer. Bd. 1–2. Nürnberg 1959–1962

Meyer, Otto; …: Oberfranken im Hochmittelalter. Politik, Kultur, Gesellschaft. Bayreuth 1973

Unterfränkische Geschichte. Hg. P. Kolb; E.-G. Krenig. Bd. 1–2. Würzburg 1989–1992

11.15 Hessen

Demandt, Karl E.: Geschichte des Landes Hessen. 2., neubearb. und erw. Aufl. Kassel 1972

Das Werden Hessens. Hg. W. Heinemeyer. Marburg 1986 (VHKH 50)

11.16 Lothringen

Barth, Rüdiger F.: Lotharingien im 10.–12. Jahrhundert. Gelenkte Teilung oder innere Aufspaltung? Frankfurt/M. … 1996

Lothringen – Geschichte eines Grenzlandes. Hg. M. Parisse. Dt. Ausg. Hg. H.-W. Hermann. Saarbrücken 1984

Mohr, Walter: Geschichte des Herzogtums Lothringen. Tl. 1–4. Saarbrücken … 1974–1986

Parisse, Michel: Austrasie, Lotharingie, Lorraine. Nancy 1990 (Encyclopédie Illustrée de la Lorraine. Histoire de la Lorraine. Hg. Guy Cabourdin. Bd. 2)

11.17 Luxemburg

[siehe 13.2.11: **Reichert**, Winfried: Landesherrschaft]

Un itinéraire européen. Jean l'Aveugle, comte de Luxembourg et roi de Bohème 1296–1346. Hg. M. Margue … Brüssel 1996 (PCLUDEM 12)

11.18 Mecklenburg [siehe auch: **BDHS** 5900–]

Engel, Franz: Beiträge zur Siedlungsgeschichte und historischen Landeskunde. Mecklenburg, Pommern, Niedersachsen. Hg. R. Schmidt. Köln … 1970

Hamann, Manfred: Mecklenburgische Geschichte. Von den Anfängen bis zur landständischen Union von 1523. Köln … 1968 (MdtF 51)

Vitense, Otto: Geschichte von Mecklenburg. 3. Aufl. Würzburg 1991 [Ndr. d. Ausg. Gotha 1920]

11.19 Niederlande [siehe auch Belgien]

Allgemene geschiedenis der Nederlanden. Hg. J.A. van Houtte … Bd. 1–4[15]. 1949–1952; Neubearb. Bd. 1–4. 1980–1982

Lademacher, Horst: Geschichte der Niederlande. Politik, Verfassung, Wirtschaft. Darmstadt 1983

Winkler Prins, Anthonij: Geschiedenis der Nederlanden. Tl. 1–3. Amsterdam … 1977 [MA: Tl. 1]

11.20 Niederlausitz

Lehmann, Rudolf: Geschichte der Niederlausitz. Berlin 1963 (VBHK 5)
–: Die Herrschaften in der Niederlausitz. Untersuchungen zur Entstehung und Geschichte. Köln … 1966 (MdtF 40)

11.21 Niedersachsen [siehe auch: **BDHS** 7059–]

Geschichte des Landes zwischen Elbe und Weser. Tl. 2: Mittelalter. Stade 1995
Geschichte Niedersachsens. Hg. H. Patze. Bd. 1–. Hildesheim 1977– [MA: Bd. 1] (VHKNB 36)

11.22 Oldenburg

Geschichte des Landes Oldenburg. Ein Handbuch. Hg. A. Eckhardt; H. Schmidt. Oldenburg 1987

11.23 Ostfriesland

König, Joseph: Verwaltungsgeschichte Ostfrieslands bis zum Aussterben seines Fürstenhauses. Göttingen 1955
Lengen, Hajo van: Geschichte des Emsigerlandes vom frühen 13. bis zum späten 15. Jahrhundert. Bd. 1–2. Aurich 1973–1976 (AVGO 53,1–2)

11.24 Österreich

Brunner, Karl: Österreichische Geschichte 907–1156. Herzogtümer und Marken. Vom Ungarnsturm bis ins 12. Jahrhundert. Wien 1994
Österreich im Hochmittelalter. (907–1246). Wien 1991 (VKGÖ 17)
Uhlirz, Karl und Mathilde: Handbuch der Geschichte Österreich-Ungarns; 2., neubearb. Aufl. von Mathilde Uhlirz. Bd. 1 [bis 1526]. Graz … 1963
Wolfram, Herwig: Die Geburt Mitteleuropas. Geschichte Österreichs vor seiner Entstehung. 378–907. Wien … 1987
Zöllner, Erich: Geschichte Österreichs. Von den Anfängen bis zur Gegenwart. 8. Aufl. München 1990
–: Das Werden Österreichs. Ein Arbeitsbuch für österreichische Geschichte. 7., verb. und verm. Aufl. Wien 1990

11.25 Pfalz

Haas, Rudolf: Die Pfalz am Rhein. 2000 Jahre Landes-, Kultur- und Wirtschaftsgeschichte. 3. Aufl. Mannheim 1974

Schaab, Meinrad: Geschichte der Kurpfalz. Bd. 1: Mittelalter. Stuttgart … 1988

11.26 Pommern [siehe auch 11.1; **BDHS** 1909–]

Bollnow, Hermann: Studien zur Geschichte der pommerschen Burgen und Städte im 12. und 13. Jahrhundert. Köln 1964 (VHKP.V 7)

Eggert, Oskar: Geschichte Pommerns. Bd. 1–. Hamburg 1974–

Wehrmann, Martin: Geschichte von Pommern. Bd. 1–2. Ndr. der Ausg. von 1904–1906 und 1919–1921. Frankfurt/M. 1981–1982

11.27 Preußen [siehe auch 11.1; 13.4.8.2; **BDHS** 1307–]

Kisch, Guido: Studien zur Rechts- und Sozialgeschichte des Deutschordenslandes. Sigmaringen 1973 (QFRSGD 1; SKK 8)

Schlenke, Manfred …: Preußen-Ploetz. Preußische Geschichte zum Nachschlagen. Freiburg … 1987 [stark gekürzte Fassung der 1. Aufl. 1983]

Schumacher, Bruno: Geschichte Ost- und Westpreußens. 6., durchges. Aufl. Würzburg 1977 (VGAK 322)

11.28 Rheinlande

Rheinische Geschichte in drei Bänden. Hg. F. Petri; G. Droege. Bd. 1–3. Bild- und Dokumentarbd. Düsseldorf 1976–

11.29 Rheinland-Pfalz (Mosel-Mittelrhein)

Anton, Hans Hubert: Trier im frühen Mittelalter. Paderborn … 1987 (QFGG NF 9)

Geschichte des Landes Rheinland-Pfalz … Hg. F.-J. Heyen. Freiburg 1981 [Territorien-Ploetz: Sonderausg.]

Marx, Jacob [d. Ä.]: Geschichte des Erzstifts Trier… Von den ältesten Zeiten bis zum Jahre 1816. Abt. 1–3. Trier 1858–1864

Pauly, Ferdinand: Siedlung und Pfarrorganisation im alten Erzbistum Trier. Bd. 1–10: Bd. 1. Bonn 1957 (RhA 49); Bd. 2–9. Trier 1961–1972 (VBAT 6; 8; 9; 10, 16; 19; 21; 23); Bd. 10: Koblenz 1976 (VLAK 25; VBAT 25)

11.30 Saarland

Geschichtliche Landeskunde des Saarlandes. Hg. K. Hoppstädter; H.-W. Hermann. Bd. 1–2. Saarbrücken 1960, 1977 (MHVS NF 3, 4)

11.31 Sachsen, Sachsen-Anhalt [siehe auch: **BDHS** 3157–; 3941–]

Blaschke, Karlheinz: Geschichte Sachsens im Mittelalter. München 1990
Geschichte Sachsens. Hg. K. Czok. Weimar 1989
Geschichte Sachsen-Anhalts. Bd. 1: Das Mittelalter. Berlin … 1993

11.32 Salzburg

Geschichte Salzburgs, Stadt und Land. Hg. H. Dopsch. Bd. 1–2. Salzburg 1981–1988 [MA: Bd. 1. Tl. 1–3. 1983–1984]

11.33 Schlesien [siehe auch 11.1; **BDHS** 2405–]

Geschichte Schlesiens. Hg. L. Petry … Bd. 1–. Stuttgart … 1961– [MA: Bd.1. 5., durchges. Aufl. Sigmaringen 1988]
Die Rolle Schlesiens und Pommerns in der Geschichte der deutsch-polnischen Beziehungen im Mittelalter. Braunschweig 1980 (SGEIIS 22,3)

11.34 Schleswig-Holstein [siehe auch: **BDHS** 6191–]

Brandt, Otto: Geschichte Schleswig-Holsteins. Ein Grundriß. 8. Aufl. Kiel 1981
Geschichte Schleswig-Holsteins. Begr. von V. Pauls … Hg. O. Klose. Bd. 1–. Neumünster 1957– [MA: Bd. 3. 1957; 4,1–2. 1981]

11.35 Schweiz

Baum, Wilhelm: Reichs- und Territorialgewalt (1273–1437). Königtum, Haus Österreich und Schweizer Eidgenossen im späten Mittelalter. Wien 1994
Die Eidgenossen und ihre Nachbarn im Deutschen Reich des Mittelalters. Hg. P. Rück. Marburg/L. 1991
Handbuch der Schweizerischen Geschichte. Bd. 1–2. Zürich 1972–1977
Innerschweiz und frühe Eidgenossenschaft. Red. H. Achermann … Bd. 1–2. Olten 1990
Peyer, Hans Conrad: Verfassungsgeschichte der alten Schweiz. Zürich 1978

11.36 Thüringen [siehe auch: **BDHS** 4538–]

Geschichte Thüringens. Hg. H. Patze; W. Schlesinger. Bd. 1–6. Köln ... 1967–1984 (MdtF 48,1–6)

11.37 Tirol

Geschichte des Landes Tirol. Hg. J. Fontana ... Bd. 1–4. Bozen 1985–1988 [MA: Bd. 1–2]

Riedmann, Josef: Geschichte Tirols. 2., durchges. Aufl. Wien 1988

11.38 Westfalen

Der Raum Westfalen. Bd. 2: Untersuchungen zu seiner Geschichte und Kultur. Tl. 1: Hg. H. Aubin; F. Petri. Münster 1955

Westfälische Geschichte. Hg. W. Kohl ... Bd. 1–3; Registerbd.; Bild- und Dokumentarbd. Düsseldorf 1982–1984 (VHKWL 43)

11.39. Württemberg [siehe auch Baden]

Borst, Otto: Württemberg. Geschichte und Gestalt eines Landes. Konstanz 1978

Handbuch der baden-württembergischen Geschichte. Hg. H. Schwarzmaier. Bd. 1–. Stuttgart 1992–

Marquardt, Ernst: Geschichte Württembergs. 2., durchges. Aufl. Stuttgart 1962

Weller, Karl und Arnold: Württembergische Geschichte im südwestdeutschen Raum. 10. Aufl. Stuttgart 1989

12 Das (deutsche) Mittelalter nach zeitlicher Gliederung

[siehe auch 10.5.1 - 10.6]

12.1 Mittelalter: Epoche und Interesse [siehe auch 7.4]

Boockmann, Hartmut: Die Gegenwart des Mittelalters. Berlin 1988

Die Deutschen und ihr Mittelalter. Themen und Funktionen moderner Geschichtsbilder vom Mittelalter. Hg. G. Althoff. Darmstadt 1992

Italia e Germania. Immagini, modelli, miti fra due popoli. Il Medioevo. Das Mittelalter. Ansichten, Stereotypen und Mythen zweier Völker im 19. Jahrhundert. Deutschland und Italien. Hg. R. Elze; P. Schiera. Bologna … 1988 (JIDHIT.Bt 1)

Kerssen, Ludger: Das Interesse am Mittelalter im deutschen Nationaldenkmal. Berlin 1975

Mittelalter. Annäherung an eine fremde Zeit. Hg. W. Hartmann. Regensburg 1993 (SUR NF 19)

Das Mittelalter als Epoche. Versuch eines Einblicks. Hg. C. A. Lückerath; U. Uffelmann. Idstein 1995

Mittelalterforschung. Berlin 1981 (FuI 29)

Modernes Mittelalter. Neue Bilder einer populären Epoche. Hg. J. Heinzle. Frankfurt/M. … 1994

12.2 Jahrbücher der deutschen Geschichte

Jahrbücher der deutschen Geschichte. Bd. 1–21. Berlin … 1866–1931 [Bde. ursprüngl. nicht gezählt; versch. Ndr.]

[1] **Bonell**, Heinrich Eduard: Die Anfänge des karolingischen Hauses [bis 714]. Berlin 1866

[2] **Breysig**, Theodor: Jahrbücher des fränkischen Reiches. 714–741. Die Zeit Karl Martells. Leipzig 1869

[3] **Hahn**, Heinrich: Jahrbücher des fränkischen Reiches. 741–752. Berlin 1863

[4] **Oelsner**, Ludwig: Jahrbücher des fränkischen Reiches unter König Pippin [752–768]. Leipzig 1871

[5] **Abel**, Sigurd: Jahrbücher des Fränkischen Reiches unter Karl dem Großen. Bd. 1: 768–788. Leipzig 1866; 2. Aufl. Bearb. B. Simson. Leipzig 1888; Bd. 2: 789–814. Fortges. von B. Simson. Leipzig 1883

[6] **Simson**, Bernhard: Jahrbücher des Fränkischen Reiches unter Ludwig dem Frommen. Bd. 1: 814–830. Leipzig 1874; Bd. 2: 831–840. Leipzig 1876

[7] **Dümmler**, Ernst: Geschichte des Ostfränkischen Reiches [814–918]. Bd. 1: Ludwig der Deutsche. Berlin 1862; Bd. 2: Die letzten Karolinger. Konrad I. Berlin 1865; 2. Aufl. in 3 Bdn. Leipzig 1887–1888

[8] **Waitz**, Georg: Jahrbücher des Deutschen Reiches unter König Heinrich I. [919–936]. Berlin 1837 (Jahrbücher des Deutschen Reiches unter dem sächsischen Hause. Hg. L. Ranke, 1,1); 2. Aufl. Berlin 1863; 3. Aufl. Leipzig 1885; 4., erg. Aufl. mit Anhang. Darmstadt 1963

[9] **Köpke**, Rudolf; vollendet von Ernst Dümmler: Kaiser Otto der Große [936–973]. Leipzig 1876

[10] **Uhlirz**, Karl: Jahrbücher des Deutschen Reiches unter Otto II. und Otto III. Bd. 1: Otto II. 973–983. Leipzig 1902; Bd. 2 [und Mathilde Uhlirz]: Otto III. 983–1002. Berlin 1954

[11] **Hirsch**, Siegfried: Jahrbücher des Deutschen Reiches unter Heinrich II. [1002–1024]. Bd. 1: Berlin 1862; Bd. 2: Vollendet von Hermann Papst. Berlin 1864; Bd. 3: Hg. und vollendet von H. Breßlau. Berlin 1875

[12] **Breßlau**, Harry: Jahrbücher des Deutschen Reiches unter Konrad II. Bd. 1: 1024–1031. Leipzig 1879; Bd. 2: 1032–1039. Leipzig 1884

[13] **Steindorff**, Ernst: Jahrbücher des Deutschen Reiches unter Heinrich III. [1039–1056]. Bd. 1–2. Leipzig 1874–1881

[14] **Meyer von Knonau**, Gerold: Jahrbücher des Deutschen Reiches unter Heinrich IV. und Heinrich V. Bd. 1–7 [1056–1125]. Leipzig 1890–1909

[15] **Bernhardi**, Wilhelm: Lothar von Supplinburg [1125–1137]. Leipzig 1879

[16] **Bernhardi**, Wilhelm: Konrad III. Tl. 1–2 [1138–1152]. Leipzig 1883

[17] **Simonsfeld**, Henry: Jahrbücher des Deutschen Reiches unter Friedrich I. Bd. 1 [1152–1158]. Leipzig 1908 [mehr nicht ersch.]

[Erg.:] **Opll**, Ferdinand: Das Itinerar Kaiser Friedrich Barbarossas (1152–1190). Köln … 1978 (FKPM 1)

[18] **Toeche**, Theodor: Kaiser Heinrich VI. [1189–1197]. Leipzig 1867

[19] **Winkelmann**, Eduard: Philipp von Schwaben und Otto IV. von Braunschweig. Bd. 1: Philipp von Schwaben. 1197–1208. Leipzig 1873; Bd. 2: Otto IV. von Braunschweig. 1208–1218. Leipzig 1878

[20] **Winkelmann**, Eduard: Kaiser Friedrich II. Bd. 1–2 [1218–1233]. Leipzig 1889–1897

[21] **Hessel**, Alfred: Jahrbücher des Deutschen Reiches unter König Albrecht I. von Habsburg [1298–1308]. München 1931

12.3 Frühmittelalter

12.3.1 Allgemein/übergreifend

Angenendt, Arnold: Das Frühmittelalter. Die abendländische Christenheit von 400–900. Stuttgart 1990 [Kirchengeschichte]

Capelle, Torsten: Die Wikinger. Kultur- und Kunstgeschichte in Grundzügen. 2., durchges. Aufl. Darmstadt 1988

Claude, Dietrich: Geschichte der Westgoten. Stuttgart 1970

Diesner, Hans-Joachim: Die Völkerwanderung. Gütersloh 1976

Ethnogenese europäischer Völker. Aus der Sicht der Anthropologie und der

Vor- und Frühgeschichte. Hg. W. Bernhard; A. Kandler-Pálsson. Stuttgart … 1986

Frühmittelalterliche Ethnogenese im Alpenraum. Hg. H. Beumann; W. Schröder. Sigmaringen 1985 (Nat 5)

Die Germanen. Geschichte und Kultur der germanischen Stämme Mitteleuropas. Ein Handbuch. Hg. B. Krüger. Bd. 1–2. 4., überarb. Aufl. Berlin 1983

Germanenprobleme in heutiger Sicht. Hg. H. Beck. Berlin … 1986 (RGA. Ergbd 1)

Geschichte und Kultur der Kelten. History and Culture of the Celts. Heidelberg 1986

Hachmann, Rolf: Die Goten und Skandinavien. Berlin 1970 (QFSKGV NF 34)

Jarnut, Jörg: Geschichte der Langobarden. Stuttgart 1982

Die Langobarden. Von der Unterelbe nach Italien. Hg. R. Busch. Neumünster 1988 (VHMAGH 54)

Pohl, Walter: Die Awaren. Ein Steppenvolk in Mitteleuropa 567–822 n. Chr. München 1988

Von der Spätantike zum frühen Mittelalter. Aktuelle Probleme in historischer und archäologischer Sicht. Hg. J. Werner; E. Ewig. Sigmaringen 1979 (VuF 25)

Welt der Slawen. Geschichte, Gesellschaft, Kultur. Hg. J. Herrmann. München 1986

Wenskus, Reinhard: Stammesbildung und Verfassung. Das Werden der frühmittelalterlichen gentes. Köln … 1961

Wolfram, Herwig: Die Goten. Von den Anfängen bis zur Mitte des 6. Jahrhunderts. Entwurf einer historischen Ethnographie. 3., neubearb. Aufl. München 1990

12.3.2 Fränkische Zeit

12.3.2.1 Allgemein/übergreifend

Ewig, Eugen: Die Merowinger und das Frankenreich. 2., überarb. und erw. Aufl. Stuttgart … 1993

Schneider, Reinhard: Das Frankenreich. 2., überarb. u. erw. Aufl. München 1990 (OGG 5)

Die transalpinen Verbindungen der Bayern, Alemannen und Franken bis zum 10. Jahrhundert. Hg. H. Beumann; W. Schröder. Sigmaringen 1987 (Nat 6)

12.3.2.2 Merowingische Zeit

Bleiber, Waltraud: Das Frankenreich der Merowinger. Wien … 1988

Geary, Patrick J.: Before France and Germany. The creation and transformation of the merovingian world. Oxford 1989 [dt. 1996]

I problemi dell'Occidente nel secolo VIII. Bd. 1–2. Spoleto 1973 (SSCI 20)

12.3.2.3 Karolingische Zeit

Nascita dell'Europa ed Europa carolingia. Un'equazione da verificare. Bd. 1–2. Spoleto 1981 (SSCI 27)

Riché, Pierre: Die Welt der Karolinger. 2. Aufl. Stuttgart 1984

Schieffer, Rudolf: Die Karolinger. Stuttgart … 1992

Classen, Peter: Karl der Große, das Papsttum und Byzanz. Die Begründung des karolingischen Kaisertums. Hg. H. Fuhrmann; C. Märtl. Sigmaringen 1985 (BGQM 9)

Karl der Große. Lebenswerk und Nachleben. Hg. W. Braunfels. Bd. 1–5. Düsseldorf 1965–1968

Charlemagne's heir. New perspectives on the reign of Louis the Pious (814–840). Oxford 1990

Boshof, Egon: Ludwig der Fromme. Darmstadt 1996

12.4 Hochmittelalter

12.4.1 Konrad I. und sächsische Zeit (911–1024)

Beumann, Helmut: Die Ottonen. 3., verb. und erw. Aufl. Stuttgart 1994

Brühl, Carlrichard: Deutschland – Frankreich. Die Geburt zweier Völker. 2., verb. Aufl. Köln … 1995

Hlawitschka, Eduard: Vom Frankenreich zur Formierung der europäischen Staaten- und Völkergemeinschaft. 840–1046. Ein Studienbuch zur Zeit der späten Karolinger, der Ottonen und der frühen Salier in der Geschichte Mitteleuropas. Darmstadt 1986

Althoff, Gerd: Otto III. Darmstadt 1996

12.4.2 Salische Zeit (1024–1125)

Boshof, Egon: Die Salier. Stuttgart 1987

Die Salier und das Reich. Hg. S. Weinfurter … Bd. 1–3. Sigmaringen 1991

Weinfurter, Stefan: Herrschaft und Reich der Salier. Grundlinien einer Umbruchzeit. 2., überarb. Aufl. Sigmaringen 1992

Müller-Mertens, Eckhard; **Huschner**, Wolfgang: Reichsintegration im Spiegel der Herrschaftspraxis Kaiser Konrads II. Weimar 1992 (FMG 35)

12.4.3 Lothar III. und staufische Zeit (1125–1254)

Engels, Odilo: Die Staufer. 6., überarb. und erw. Aufl. Stuttgart … 1994

Schimmelpfennig, Bernhard: Könige und Fürsten, Kaiser und Papst nach dem Wormser Konkordat. München 1996 (EDG 37)

Töpfer, Bernhard; **Engel**, Evamaria: Vom staufischen Imperium zum Hausmachtkönigtum. Deutsche Geschichte vom Wormser Konkordat 1122 bis zur Doppelwahl von 1314. Weimar 1976

Von Schwaben bis Jerusalem. Facetten staufischer Geschichte. Hg. S. Lorenz; U. Schmidt. Sigmaringen 1995

Speer, Lothar: Kaiser Lothar III. und Erzbischof Adalbert I. von Mainz. Eine Untersuchung zur Geschichte des deutschen Reiches im frühen 12. Jahrhundert. Köln … 1983 (DMG 3)

Friedrich Barbarossa. Handlungsspielräume und Wirkungsweisen des staufischen Kaisers. Hg. A. Haverkamp. Sigmaringen 1992 (VuF 40)

Opll, Ferdinand: Friedrich Barbarossa. Darmstadt 1990

Csendes, Peter: Heinrich VI. Darmstadt 1993

Hucker, Bernd Ulrich: Kaiser Otto IV. Hannover 1990 (SMGH 34)

Federico II e il mondo mediterraneo. Hg. P. Toubert; A. Paravicini Bagliani. Palermo 1994

Federico II e le città italiane. Hg. P. Toubert; A. Paravicini Bagliani. Palermo 1994

Federico II e le scienze. Hg. P. Toubert; A. Paravicini Bagliani. Palermo 1994

Friedrich II. Tagung des Deutschen Historischen Instituts in Rom im Gedenkjahr 1994. Hg. A. Esch; N. Kamp. Tübingen 1996 (BDHIR 85)

Stürner, Wolfgang: Friedrich II. Tl.1: Königsherrschaft in Sizilien und Deutschland 1194–1220. Darmstadt 1992

Stupor Mundi. Zur Geschichte Friedrichs II. von Hohenstaufen. Hg. G. Wolf. Darmstadt 1966; 2., völlig neu bearb. Aufl. Darmstadt 1982

12.5 Spätmittelalter

12.5.1 Allgemein/übergreifend

Krieger, Karl-Friedrich: König, Reich und Reichsreform im Spätmittelalter. München 1992 (EDG 14)

Rapp, Francis: Les origines médiévales de l'Allemagne moderne. De Charles IV à Charles V (1346–1519). Paris 1989

Schubert, Ernst: Einführung in die Grundprobleme der deutschen Geschichte im Spätmittelalter. Darmstadt 1992

Thomas, Heinz: Deutsche Geschichte des Spätmittelalters 1250–1500. Stuttgart … 1983

12.5.2 Interregnum (1254[1256]–1273) – Habsburger, Adolf von Nassau, Wittelsbacher, Luxemburger (1273–1500)

Angermeier, Heinz: Die Reichsreform 1410–1555. Die Staatsproblematik in Deutschland zwischen Mittelalter und Gegenwart. München 1984

Gerlich, Alois: Habsburg, Luxemburg, Wittelsbach im Kampf um die deutsche Königskrone. Studien zur Vorgeschichte des Königtums Ruprechts von der Pfalz. Wiesbaden 1960

Hödl, Günther: Albrecht II. Königtum, Reichsregierung und Reichsreform 1438–1439. Wien … 1978 (FKPM 3)

Hoensch, J. K.: Kaiser Sigismund. Herrscher an der Schwelle zur Neuzeit 1368–1437. München 1996

Itinerar König und Kaiser Sigismunds 1368–1437. Hg. J.K. Hoensch. Warendorf 1995 (SLZ 6)

Kaiser Friedrich III. (1440-1493) in seiner Zeit. Studien anläßlich des 500. Todestags am 19. August 1493/1993. Hg. P.-J. Heinig. Köln ... 1993 (FKPM 12)

Kaiser Karl IV. (1316–1378). Hg. H. Patze. Göttingen 1978 [Aufsatzteil der BDLG 114]

Kaiser Karl IV. Staatsmann und Mäzen. Hg. F. Seibt ... München 1978

Kempf, Julius: Geschichte des Deutschen Reiches während des großen Interregnums 1250–1273. Würzburg 1893

Krieger, Karl-Friedrich: Die Habsburger im Mittelalter. Von Rudolf I. bis Friedrich III. Stuttgart ... 1994

Nehring, Karl: Matthias Corvinus, Kaiser Friedrich III. und das Reich. Zum hunyadisch-habsburgischen Gegensatz im Donauraum. 2., erg. Aufl. München 1989 (SOEA 72)

Rudolf von Habsburg (1273–1291). Eine Königsherrschaft zwischen Tradition und Wandel. Hg. E. Boshof; F.-R. Erkens. Köln ... 1993 (PHF 7)

Samanek, Vinzenz: Studien zur Geschichte König Adolfs. Vorarbeiten zu den Regesta Imperii VI,2 (1292–1298). Wien 1930 (SAWW.PHK 207,2)

Sigismund von Luxemburg. Kaiser und König in Mitteleuropa 1387–1437. Beiträge zur Herrschaft Kaiser Sigismunds und der europäischen Geschichte um 1400. Hg. J. Macek (†) ... Warendorf 1994 (SLZ 5)

Steinbach, Hartmut: Die Reichsgewalt und Niederdeutschland in nachstaufischer Zeit (1247–1308). Stuttgart 1968 (KHS 5)

Thomas, Heinz: Ludwig der Bayer (1282–1347). Kaiser und Ketzer. Graz ... 1993

Wefers, Sabine: Das politische System Kaiser Sigmunds. Stuttgart 1989 (VIEG. UG 138; BSVGAR 10)

Widder, Ellen: Itinerar und Politik. Studien zur Reiseherrschaft Karls IV. südlich der Alpen. Köln ... 1993 (FKPM 10)

Wiesflecker, Hermann: Kaiser Maximilian I. Das Reich, Österreich und Europa an der Wende zur Neuzeit. Bd. 1–5. München 1971–1986.

13 Historische Disziplinen und Teilgebiete

13.1 Rechtsgeschichte

13.1.1 Allgemein/übergreifend

Baltl, Hermann: Österreichische Rechtsgeschichte. Von den Anfängen bis zur Gegenwart. 3., wesentl. erw. Aufl. Graz 1977

Carlen, Louis: Rechtsgeschichte der Schweiz. Eine Einführung. Bern 1968

Coing, Helmut: Epochen der Rechtsgeschichte in Deutschland. 3. Aufl. München 1981

Conrad, Hermann: Deutsche Rechtsgeschichte. Ein Lehrbuch. Bd. 1: Frühzeit und Mittelalter. 2., neubearb. Aufl. Karlsruhe 1963

Ebel, Friedrich; **Thielmann**, Georg: Rechtsgeschichte. Ein Lehrbuch. Bd. 1: Antike und Mittelalter. Heidelberg 1989

Gagnér, Sten: Studien zur Ideengeschichte der Gesetzgebung. Stockholm … 1960

Handbuch der Quellen und Literatur der neueren europäischen Privatrechtsgeschichte. Bd. 1: Mittelalter (1100–1500). Die gelehrten Rechte und die Gesetzgebung. Hg. H. Coing. München 1973

Hattenhauer, Hans: Europäische Rechtsgeschichte. Heidelberg 1992

Köbler, Gerhard: Rechtsgeschichte – Ein systematischer Grundriß der geschichtlichen Grundlagen des geltenden Rechts. 2. Aufl. München 1978

Mitteis, Heinrich: Deutsche Rechtsgeschichte. Bearb. H. Lieberich. 19., erg. Aufl. München 1992

Recht und Schrift im Mittelalter. Hg. P. Classen. Sigmaringen 1977 (VuF 23)

Das römische Recht im Mittelalter. Hg. E.J. Schrage. Darmstadt 1987

Utrumque Ius. Eine Einführung in das Studium der Quellen des mittelalterlichen gelehrten Rechts. Hg. E. Schrage; H. Dondorp. Berlin 1992 (SERG 8)

13.1.2 Darstellungen

Battenberg, Friedrich: Reichsacht und Anleite im Spätmittelalter. Ein Beitrag zur Geschichte der höchsten königlichen Gerichtsbarkeit im Alten Reich, besonders im 14. und 15. Jahrhundert. Köln … 1986 (QFHG 18)

–: Herrschaft und Verfahren. Politische Prozesse im mittelalterlichen römisch-deutschen Reich. Darmstadt 1995

His, Rudolf: Das Strafrecht des deutschen Mittelalters. Bd .1–2. Weimar 1920–1935

Kolmer, Lothar: Promissorische Eide im Mittelalter. Kallmünz 1989 (RHF 12)

Macht und Recht. Große Prozesse in der Geschichte. Hg. A. Demandt. München 1990

Mit den Waffen der Justiz. Zur Kriminalitätsgeschichte des Spätmittelalters und der Frühen Neuzeit. Hg. A. Blauert; G. Schwerhoff. Frankfurt/M. 1993

Nehlsen, Hermann: Sklavenrecht zwischen Antike und Mittelalter. Germanisches und römisches Recht in den germanischen Rechtsaufzeichnungen. Göttingen 1972 (GSRG 7)

Rechtsbehelfe, Beweis und Stellung des Richters im Spätmittelalter. Hg. W. Sellert. Köln … 1985 (QFHG 16)

Das Reichskammergericht in der deutschen Geschichte. Stand der Forschung, Forschungsperspektiven. Hg. B. Diestelkamp. Köln … 1990 (QFHG 21)

Schuler, Peter-Johannes: Geschichte des südwestdeutschen Notariats. Von seinen Anfängen bis zur Reichsnotariatsordnung von 1512. Bühl/Baden 1976 (VAIF 39)

Stelzer, Winfried: Gelehrtes Recht in Österreich. Von den Anfängen bis zum frühen 14. Jahrhundert. Wien … 1982 (MIÖG.Ergbd 26)

Theuerkauf, Gerhard: Lex, Speculum, Compendium iuris. Rechtsaufzeichnungen und Rechtsbewußtsein in Norddeutschland vom 8. bis zum 16. Jahrhundert. Köln … 1968 (FDRG 6)

Trusen, Winfried: Anfänge des gelehrten Rechts in Deutschland. Ein Beitrag zur Geschichte der Frührezeption. Wiesbaden 1962

13.2 Verfassungsgeschichte

[Als kritische Einführung siehe immer noch **Graus**, F.: Verfassungsgeschichte des Mittelalters, in: HZ 243, 1986, S. 529–589]

13.2.1 Allgemein/übergreifend

Boldt, Hans: Deutsche Verfassungsgeschichte. Politische Strukturen und ihr Wandel. Bd. 1–2. München 1984 [MA: Bd. 1]

Brunner, Otto: Land und Herrschaft. Grundfragen der territorialen Verfassungsgeschichte Österreichs im Mittelalter. 4., veränd. Aufl. Wien 1965 (VIÖG 1)

–: Neue Wege der Verfassungs- und Sozialgeschichte. 2., verm. Aufl. Göttingen 1968

Kluxen, Kurt: Englische Verfassungsgeschichte. Mittelalter. Darmstadt 1987

Mitteis, Heinrich: Lehnrecht und Staatsgewalt. Untersuchungen zur mittelalterlichen Verfassungsgeschichte. Weimar 1933

–: Der Staat des hohen Mittelalters. Grundlinien einer vergleichenden Verfassungsgeschichte des Lehnszeitalters. Weimar 1940

Schulze, Hans K.: Grundstrukturen der Verfassung im Mittelalter. Bd. 1–2. 2., verb. Aufl. Stuttgart … 1990

Sprandel, Rolf: Verfassung und Gesellschaft im Mittelalter. 3., verb. und erg. Aufl. Paderborn … 1988

Willoweit, Dietmar: Deutsche Verfassungsgeschichte. Vom Frankenreich bis zur Teilung Deutschlands. Ein Studienbuch. München 1990

13.2.2 Darstellungen

Die abendländische Freiheit vom 10. bis zum 14. Jahrhundert. Der Wirkungszusammenhang von Idee und Wirklichkeit im europäischen Vergleich. Hg. J. Fried. Sigmaringen 1991 (VuF 39)

Blickle, Peter: Landschaften im Alten Reich. Die staatliche Funktion des gemeinen Mannes in Oberdeutschland. München 1973

Droege, Georg: Landrecht und Lehnrecht im hohen Mittelalter. Bonn 1969

Feudalismus. Entstehung und Wesen. Hg. E. Müller-Mertens. Berlin [Ost] 1985 (SDDRG 4)

Feudalismus. Zehn Aufsätze. Hg. H. Wunder. München 1974

Ganshof, François Louis: Was ist das Lehnswesen? 6., erw. dt. Aufl. Darmstadt 1983

Goetz, Hans-Werner: »Dux« und »ducatus«. Begriffs- und verfassungsgeschichtliche Untersuchungen zur Entstehung des sogenannten »jüngeren« Stammesherzogtums vom 9. zum 10. Jahrhundert. Bochum 1977

Goez,Werner: Der Leihezwang. Eine Untersuchung zur Geschichte des deutschen Lehnrechtes. Tübingen 1962

Henn, Volker: Das ligische Lehnswesen im Westen und Nordwesten des mittelalterlichen deutschen Reiches. München 1970

Kienast, Walther: Der Herzogstitel in Frankreich und Deutschland (9. bis 12. Jahrhundert). München … 1968

Maurer, Helmut: Der Herzog von Schwaben. Grundlagen, Wirkungen und Wesen seiner Herrschaft in ottonischer, salischer und staufischer Zeit. Sigmaringen 1978

Mayer, Theodor: Fürsten und Staat. Studien zur Verfassungsgeschichte des deutschen Mittelalters. Weimar 1950

Vom Reichsfürstenstande. Hg. W. Heinemeyer. Ulm 1987

Reynolds, Susan: Fiefs and vassals. The medieval evidence reinterpreted. New York; Oxford 1994

Schmitt, Johannes: Untersuchungen zu den Liberi Homines der Karolingerzeit. Frankfurt/M. … 1977 (EHS.III 83)

Studien zum mittelalterlichen Lehnswesen. Lindau … 1960 (VuF 5)

Träger und Instrumentarien des Friedens im hohen und späten Mittelalter. Hg. J. Fried. Sigmaringen 1996 (VuF 43)

Wahlen und Wählen im Mittelalter. Hg. R. Schneider; H. Zimmermann. Sigmaringen 1989 (VuF 37)

13.2.3 Herrschaft, Herrschaftsformen, Herrschaftsideen

Anton, Hans Hubert: Fürstenspiegel und Herrscherethos in der Karolingerzeit. Bonn 1968 (BHF 32)

Arnold, Benjamin: Princes and territories in medieval Germany. Cambridge … 1991

Berges, Wilhelm: Die Fürstenspiegel des hohen und späten Mittelalters. Leipzig 1938 (SMGH 2)

»Bündnissysteme« und »Außenpolitik« im späteren Mittelalter. Hg. P. Moraw. Berlin 1988 (ZHF.Bh 5)

Endemann, Traute: Vogtei und Herrschaft im alemannisch-burgundischen Grenzraum. Konstanz ... 1967 (VuF.Sb 6)

European monarchy. Its evolution and its practice from Roman Antiquity to modern times. Hg. H. Duchhardt ... Stuttgart 1992

Haverkamp, Alfred: Herrschaftsformen der Frühstaufer in Reichsitalien. Tl. 1–2. Stuttgart 1970, 1971 (MGM 1,1–2)

Der Herrscher. Leitbild und Abbild in Mittelalter und Renaissance. Hg. H. Hecker. Düsseldorf 1990 (StudHum 13)

Herrschaft und Stand. Untersuchungen zur Sozialgeschichte im 13. Jahrhundert. Neun Beiträge. Hg. J. Fleckenstein. Göttingen 1977 (VMPIG 51)

Holenstein, André: Die Huldigung der Untertanen. Rechtskultur und Herrschaftsordnung (800–1800). Stuttgart 1991

Ideologie und Herrschaft im Mittelalter. Hg. M. Kerner. Darmstadt 1982

Kienast, Walther: Deutschland und Frankreich in der Kaiserzeit (900 bis 1270). Weltkaiser und Einzelkönige. 2., völlig neu bearb. Aufl. Tl. 1–3. Stuttgart 1974–1975 (MGM 9,1–3)

Koch, Gottfried: Auf dem Wege zum sacrum imperium. Studien zur ideologischen Herrschaftsbegründung der deutschen Zentralgewalt im 11. und 12. Jahrhundert. Wien ... 1972

Kölmel, Wilhelm: Regimen christianum. Wege und Ergebnisse des Gewaltenverständnisses und des Gewaltenverhältnisses (8. bis 14. Jh.). Berlin 1970

Legitimation und Funktion des Herrschers. Vom ägyptischen Pharao zum neuzeitlichen Diktator. Hg. R. Gundlach; H. Weber. Stuttgart 1992 (SMPhF 13)

Leyser, Karl J.: Herrschaft und Konflikt. König und Adel im ottonischen Sachsen. Göttingen 1984 (VMPIG 77)

Losher, Gerhard: Königtum und Kirche zur Zeit Karls IV. Ein Beitrag zur Kirchenpolitik im Spätmittelalter. München 1985 (VCC 56)

Martin, Thomas M.: Auf dem Weg zum Reichstag. Studien zum Wandel der deutschen Zentralgewalt 1314–1410. Göttingen 1993 (SHKBAW 44)

Millotat, Paul: Transpersonale Staatsvorstellungen in den Beziehungen zwischen Kirchen und Königtum in der ausgehenden Salierzeit. Rheinfelden ... 1989 (HF 26)

Minninger, Monika: Von Clermont zum Wormser Konkordat. Die Auseinandersetzungen um den Lehnsnexus zwischen König und Episkopat. Köln ... 1978 (FKPM 2)

Müller-Mertens, Eckhard: Die Reichsstruktur im Spiegel der Herrschaftspraxis Ottos des Großen. Mit historiographischen Prolegomena zur Frage Feudalstaat auf deutschem Boden, seit wann deutscher Feudalstaat? Berlin [Ost] 1980 (FMG 25)

Quaritsch, Helmut: Souveränität. Entstehung und Entwicklung des Begriffs in Frankreich und Deutschland vom 13. Jahrhundert bis 1806. Berlin 1986 (SVG 38)

Struve, Tilman: Die Entwicklung der organologischen Staatsauffassung im Mittelalter. Stuttgart 1978 (MGM 16)

Stürner, Wolfgang: Peccatum und potestas. Der Sündenfall und die Entstehung der herrscherlichen Gewalt im mittelalterlichen Staatsdenken. Sigmaringen 1987 (BGQM 11)

Trautz, Fritz: Die Könige von England und das Reich 1271–1377. Mit einem Rückblick auf ihr Verhältnis zu den Staufern. Heidelberg 1961

Voss, Ingrid: Herrschertreffen im frühen und hohen Mittelalter. Untersuchungen zu den Begegnungen der ostfränkischen und westfränkischen Herrscher im 9. und 10. Jahrhundert sowie der deutschen und französischen Könige vom 11. bis 13. Jahrhundert. Köln … 1987 (AKG.Bh 26)

Walther, Helmut G.: Imperiales Königtum, Konziliarismus und Volkssouveränität. Studien zu den Grenzen des mittelalterlichen Souveränitätsgedankens. München 1976

13.2.4 Herrschaftszeichen. Symbole

Coronation. Medieval and early modern monarchic ritual. Hg. J.M. Bak. Berkeley … 1990

Hattenhauer, Hans: Geschichte der deutschen Nationalsymbole. Zeichen und Bedeutung. 2., erw. Aufl. München 1990 (GuSt 285)

Rempel, Hans: Die Rolandsstatuen. Herkunft und geschichtliche Wandlung. Darmstadt 1989

Schramm, Percy Ernst: Herrschaftszeichen und Staatssymbolik. Beiträge zu ihrer Geschichte vom 3. bis zum 16. Jahrhundert. Mit Beiträgen verschiedener Verfasser. Tl. 1–3. Stuttgart 1954–1956; Nachträge aus dem Nachlaß. 1978 (SMGH 13, 1–3; Nachtr.)

–: Die deutschen Kaiser und Könige in Bildern ihrer Zeit 751–1190. Neuaufl. Hg. F. Mütherich. 2., überarb. Aufl. München 1983

Schramm, Percy Ernst; **Mütherich**, Florentine: Denkmale der deutschen Könige und Kaiser. Ein Beitrag zur Herrschergeschichte von Karl dem Großen bis Friedrich II. 768–1250. 2., erw. Aufl. München 1980 (VZKM 2)

Schramm, Percy Ernst; **Fillitz**, Hermann: Denkmale der deutschen Könige und Kaiser. Ein Beitrag zur Herrschergeschichte von Rudolf I. bis Maximilian I. 2., erw. Aufl. München 1979 (VZKM 7)

Schwineköper, Berent: Der Handschuh im Recht, Ämterwesen, Brauch und Volksglauben. Einführung von P.E. Schramm: Die Erforschung der mittelalterlichen Symbole. Wege und Methoden. 2. Aufl. Sigmaringen 1981

Simboli e simbologia nell'alto medioevo. Bd. 1–2. Spoleto 1976 (SSCI 23)

Staats, Reinhart: Die Reichskrone. Geschichte und Bedeutung eines europäischen Symbols. Göttingen 1991

Voltmer, Ernst: Il carroccio. Turin 1994 (BCS 205)

Zak, Siegrid: Musik als »Ehr und Zier«. Neuss 1979

13.2.5 Nationen-Forschung

Ansätze und Diskontinuität deutscher Nationsbildung im Mittelalter. Hg. J. Ehlers. Sigmaringen 1989 (Nat 8)
Eichenberger, Thomas: Patria. Studien zur Bedeutung des Wortes im Mittelalter (6.–12. Jahrhundert). Sigmaringen 1991 (Nat 9)
Graus, František: Die Nationenbildung der Westslawen im Mittelalter. Sigmaringen 1980 (Nat 3)
Identité nationale et conscience régionale en France et en Allemagne du Moyen Age à l'époque moderne. Hg. R. Babel; J.-M. Moeglin. Sigmaringen 1996 (Francia. Bh 39)
Schneidmüller, Bernd: Nomen patriae. Die Entstehung Frankreichs in der politisch-geographischen Terminologie (10.–13. Jh.). Sigmaringen 1987 (Nat 7)
Sieber-Lehmann, Claudius: Spätmittelalterlicher Nationalismus. Die Burgunderkriege am Oberrhein und in der Eidgenossenschaft. Göttingen 1995 (VMPIG 116)

13.2.6 Imperium/Regnum-Sacerdotium

Baaken, Gerhard: Ius imperii ad regnum. Königreich Sizilien, Imperium Romanum und Römisches Papsttum vom Tode Kaiser Heinrichs VI. bis zu den Verzichterklärungen Rudolfs von Habsburg. Köln … 1993 (FKPM 11)
Beulertz, Stefan: Das Verbot der Laieninvestitur im Investiturstreit. Hannover 1991 (MGHST 2)
Blumenthal, Uta-Renate: Der Investiturstreit. Stuttgart 1982
Crone, Marie-Louise: Untersuchungen zur Reichskirchenpolitik Lothars III. (1125–1137). Zwischen reichskirchlicher Tradition und Reformkurie. Frankfurt/M. … 1982 (EHS.III 170)
Drabek, Anna M.: Die Verträge der fränkischen und deutschen Herrscher mit dem Papsttum von 754 bis 1020. Wien 1976
Hoffmann, Hartmut: Mönchskönig und »rex idiota«. Studien zur Kirchenpolitik Heinrichs II. und Konrads II. Hannover 1993 (MGHST 8)
Investiturstreit und Reichsverfassung. Hg. J. Fleckenstein. Sigmaringen 1973 (VuF 17)
Laudage, Johannes: Gregorianische Reform und Investiturstreit. Darmstadt 1993
Schieffer, Rudolf: Die Entstehung des päpstlichen Investiturverbotes für den deutschen König. Stuttgart 1981 (SMGH 28)
Schwöbel, Hermann Otto: Der diplomatische Kampf zwischen Ludwig dem Bayern und der römischen Kurie im Rahmen des kanonischen Absolutionsprozesses 1330–1346. Weimar 1968 (QSVDR 10)
Unverhau, Dagmar: Approbatio–Reprobatio. Studien zum päpstlichen Mitspracherecht bei Kaiserkrönung und Königswahl vom Investiturstreit bis zum ersten Prozeß Johannes XXII. gegen Ludwig IV. Lübeck 1973 (HS 424)

13.2.7. Königtum

13.2.7.1 Allgemein/übergreifend

Beiträge zur Geschichte des mittelalterlichen deutschen Königtums. Hg. T. Schieder. München 1973 (HZ.Bh NF 2)

Beumann, Helmut: Der deutsche König als Romanorum Rex. Wiesbaden 1981

Kantorowicz, Ernst H.: Die zwei Körper des Königs. Eine Studie zur politischen Theologie des Mittelalters. München 1990

Kings and kingship in medieval Europe. Hg. A. J. Duggan. London 1993 (KCL. MS 10)

Schramm, Percy Ernst: Der König von Frankreich. Das Wesen der Monarchie vom 9. zum 16. Jahrhundert. Bd. 1–2. 2., verb. und verm. Aufl. Darmstadt 1960

Das spätmittelalterliche Königtum im europäischen Vergleich. Hg. R. Schneider. Sigmaringen 1987 (VuF 32)

13.2.7.2 Königsherrschaft

Battenberg, Friedrich: Die Gerichtsstandprivilegien der deutschen Kaiser und Könige bis zum Jahre 1451. Tl. 1–2. Köln … 1983 (QFHG 12,1–2)

Finck von Finckenstein, Albrecht Graf: Bischof und Reich. Untersuchungen zum Integrationsprozeß des ottonisch-frühsalischen Reiches (919–1056). Sigmaringen 1989 (StudMed 1)

Fleckenstein, Josef: Die Hofkapelle der deutschen Könige. Tl. 1–2. Stuttgart 1959–1966 (SMGH 16,1–2)

Hausmann, Friedrich: Reichskanzlei und Hofkapelle unter Heinrich V. und Konrad III. Stuttgart 1956 (SMGH 14)

Hofacker, Hans-Georg: Die schwäbischen Reichslandvogteien im späten Mittelalter. Stuttgart 1980 (SFN 8)

Klewitz, Hans-Walter: Königtum, Hofkapelle und Domkapitel im 10. und 11. Jahrhundert. Darmstadt 1960

Knolle, Ulrich: Studien zum Ursprung und zur Geschichte des Reichsfiskalats im 15. Jahrhundert. Freiburg 1964

Krah, Adelheid: Absetzungsverfahren als Spiegelbild von Königsmacht. Aalen 1987 (UDSRG NF 26)

Krieger, Karl-Friedrich: Die Lehnshoheit der deutschen Könige im Spätmittelalter (ca. 1200–1437). Aalen 1979 (UDSRG NF 23)

Landwehr, Götz: Die Verpfändung der deutschen Reichsstädte im Mittelalter. Köln … 1967 (FDRG 5)

Mathies, Christiane: Kurfürstenbund und Königtum in der Zeit der Hussitenkriege. Die kurfürstliche Reichspolitik gegen Sigismund im Kraftzentrum Mittelrhein. Mainz 1978 (QAmrhKG 32)

Pauler, Roland: Die deutschen Könige und Italien im 14. Jahrhundert. Von Heinrich VII. bis Karl IV. Darmstadt 1997

Petke, Wolfgang: Kanzlei, Kapelle und königliche Kurie unter Lothar III. (1125–1137). Köln … 1985 (FKPM 5)

Prinz, Friedrich: Klerus und Krieg im früheren Mittelalter. Untersuchungen zur Rolle der Kirche beim Aufbau der Königsherrschaft. Stuttgart 1971 (MGM 2)

Rauch, Günter: Die Bündnisse deutscher Herrscher mit Reichsangehörigen vom Regierungsantritt Friedrich Barbarossas bis zum Tode Rudolfs von Habsburg. Aalen 1966 (UDSRG NF 5)

Reynolds, Susan: Kingdoms and communities in western Europe 900–1300. 2., erg. Aufl. Oxford 1997

Schubert, Ernst: König und Reich. Studien zur spätmittelalterlichen deutschen Verfassungsgeschichte. Göttingen 1979 (VMPIG 63)

Zielinski, Herbert: Der Reichsepiskopat in spätottonischer und salischer Zeit (1002–1125). Tl. 1. Wiesbaden 1984

13.2.7.3 Königswahl

Erkens, Franz-Reiner: Der Erzbischof von Köln und die deutsche Königswahl. Siegburg 1987 (SKKG 21)

Hergemöller, Bernd-Ulrich: Fürsten, Herren und Städte zu Nürnberg 1355/56. Die Entstehung der »Goldenen Bulle« Karls IV. Köln … 1983 (SF.A 13)

Klare, Wilhelm: Die Wahl Wenzels von Luxemburg zum römischen König 1376. Münster … 1990 (GeschB 5)

Königswahl und Thronfolge in fränkisch-karolingischer Zeit. Hg. E. Hlawitschka. Darmstadt 1975

Königswahl und Thronfolge in ottonisch-frühdeutscher Zeit. Hg. E. Hlawitschka. Darmstadt 1971

Mitteis, Heinrich: Die deutsche Königswahl. Ihre Rechtsgrundlagen bis zur Goldenen Bulle. 2., erw. Aufl. Darmstadt 1944

Reisinger, Roswitha: Die römisch-deutschen Könige und ihre Wähler. 1189–1273. Aalen 1977 (UDSRG NF 21)

Schmidt, Ulrich: Königswahl und Thronfolge im 12. Jahrhundert. Köln … 1987 (FKPM 7)

13.2.8 Reichsgut, Reichsfinanzen

Binding, Günther: Deutsche Königspfalzen. Von Karl dem Großen bis Friedrich II. (765–1240). Darmstadt 1996

Brühl, Carlrichard: Fodrum, gistum, servitium regis. Studien zu den wirtschaftlichen Grundlagen des Königtums im Frankenreich und den fränkischen Nachfolgestaaten Deutschland, Frankreich und Italien vom 6. bis zur Mitte des 14. Jahrhunderts. Tl. 1–2. Köln 1968 (KHA 14)

–; **Kölzer**, Theo: Das Tafelgüterverzeichnis des römischen Königs (Ms. Bonn S. 1559). Köln 1979

Flach, Dietmar: Untersuchungen zur Verfassung und Verwaltung des Aachener Reichsgutes von der Karolingerzeit bis zur Mitte des 14. Jahrhunderts. Göttingen 1976 (VMPIG 46)

Gross, Thomas: Lothar III. und die Mathildischen Güter. Frankfurt/M. ... 1990 (EHS.III 419)
Helbach, Ulrich: Das Reichsgut Sinzig. Köln ... 1989 (RhA 122)
Metz, Wolfgang: Staufische Güterverzeichnisse. Untersuchungen zur Verfassungs- und Wirtschaftsgeschichte des 12. und 13. Jahrhunderts. Berlin 1964
–: Das Servitium Regis. Zur Erforschung der wirtschaftlichen Grundlagen des hochmittelalterlichen deutschen Königtums. Darmstadt 1978
Rösel, Isert: Die Reichssteuern der deutschen Judengemeinden von ihren Anfängen bis zur Mitte des 14. Jahrhunderts. Berlin 1910
Schalles-Fischer, Marianne: Pfalz und Fiskus Frankfurt. Eine Untersuchung zur Verfassungsgeschichte des fränkisch-deutschen Königtums. Göttingen 1969 (VMPIG 20)
Schlunk, Andreas Christoph: Königsmacht und Krongut. Die Machtgrundlage des deutschen Königtums im 13. Jahrhundert und eine neue historische Methode. Wiesbaden 1988
Schmid, Peter: Der Gemeine Pfennig von 1495. Vorgeschichte und Entstehung, verfassungsgeschichtliche, politische und finanzielle Bedeutung. Göttingen 1989 (SHKBAW 34)
Wadle, Elmar: Reichsgut und Königsherrschaft unter Lothar III. (1125–1137). Ein Beitrag zur Verfassungsgeschichte des 12. Jahrhunderts. Berlin 1969 (SVG 12)
Wild, Werner: Steuern und Reichsherrschaft. Bremen 1984

13.2.9 Gottesfriede, Landfriede

Angermeier, Heinz: Königtum und Landfriede im deutschen Spätmittelalter. München 1966
Gerlich, Alois: Studien zur Landfriedenspolitik König Rudolfs von Habsburg. Mainz 1963
Hoffmann, Hartmut: Gottesfriede und Treuga Dei. Stuttgart 1964 (SMGH 20)
Mohrmann, Wolf-Dieter: Der Landfriede im Ostseeraum während des späten Mittelalters. Kallmünz 1972 (RHF 2)
Stercken, Martina: Königtum und Territorialgewalten in den Rhein-Maasländischen Landfrieden des 14. Jahrhunderts. Köln ... 1989 (RhA 124)

13.2.10 Adel, Rittertum, Ministerialität

13.2.10.1 Adel

Andermann, Kurt: Studien zur Geschichte des pfälzischen Niederadels im späten Mittelalter. Eine vergleichende Untersuchung an ausgewählten Beispielen. Speyer 1982 (SBNHVP 10)
Andermann, Ulrich: Ritterliche Gewalt und bürgerliche Selbstbehauptung. Untersuchungen zur Kriminalisierung und Bekämpfung des spätmittelalterlichen Raubrittertums am Beispiel norddeutscher Hansestädte. Frankfurt/M. ... 1991 (RR 91)
Bittmann, Markus: Kreditwirtschaft und Finanzierungsmethoden. Studien zu

den wirtschaftlichen Verhältnissen des Adels im westlichen Bodenseeraum 1300–1500. Stuttgart 1991 (VSWG.Bh 99)

Dirlmeier, Ulf: Mittelalterliche Hoheitsträger im wirtschaftlichen Wettbewerb. Wiesbaden 1966 (VSWG.Bh 51)

Fenske, Lutz: Adelsopposition und kirchliche Reformbewegung im östlichen Sachsen. Entstehung und Wirkung des sächsischen Widerstands gegen das salische Königtum während des Investiturstreites. Göttingen 1977 (VMPIG 47)

Fey, Joachim: Reise und Herrschaft der Markgrafen von Brandenburg (1134–1319), Köln ... 1981 (MdtF 84)

Früh- und hochmittelalterlicher Adel in Schwaben und Bayern. Hg. I. Eberl ... Sigmaringendorf 1988 (Regio 1)

Fürstliche Residenzen im spätmittelalterlichen Europa. Hg. H. Patze; W. Paravicini. Sigmaringen 1991 (VuF 36)

Görner, Regina: Raubritter. Untersuchungen zur Lage des spätmittelalterlichen Niederadels, besonders im südlichen Westfalen. Münster 1987 (GAWL 18)

Hannig, Jürgen: Consensus fidelium. Frühfeudale Interpretationen des Verhältnisses von Königtum und Adel am Beispiel des Frankenreiches. Stuttgart 1983 (MGM 27)

The ideals and practice of medieval knighthood. Hg. C. Harper-Bill; R. Harvey. Woodbridge 1986– [Tagungspublikationen]

Irsigler, Franz: Untersuchungen zur Geschichte des frühfränkischen Adels. 2., um einen Nachtrag erw. Aufl. Bonn 1981 (RhA 70)

Jakobs, Hermann: Der Adel in der Klosterreform von St. Blasien. Köln ... 1968 (KHA 16)

Lechner, Karl: Die Babenberger. Markgrafen und Herzöge von Österreich 976 bis 1246. Wien ... 1976 (VIÖG 23)

Parisse, Michel: Noblesse et chevalerie en Lorraine médiévale. Les familles nobles du XIe au XIIIe siècle. Nancy 1982

Pauler, Roland: Das Regnum Italiae in ottonischer Zeit. Markgrafen, Grafen und Bischöfe als politische Kräfte. Tübingen 1982 (BDHIR 54)

Die Pfalzgrafen von Tübingen. Städtepolitik, Pfalzgrafenamt, Adelsherrschaft im Breisgau. Hg. H. Decker-Hauff ... Sigmaringen 1981

Ranft, Andreas: Adelsgesellschaften. Gruppenbildung und Genossenschaft im spätmittelalterlichen Reich. Sigmaringen 1994 (KHS 38)

Rödel, Volker: Reichslehenswesen, Ministerialität, Burgmannschaft und Niederadel. Studien zur Rechts- und Sozialgeschichte des Adels in den Mittel- und Oberrheinlanden während des 13. und 14. Jahrhunderts. Darmstadt 1979 (QFHessG 38)

Rübsamen, Dieter: Kleine Herrschaftsträger im Pleissenland. Studien zur Geschichte des mitteldeutschen Adels im 13. Jahrhundert. Köln ... 1987 (MdtF 95)

Sablonier, Roger: Adel im Wandel. Eine Untersuchung zur sozialen Situation des ostschweizerischen Adels um 1300. Göttingen 1979 (VMPIG 66)

Spieß, Karl-Heinz: Lehnsrecht, Lehnspolitik und Lehnsverwaltung der Pfalzgrafen bei Rhein im Spätmittelalter. Wiesbaden 1978 (GLK 18)

Störmer, Wilhelm: Früher Adel. Studien zur politischen Führungsschicht im fränkisch-deutschen Reich vom 8. bis 11. Jahrhundert. Tl. 1–2. Stuttgart 1973 (MGM 6)

Toussaint, Ingo: Die Grafen von Leiningen. Studien zur leiningischen Genealogie und Territorialgeschichte bis zur Teilung von 1317/1318. Sigmaringen 1982

Wenskus, Reinhard: Sächsischer Stammesadel und fränkischer Reichsadel. Göttingen 1976 (AAWG.PHK F3 93)

13.2.10.2 Rittertum

Arnold, Benjamin: German Knighthood. 1050–1300. Oxford 1985

Curialitas. Studien zu Grundfragen der höfisch-ritterlichen Kultur. Hg. J. Fleckenstein. Göttingen 1990 (VMPIG 100)

Flori, Jean: L'essor de la chevalerie. Genf 1986 (THEP 46)

Keen, Maurice: Das Rittertum. München ... 1987

Paravicini, Werner: Die ritterlich-höfische Kultur des Mittelalters. München 1994 (EDG 32)

Das Ritterbild in Mittelalter und Renaissance. Düsseldorf 1985 (StudHum 1)

Das ritterliche Turnier im Mittelalter. Beiträge zu einer vergleichenden Formen- und Verhaltensgeschichte des Rittertums. Hg. J. Fleckenstein. Göttingen 1985 (VMPIG 80)

Ritterorden und Adelsgesellschaften im spätmittelalterlichen Deutschland. Ein systematisches Verzeichnis. Hg. H. Kruse ... Frankfurt/M. 1991 (KWS.D 1)

Das Rittertum im Mittelalter. Hg. A. Borst. Darmstadt 1976

13.2.10.3 Ministerialität

Bosl, Karl: Die Reichsministerialität der Salier und Staufer. Ein Beitrag zur Geschichte des hochmittelalterlichen deutschen Volkes, Staates und Reiches. Tl. 1–2. Stuttgart 1950, 1951 (SMGH 10)

Bradler, Günther: Studien zur Geschichte der Ministerialität im Allgäu und in Oberschwaben. Göppingen 1973 (GAB 50)

Bumke, Joachim: Ministerialität und Ritterdichtung. Umrisse der Forschung. München 1976

Ministerialitäten im Mittelrheinraum. Wiesbaden 1978 (GLK 117)

13.2.11 Landesherrschaft, Territorien

Ahrens, Karl-Heinz: Residenz und Herrschaft. Studien zu Herrschaftsorganisation, Herrschaftspraxis und Residenzbildung der Markgrafen von Brandenburg im späten Mittelalter. Frankfurt/M. ... 1990 (EHS.III 427)

Amann, Konrad: Die landesherrliche Residenzstadt Passau im spätmittelalterlichen deutschen Reich. Sigmaringen 1992 (RF 3)

Bodsch, Ingrid: Burg und Herrschaft. Zur Territorial- und Burgenpolitik der Erzbischöfe von Trier im Hochmittelalter bis zum Tod Dieters von Nassau (†1307). Boppard/Rh. 1989 (VLARK 13)

Burgard, Friedhelm: Familia archiepiscopi. Studien zu den geistlichen Funktionsträgern Erzbischof Balduins von Luxemburg (1307–1354). Trier 1991 (THF 19)

Der deutsche Territorialstaat im 14. Jahrhundert. Hg. H. Patze. Bd. 1–2. Sigmaringen 1970 (VuF 13–14)

Gresky, Reinhard: Die Finanzen der Welfen im 13. und 14. Jahrhundert. Hildesheim 1984 (VIHLUG 22)

Kraus, Thomas R.: Jülich, Aachen und das Reich. Studien zur Entstehung der Landesherrschaft der Grafen von Jülich bis zum Jahre 1328. Aachen 1987 (VSAA 5)

Leist, Winfried: Landesherr und Landfrieden in Thüringen im Spätmittelalter. 1247–1349, Köln … 1975 (MdtF 77)

Nikolay, Willi: Die Ausbildung der ständischen Verfassung in Geldern und Brabant während des 13. und 14. Jahrhunderts. Bonn 1985 (RhA 118)

L'organizzazione del territorio in Italia e in Germania secoli XIII–XIV– Hochmittelalterliche Territorialstruktur in Deutschland und Italien. Hg. G. Chittolini; D. Willoweit. Bologna 1994 (AISIGT.Q 37)

Reichert, Folker: Landesherrschaft, Adel und Vogtei. Zur Vorgeschichte des spätmittelalterlichen Ständestaates im Herzogtum Österreich. Wien … 1985 (AKG.Bh 23)

Reichert, Winfried: Finanzpolitik und Landesherrschaft. Zur Entwicklung der Grafschaft Katzenelnbogen vom 12. bis zum 14. Jahrhundert. Trier 1985 (SGL 1)

–: Landesherrschaft zwischen Reich und Frankreich. Verfassung, Wirtschaft und Territorialpolitik in der Grafschaft Luxemburg von der Mitte des 13. bis zur Mitte des 14. Jahrhunderts. Bd. 1–2. Trier 1993 (THF 24,1–2)

Schubert, Ernst: Fürstliche Herrschaft und Territorium im späten Mittelalter. München 1996 (EDG 35)

Stievermann, Dieter: Landesherrschaft und Klosterwesen im spätmittelalterlichen Württemberg. Sigmaringen 1989

Streich, Brigitte: Zwischen Reiseherrschaft und Residenzbildung. Der Wettinische Hof im späten Mittelalter. Köln … 1989 (MdtF 101)

Tewes, Ludger: Die Amts- und Pfandpolitik der Erzbischöfe von Köln im Spätmittelalter (1306–1463). Köln … 1987 (DMG 4)

Tiesbrummel, Reinhard: Das Lehnrecht der Landgrafschaft Hessen (Niederhessen) im Spätmittelalter. 1247–1471. Darmstadt … 1990 (QFHessG 76)

13.3 Verwaltungsgeschichte

Ämterhandel im Spätmittelalter und im 16. Jahrhundert. Berlin 1984 (EHKB 45)

Deutsche Verwaltungsgeschichte. Hg. K.E.A. Jeserich … Bd. 1–6. Stuttgart 1983–1988 [MA: Bd. 1]

Hattenhauer, Hans: Geschichte des Beamtentums. Köln 1980 [Handbuch des Öffentlichen Dienstes. Bd. 1]

Histoire comparée de l'administration (IVe–XVIIIe siècles). Hg. W. Paravicini; K. F. Werner. Sigmaringen 1980 (Francia.Bh 9)

13.4 Kirchengeschichte

13.4.1 Handbücher, allgemeine Darstellungen

13.4.1.1 Kirche und Christentum

Borgolte, Michael: Die mittelalterliche Kirche. München 1992 (EDG 17)

Bihlmeyer, Karl; **Tüchle**, Hermann: Kirchengeschichte. Bd. 1–3. 18./19. Aufl. Paderborn 1968–1987 [MA: Bd. 2. 1968]

Geschichte der Kirche. Hg. L.J. Rogier ... Bd. 1–5. Einsiedeln ... 1963–1977 [MA: Bd. 2–3]

Die Geschichte des Christentums. Religion. Politik. Kultur. Bd. 1–7 [bis 1530]. Hg. J.M. Mayeur ... [Histoire du christianisme ...]. Deutsche Ausg. Hg. N. Brox ... Freiburg/Br. ... 1991–1995

Hage, Wolfgang: Das Christentum im frühen Mittelalter (476–1054). Vom Ende des weströmischen Reiches bis zum west-östlichen Schisma. Göttingen 1993 (ZgKG 4)

Handbuch der Kirchengeschichte [HKG]. Hg. H. Jedin. Bd. 1–7. Freiburg/Br. ... 1962–1979 (MA: Bd. 2,2–3,2)

Histoire de l'Eglise depuis les origines jusqu'à nos jours. Hg. A. Fliche ... Bd.1–. Paris 1934– [MA: Bd. 4–14. 1946; 2. Aufl.–1964]

Die Kirche in ihrer Geschichte. Ein Handbuch. Begr. K.D. Schmidt; E. Wolf. Hg. B. Moeller. Abt. A–T. Göttingen 1962– . A1. Bd. 1: Goppelt, Leonhard: Die apostolische und nachapostolische Zeit. 1962; 2., durchges. Aufl. 1966; B1. Bd. 1: Andresen, Carl: Einführung in die christliche Archäologie. 1971; C1. Bd. 1: Lorenz, Rudolf: Das 4. bis 6. Jahrhundert (Westen). 1970; D1. Bd.1: Beck, Hans-Georg: Geschichte der orthodoxen Kirche im byzantinischen Reich. 1980; D2. Bd. 1: Müller, Caspar D.: Geschichte der orientalischen Nationalkirchen. 1981; E. Bd. 2: Haendler, Gert; Stökl, Günther: Die Geschichte des Frühmittelalters und der Germanenmission. Geschichte der Slavenmission. 2., erg. Aufl. 1976; F1. Bd. 2: Tellenbach, Gerd: Die westliche Kirche vom 10. bis zum frühen 12. Jahrhundert. 1988; G1. Bd. 2: Grundmann, Herbert: Ketzergeschichte des Mittelalters. 3., durchges. Aufl. 1978; G2. Bd. 2: Schmidt, Martin Anton; Goldammer, Kurt: Scholastik – Kirchliche Kunst im Mittelalter. 1968; H1. Bd. 2: Moeller, Bernd: Spätmittelalter. 1966; M1. Bd. 3: Onasch, Konrad: Grundzüge der russischen Kirchengeschichte. 1967

Kirchengeschichte als Missionsgeschichte. Hg. H. Frohnes .... Bd.1–. München 1974–

Moeller, Bernd: Geschichte des Christentums in Grundzügen. 4., verb. Aufl. Göttingen 1987

Ökumenische Kirchengeschichte. Hg. R. Kottje; B. Moeller. Bd. 1–3. Mainz 1970–1974. [MA: Bd. 2. 1973]

Rapp, Francis: L'église et la vie religieuse en occident à la fin du Moyen Age. Paris 1971 (NouvCl 25)

Southern, Richard William: Kirche und Gesellschaft im Abendland des Mittelalters. Berlin ... 1976

13.4.1.2 Einzelne Länder

Handbuch der Ostkirchenkunde. Hg. W. Nyssen ... Bd. 1–2. Neu erarb. Ausg. Düsseldorf 1984–1989

Hauck, Albert: Kirchengeschichte Deutschlands. Bd. 1–5,2. Leipzig 1887–1920

Histoire de la France religieuse. Hg. J. Le Goff. Bd. 1–4. Paris 1988 [MA: Bd. 1–2]

Irland und die Christenheit. Ireland and Christendom. Bibelstudien und Mission. The Bible and the Missions. Hg. P.N. Chatáin; M. Richter. Stuttgart 1987

Pfister, Rudolf: Kirchengeschichte der Schweiz. Bd. 1–3. Zürich 1964–1984

Tomek, Ernst: Kirchengeschichte Österreichs. Bd. 1–3. Innsbruck ... 1935–1959

13.4.2 Einführungen

Overath, Joseph: Einführung in das Studium der mittleren und neueren Kirchengeschichte. Frankfurt/M. ... 1979 (EHS.XXIII 134)

Selge, Kurt-Victor: Einführung in das Studium der Kirchengeschichte. Darmstadt 1982

13.4.3 Historisch-statistische Verzeichnisse geistlicher Institutionen und Personen

Abbayes et prieurés de l'ancienne France. Recueil historique des archevêchés, évêchés, abbayes et prieurés de France. Bd. 1–15. Paris ... 1905–1995

Alemannia Franciscana Antiqua. Ehem. franziskanische Männer- und Frauenklöster im Bereich der Oberdeutschen oder Straßburger Franziskanerprovinz mit Ausnahme von Bayern. Bd. 1–18. Ulm [ab Bd. 13: Landshut] 1956–1974

Ardura, Bernard: Abbayes, prieurés et monastères de l'ordre de Prémontré en France, des origines à nos jours. Dictionnaire historique et bibliographique. Nancy ... 1993

Backmund, Norbert: Monasticon Praemonstratense ... Bd. 1–3. Straubing 1949–1969; 2. Aufl. Berlin 1983

Bibliotheca Ecclesiarum Italiae. Hg. P. Burch. Bd. 1–. Rom 1965– [soll ersetzen: **Ughelli**, F.: Italia Sacra. Bd. 1–11. Venezia 1717–1722; **Savio**, F.: Gli antichi vescovi d'Italia dalle origini al 1300. Bd. 1–4, Torino ... 1899–1932]

Biographisch-bibliographisches Kirchenlexikon. Hg. F.W. Bautz; [ab Bd. 2:] T. Bautz. Bd. 1– . Hamm 1975–

Cottineau, Laurent-Henri: Répertoire topo-bibliographique des abbayes et prieurés. Bd. 1–2. Mâcon 1935–1939; Bd. 3: Suppl. 1970; Ndr. Turnhout 1995

Dictionnaire bio-bibliographique des écrivains, artistes et savants de l'ordre de Prémontré. Hg. L. Goovaerts. Brüssel 1900–1916

Dictionnaire des auteurs cisterciens. Hg. E. Brouette ... Bd. 1–2. Rochefort 1975–1979 (DocCist 15,1–2)

Dictionnaire des monastères cisterciens. Hg. M. Cocheril; E. Manning. Rochefort 1976–1979 (DocCist 4)

Emery, R.W.: The Friars in medieval France. A catalogue of French mendicant convents, 1200–1550. New York ... 1962

Gallia christiana in provincias ecclesiasticas distributa. Bd. 1–13. Hg. von den Maurinern. Paris 1715–1785; Bd. 14–16. Hg. B. Hauréau. Paris 1856–1865

Gallia christiana novissima. Histoire des archevêchés, évêchés et abbayes de France. ... Hg. J.H. Albanès, fortgef. von U. Chevalier. Montbéliard ... 1899–1921

Gallia monastica. Tableaux et cartes de dépendances monastiques. Hg. J.F. Lemarignier. Bd. 1–. Paris 1973–

Gams, Pius Bonifacius: Series episcoporum ecclesiae catholicae, quotquot innotuerunt a beato Petro apostolo. Regensburg 1873–1886; Neubearbeitung: Series episcoporum ecclesiae catholicae occidentalis. Ab initio usque ad annum MCXCVIII. Hg. O. Engels ... Stuttgart 1982–. Ser. 5. Germania: Bd. 1: Archiepiscopatus Coloniensis. 1982; Bd. 2: Archiepiscopatus Hammaburgensis sive Bremensis. 1984; Ser. 6. Britannia, Scotia et Hibernia. Scandinavia I–II. Bd.1: Ecclesia Scotiana. 1991. Bd. 2: Archiepiscopatus Lundensis. 1992

Germania Benedictina [GBen]. Bd.1–. St. Ottilien 1970– [Neubearbeitung von: Germania monastica. Klosterverzeichnis der deutschen Benediktiner und Zisterzienser vom 7. Jhdt. an. München 1917]

Germania Sacra [GS]. Historisch-statistische Darstellung der deutschen Bistümer, Domkapitel, Kollegiat- und Pfarrkirchen, Klöster und sonstigen kirchlichen Institutionen. Bd. 1–. Berlin 1929–; NF: Bd.1–. Berlin 1962– [Übersicht bei **Dotzauer** 36–39; siehe auch: **Beiträge zur Geschichte der mittelalterlichen Germania Sacra**. Hg. I. Crusius. Göttingen 1989 (VMPIG 93; SGS 17)]

Helvetia Sacra. Reihenfolge der kirchlichen Obern und Oberinnen in den schweizerischen Bistümern, Kollegstiften und Klöstern. Begr. von R. Henggeler. Weitergef. von A. Bruckner. Abt. 1–. Bern 1972– [siehe auch: **Dotzauer** 40]

Hierarchia catholica medii et recentioris aevi. Hg. K. Eubel ... Bd. 1–8. Münster 1898–1978; 2. Aufl. 1913–1923 [MA: Bd. 1–3]

Kaeppeli, Thomas: Scriptores ordinis praedicatorum medii aevi. Bd. 1–4. Rom 1970–1993 [Bd.4: Ergbd. Hg. E. Panella]

Kamp, Norbert: Kirche und Monarchie im staufischen Königreich Sizilien. I. Prosopographische Grundlegung: Bistümer und Bischöfe des Königreichs. 1194–1266. Tl. 1–4. München 1973–1982 (MMS 10/I,1–4)

Mayer, Hans Eberhard: Bistümer, Klöster und Stifte im Königreich Jerusalem. Stuttgart 1977 (SMGH 26)

Monasticon Italiae. Repertorio topo-bibliografico dei monasteri italiani. Bd. 1–. Cesena 1981–

Zak, Alfons: Österreichisches Klosterbuch. Statistisches Handbuch der Orden und Kongregationen Österreichs. 2., erw. Aufl..... 1971

13.4.4 Kirchenrecht und -verfassung

Feine, Hans Erich: Kirchliche Rechtsgeschichte. Bd. 1: Die katholische Kirche. 5., durchges. Aufl. Köln 1972

Fuhrmann, Horst: Einfluß und Verbreitung der pseudo-isidorischen Fälschungen. Von ihrem Auftauchen bis in die neuere Zeit. Tl. 1–3. Stuttgart 1972–1974 (SMGH 24,1–3)

Gaudemet, Jean: Le droit canonique. Paris 1989

Hageneder, Othmar: Die geistliche Gerichtsbarkeit in Ober- und Niederösterreich von den Anfängen bis zum Beginn des 15. Jahrhunderts. Graz 1967 (FGOÖ 6)

Hehl, Ernst-Dieter: Kirche und Krieg im 12. Jahrhundert. Studien zu kanonischem Recht und politischer Wirklichkeit. Stuttgart 1980 (MGM 19)

Histoire du droit et des institutions de l'Eglise en Occident. Hg. G. Le Bras; [danach: J. Gaudemet]. Bd. 1–. Paris 1955–

Kurze, Dietrich: Pfarrerwahlen im Mittelalter. Ein Beitrag zur Geschichte der Gemeinde und des Niederkirchenwesens. Köln ... 1966 (FKRK 6)

Landau, Peter: Ius Patronatus. Studien zur Entwicklung des Patronats im Dekretalenrecht und der Kanonistik des 12. und 13. Jahrhunderts. Köln ... 1975 (FKRK 12)

Plöchl, Willibald M.: Geschichte des Kirchenrechts. Bd. 1–3. 2. Aufl. Wien ... 1960–1970

Werminghoff, Albert: Geschichte der Kirchenverfassung Deutschlands im Mittelalter. Bd. 1. Hannover ... 1905; Ndr. Darmstadt 1969: Verfassungsgeschichte der deutschen Kirche im Mittelalter. [verkürzt: 2. Aufl. Leipzig ... 1913 (GGW. II 6)]

13.4.5 Konzilien

Becker, Hans-Jürgen: Die Appellation vom Papst an ein allgemeines Konzil. Historische Entwicklung und kanonistische Diskussion im späten Mittelalter und in der frühen Neuzeit. Köln ... 1988 (FKRK 17)

Brandmüller, Walter: Das Konzil von Pavia-Siena. Bd. 1–2. Münster/W. 1974 (VRF 16,1–2)

–: Das Konzil von Konstanz 1414–1418. Bd. 1–. Paderborn ... 1991–

Christian Unity. The Council of Ferrara-Florence 1438/39. Hg. G. Alberigo. Löwen 1991 (BETL 97)

Die Entwicklung des Konziliarismus. Werden und Nachwirken der konziliaren Idee. Hg. R. Bäumer. Darmstadt 1976

Firenze e il Concilio del 1439. Hg P. Viti. Bd. 1–2. Florenz 1994

Geschichte der [ökumenischen] **Konzilien**. Vom Nicaeum bis zum Vaticanum II. Hg. G. Alberigo. Düsseldorf 1993

Hefele, Karl Joseph; **Leclercq**, Henri: Histoire des conciles d'après les documents originaux. Fortgef. von P. Richard ... Bd. 1–11. Paris 1907–1952 [MA: Bd. 3–8]

Helmrath, Johannes: Das Basler Konzil 1431–1449. Forschungsstand und Probleme. Köln ... 1987 (KHA 32)

Das Konstanzer Konzil. Hg. R. Bäumer. Darmstadt 1977

Müller, Heribert: Die Franzosen, Frankreich und das Basler Konzil (1431–1449). Bd.1–2. Paderborn ... 1990 (Konziliengeschichte B: Untersuchungen)

Schwaiger, Georg: Päpstlicher Primat und Autorität der allgemeinen Konzilien im Spiegel der Geschichte. München … 1977

Sieben, Hermann Josef: Traktate und Theorien zum Konzil. Vom Beginn des großen Schismas bis zum Vorabend der Reformation (1378–1521). Frankfurt/M. 1983 (FTS 30)

–: Die Konzilsidee des lateinischen Mittelalters (847–1378). Paderborn 1984

–: Die Partikularsynode. Studien zur Geschichte der Konzilsidee. Frankfurt/M. 1990 (FTS 37)

Stump, Phillip H.: The reforms of the Council of Constance (1414–1418). Leiden 1994 (SHCT 53)

Tierney, Brian: Foundations of the conciliar theory. The contribution of the medieval canonists from Gratian to the Great Schism. Cambridge 1955

Wolter, Heinz: Die Synoden im Reichsgebiet und in Reichsitalien von 916 bis 1056. Paderborn … 1988

13.4.6 Papsttum

13.4.6.1 Allgemein/übergreifend

Fink, Karl August: Papsttum und Kirche im abendländischen Mittelalter. München 1981

Fuhrmann, Horst: Das Papsttum. Gestalt und Gestalten. 2., verb. und erg. Aufl. München 1984

Haller, Johannes: Das Papsttum. Idee und Wirklichkeit. Bd. 1–5. 2., verb. und erg. Aufl. Urach … 1962

Schimmelpfennig, Bernd: Das Papsttum. Grundzüge seiner Geschichte von der Antike bis zur Renaissance. 4., korr. und aktual. Aufl. Darmstadt 1996

Ullmann, Walter: Kurze Geschichte des Papsttums im Mittelalter. Berlin … 1978

Zimmermann, Harald: Das Papsttum im Mittelalter. Eine Papstgeschichte im Spiegel der Historiographie. Mit einem Verzeichnis der Päpste des 4. bis zum 15. Jahrhundert. Stuttgart 1981

13.4.6.2 Darstellungen

Borgolte, Michael: Petrusnachfolge und Kaiserimitation. Die Grablegen der Päpste, ihre Genese und Traditionsbildung. Göttingen 1989 (VMPIG 95)

Buisson, Ludwig: Potestas und Caritas. Die päpstliche Gewalt im Spätmittelalter. 2., durchges. Aufl. Köln … 1982 (FKRK 2)

Denzler, Georg: Das Papsttum und der Amtszölibat. Tl. 1: Die Zeit bis zur Reformation. Stuttgart 1973 (PuP 5)

Favier, Jean: Les finances pontificales à l'époque du Grand Schisme d'Occident (1378–1409). Paris 1966

Herbers, Klaus: Leo IV. und das Papsttum in der Mitte des 9. Jahrhunderts. Möglichkeiten und Grenzen päpstlicher Herrschaft in der späten Karolingerzeit. Stuttgart 1996 (PuP 27)

Hergemöller, Bernd-Ulrich: Die Geschichte der Papstnamen. Münster 1980

Herrmann, Klaus-Jürgen: Das Tuskulaner-Papsttum (1012–1046). Benedikt VIII., Johannes XIX., Benedikt IX. Stuttgart 1973 (PuP 4)

Imkamp, Wilhelm: Das Kirchenbild Innocenz'III. (1198–1216). Stuttgart 1983 (PuP 22)

Laudage, Johannes: Priesterbild und Reformpapsttum im 11. Jahrhundert. Köln … 1984 (AKG.Bh 22)

Laufs, Manfred: Politik und Recht bei Innozenz III. Kaiserprivilegien, Thronstreitregister und Egerer Goldbulle in der Reichs- und Rekuperationspolitik Papst Innozenz III. Köln … 1980 (KHA 26)

Le chiese nei regni dell'Europa occidentale e i loro rapporti con Roma sino all'800. Bd. 1–2. Spoleto 1960 (SSCI 7)

Maschke, Erich: Der Peterspfennig in Polen und dem deutschen Osten. 2., erw. Aufl. Sigmaringen 1980 (SKK 11)

Modesto, Johannes: Gregor der Große. Nachfolger Petri und Universalprimat. St. Ottilien 1989 (STG 1)

Mollat, Guillaume: Les papes d'Avignon (1305–1378). 10. Aufl. Paris 1965

Morris, Colin: The papal monarchy. The western church from 1050 to 1250. Oxford 1989

Schmidt, Tilman: Alexander II. (1061–1073) und die römische Reformgruppe seiner Zeit. Stuttgart 1977 (PuP 11)

Seegrün, Wolfgang: Das Papsttum und Skandinavien bis zur Vollendung der nordischen Kirchenorganisation (1164). Neumünster 1972 (QFGSH 51)

Servatius, Carlo: Paschalis II. (1099–1118). Studien zu seiner Person und seiner Politik. Stuttgart 1980 (PuP 14)

Studi Gregoriani per la storia di Gregorio VII e della Riforma Gregoriana. Hg. G. B. Borino. Bd. 1–7. Rom 1947–1960 [Bd. 8–, Rom 1970– : Studi Gregoriani per la storia della »Libertas Ecclesiae«. Hg. A.M. Stickler …]

Tierney, Brian: Origins of papal infallibility 1150–1350. Sovereignty and tradition in the Middle Ages. 2. Aufl. Leiden 1988

Ullmann, Walter: Gelasius I. (492–496). Das Papsttum an der Wende der Spätantike zum Mittelalter. Stuttgart 1981 (PuP 18)

Wojtowytsch, Myron: Papsttum und Konzilien von den Anfängen bis zu Leo I. (40–461). Studien zur Entstehung der Überordnung des Papstes über Konzile. Stuttgart 1981 (PuP 17)

Zimmermann, Harald: Papstabsetzungen des Mittelalters. Graz … 1968

13.4.6.3 Papsttum/Kirchenstaat

Arnaldi, Girolamo: Le origini dello Stato della Chiesa. Turin 1987

Deér, Josef: Papsttum und Normannen. Untersuchungen zu ihren lehnsrechtlichen und kirchenpolitischen Beziehungen. Köln … 1972 (SQWKFII 1)

Esch, Arnold: Bonifaz IX. und der Kirchenstaat. Tübingen 1969 (BDHIR 29)

Partner, Peter: The Lands of St. Peter. The Papal State in the Middle Ages and the early Renaissance. London 1972

13.4.6.4 Kardinäle/Kurie

Ganzer, Klaus: Die Entwicklung des auswärtigen Kardinalats im hohen Mittelalter. Ein Beitrag zur Geschichte des Kardinalkollegiums vom 11. bis 13. Jahrhundert. Tübingen 1963 (BDHIR 26)

Guillemain, Bernard: La cour pontificale d'Avignon (1309–1376). Etude d'une société. Paris 1962

Hüls, Rudolf: Kardinäle, Klerus und Kirchen Roms 1049–1130. Tübingen 1977 (BDHIR 48)

Jordan, Karl: Die Entstehung der römischen Kurie. Ein Versuch. Darmstadt 1973

Maleczek, Werner: Papst und Kardinalskolleg von 1191 bis 1216. Die Kardinäle unter Coelestinus III. und Innocenz III. Wien 1984

Meyer, Andreas: Arme Kleriker auf Pfründensuche. Eine Studie über das *in forma pauperum*-Register Gregors XII. von 1407 und über päpstliche Anwartschaften im Spätmittelalter. Köln ... 1990 (FKRK 20)

Paravicini Bagliani, Agostino: Cardinali di curia e »familiae« cardinalizie dal 1227 al 1254. Bd. 1–2. Padua 1972 (IS.SDSE 18–19)

Partner, Peter: The Pope's men. The papal civil service in the Renaissance. Oxford 1990

13.4.6.5 Bischöfe

Benson, Robert L.: The Bishop Elect. A study in medieval ecclesiastical office. Princeton 1968

Ganzer, Klaus: Papsttum und Bistumsbesetzungen in der Zeit von Gregor IX. bis Bonifaz VIII. Ein Beitrag zur Geschichte der päpstlichen Reservationen. Köln ... 1968 (FKRK 9)

Haider, Siegfried: Das bischöfliche Kapellanat. Bd. 1: Von den Anfängen bis in das 13. Jahrhundert. Wien ... 1977 (MIÖG.Ergbd 25)

Laudage, Marie-Luise: Caritas und Memoria mittelalterlicher Bischöfe. Köln ... 1993 (MHF 3)

Scholz, Sebastian: Transmigration und Translation. Studien zum Bistumswechsel der Bischöfe von der Spätantike bis zum hohen Mittelalter. Köln ... 1992 (KHA 37)

13.4.7 Orden

13.4.7.1 Allgemein/übergreifend

Angenendt, Arnold: Monachi peregrini. Studien zu Pirmin und den monastischen Vorstellungen des frühen Mittelalters. München 1972 (MMS 6)

Benedictine culture 750–1050. Hg. W. Lourdaux; D. Verhelst. Löwen 1983 (MLov.I I 11)

Borst, Arno: Mönche am Bodensee. 610–1525. Sigmaringen 1978 (BodBibl 5)

Brooke, Christopher: Die große Zeit der Klöster. 1000–1300. Die Geschichte der Klöster und Orden und ihre religions-, kunst- und kulturgeschichtliche Bedeutung für das werdende Europa. Freiburg/Br. ... 1976

Doppelklöster und andere Formen der Symbiose männlicher und weiblicher Religiosen im Mittelalter. Hg. K. Elm; M. Parisse. Berlin 1992 (BHS 18; OSt 8)

Erwerbspolitik und Wirtschaftsweise mittelalterlicher Orden und Klöster. Hg. K. Elm. Berlin 1992 (BHS17; OSt 7)

Frank, Karl Suso: Geschichte des christlichen Mönchtums. 5., verb. und erg. Aufl. Darmstadt 1993

Herrschaft und Kirche. Beiträge zur Entstehung und Wirkungsweise episkopaler und monastischer Organisationsformen. Hg. F. Prinz. Stuttgart 1988 (MGM 33)

Die Iren und Europa im früheren Mittelalter. Hg. H. Löwe. Tl. 1–2. Stuttgart 1982

Naissance et fonctionnement des réseaux monastiques et canonicaux. Actes du premier colloque international du C.E.R.C.O.M. Saint-Etienne 1991 (TR 1)

Parisse, Michel: Les nonnes au Moyen Age. Le Puy 1983

Prinz, Friedrich: Frühes Mönchtum im Frankenreich. Kultur und Gesellschaft in Gallien, den Rheinlanden und Bayern am Beispiel der monastischen Entwicklung (4.–8. Jahrhundert). 2., durchges. und erg. Aufl. München 1988

–: Askese und Kultur. Vor- und frühbenediktinisches Mönchtum an der Wiege Europas. München 1980

Schmitz, Philibert: Geschichte des Benediktinerordens. Bd. 1–4. Einsiedeln ... 1947–1960

Studien zum weltlichen Kollegiatstift in Deutschland. Hg. I. Crusius. Göttingen 1995 (VMPIG 118; SGS 18)

Untersuchungen zu Kloster und Stift. Göttingen 1980 (VMPIG 68; SGS 14)

13.4.7.2 Bettelorden

Berg, Dieter: Armut und Wissenschaft. Beiträge zur Geschichte des Studienwesens der Bettelorden im 13. Jahrhundert. Düsseldorf 1977 (GuG 15)

Feld, Helmut: Franziskus von Assisi und seine Bewegung. Darmstadt 1994

Freed, John B.: The Friars in German society in the thirteenth century. Cambridge/Mass. 1977 (MAA 86)

Grübel, Isabel: Bettelorden und Frauenfrömmigkeit im 13. Jahrhundert. Das Verhältnis der Mendikanten zu Nonnenklöstern und Beginen am Beispiel Straßburg und Basel. München 1987 (KGF 9)

Hinnebusch, W.A.: The history of the Dominican Order. Bd. 1–2. New York 1965–1973

Kunzelmann, Adalbero OSA: Geschichte der deutschen Augustiner-Eremiten. Tl. 1–7. Würzburg 1969–1976 (Cass 26)

Moorman, John H.: A history of the Franciscan Order. From its origins to the year 1517. Oxford 1968

Schmidt, Hans-Joachim: Bettelorden in Trier. Wirksamkeit und Umfeld im hohen und späten Mittelalter. Trier 1986 (THF 10)

Stellung und Wirksamkeit der Bettelorden in der städtischen Gesellschaft. Hg. K. Elm. Berlin 1981 (BHS 3; OSt 2)

13.4.7.3 Klosterreform

Cluny. Beiträge zur Gestalt und Wirkung der cluniazensischen Reform. Hg. H. Richter. Darmstadt 1975

Cowdrey, Herbert E.J.: The Cluniacs and the Gregorian reform. Oxford 1970

Frank, Barbara: Das Erfurter Peterskloster im 15. Jahrhundert. Studien zur Geschichte der Klosterreform und der Bursfelder Union. Göttingen 1973 (VMPIG 34; SGS 11)

Hallinger, Kassius: Gorze-Kluny. Studien zu den monastischen Lebensformen und Gegensätzen im Hochmittelalter. Bd. 1–2. Rom 1950–1951 (StudAns 22–25)

Hirsau. St. Peter und Paul 1091–1991. Tl. 1–2. Bearb. K. Schreiner. Stuttgart 1991 (FBAMBW 10)

Monastische Reformen im 9. und 10. Jahrhundert. Hg. R. Kottje; H. Maurer. Sigmaringen 1989 (VuF 38)

900 Jahre Kloster Bursfelde. Hg. L. Perlitt. Göttingen 1994

Reformbemühungen und Observanzbestrebungen im spätmittelalterlichen Ordenswesen. Hg. K. Elm. Berlin 1989 (BHS 14; OSt 6)

Reformidee und Reformpolitik im spätsalisch-frühstaufischen Reich. Hg. S. Weinfurter … Mainz 1992 (QAmrhKG 68)

La riforma gregoriana e l'Europa. Bd. 1–2. Rom 1989–1991 (StudGreg 13–14)

Segl, Peter: Königtum und Klosterreform in Spanien. Untersuchungen über die Cluniacenserklöster in Kastilien-León vom Beginn des 11. bis zur Mitte des 12. Jahrhunderts. Kallmünz 1974

Semmler, Josef: Die Klosterreform von Siegburg. Ihre Ausbreitung und ihr Reform-programm im 11. und 12. Jahrhundert. Bonn 1959 (RhA 53)

Wollasch, Joachim: Cluny – »Licht der Welt«. Aufstieg und Niedergang der klösterlichen Gemeinschaft. München 1994

–: Mönchtum des Mittelalters zwischen Kirche und Welt. München 1973 (MMS 7)

13.4.7.4 Zisterzienser

Bender, Wolfgang: Zisterzienser und Städte. Studien zu den Beziehungen zwischen den Zisterzienserklöstern und den großen urbanen Zentren des mittleren Moselraumes (12.–14. Jahrhundert). Trier 1992 (THF 20)

Bernard de Clairvaux. Histoire, mentalités, spiritualité. Paris 1992 (SC 380 = Oeuvres complètes Bd.1: Introduction générale)

Die niederrheinischen Zisterzienser im späten Mittelalter. Reformbemühungen, Wirtschaft und Kultur. Hg. R. Kottje. Köln 1992 (ZiR 3)

Toepfer, Michael: Die Konversen der Zisterzienser. Untersuchungen über ihren Beitrag zur mittelalterlichen Blüte des Ordens. Berlin 1983 (BHS 10; OSt 4)

Volk, Otto: Salzproduktion und Salzhandel mittelalterlicher Zisterzienserklöster. Sigmaringen 1984 (VuF.Sb 30)

Wendelborn, Gert: Bernhard von Clairvaux. Ein großer Zisterzienser in der ersten Hälfte des 12. Jahrhunderts. Frankfurt/M. 1993

Die Zisterzienser. Ordensleben zwischen Ideal und Wirklichkeit. Aachen … Köln 1980 (SRMA 10)

Zisterzienser-Studien 1–(4). Berlin 1975–(1979) (SEG 11–14)

13.4.7.5 Varia

Anton, Hans Hubert: Studien zu den Klosterprivilegien der Päpste im frühen Mittelalter unter besonderer Berücksichtigung der Privilegierung von St. Maurice d'Agaune. Berlin ... 1975 (BGQM 4)

Die Ausbreitung kartäusischen Lebens und Geistes im Mittelalter. Tl. 1–2. Hg. J. Hogg. Salzburg ... 1990–1991 (AnCart 63)

Barbarossa und die Prämonstratenser. Göppingen 1989 (SSGK 10)

Beiträge zur Geschichte der Konversen im Mittelalter. Hg. K. Elm. Berlin 1981 (BHS 2; OSt 1)

Felten, Franz J.: Äbte und Laienäbte im Frankenreich. Zum Verhältnis von Staat und Kirche im frühen Mittelalter. Stuttgart 1980 (MGM 20)

Mischlewski, Adalbert: Grundzüge der Geschichte des Antoniterordens bis zum Ausgang des 15. Jahrhunderts. Köln ... 1976 (BBKG 8)

Mönchtum, Episkopat und Adel zur Gründungszeit des Klosters Reichenau. Hg. A. Borst. Sigmaringen 1974 (VuF 20)

13.4.8 Ritterorden

13.4.8.1. Allgemein/übergreifend

Die geistlichen Ritterorden Europas. Hg. J. Fleckenstein; M. Hellmann, Sigmaringen 1980 (VuF 26)

Nicholson, Helen: Templars, Hospitallers and Teutonic Knights. Images of the military orders, 1128–1291. Leicester 1993

13.4.8.2 Deutscher Orden

Beiträge zur Geschichte des Deutschen Ordens. Hg. U. Arnold. Bd. 1. Marburg 1986 (QSGDO 36; VIHKEDO 1); Bd. 2. Marburg 1993 (QSGDO 49)

Boockmann, Hartmut: Der deutsche Orden. 12 Kapitel aus seiner Geschichte. 4., durchges. Aufl. München 1994

Braasch-Schwersmann, Ursula: Das Deutschordenshaus Marburg. Wirtschaft und Verwaltung einer spätmittelalterlichen Grundherrschaft. Marburg 1989 (UMVL 11)

Der Deutsche Orden in Tirol. Die Ballei an der Etsch und im Gebirge. Hg. H. Noflatscher. Bozen ... 1991 (QSGDO 43)

Kluger, Heinrich: Hochmeister Hermann von Salza und Kaiser Friedrich II. Ein Beitrag zur Frühgeschichte des Deutschen Ordens. Marburg 1987 (QSGDO 37)

Militzer, Klaus: Die Entstehung der Deutschordensballeien im Deutschen Reich. Bonn-Bad Godesberg 1970 (QSGDO 16)

Neitmann, Klaus: Die Staatsverträge des Deutschen Ordens in Preußen 1230–1449. Studien zur Diplomatie eines spätmittelalterlichen Territorialstaates. Köln ... 1986 (NFBPG 6)

–: Der Hochmeister des Deutschen Ordens in Preußen. Ein Residenzherrscher unterwegs. Untersuchungen zu den Hochmeisteritineraren im 14. und 15. Jahrhundert. Köln ... 1990 (VAPK 30)

Weiss, Dieter J.: Die Geschichte der Deutschordens-Ballei Franken im Mittelalter. Neustadt/Aisch 1991 (VGFG.R9 39)

Zur Wirtschaftsentwicklung des Deutschen Ordens im Mittelalter. Hg. U. Arnold. Marburg 1989 (QSGDO38; VIHKEDO 2)

13.4.8.3 Andere Ritterorden

Barber, Malcolm: The new knighthood. A history of the Order of the Temple. Cambridge 1994

Benninghoven, Friedrich von: Der Orden der Schwertbrüder. Fratres milicie Christi de Livonia. Köln ... 1965 (OVG 9)

Bulst-Thiele, Marie Luise: Sacrae Domus Militiae Templi Hierosolymitani Magistri. Untersuchungen zur Geschichte des Templerordens 1118/19–1314. Göttingen 1974 (AAWG.PHK F3 86)

Der Johanniter-Orden. Der Malteser-Orden. Der ritterliche Orden des hl. Johannes vom Spital zu Jerusalem. Seine Aufgaben, seine Geschichte. Hg. A. Wienand ... 3., überarb. Aufl. Köln 1988

Schwenk, Bernd: Calatrava. Entstehung und Frühgeschichte eines spanischen Ritterordens zisterziensischer Observanz im 12. Jahrhundert. Münster 1992 (SFGG.II 28)

13.4.9 Kreuzzüge, Mission

13.4.9.1 Allgemein/übergreifend

Balard, Michel: Les croisades. Paris 1988

Erbstösser, Martin: Die Kreuzzüge. Eine Kulturgeschichte. Gütersloh ... 1977

A history of the crusades. Hg. K.M. Setton. Bd. 1–6. Madison/Wisc. ... 1958–1989

Mayer, Hans Eberhard: Geschichte der Kreuzzüge. 8., verb. und erw. Aufl. Stuttgart ... 1995

Riley-Smith, Jonathan: What are the crusades? London 1977

– : The crusades. A short history. London 1990

Runciman, Steven: Geschichte der Kreuzzüge. Bd. 1–3. München 1957–1960 [Neuausg. in 1 Bd. München 1995]

13.4.9.2 Darstellungen

Christianity among the Slavs. The Heritage of Saints Cyril and Methodius. Hg. G. Farrugia ... Rom 1988 (OCA 231)

The church and war. Hg. W.J. Sheils. Oxford 1983 (SCH 20)

Erdmann, Carl: Die Entstehung des Kreuzzugsgedankens. Stuttgart 1935 (FKGG 6)

Godfrey, John: 1204. The unholy crusade. Oxford 1980

Heers, Jacques: Libérer Jérusalem. La première croisade (1095–1107). Paris 1995

Housley, Norman: The Later Crusades 1274–1580. Form Lyons to Alcazar. Oxford 1992

Kedar, Benjamin Z.: Crusade and mission. European approaches towards the muslim. Princeton 1984

Lotter, Friedrich: Die Konzeption des Wendenkreuzzugs. Ideengeschichtliche, kirchenrechtliche und historisch-politische Voraussetzungen der Missionierung von Elb- und Ostseeslawen um die Mitte des 12. Jahrhunderts. Sigmaringen 1977 (VuF.Sb 23)

Meier, Christopher T.: Preaching the crusades. Mendicant Friars and the Cross in the thirteenth century. Cambridge ... 1994

Prawer, Joshua: Crusade institutions. Oxford 1980

Schein, Sylvia: Fideles crucis. The Papacy, the West, and the recovery of the Holy Land 1274–1314. Oxford 1991

Siberry, Elisabeth: Criticism of crusading 1095–1274. Oxford 1985

Studien über die Anfänge der Mission in Livland. Hg. M. Hellmann. Sigmaringen 1988 (VuF.Sb 37)

Wisniewski, Roswitha: Kreuzzugsdichtung. Idealität in der Wirklichkeit. Darmstadt 1984

13.4.10 Religiosität, Volksfrömmigkeit, Häresie, Magie

Die Anfänge der europäischen Hexenverfolgungen. Hg. A. Blauert. Frankfurt/M. 1990

Die Anfänge der Inquisition im Mittelalter. Hg. P. Segl. Köln ... 1993 (BHK 7)

Angenendt, Arnold: Geschichte der Religiosität im Mittelalter. Darmstadt 1997

Arnold, Klaus: Niklashausen 1476. Quellen und Untersuchungen zur sozialreligiösen Bewegung des Hans Behem und zur Agrarstruktur eines spätmittelalterlichen Dorfes. Baden-Baden 1980 (SaecSp 3)

Audisio, Gabriel: Die Waldenser. Die Geschichte einer religiösen Bewegung. München 1996

Borst, Arno: Die Katharer. Stuttgart 1953 (SMGH 12); Ndr. Freiburg/Br. 1991

Brooke, Rosalind und Christopher: Popular religion in the middle ages. Western Europe 1000–1300. London 1984

Daxlmüller, Christoph: Zauberpraktiken. Eine Ideengeschichte der Magie. Zürich 1993

Erbstösser, Martin: Ketzer im Mittelalter. Stuttgart ... 1984

Fichtenau, Heinrich: Ketzer und Professoren. Häresie und Vernunftglaube im Hochmittelalter. München 1992

Flint, Valerie Irene Jane: The Rise of Magic in Early Medieval Europe. Princeton/N.J. 1991

Grundmann, Herbert: Religiöse Bewegungen im Mittelalter. Untersuchungen über die geschichtlichen Zusammenhänge zwischen Ketzerei, den Bettelorden und der religiösen Frauenbewegung im 12. und 13. Jahrhundert und über die geschichtliche Grundlage der Mystik. Berlin 1935 (HS 267); Ndr. mit Anhang. Darmstadt 1977

Jan Hus – zwischen Zeiten, Völkern, Konfessionen. Hg. F. Seibt ... München 1996 (VCC 85)

Habiger-Tuczay, Christa: Magie und Magier im Mittelalter. München 1992

Hamilton, Bernard: The medieval inquisition. London 1981

Hanssler, Michael: Katharismus in Südfrankreich. Struktur der Sekte und inquisitorische Verfolgung in der zweiten Hälfte des 13. Jahrhunderts. Regensburg 1991

Harmening, Dieter: Beiträge zur Geschichte der Hexerei im Mittelalter. Bd. 1–3. Würzburg 1991

Heresy and literacy, 1000–1530. Hg. P. Biller; A. Hudson. Cambridge ... 1994 (CSML 23)

Hergemöller, Bernd-Ulrich: Krötenkuß und schwarzer Kater. Ketzerei, Götzendienst und Unzucht in der inquisitorischen Phantasie des 13. Jahrhunderts. Warendorf 1996

Der Hexenhammer. Entstehung und Umfeld des Malleus maleficarum von 1487. Hg. P. Segl. Köln ... 1988 (BHK 2)

Horst, Ulrich: Evangelische Armut und Kirche. Thomas von Aquin und die Armutskontroversen des 13. und beginnenden 14. Jahrhunderts. Berlin 1992 (QFGD NF 1)

Hotz, Brigitte: Beginen und willige Arme im spätmittelalterlichen Hildesheim. Hildesheim 1988 (SSSH 17)

Kieckhefer, Richard: Magie im Mittelalter. München 1992

Kolmer, Lothar: Ad capiendas vulpes. Die Ketzerbekämpfung in Südfrankreich in der ersten Hälfte des 13. Jahrhunderts und die Ausbildung des Inquisitionsverfahrens. Bonn 1982 (PHS 19)

Lambert, Malcolm D.: Medieval heresy. Popular movements from the Gregorian Reform to the Reformation. 2. Aufl. Oxford ... 1992

Lea, Henry Charles: Geschichte der Inquisition im Mittelalter. Hg. J. Hansen. Bd. 1–3. Köln 1905

Leff, Gordon: Heresy in the later middle ages. The relation of heterodoxy to dissent c. 1250–c. 1450. Bd. 1–2. New York 1967

Little, Lester K.: Religious poverty and profit economy in medieval Europe. Ithaca ... 1978

Ordo fraternitatis. Confraternite e pietà dei laici nel medioevo. Hg. G.G. Meersseman; G.P. Pacini. Bd. 1–3. Rom 1977 (IS.SDSE 24–26)

Rehm, Gerhard: Die Schwestern vom Gemeinsamen Leben im nordwestlichen Deutschland. Untersuchungen zur Geschichte der Devotio Moderna und des weiblichen Religiosentums. Berlin 1985 (BHS 11; OSt 5)

Religiöse Devianz. Untersuchungen zu sozialen, rechtlichen und theologischen Reaktionen auf religiöse Abweichung im westlichen und östlichen Mittelalter. Hg. D. Simon. Frankfurt/M. 1990 (IC.Sh 48)

Scharff, Thomas: Häretikerverfolgung und Schriftlichkeit. Die Wirkung der Ketzergesetze auf die oberitalienischen Kommunalstatuten im 13. Jahrhundert. Frankfurt/M. ... 1996 (GKS.MB 4)

Schmitt, Jean-Claude: Mort d'une hérésie. L'église et les clercs face aux béguins et bégards du Rhin supérieur du XIVe et XVe siècle. Paris ... 1978

Schneider, Martin: Europäisches Waldensertum im 13. und 14. Jahrhundert. Gemeinschaftsform, Frömmigkeit, sozialer Hintergrund. Berlin ... 1981 (ArbKG 51)

Segl, Peter: Ketzer in Österreich. Untersuchungen über Häresie und Inquisition im Herzogtum Österreich im 13. und beginnenden 14. Jahrhundert. Paderborn 1984 (QFGG NF 5)

Selge, Kurt-Victor: Die ersten Waldenser. Bd. 1–2. Berlin 1967 (ArbKG 37,1–2)

Tanz, Sabine; **Werner**, Ernst: Spätmittelalterliche Laienmentalitäten im Spiegel von Visionen, Offenbarungen und Prophezeiungen. Frankfurt/M. ... 1993 (BMG 1)

Töpfer, Bernhard: Das kommende Reich des Friedens. Zur Entwicklung chiliastischer Zukunftshoffnungen im Hochmittelalter. Berlin 1964 (FMG 11)

Volksreligion im hohen und späten Mittelalter. Hg. P. Dinzelbacher; D.R. Bauer. Paderborn 1987

Werner, Ernst; **Erbstösser**, Martin: Ketzer und Heilige. Das religiöse Leben im Hochmittelalter. Berlin 1986

13.4.11 Heilige, Pilger, Seelsorge, Predigt

Angenendt, Arnold: Heilige und Reliquien. Die Geschichte ihres Kultes vom frühen Christentum bis zur Gegenwart. München 1994

Brown, Peter: The cult of the saints. London 1981

Chélini, Jean; **Branthomme**, Henri: Les chemins de Dieu. Histoire des pèlerinages chrétiens, des origines à nos jours. Paris 1982

Corbet, Patrick: Les saints ottoniens. Sainteté dynastique, sainteté royale et sainteté feminine autour de l'an Mil. Sigmaringen 1986 (Francia.Bh 15)

Cristianizzazione ed organizzazione ecclesiastica delle campagne nell'alto medioevo. Espansione e resistenze. Bd. 1–2. Spoleto 1982 (SSCI 28)

Ganz-Blättler, Ursula: Andacht und Abenteuer. Berichte europäischer Jerusalem- und Santiago-Pilger (1320–1520). Tübingen 1990 (JakStud 4)

Goodich, Michael: Vita perfecta. The ideal of sainthood in the 13th century. Stuttgart 1982 (MGM 25)

Hagiographie und Kunst. Der Heiligenkult in Schrift, Bild und Architektur. Hg. G. Kerscher. Berlin 1993

Heiligenverehrung in Geschichte und Gegenwart. Hg. P. Dinzelbacher; D.R. Bauer. Ostfildern 1990

Hofmann, Hans: Die Heiligen Drei Könige. Zur Heiligenverehrung im kirchlichen, gesellschaftlichen und politischen Leben des Mittelalters. Bonn 1976 (RhA 94)

Images of sainthood in medieval Europe. Hg. R. Blumenfeld-Kosinski; T. Szell. Ithaca 1991

Der Jakobskult in Süddeutschland. Kultgeschichte in regionaler und europäischer Perspektive. Hg. K. Herbers; D.R. Bauer. Tübingen 1995 (JakStud 7)

Krötzl, Christian: Pilger, Mirakel und Alltag. Formen des Verhaltens im skandinavischen Mittelalter. Helsinki 1994 (Shist 46)

Kyll, Nikolaus: Pflichtprozessionen und Bannfahrten im westlichen Teil des alten Erzbistums Trier. Bonn 1962 (RhA 57)

Legner, Anton: Reliquien in Kunst und Kult. Zwischen Antike und Aufklärung. Darmstadt 1995

Longère, Jean: La prédication médiévale. Paris 1983

Maria in der Welt. Marienverehrung im Kontext der Sozialgeschichte, 10.–18. Jahrhundert. Hg. C. Opitz … Zürich 1993

Modern questions about medieval sermons. Essays on marriage, death, history and sanctity. Hg. N. Bériou; D. L. d'Avray. Spoleto 1995 (BibMEL 11)

Pernoud, Régine: Die Heiligen im Mittelalter. Frauen und Männer, die ein Jahrtausend prägten. Mit einem Kapitel über die deutschen Heiligen im Mittelalter von K. Herbers. Bergisch Gladbach 1988

Politik und Heiligenverehrung im Hochmittelalter. Hg. J. Petersohn. Sigmaringen 1994 (VuF 42)

Saints and their cults. Hg. S. Wilson. Cambridge 1983

Santi e demoni nell'alto medioevo occidentale (secoli V–XI). Bd. 1–2. Spoleto 1989 (SSCI 36)

Schneyer, Johann Baptist: Geschichte der katholischen Predigt. Freiburg/Br. 1969

Schreiner, Klaus: Maria. Jungfrau, Mutter, Herrscherin. München 1994

Segni e riti nella chiesa altomedievale occidentale. Bd. 1–2. Spoleto 1987 (SSCI 33)

Sumption, Jonathan: Pilgrimage. An image of medieval religion. London 1975

Vauchez, André: Les laics au moyen âge. Pratiques et expériences religieuses. Paris 1987

–: La sainteté en Occident aux derniers siècles du Moyen Age d'après les procès de canonisation et les documents hagiographiques. Rom 1988 (BEFAR 241)

Zerfaß, Rolf: Der Streit um die Laienpredigt. Eine pastoralgeschichtliche Untersuchung zum Verständnis des Predigeramts und seiner Entwicklung im 12. und 13. Jahrhundert. Freiburg/Br. 1974 (UPT 2)

13.4.12 Bistümer/Bischöfe, Domkapitel, Klöster, Stifte

13.4.12.1 Länder, Regionen

[Bayern] Hausberger, Karl; Hubensteiner, Benno: Bayerische Kirchengeschichte. München 1985

Das Bistum **Bamberg** in Geschichte und Gegenwart. Bd. 1: Das Bistum im Hochmittelalter (1007– ca. 1250). Bearb. J. Urban. Straßburg 1992

Bohemia Sacra. Das Christentum in **Böhmen**. 973–1973. Hg. F. Seibt. Düsseldorf 1974

[**Elsaß**] Barth, Medard: Handbuch der elsässischen Kirchen im Mittelalter (AEA 27–29, NF 11–13, 1960–1963)

[**Lothringen**] Parisse, Michel: La Lorraine monastique au Moyen Age. Nancy 1981

Die mittelalterlichen Kirchen- und Altarpatrozinien **Niedersachsens**. Begonnen von E. Hennecke. Hg. H.-W. Krumwiede … Hauptbd. und Ergbd. Göttingen 1960–1988

[**Pfalz**] Palatia Sacra. Kirchen- und Pfründenbeschreibung der Pfalz in vorreformatorischer Zeit … Hg. L.A. Doll. Tl. 1–. Mainz 1988– (QAmrhKG 61,1–)

[**Pommern**] Petersohn, Jürgen: Forschungen und Quellen zur Pommerschen Kultgeschichte vornehmlich des 12. Jahrhunderts. Köln … 1972 (VHKP.V 18)

Schwarz, Gerhard: Die Besetzung der Bistümer **Reichsitalien**s unter den sächsischen und salischen Kaisern mit den Listen der Bischöfe 951–1122. Spoleto 1993 (CI.R 4); Ndr. der Ausg. Leipzig … 1913

Schlesinger, Walter: Kirchengeschichte **Sachsen**s im Mittelalter. Bd. 1–2. Köln … 1962 (MdtF 27)

[**Schweiz**] Büttner, Heinrich; Müller, Iso: Frühes Christentum im schweizerischen Alpenraum. Einsiedeln 1967

Schleswig-Holsteinische Kirchengeschichte. Bd. 1–2. Neumünster 1977–1978 (SVSHK.I 26–27)

Gelmi, Josef: Kirchengeschichte **Tirol**s. Innsbruck … 1986

13.4.12.2 Einzelne Bistümer/Bischöfe

Marschall, Werner: Geschichte des Bistums **Breslau**. Stuttgart 1980

Hochstift **Freising**. Beiträge zur Besitzgeschichte. Hg. H. Glaser. München 1990

Heinemann, Wolfgang: Das Bistum **Hildesheim** im Kräftespiel der Reichs- und Territorialpolitik vornehmlich des 12. Jahrhunderts. Hildesheim 1968 (QDGN 73)

Geschichte des Erzbistums **Köln**. Hg. E. Hegel. Bd. 1: Das Bistum Köln von den Anfängen bis zum Ende des 12. Jahrhunderts. 2. Aufl. neu bearb. von F.W. Oediger. Köln 1972

Maurer, Helmut: **Konstanz** als ottonischer Bischofssitz. Zum Selbstverständnis geistlicher Fürstentümer im 10. Jahrhundert. Göttingen 1973 (VMPIG 39; SGS 12)

Weiss, Ursula-Renate: Die Konstanzer Bischöfe im 12. Jahrhundert. Ein Beitrag zur Untersuchung der reichsbischöflichen Stellung im Kräftefeld kaiserlicher, päpstlicher und regional-diözesaner Politik. Sigmaringen 1975 (KGRq 20)

Zimpel, Detlev: Die Bischöfe von Konstanz im 13. Jahrhundert (1206–1274). Frankfurt/M. 1990 (FBMG 1)

[**Lüttich**] Kupper, Jean-Louis: Liège et l'église impériale XIe–XIIe siècles. Paris 1981 (BFPLUL 228)

Bitsch, Horst: Das Erzstift **Lyon** zwischen Frankreich und dem Reich im Hohen Mittelalter. Göttingen 1971 (GBG 42)

Claude, Dietrich: Geschichte des Erzbistums **Magdeburg** bis in das 12. Jahrhundert. Bd. 1–2. Köln … 1972–1975 (MdtF 67,1–2)

Heinemeyer, Karl: Das Erzbistum **Mainz** in römischer und fränkischer Zeit. Bd. 1: Die Anfänge der Diözese Mainz. Marburg 1979 (VHKH 39,1)

Blaschke, Karlheinz …: Die Kirchenorganisation in den Bistümern **Meißen, Merseburg** und **Naumburg** um 1500. Weimar 1969

Weiers, Hans-Josef: Studien zur Geschichte des Bistums **Münster** im Mittelalter. Köln 1984 (KSGK 8)

Meier, Gabriele: Die Bischöfe von **Paderborn** und ihr Bistum im Hochmittelalter. Paderborn 1987 (PTS 17)

Hilsch, Peter: Die Bischöfe von **Prag** in der frühen Stauferzeit. Ihre Stellung zwischen Reichs- und Landesgewalt von Daniel I. (1148–1167) bis Heinrich (1182–1197). München 1969 (VCC 22)

Zwölfhundertundfünfzig Jahre Bistum **Regensburg**. Hg. H. Bungert. Regensburg 1989 (SUR 16)

Hausberger, Karl: Geschichte des Bistums Regensburg. Bd. 1–2. Regensburg 1989. Bd. 1: Mittelalter und frühe Neuzeit. 1989

Weinfurter, Stefan: **Salzburg**er Bistumsreform und Bischofspolitik im 12. Jahrhundert. Der Erzbischof Konrad I. von Salzburg (1106–1147) und die Regularkanoniker. Köln ... 1975 (KHA 24)

Rapp, Francis: Le diocèse de **Strasbourg**. Paris 1982 (HDF 14)

Jank, Dagmar: Das Erzbistum **Trier** während des großen abendländischen Schismas (1378–1417/18). Mainz 1983 (QAmrhKG 47)

Lindner, Klaus: Untersuchungen zur Frühgeschichte des Bistums **Würzburg** und des Würzburger Raumes. Göttingen 1972 (VMPIG 35)

13.4.12.3 Domkapitel

I canonici al servizio dello Stato in Europa secoli XIII–XIV. **Les chanoines au service de l'Etat** en Europe du XIIIe au XIVe siècle. Hg. H. Millet; E. Mornet. Modena 1992

Schieffer, Rudolf: Die Entstehung von Domkapiteln in **Deutschland**. Bonn 1976 (BHF 43)

Meier, Rudolf: Die Domkapitel zu **Goslar** und **Halberstadt** in ihrer persönlichen Zusammensetzung im Mittelalter. Mit Beiträgen über die Standesverhältnisse der bis zum Jahre 1200 nachweisbaren Hildesheimer Domherren. Göttingen 1967 (VMPIG 5; SGS 1)

Groten, Manfred: Priorenkolleg und Domkapitel von **Köln** im hohen Mittelalter. Zur Geschichte des kölnischen Erzstifts und Herzogtums. Bonn 1980 (RhA 109)

Friederici, Adolf: Das **Lübeck**er Domkapitel im Mittelalter 1160–1400. Verfassungsrechtliche und personenstandliche Untersuchungen. Neumünster 1988 (QFGSH 91)

Hollmann, Michael: Das **Mainz**er Domkapitel im späten Mittelalter (1306–1476). Mainz 1990 (QAmrhKG 64)

Herzog, Ulrich: Untersuchungen zur Geschichte des Domkapitels zu **Münster** und seines Besitzes im Mittelalter. Göttingen 1961 (VMPIG 6; SGS 2)

Behrmann, Thomas: Domkapitel und Schriftlichkeit in **Novara** (11.–13. Jahrhundert). Sozial- und Wirtschaftsgeschichte von S. Maria und S. Gaudenzio im Spiegel der urkundlichen Überlieferung. Tübingen 1994 (BDHIR 77)

Fouquet, Gerhard: Das **Speyer**er Domkapitel im späten Mittelalter (ca. 1350–1450). Adlige Freundschaft, fürstliche Patronage und päpstliche Klientel. Tl. 1–2. Mainz 1987 (QAmrhKG 57, 1–2)

Holbach, Rudolf: Stiftsgeistlichkeit im Spannungsfeld von Kirche und Welt. Studien zur Geschichte des **Trier**er Domkapitels im Spätmittelalter. Tl. 1–2. Trier 1982 (THF 2,1–2)

13.4.12.4 Einzelne Klöster und Stifte

[siehe auch: **GS**; **GBen**; **BDHS**, jeweils bei VIa]

Römer, Christof: Das Kloster **Berge** bei Magdeburg und seine Dörfer 968–1565. Ein Beitrag zur Geschichte des Erzstiftes Magdeburg. Göttingen 1970 (VMPIG 30; SGS 10)

[Corvey] Abhandlungen zur Corveyer Geschichtsschreibung. Bd. 3–8. Weimar … 1950–1996 (VHKW 10,3-8)

Die Klostergemeinschaft von **Fulda** im früheren Mittelalter. Hg. K. Schmid … 3 Bde. in 5 Tln. München 1978 (MMS 8)

Weidinger, Ulrich: Untersuchungen zur Wirtschaftsstruktur des Klosters Fulda in der Karolingerzeit. Stuttgart 1991 (MGM 36)

Nass, Klaus: Untersuchungen zur Geschichte des Bonifatiusstifts **Hameln**. Von den monastischen Anfängen bis zum Hochmittelalter. Göttingen 1987 (VMPIG 83; SGS 16)

Jooss, Rainer: Kloster **Komburg** im Mittelalter. Studien zur Verfassungs-, Besitz- und Sozialgeschichte einer fränkischen Benmediktinerabtei. 2., überarb. und erw. Aufl. Sigmaringen 1987 (FaWF 4)

Die Reichsabtei **Lorsch**. Festschrift zum Gedenken an ihre Stiftung 764. Hg. F. Knöpp. Tl. 1–2. Darmstadt 1973–1977

Wehlt, Hans-Peter: Reichsabtei und König. Dargestellt am Beispiel der Abtei Lorsch mit Ausblicken auf Hersfeld, Stablo und Fulda. Göttingen 1970 (VMPIG 28)

Deeters, Joachim: Servatiusstift und Stadt **Maastricht**. Untersuchungen zur Entstehung und Verfassung. Bonn 1970 (RhA 73)

Raach, Theo: Kloster **Mettlach/Saar** und sein Grundbesitz. Untersuchungen zur Frühgeschichte und zur Grundherrschaft der ehemaligen Benediktinerabtei im Mittelalter. Mainz 1974 (QAmrhKG 19)

Müller, Margit: Am Schnittpunkt von Stadt und Land. Die Benediktinerabtei St. Arnulf zu **Metz** im hohen und späten Mittelalter. Trier 1993 (THF 21)

Fritz, Gerhard: Kloster **Murrhardt** im Früh- und Hochmittelalter. Eine Abtei und der Adel an der Murr und Kocher. Sigmaringen 1982 (FaWF 18)

Lingenberg, Heinz: Die Anfänge des Klosters **Oliva** und die Entstehung der deutschen Stadt Danzig. Die frühe Geschichte der beiden Gemeinwesen bis 1308/10. Sigmaringen 1982 (KHS 30)

Miscoll-Reckert, Ilse Juliane: Kloster **Petershausen** als bischöflich-konstanzisches Eigenkloster. Studien über das Verhältnis zu Bischof, Adel und Reform vom 10. bis 12. Jahrhundert. Freiburg/Br. … 1973 (FOLG 24; KGRq 18)

St. Emmeram in **Regensburg**. Geschichte, Kunst, Denkmalpflege. Kallmünz 1992 (TTS 18)

Die Abtei **Reichenau**. Neue Beiträge zur Geschichte und Kultur des Inselklosters. Hg. H. Maurer. Sigmaringen 1974

Rösener, Werner: Reichsabtei **Salem**. Verfassungs- und Wirtschaftsgeschichte des Zisterzienserklosters von seiner Gründung 1134 bis Mitte des 14. Jahrhunderts. Sigmaringen 1974 (VuF.Sb 13)

Die Kultur der Abtei **St. Gallen**. Hg. W. Vogler. Zürich 1990

[**Schwaben**] Riechert, Ursula: Oberschwäbische Reichsklöster im Beziehungsgeflecht mit Königtum, Adel und Städten. Frankfurt/M. … 1986 (EHS.III 301)

Issle, Hermann: Das Stift St. German vor **Speyer**. Mainz 1974 (QAmrhKG 20)

Giessmann, Thomas: Besitzungen der Abtei St. Maximin vor **Trier** im Mittelalter. Überlieferung, Gesamtbesitz, Güterbesitz in ausgewählten Regionen. Trier 1990

Oldenburg, Manfred: Die Trierer Kartause St. Alban von der Gründung (1330/31) bis zur Mitte des 15. Jahrhunderts. Salzburg 1995 (AnCart 132)

Meyer, Andreas: **Zürich** und Rom. Ordentliche Kollatur und päpstliche Provisionen am Frau- und Großmünster. 1316–1523. Tübingen 1986 (BDHIR 64)

Setzler, Wilfried: Kloster **Zwiefalten**. Eine schwäbische Benediktinerabtei zwischen Reichsfreiheit und Landsässigkeit. Studien zu ihrer Rechts- und Verfassungsgeschichte. Sigmaringen 1979

13.5 Wirtschafts- und Sozialgeschichte

13.5.1 Einführungen

Kellenbenz, Hermann: Grundlagen des Studiums der Wirtschaftsgeschichte. Unter Benutzung des Werkes von L. Beutin völlig neu bearb. Köln … 1973

Zorn, Wolfgang: Einführung in die Wirtschafts- und Sozialgeschichte des Mittelalters und der Neuzeit. Probleme und Methoden. 2., erw. Aufl. München 1974

13.5.2 Handbücher und allgemeine Darstellungen

Bergier, Jean-François: Wirtschaftsgeschichte der Schweiz. Von den Anfängen bis zur Gegenwart. 2., aktual. Aufl. Zürich 1990

The Cambridge Economic History of Europe [CEHE]. Ed. M.M. Postan. Bd. 1–8. Cambridge … 1941–1989; 2. Aufl. 1966– [MA: Bd. 1–3. 1966; 1987; 1971]

Dirlmeier, Ulf; **Fouquet**, Gerhard: Lebensbedingungen im Mittelalter in Deutschland. Siegen 1985 (HiMoN-Sammelbd. 2)

Europäische Wirtschaftsgeschichte. Hg. K. Borchardt. Bd. 1–5. Berlin … 1976– [MA: Bd. 1]

Germany. A new social and economic history. Hg. S. Ogilvie; B. Scribner. Bd. 1: 1450–1630. Hg. B. Scribner. London … 1996

Handbuch der deutschen Wirtschafts- und Sozialgeschichte. Hg. H. Aubin; W. Zorn. Bd. 1–2. Stuttgart 1971; 1976 [MA: Bd. 1]

Handbuch der europäischen Wirtschafts- und Sozialgeschichte [HEWS]. Bd. 1–3. Stuttgart 1980–1990. [MA: Bd. 2;3]

Handbuch der Finanzwissenschaft. 3., gänzl. neubearb. Aufl. Hg. F. Neumark … Bd. 1–4. Tübingen 1977–1983

Heller, Klaus: Russische Wirtschafts- und Sozialgeschichte. Bd. 1: Die Kiever und die Moskauer Periode (9.–17. Jahrhundert). Darmstadt 1987

Henning, Friedrich-Wilhelm: Handbuch der Wirtschafts- und Sozialgeschichte Deutschlands. Bd. 1: Deutsche Wirtschafts- und Sozialgeschichte im Mittelalter und in der frühen Neuzeit. Paderborn… 1991–

Kellenbenz, Hermann: Deutsche Wirtschaftsgeschichte. Bd. 1–2. München 1977–1981 [MA: Bd. 1]

Pitz, Ernst: Wirtschafts- und Sozialgeschichte Deutschlands im Mittelalter. Wiesbaden 1979 (WPSWG 15)

Ploetz-Wirtschaftsgeschichte der deutschsprachigen Länder vom frühen Mittelalter bis zur Gegenwart. Hg. H. Schäfer. Freiburg/Br. … 1989

Pounds, N.J.G.: An economic history of medieval Europe. London, New York 1994

Social and economic history of England. Hg. A. Briggs. Bd. 1–11. London 1962–1984

Storia dell'economia italiana. Il Medioevo. Dal crollo al trionfo. Hg. R. Romano. Turin 1991

Travail et travailleurs en Europe au Moyen Age et au début des Temps Modernes. Hg. C. Dolan. Toronto 1991 (PMS 13)

Le travail au moyen-âge. Une approche interdisciplinaire. Hg. J. Hamesse; C. Muraille-Samaran. Turnhout 1990 (UCL.PIEM.TEC 10)

Tremel, Ferdinand: Wirtschafts- und Sozialgeschichte Österreichs. Wien 1969

13.5.3 Wirtschaftsgeschichte

Abel, Wilhelm: Strukturen und Krisen der spätmittelalterlichen Wirtschaft. Stuttgart … 1980 (QFAG 32)

–: Massenarmut und Hungerkrisen im vorindustriellen Europa. Versuch einer Synopsis. 3. Aufl. Göttingen 1986

Bergier, Jean-François: Une histoire du sel. Freiburg/Üchtl. 1982

Cipolla, Carlo M.: Before the Industrial Revolution. European society and economy 1000–1700. 2.Aufl. London 1981

Dirlmeier, Ulf: Mittelalterliche Hoheitsträger im wirtschaftlichen Wettbewerb. Wiesbaden 1966 (VSWG.Bh 51)

Eickenberg, Wiltrud: Das Handelshaus der Runtinger in Regensburg. Ein Spiegel süddeutschen Rechts-, Handels- und Wirtschaftslebens im ausgehenden 14. Jahrhundert. Göttingen 1976 (VMPIG 43)

Favier, Jean: Gold und Gewürze. Der Aufstieg des Kaufmanns im Mittelalter. Hamburg 1992

Gewerbliche Produktion und Stadt-Land-Beziehungen. Hg. K. Fritze … Weimar 1979 (HansSt 4; AHSG 18)

Hocquet, Jean-Claude: Le sel et le pouvoir. De l'an mil à la Révolution française. Paris 1985

Holbach, Rudolf: Frühformen von Verlag und Großbetrieb in der gewerblichen Produktion (13.–16 Jahrhundert). Stuttgart 1994 (VSWG.Bh 110)

Kellenbenz, Hermann: Die Wiege der Moderne. Wirtschaft und Gesellschaft Europas 1350–1650. Stuttgart 1991

Lopez, Roberto Sabatino: The commercial revolution of the middle ages, 950–1350. 2., erg. Aufl. Cambridge 1976

Lutz, Elmar: Die rechtliche Struktur süddeutscher Handelsgesellschaften in der Zeit der Fugger. Bd. 1–2. Tübingen 1976 (VSFKBL.R4 16; SFG 25)

Miskimin, Harry A.: The economy of early Renaissance Europe. 1300–1460. Cambridge 1975

Salz – Arbeit und Technik. Produktion und Distribution in Mittelalter und Früher Neuzeit. Hg. C. Lamschus. Lüneburg 1989 (Sulte 3)

Schmauderer, Eberhard: Studien zur Geschichte der Lebensmittelwissenschaft. Tl. 1–2. Wiesbaden 1975 (VSWG.Bh 62)

Sprandel, Rolf: Das Eisengewerbe im Mittelalter. Stuttgart 1968

Stromer, Wolfgang von: Die Gründung der deutschen Baumwollindustrie in Mitteleuropa. Wirtschaftspolitik im Spätmittelalter unter dem Kaiserhaus der Luxemburger. Stuttgart 1978 (MGM 17)

Wissell, Rudolf: Des alten Handwerks Recht und Gewohnheit. 2., erw. und bearb. Aufl. Hg. E. Schraepler. Bd. 1–6. Berlin 1971–1988 (EHKB 7)

13.5.3.1 Banken, Finanzen, Zölle

Adam, Hildegard: Das Zollwesen im fränkischen Reich und das spätkarolingische Wirtschaftsleben. Ein Überblick über Zoll, Handel und Verkehr im 9. Jahrhundert. Stuttgart 1996 (VSWG.Bh 126)

Alberts, Jappe W.: Der Rheinzoll Lobith im späten Mittelalter. Bonn 1981 (RhA 112)

Die Auswirkungen von Zöllen und anderen Handelshemmnissen auf Wirtschaft und Gesellschaft vom Mittelalter bis zur Gegenwart. Hg. H. Pohl. Stuttgart 1985 (VSWG.Bh 80)

Denzel, Markus A.: »La Practica della Cambiatura«. Europäischer Zahlungsverkehr vom 14. bis zum 17. Jahrhundert. Stuttgart 1994 (BWSG 58)

De Roover, Raymond A.: The rise and decline of the Medici bank, 1397–1494. Cambridge/Mass. 1963

–: The Bruges money market around 1400. Bruxelles 1968

Gies, Joseph u. Frances: Merchants and moneymen. The economic revolution 1100–1500. New York 1971

Kindleberger, Charles P.: The financial history of western Europe. London 1983

Klein, Ernst: Deutsche Banken-Geschichte. Bd. 1–3. Frankfurt/M. 1982–1983 [MA: Bd.1]

Kredit im spätmittelalterlichen und frühneuzeitlichen Europa. Hg. M. North. Köln… 1991 (QDHG NF 37)

Le Goff, Jacques: Wucherzins und Höllenqualen. Ökonomie und Religion im Mittelalter. Stuttgart 1988

Moneta e scambi nell'alto medioevo. Spoleto 1961 (SSCI 8)

Peters, Inge-Maren: Hansekaufleute als Gläubiger der englischen Krone (1294–1350). Köln … 1978 (QDHG NF 24)

Sprandel, Rolf: Das mittelalterliche Zahlungssystem nach hansisch-nordischen Quellen des 13.–15. Jahrhunderts. Stuttgart 1975 (MGM 10)

Spufford, Peter: Money and its use in medieval Europe. Cambridge … 1988

Stromer, Wolfgang von: Oberdeutsche Hochfinanz 1350–1450. Bd. 1–3. Wiesbaden 1970 (VSWG.Bh 55–57)

13.5.3.2 Löhne, Preise

Dirlmeier, Ulf: Untersuchungen zu Einkommensverhältnissen und Lebenshaltungskosten in oberdeutschen Städten des Spätmittelalters (Mitte 14.–Anfang 16. Jahrhundert). Heidelberg 1978 (AHAW.PHK 1978,1)

Irsigler, Franz; **Ebeling**, Dietrich: Getreideumsatz, Getreide- und Brotpreise in Köln 1368–1797. Bd. 1–2. Köln … 1976–1977 (MSAK 65–66)

13.5.3.3 Handels- und Verkehrsgeschichte

Die Bedeutung der Kommunikation für Wirtschaft und Gesellschaft. Hg. H. Pohl. Stuttgart 1989 (VSWG.Bh 87)

La circulation de nouvelles au moyen-âge. XXIVe Congrès de la S.H.M.E.S. (Avignon, juin 1993). Paris 1994 (CEFR 190)

Delort, Robert: Le commerce des fourrures en Occident à la fin du Moyen Age (vers 1300–vers 1450). Bd. 1–2. Paris 1978

Ellmers, Detlev: Frühmittelalterliche Handelsschiffahrt in Mittel- und Nordeuropa. Neumünster 1972

Die Erschließung des Alpenraums für den Verkehr im Mittelalter und in der Frühen Neuzeit – L'apertura dell'area alpina al traffico nel medioevo e nella prima era moderna. Bozen/Bolzano 1996 (SAA.B NF 7– CCRA.A NS 7) [Bibliographie S. 318–345]

Heyd, Wilhelm: Geschichte des Levantehandels im Mittelalter. Bd. 1–2. Stuttgart 1879; erw. frz. Ausg. Leipzig 1885–1886

Hirschfelder, Gunther: Die Kölner Handelsbeziehungen im Spätmittelalter. Köln 1994 (VKSM 10)

L'homme et la route en Europe occidentale au moyen âge et aux temps modernes. Auch 1982 (Flaranz)

Kommunikation und Alltag in Spätmittelalter und früher Neuzeit. Red. H. Hundsbichler. Wien 1992 (VIMRÖ 15)

Leguay, Jean-Pierre: La rue au moyen âge. Rennes 1984

Lloyd, Terence H.: Alien merchants in England in the high middle ages. Brighton 1982

Maritime aspects of migration. Hg. K. Friedland. Köln … 1989 (QDHG NF 34)

Melis, Federigo: Trasporti e comunicazioni nel Medioevo. Hg. C. Frangioni. Florenz 1985

Migration in der Feudalgesellschaft. Hg. G. Jaritz; A. Müller. Frankfurt/M. … 1988 (SHSW 8)

La navigazione mediterranea nell'alto medioevo. Bd. 1–2. Spoleto 1978 (SSCI 26)

Ohler, Norbert: Reisen im Mittelalter. 2., durchges. Aufl. München 1988

Peyer, Hans Conrad: Von der Gastfreundschaft zum Gasthaus. Studien zur Gastlichkeit im Mittelalter. Hannover 1987 (SMGH 31)

Recherches sur l'économie de la France médiévale. Les voies fluviales – La draperie. Paris 1989

Rösch, Gerhard: Venedig und das Reich. Handels- und verkehrspolitische Beziehungen in der deutschen Kaiserzeit. Tübingen 1982 (BDHIR 53)

Schulte, Aloys: Geschichte der Großen Ravensburger Handelsgesellschaft 1380–1530. Bd. 1–3. Stuttgart ... 1923 (DHMN 1–3)

–: Geschichte des mittelalterlichen Handels und Verkehrs zwischen Westdeutschland und Italien mit Ausschluß von Venedig. Bd. 1–2. Leipzig 1900

See- und Flußhäfen vom Hochmittelalter bis zur Industrialisierung. Hg. H. Stoob. Köln ... 1986 (SF.A 24)

Stein, Walter: Handels- und Verkehrsgeschichte der deutschen Kaiserzeit. Berlin 1922 (AVSG 10)

Unger, R.: The ship in the medieval economy. Beckenham 1980

Untersuchungen zu Handel und Verkehr der vor- und frühgeschichtlichen Zeit in Mittel- und Nordeuropa. Tl. 2–6. Göttingen 1985–1989 (AAWG.PHK F3 144, 150, 156, 180, 183)

Unterwegssein im Spätmittelalter. Hg. P. Moraw. Berlin 1985 (ZHF.Bh 1)

13.5.3.4 Messen

Bergier, Jean-François: Genève et l'économie européenne de la Renaissance. Paris 1963

Brübach, Nils: Die Reichsmessen von Frankfurt am Main, Leipzig und Braunschweig (14. bis 18. Jahrhundert). Stuttgart 1994 (BWSG 55)

Dubois, Henri: Les foires de Chalons et le commerce dans la vallée de la Saône à la fin du moyen âge (vers 1280–vers 1430). Paris 1976 (PubSorb.S 4)

Europäische Messen und Märktesysteme in Mittelalter und Neuzeit. Hg. P. Johanek; H. Stoob. Köln ... 1996 (SF.A 39)

Schönfelder, Alexander: Handelsmessen und Kreditwirtschaft im Hochmittelalter. Die Champagnemessen. Saarbrücken 1988 (SGWG 1)

Wedemeyer Moore, Ellen: Medieval English fairs. An introductory study. Toronto 1985

13.5.4 Sozialgeschichte

13.5.4.1 Gesellschaft

[siehe auch 13.7.3]

Blickle, Peter: Unruhen in der ständischen Gesellschaft 1300–1800. München 1988 (EDG 1)

Bloch, Marc: La société féodale. Bd. 1–2. Paris 1939–1940 [dt. 1982]

Bosl, Karl: Die Grundlagen der modernen Gesellschaft im Mittelalter. Eine deutsche Gesellschaftsgeschichte des Mittelalters. Tl. 1–2. Stuttgart 1972 (MGM 4)

–: Gesellschaftsgeschichte Italiens im Mittelalter. Stuttgart 1982 (MGM 26)

Dienst, Heide: Regionalgeschichte und Gesellschaft im Hochmittelalter am Beispiel Österreichs. Wien … 1990 (MIÖG.Ergbd 27)
Duby, Georges: Krieger und Bauern. Die Entwicklung von Wirtschaft und Gesellschaft im frühen Mittelalter. Frankfurt/M. 1977
–: Die drei Ordnungen. Das Weltbild des Feudalismus. Frankfurt/M. 1981
Dyer, Christopher: Standards of living in the later Middle Ages. Social change in England c. 1200–1520. Cambridge … 1989
Fichtenau, Heinrich: Lebensordnungen des 10. Jahrhunderts. Studien über Denkart und Existenz im einstigen Karolingerreich. Tl. 1–2. Stuttgart 1984 (MGM 30)
Gurjewitsch, Aron J.: Das Individuum im europäischen Mittelalter. München 1994
Herlihy, David: The social history of Italy and western Europe, 700–1500. London 1978
Le Roy Ladurie, Emanuel: Montaillou. Ein Dorf vor dem Inquisitor. 1294–1324. Frankfurt/M. … 1980
Der Mensch der Renaissance. Hg. E. Garin. Frankfurt/M. … 1990
Der Mensch des Mittelalters. Hg. J. Le Goff. 2., verb. Aufl. Frankfurt/M. … 1990
Sozialer Wandel im Mittelalter. Wahrnehmungsformen, Erklärungsmuster, Regelungsmechanismen. Hg. J. Miethke; K. Schreiner. Sigmaringen 1994
Studien zur Sozialgeschichte des Mittelalters und der Frühen Neuzeit. Hg. F. Kopitzsch … Hamburg 1977
Ullmann, Walter: Individuum und Gesellschaft im Mittelalter. Göttingen 1974
Zur Sozial- und Begriffsgeschichte des Mittelalters. Hg. S. Volkow; F. Stern. Gerlingen 1993 (TAJDG 22)

13.5.4.2 Lebensalter. Familie, Ehe

Aging and the Aged in Medieval Europe. Hg. M.M. Sheehan. Toronto 1990 (PMS 11)
Arnold, Klaus: Kind und Gesellschaft in Mittelalter und Renaissance. Beiträge und Texte zur Geschichte der Kindheit. Paderborn … 1980 (SZSEEKV.B 2)
Beer, Mathias: Eltern und Kinder im späten Mittelalter in ihren Briefen. Familienleben in der Stadt des Spätmittelalters und der frühen Neuzeit mit besonderer Berücksichtigung Nürnbergs (1400–1550). Nürnberg 1990 (SSN 44)
Brooke, Christopher N.L.: The medieval idea of marriage. Oxford 1989
Duby, Georges: Ritter, Frau und Priester. Die Ehe im feudalen Frankreich. Frankfurt/M. 1985
–: Die Frau ohne Stimme. Liebe und Ehe im Mittelalter. Berlin 1989 (KKB 13)
Die Familie als sozialer und historischer Verband. Untersuchungen zum Spätmittelalter und zur frühen Neuzeit. Hg. P.-J. Schuler. Sigmaringen 1987
Geschichte der Familie. Hg. A. Burguière … Bd. 2: Mittelalter. Frankfurt/M. 1997
Geschichte des privaten Lebens. Hg. P. Ariès; G. Duby. Bd. 1–. Frankfurt/M. 1989– [MA: Bd. 1–2]
Haus und Familie in der spätmittelalterlichen Stadt. Hg. A. Haverkamp. Köln… 1984 (SF.A 18)
Haushalt und Familie in Mittelalter und früher Neuzeit. Hg. T. Ehlert. Sigmaringen 1991

Heers, Jacques: Le clan familial au Moyen Age. Etude sur les structures politiques et sociales des milieux urbains. Paris 1974

Herlihy, David: Medieval households. Cambridge/Mass. 1985

Illegitimität im Spätmittelalter. Hg. L. Schmugge. München 1994 (SHK.K 29)

Konzepte der Liebe im Mittelalter. Hg. W. Haubrichs. Göttingen 1990 (LiLi 74 = Jg. 19,2)

Love and marriage in the twelfth century. Hg. W. van Hoecke; A. Welkenhuysen. Löwen 1981 (MLov.I 8)

Maschke, Erich: Die Familie in der deutschen Stadt des späten Mittelalters. Heidelberg 1980 (SBHAW.PHK 1980,4)

Il matrimonio nella società altomedievale. Bd. 1–2. Spoleto 1977 (SSCI 24)

Mitterauer, Michael: Ahnen und Heilige. Namengebung in der europäischen Geschichte. München 1993

–; **Sieder**, Reinhard: Historisch-anthropologische Familienforschung. Fragestellungen und Zugangsweisen. Wien … 1990 (KulSt 15)

Ordnung und Lust. Bilder von Liebe, Ehe und Sexualität in Spätmittelalter und früher Neuzeit. Hg. H.-J. Bachorski. Trier 1991 (LIR 1)

Les relations de parenté dans le monde médiéval. Aix-en-Provence 1989 (Sénéf 26)

Schröter, Michael: »Wo zwei zusammenkommen in rechter Ehe …« Sozio- und psychogenetische Studien über Eheschließungsvorgänge vom 12. bis 15. Jahrhundert. Frankfurt/M. 1985

Shahar, Shulamith: Kindheit im Mittelalter. München … 1991

Spieß, Karl-Heinz: Familie und Verwandtschaft im deutschen Hochadel des Spätmittelalters. 13. bis Anfang des 16. Jahrhunderts. Stuttgart 1993 (VSWG.Bh 111)

Verlinden, Charles: L'esclavage dans l'Europe médiévale. Bd. 1–2. Gent 1977

Vieillesse et vieillissement au Moyen Age. Aix-en-Provence 1987 (Sénéf 19)

13.5.4.3 Frauen

Auf der Suche nach der Frau im Mittelalter. Fragen, Quellen, Antworten. Hg. B. Lundt. München 1991

Dinzelbacher, Peter: Heilige oder Hexen? Schicksale auffälliger Frauen in Mittelalter und Frühneuzeit. Zürich 1995

Dronke, Peter: Women writers of the middle ages. Cambridge 1984

Ennen, Edith: Frauen im Mittelalter. 5., überarb. und erw. Aufl. München 1994

La femme au moyen âge. Hg. M. Rouche; J. Heuclin. Maubeuge 1990

Frauen in der Geschichte. Hg. A. Kuhn. Bd. 1–8. Düsseldorf 1979–1986 (GSM 6, 8, 13, 18, 20, 26, 39, 42) [MA: Bde. 2;3;7]

Frauen in der Ständegesellschaft. Leben und Arbeiten in der Stadt vom späten Mittelalter bis zur Neuzeit. Hg. B. Vogel; U. Weckel. Hamburg 1991 (BDEG 4)

Frauen in Spätantike und Frühmittelalter. Lebensbedingungen, Lebensnormen, Lebensformen. Hg. W. Affeldt. Sigmaringen 1990

Geschichte der Frauen. Hg. G. Duby; M. Perrot. Bd.1–5. Frankfurt/M. 1993–1995 [MA: Bd. 2]

Herlihy, David: Opera muliebria. Women and Work in Medieval Europe. Philadelphia 1990

Jäschke, Kurt-Ulrich: Notwendige Gefährtinnen. Königinnen der Salierzeit als Herrscherinnen und Ehefrauen im römisch-deutschen Reich des 11. und beginnenden 12. Jahrhunderts. Saarbrücken-Scheidt 1991 (HuP 1)

Medieval Women and the Sources of Medieval History. Hg. J.T. Rosenthal. Athen … 1990

Opitz, Claudia: Evatöchter und Bräute Christi. Weiblicher Lebenszusammenhang und Frauenkultur im Mittelalter. Weinheim 1990

Pernoud, Régine: Leben der Frauen im Hoch- und Spätmittelalter. Pfaffenweiler 1988 (FGG 8)

Shahar, Shulamith: Die Frau im Mittelalter. 3., überarb. Aufl. Frankfurt/M. 1988

Uitz, Erika: Die Frau in der mittelalterlichen Stadt. 2., durchges. u. verb. Ausg. Freiburg/Br. 1992

Weibliche Lebensgestaltungen im frühen Mittelalter. Hg. H.-W. Goetz. Köln … 1991

Wemple, Suzanne F.: Women in frankish society. Marriage and the cloister 500 to 900. Philadelphia 1981

Women and work in preindustrial Europe. Hg. B.A. Hanawalt. Bloomington 1986

Women in medieval history and historiography. Hg. S. Mosher Stuard. Philadelphia 1987

13.5.4.4 Armut, Randgruppen

Etudes sur l'histoire de la pauvreté. Hg. M. Mollat. Bd. 1–2. Paris 1974 (PubSorb.E 8)

Fischer, Wolfram: Armut in der Geschichte. Erscheinungsformen und Lösungsversuche der »sozialen Frage« in Europa seit dem Mittelalter. Göttingen 1982

Geremek, Bronislaw: Geschichte der Armut. Elend und Barmherzigkeit in Europa. München … 1988

Hartung, Wilfried: Die Spielleute. Eine Randgruppe in der Gesellschaft des Mittelalters. Stuttgart 1982 (VSWG.Bh 72)

Irsigler, Franz; **Lasotta**, Arnold: Bettler und Gaukler. Dirnen und Henker. Randgruppen und Außenseiter in Köln 1300–1600. Köln 1984

Jütte, Robert: Abbild und soziale Wirklichkeit des Bettler- und Gaunertums zu Beginn der Neuzeit. Sozial-, mentalitäts- und sprachgeschichtliche Studien zum Liber Vagatorum 1510. Köln … 1988 (AKG.Bh 27)

Mollat, Michel: Die Armen im Mittelalter. München 1984

Poverty in the Middle Ages. Hg. D. Flood. Werl 1975 (FranzF 27)

Randgruppen der spätmittelalterlichen Gesellschaft. Ein Hand- und Studienbuch. Hg. B.-U. Hergemöller. 2., neubearb. Aufl. Warendorf 1994

Rossiaud, Jacques: Dame Venus. Prostitution im Mittelalter. München 1989

Schubert, Ernst: Fahrendes Volk im Mittelalter. Bielefeld 1995

Schuster, Beate: Die freien Frauen. Dirnen und Frauenhäuser im 15. und 16. Jahrhundert. Frankfurt/M. … 1995 (GuGschl 12)

Schuster, Peter: Das Frauenhaus. Städtische Bordelle in Deutschland 1350 bis 1600. Paderborn ... 1992

Windemuth, Marie-Luise: Das Hospital als Träger der Armenfürsorge im Mittelalter. Stuttgart 1995 (SudArch.Bh 36)

13.5.4.5 Personenforschung, Prosopographie, Biographik

Althoff, Gerd: Adels- und Königsfamilien im Spiegel ihrer Memorialüberlieferung. Studien zum Totengedenken der Billunger und Ottonen. München 1984 (MMS 47)

–: Amicitiae und pacta. Bündnis, Einung, Politik und Gebetsgedenken im beginnenden 10. Jahrhundert. Hannover 1992 (SMGH 37)

–: Verwandte, Freunde und Getreue. Zum politischen Stellenwert der Gruppenbindungen im früheren Mittelalter. Darmstadt 1990

Borgolte, Michael: Die Grafen Alemanniens in merowingischer und karolingischer Zeit. Eine Prosopographie. Sigmaringen 1986 (AuG 2)

Frank, Thomas: Studien zu italienischen Memorialzeugnissen des XI. und XII. Jahrhunderts. Berlin ... 1991 (AzF 21)

Gedächtnis, das Gemeinschaft stiftet. Hg. K. Schmid. München ... 1985

Glocker, Winfried: Die Verwandten der Ottonen und ihre Bedeutung in der Politik. Studien zur Familienpolitik und zur Genealogie des sächsischen Kaiserhauses. Köln ... 1989 (DMG 5)

Heimpel, Hermann: Die Vener von Gmünd und Straßburg 1162–1447. Studien und Texte zur Geschichte einer Familie sowie des gelehrten Beamtentums in der Zeit der abendländischen Kirchenspaltung und der Konzilien von Pisa, Konstanz und Basel. Bd. 1–3. Göttingen 1982 (VMPIG 52,1–3)

Heinzelmann, Martin: Bischofsherrschaft in Gallien. Zur Kontinuität römischer Führungsschichten vom 4. bis zum 7. Jahrhundert. Soziale, prosopographische und bildungsgeschichtliche Aspekte. Zürich ... 1976 (Francia.Bh 5)

Jussen, Bernhard: Patenschaft und Adoption im frühen Mittelalter. Künstliche Verwandtschaft als soziale Praxis. Göttingen 1991 (VMPIG 98)

Medieval lives and the historian. Studies in medieval prosopography. Hg. N. Bulst; J.-P. Genet. Kalamazoo 1986

Memoria in der Gesellschaft des Mittelalters. Hg. D. Geuenich; O.G. Oexle. Göttingen 1994 (VMPIG 111)

Problèmes et méthodes de la biographie. Sources, histoire au présent. Paris 1985

Prosopographie als Sozialgeschichte? Methoden personengeschichtlicher Erforschung des Mittelalters. München 1978

Remling, Ludwig: Bruderschaften in Franken. Kirchen- und sozialgeschichtliche Untersuchungen zum spätmittelalterlichen und frühneuzeitlichen Bruderschaftswesen. Würzburg 1986 (QFGBHW 35)

Schäfer, Karl Heinrich: Deutsche Ritter und Edelknechte in Italien während des 14. Jahrhunderts. Bd. 1–4. Paderborn 1911–1940

Schuchard, Christiane: Die Deutschen an der päpstlichen Kurie im späten Mittelalter (1378–1447). Tübingen 1987 (BDHIR 65)

Schwinges, Rainer Christoph: Deutsche Universitätsbesucher im 14. und 15. Jahrhundert. Studien zur Sozialgeschichte des Alten Reiches. Stuttgart 1986 (VIEG.UG 123)

Werner, Matthias: Adelsfamilien im Umkreis der frühen Karolinger. Die Verwandtschaft Irminas von Oeren und Adelas von Pfalzel. Personengeschichtliche Untersuchungen zur frühmittelalterlichen Führungsschicht im Maas-Mosel-Gebiet. Sigmaringen 1982 (VuF.Sb 28)

Wojtecki, Dieter: Studien zur Personengeschichte des Deutschen Ordens im 13. Jahrhundert. Wiesbaden 1971 (QSGÖE 3)

13.5.4.5.1 Sammel-Biographien

Deutsche Könige und Kaiser des Mittelalters. Hg. E. Engel; E. Holtz. 2., korr. Aufl. Leipzig … 1990

Die französischen Könige des Mittelalters. Von Odo bis Karl VIII. 888–1498. Hg. J. Ehlers … München 1996

Fürstinnen und Städterinnen. Frauen im Mittelalter. Hg. G. Beyreuther … Freiburg … 1993

Gestalten der Kirchengeschichte. Hg. M. Greschat. Bd. 1–12. Stuttgart … 1981–1986

Goez, Werner: Gestalten des Hochmittelalters. Personengeschichtliche Essays im allgemeinhistorischen Kontext. Darmstadt 1983

Heissler, Sabine; **Blastenbrei**, Peter: Frauen der italienischen Renaissance. Heilige, Kriegerinnen, Opfer. Pfaffenweiler 1990 (FGG 13)

Heloise und ihre Schwestern. Acht Frauenporträts aus dem Mittelalter. Hg. F. Bertini. München 1991

Herrscherinnen und Nonnen. Frauengestalten von der Ottonenzeit bis zu den Staufern. Hg. E. Uitz…. Berlin 1990

Kaisergestalten des Mittelalters. Hg. H. Beumann. 3., durchges. Aufl. München 1991

Medieval women writers. Hg. K.M. Wilson. Manchester 1984

Mittelalterliche Herrscher in Lebensbildern. Von den Karolingern zu den Staufern. Hg. K.R. Schnith. Graz … 1990

Opitz, Claudia: Frauenalltag im Mittelalter. Biographien des 13. und 14. Jahrhunderts. Weinheim … 1985 (EFF 5)

13.5.4.5.2 Ausgewählte Biographien

[siehe auch 5; 12.3.2.3–12.5.2; 13.4.6.2]

Luscombe, David: Peter **Abaelard**. London 1979

Kasten, Brigitte: **Adalhard von Corbie**. Die Biographie eines karolingischen Politikers und Klostervorstehers. Düsseldorf 1986 (StudHum 3)

Boshof, Egon: Erzbischof **Agobard von Lyon**. Leben und Werk. Köln … 1969 (KHA 17)

Baldwin, M.W.: **Alexander III**. and the twelfth Century. New York 1968

Emperor of culture. **Alfonso X the Learned of Castile** and his thirteenth-century Renaissance. Hg. R.I. Burns. Pennsylvania 1990

Jenal, Georg: Erzbischof **Anno II. von Köln** (1056–1075) und sein politisches Wirken. Ein Beitrag zur Geschichte der Reichs- und Territorialpolitik im 11. Jahrhundert. Tl. 1–2. Stuttgart 1974, 1975 (MGM 8)

Brown, Peter: **Augustinus** von Hippo. Eine Biographie. Frankfurt/M. 1973

Chadwick, Henry: Augustin. Göttingen 1987

Brandt, Armun M.: Martin **Beheim** (1459–1507). Seefahrer, Entdecker, Kosmograph. Regensburg 1989

Leclercq, Jean: **Bernhard von Clairvaux**. Ein Mann prägt seine Zeit. München … 1990

Bredero, Adriaan H.: Bernhard von Clairvaux (1091–1153). Ziwschen Kult und Historie. Über seine Vita und ihre historische Bedeutung. Stuttgart 1996

Pernoud, Régine: Herrscherin in bewegter Zeit. **Blanca von Kastilien**, Königin von Frankreich. München 1991

Padberg, Lutz E. von: Wynfreth-**Bonifatius**. Wuppertal… 1989

Herde, Peter: **Cölestin V**. (1294), Peter von Morrone. Der Engelpapst. Stuttgart 1981 (PuP 16)

Tuchmann, Barbara: Der ferne Spiegel. Das dramatische 14. Jahrhundert. Düsseldorf 1980 [Enguerrand de **Coucy**]

Origo, Iris: »Im Namen Gottes und des Geschäfts«. Lebensbild eines toskanischen Kaufmanns der Frührenaissance. Francesco di Marco **Datini**. 1335–1410. München 1985

Laube, Daniela: Zehn Kapitel zur Geschichte der **Eleonore von Aquitanien**. Bern … 1984 (GWZ 68)

Pernoud, Régine: Königin der Troubadoure. Eleonore von Aquitanien. Düsseldorf … 1976

Bentzien, Hans: **Elisabeth**, Landgräfin von Thüringen. Biographie. Berlin 1990

Ohler, Norbert: Elisabeth von Thüringen. Fürstin im Dienst der Niedrigsten. Göttingen 1984 (PuG 114–115)

[**Franz von Assisi**] Manselli, Raoul: Franziskus. Der solidarische Bruder. Hg. A. Rotzetter; E. Grau. Freiburg/Br. … 1989

Cardini, Franco: **Friedrich I. Barbarossa**. Kaiser des Abendlandes. Graz … 1990

Abulafia, David: Herrscher zwischen den Kulturen. **Friedrich II.** von Hohenstaufen. Berlin 1991

Kantorowicz, Ernst: Kaiser Friedrich der Zweite. Berlin 1927; Ergbd. Quellennachweise und Exkurse. Berlin 1931 [7./5. Aufl. Stuttgart 1994]

Petersohn, Jürgen: Ein Diplomat des Quattrocento. Angelo **Geraldini** (1422–1486). Tübingen 1985 (BDHIR 62)

Classen, Peter: **Gerhoch von Reichersberg**. Eine Biographie. Wiesbaden 1960

Richards, Jeffrey: **Gregor der Große**. Sein Leben – seine Zeit. Wien … 1984

Duby, Georges: **Guillaume le Maréchal** oder der beste aller Ritter. Frankfurt/M. 1986

Clot, André: **Harun al-Raschid**, Kalif von Bagdad. München … 1988

Gottschalk, Joseph: St. **Hedwig**. Herzogin von Schlesien. Köln … 1964 (FQKKO 2)

Rüthing, Heinrich: Der Karthäuser **Heinrich Egher** von Kalkar 1328–1408. Göttingen 1967 (VMPIG 18; SGS 8)

Althoff, Gerd; Keller, Hagen: **Heinrich I**. und **Otto der Große**. Neubeginn auf karolingischem Erbe. Göttingen 1985 (PuG 122–123, 124–125)

Boshof, Egon: **Heinrich IV**. Herrscher an einer Zeitenwende. 2., überarb. Aufl. Göttingen … 1990 (PuG 108–109)

Landgraf, Wolfgang: Heinrich IV. Macht und Ohnmacht eines Kaisers. Biografie. Berlin 1991

Waas, Adolf: **Heinrich V.** Gestalt und Verhängnis des letzten salischen Kaisers. München 1967

Appleby, John Tate: **Heinrich II**. König von England. Die Zeit des Thomas Becket. Stuttgart 1965

Lutz, Wolf Rudolf: **Heinrich der Erlauchte** (1218–1288), Markgraf von Meißen und der Ostmark (1221–1288), Landgraf von Thüringen und Pfalzgraf von Sachsen (1247–1263). Erlangen 1977 (ErlSt 17)

Jordan, Karl: **Heinrich der Löwe**. Eine Biographie. München 1979

Podlech, Adalbert: Abaelard und **Heloisa** oder die Theologie der Liebe. München 1990

Thumser, Matthias: **Hertnidt vom Stein** (ca.1427–1491). Bamberger Domdekan und markgräflich-brandenburgischer Rat: Karriere zwischen Kirche und Fürstendienst. Neustadt/Aisch 1989 (VGFG.IX 38)

Devisse, Jean: **Hincmar**. Archevêque de Reims, 845–882. Bd. 1–3. Genf 1975, 1976 (THEP 29)

Hrabanus Maurus. Lehrer, Abt und Bischof. Hg. R. Kottje; H. Zimmermann. Wiesbaden 1982 (AWLM.AGSK.E 4)

Werner, Ernst: **Jan Hus**. Welt und Umwelt eines Prager Magisters. Weimar 1991 (FMG 34)

Sprandel, Rolf: **Ivo von Chartres** und seine Stellung in der Kirchengeschichte. Stuttgart 1962 (PHS 1)

Miller, Ignaz: **Jacob von Sierck** (1398/99–1456). Mainz 1983 (QAmrhKG 45)

Mollat, Michel: Der königliche Kaufmann. **Jacques Coeur** oder der Geist des Unternehmertums. München 1991

Krumeich, Gerd: **Jeanne d'Arc** in der Geschichte. Historiographie, Politik, Kultur. Sigmaringen 1989 (Francia.Bh 19)

Pernoud, Régine; Clin, Marie-Véronique: Johanna von Orleans. Der Mensch und die Legende. Bergisch Gladbach 1991

Tanz, Sabine: Jeanne d'Arc. Spätmittelalterliche Mentalität im Spiegel eines Weltbildes. Weimar 1991 (FMG 33)

Jähnig, Bernhard: **Johann von Wallenrode** OT, Erzbischof von Riga, königlicher Rat, Deutschordensdiplomat und Bischof von Lüttich im Zeitalter des Schismas und des Konstanzer Konzils (um 1370–1419). Bonn-Bad Godesberg 1970 (QSGDO 24)

Kapr, Albert: **Johannes Gutenberg**. Persönlichkeit und Leistung. 2., durchges. Aufl. München 1988

Fleckenstein, Josef: **Karl der Große**. 3., überarb. Aufl. Göttingen … 1990 (PuG 28)

Kalkhoff, Andreas: Karl der Große. Profile eines Herrschers. 2., durchges. Aufl. München ... 1990
Paravicini, Werner: **Karl der Kühne**. Das Ende des Hauses Burgund. Göttingen 1976 (PuG 94–95)
Herde, Peter: **Karl I. von Anjou**. Stuttgart 1979
Seibt, Ferdinand: **Karl IV**. Ein Kaiser in Europa. 1346–1378. München 1978
Spěváček, Jiří: Karl IV. Sein Leben und seine staatsmännische Leistung. Prag ... 1978
Stoob, Heinz: Kaiser Karl IV. und seine Zeit. Graz ... 1990
Trillmich, Werner: **Kaiser Konrad II.** und seine Zeit. Hg. O. Bordong. Bonn 1991
Geldner, Ferdinand: **Konradin**, das Opfer eines großen Traumes. Größe, Schuld und Tragik der Hohenstaufen. Bamberg 1970
Mühlberger, Josef: Konradin von Hohenstaufen. Der Letzte eines großen Geschlechts. Berlin ... 1982
Le Goff, Jacques: **Saint Louis**. Paris 1996
Ackerl, Isabella: König **Mathias Corvinus**. Ein Ungar, der in Wien regierte. Wien 1985
Dericum, Christa: **Maximilian I**. Kaiser im Heiligen Römischen Reich Deutscher Nation. München 1979
Wiesflecker, Hermann: Maximilian I. Die Fundamente des habsburgischen Weltreiches. Wien... 1991
Ruh, Kurt: **Meister Eckhart**. Theologe – Prediger – Mystiker. 2., überarb. Aufl. 1989
Kühn, Dieter: **Neidhart aus dem Reuental**. 2. Aufl. Frankfurt/M. 1988
Meuthen, Erich: **Nikolaus von Kues** 1401–1466. 6. Aufl. Münster 1985
Norbert von Xanten. Adliger, Ordensstifter, Kirchenfürst. Hg. K. Elm. Köln 1984
Bischof **Otto I. von Bamberg**. Reformer, Apostel der Pommern, Heiliger. Gedenkschrift zum Otto-Jubiläum 1989. Lichtenfels 1989 (BHVPGFB 125)
Kirchner-Feyerabend, Cornelia: **Otto von Freising** als Diözesan- und Reichsbischof. Frankfurt/M. ... 1990 (EHS.III 413)
Servatius, Carlo: **Paschalis II**. (1099–1118). Studien zu seiner Person und seiner Politik. Stuttgart 1980 (PuP 14)
Lückerath, Carl August: **Paul von Rusdorf**, Hochmeister des Deutschen Ordens 1422–1441. Bad Godesberg 1968 (QSGDO 15)
Probst, Veit: **Petrus Antonius de Clapis** (ca. 1440–1512). Ein italienischer Humanist im Dienste Friedrichs des Siegreichen von der Pfalz. Paderborn ... 1989 (VHIUM 10)
Hoensch, Jörg K.: **Přemysl Otakar II**. von Böhmen. Der goldene König. Graz ... 1989
Roche, T. W. E.: The King of Almayne, London 1966 [**Richard von Cornwall**]
Gillingham, John: **Richard Löwenherz**. Eine Biographie. Düsseldorf 1981
Franzl, Johann: **Rudolf I**. Der erste Habsburger auf dem deutschen Thron. Graz ... 1986
Lotter, Friedrich: **Severinus von Noricum**. Legende und historische Wirklichkeit.

Untersuchungen zur Phase des Übergangs von spätantiken zu mittelalterlichen Denk- und Lebensformen. Stuttgart 1976 (MGM 12)

Mályusz, Elemér: Kaiser **Sigismund** in Ungarn 1387–1437. Budapest 1990

Györffy, György: König **Stephan der Heilige**. [Budapest] 1988

Kaiserin **Theophanu**. Prinzessin aus der Fremde – des Westens große Kaiserin. Hg. G. Wolf. Köln … 1991

Becker, Alfons: Papst **Urban II**. Tl. 1–2. Stuttgart 1964, 1988 (SMGH 19,1–2)

Jakobi, Franz-Josef: **Wibald von Stablo** und Corvey (1098–1158). Benediktinischer Abt in der frühen Stauferzeit. Münster/W. 1979 (VHKW.10,5)

Ziese, Jürgen: **Wibert von Ravenna**, der Gegenpapst Clemens III. (1048 bis 1100). Stuttgart 1982 (PuP 20)

Bergier, Jean-François: **Wilhelm Tell**. Realität und Mythos. München … 1990

Kühn, Dieter: Ich **[Oswald von] Wolkenstein**. Eine Biographie. Neue, erw. Ausg. Frankfurt/M. 1980

13.5.5 Bevölkerungsgeschichte

13.5.5.1 Einführungen. Propädeutik

Dictionary of demography. Hg. W. und R. Petersen. Bd. 1–5. Westport/Conn. 1985–1986

Henry, Louis: Manuel de démographie historique. 2. Aufl. Genf … 1970

–: Techniques d'analyse en démographie historique. Paris 1980

Imhof, Arthur E.: Einführung in die historische Demographie. München 1977

13.5.5.2 Darstellungen

Beloch, Karl Julius: Bevölkerungsgeschichte Italiens. Bd. 1–3. Berlin … 1937–1961

Die Bevölkerungsentwicklung des europäischen Mittelalters. Das wirtschaftsgeographische und kulturelle Umfeld. Hg. B. Herrmann; R. Sprandel. Freiburg/Br. 1988

Bevölkerungsgeschichte Europas. Mittelalter bis Neuzeit. Hg. C.M. Cipolla; Knut Borchardt. München 1971

Bevölkerungsstatistik an der Wende vom Mittelalter zur Neuzeit. Quellen und methodische Probleme im überregionalen Vergleich. Hg. K. Andermann; H. Ehmer. Sigmaringen 1990 (OrhSt 8)

Biraben, Jean Noel: Les hommes et la peste en France et dans les pays méditerranéens. Bd. 1–2. Paris … 1975–1976

Determinanten der Bevölkerungsentwicklung im Mittelalter. Hg. B. Herrmann; R. Sprandel. Weinheim 1987

Ginatempo, Maria; **Sandri**, Lucia: L'Italia delle città. Il popolamento urbano tra Medioevo e Rinascimento (secoli XIII–XVI). Florenz 1990

Hatcher, John: Plague, population and the English economy 1348–1530. London … 1977

Histoire de la population française. Hg. J. Dupâquier. Bd. 1: Des origines à la Renaissance. Paris 1988

Keyser, Erich: Bevölkerungsgeschichte Deutschlands. 3., umgearb. und verm. Aufl. Leipzig 1943

Mols, Roger: Introduction à la démographie historique des villes d'Europe du XIVe au XVIIIe siècle. Bd. 1–3. Gembloux 1954–1956 (RTHP 4,1–3)

Raum und Bevölkerung in der Weltgeschichte. Bevölkerungs-Ploetz. Bd. 1–4. Bearb. E. Kirsten … . 3. Aufl. Würzburg 1965–1968

Russell, Josiah Cox: Medieval regions and their cities. Newton Abbot 1971

13.5.6 Technikgeschichte

13.5.6.1 Einführungen

Blondel, Christine; **Gourlet**, Valérie: Guide de l'histoire des sciences et des techniques en France. Paris 1987 (CHPS NS 19)

Timm, Albrecht: Einführung in die Technikgeschichte. Berlin … 1972

13.5.6.2 Allgemein/übergreifend

Europäische Technik im Mittelalter 800 bis 1400. Tradition und Innovation. Ein Handbuch. Hg. U. Lindgren. Berlin 1996

Geschichte der Technik. Eine Synchronopse von den Anfängen bis zur Gegenwart. Hg. M. Matthes. Düsseldorf 1983

Histoire des techniques. Techniques et civilisations, techniques et sciences. Hg. B. Gille. Paris 1978

A history of technology. Hg. C.J. Singer… Bd. 1–5. Oxford 1954–1958 [MA: Bd. 2]

Kulturgeschichte der Naturwissenschaften und der Technik. Bd. 1–6. München 1979–1980

Propyläen Technikgeschichte. Hg. W. König. Bd. 1–5. Berlin 1990–1992 [MA: Bd. 1–2]

13.5.6.3 Darstellungen

Achse, Rad und Wagen. 5000 Jahre Kultur- und Technikgeschichte. Hg. W. Treue. Göttingen 1986

Artigianato e tecnica nelle società dell'alto medioevo occidentale. Bd. 1–2. Spoleto 1971 (SSCI 18)

Les arts mécaniques au moyen âge. Montréal … 1982

Bergbau, Verhüttung und Waldnutzung im Mittelalter. Auswirkungen auf Mensch und Umwelt. Hg. A. Jockenhövel. Stuttgart 1996 (VSWG.Bh 121)

Feldhaus, Franz Maria: Die Maschine im Leben der Völker. Ein Überblick von der Urzeit bis zur Renaissance. Basel 1954

Geschichte der Wasserversorgung. Bd. 4: Die Wasserversorgung im Mittelalter. Mainz 1991

Gille, Bertrand: Histoire de la métallurgie. Paris 1966

Gimpel, Jean: Die industrielle Revolution des Mittelalters. Zürich … 1980

Hofmann, Hanns Hubert: Kaiser Karls Kanalbau. Sigmaringen 1969

Klemm, Friedrich: Der Beitrag des Mittelalters zur Entwicklung der abendländischen Technik. Wiesbaden 1961 (BGWT 2)

–: Geschichte der Technik. Der Mensch und seine Erfindungen im Bereich des Abendlandes. Reinbek bei Hamburg 1983

Kranz, Horst: Die Kölner Rheinmühlen. Untersuchungen zum Mühlenschrein, zu den Mühleneigentümern und zur Technik der Schiffsmühlen. Aachen 1991 (ASÄE 1)

Marschat, Herbert: Technik, Energie und Verlagswesen. Das Beispiel der spätmittelalterlichen Reichsstadt Nürnberg. München 1988

Matheus, Michael: Hafenkrane. Zur Geschichte einer mittelalterlichen Maschine am Rhein und seinen Nebenflüssen von Straßburg bis Düsseldorf. Trier 1985 (THF 9)

Mines, carrières et métallurgie dans la France médiévale. Hg. P. Benoit; P. Braunstein. Paris 1983

Pigments et colorants de l'Antiquité et du Moyen Age. Teinture, peinture, enluminure, études historiques et physico-chimiques. Paris 1990

Ploss, Emil Erwin: Ein Buch von alten Farben. Technologie der Textilfarben im Mittelalter mit einem Ausblick auf die festen Farben. 6., erw. Aufl. Gräfelfing vor München 1989

Sternagel, Peter: Die Artes mechanicae im Mittelalter. Begriffs- und Bedeutungsgeschichte bis zum Ende des 13. Jahrhunderts. Kallmünz 1966 (MHS.MG 2)

Die Technik. Von den Anfängen bis zur Gegenwart. Hg. W. Weber; U. Troitzsch. Braunschweig 1982

Technik-Geschichte. Historische Beiträge und neuere Ansätze. Hg. U. Troitzsch; G. Wohlauf. Frankfurt/M. 1980

White jun., Lynn: Die mittelalterliche Technik und der Wandel der Gesellschaft. München 1968

–: Medieval religion and technology. Berkeley 1978

Whitney, Elspeth: Paradise Restored. The mechanical arts from antiquity through the thirteenth century. Philadelphia 1990 (TAPS 80,1)

13.5.7 Kriegsgeschichte, Militärgeschichte

13.5.7.1 Allgemein/übergreifend

Brougthon, Bradford B.: Dictionary of medieval knighthood and chivalry. Bd. 1–2. New York 1986, 1988

Contamine, Philippe: La guerre au Moyen Age. 2. Aufl. Paris 1986 (NouvCl 24)

Dictionnaire d'art et d'histoire militaires. Hg. A. Corvisier. Paris 1988

Erben, Wilhelm: Kriegsgeschichte des Mittelalters. München … 1929 (HZ.Bh 16)

Schmidtchen, Volker: Kriegswesen im späten Mittelalter. Technik, Taktik, Theorie. Weinheim 1990

Verbruggen, Jan Frans: The art of warfare in western Europe during the middle ages. From the eighth century to 1340. Brüssel 1954

13.5.7.2 Darstellungen

Blastenbrei, Peter: Die Sforza und ihr Heer. Studien zur Struktur-, Wirtschafts- und Sozialgeschichte des Söldnerwesens in der italienischen Frührenaissance. Heidelberg 1987 (HAMNG NF 1)

Cram, Kurt-Georg: Iudicium belli. Zum Rechtscharakter des Krieges im deutschen Mittelalter. Münster ... 1955 (AKG.Bh 5)

DeVries, Kelley: Medieval military technology. Peterborough/Canada 1992

Fritze, Konrad; **Krause**, Günter: Seekriege der Hanse. Berlin 1989

Göbbels, Joachim: Das Militärwesen im Königreich Sizilien zur Zeit Karls I. von Anjou (1265–1285). Stuttgart 1984 (MGM 29)

Kaeuper, Richard W.: War, justice and public order. England and France in the later middle ages. Oxford 1988

Kurzmann, Gerhard: Kaiser Maximilian I. und das Kriegswesen der österreichischen Länder und des Reiches. Wien 1985 (MDÖU 5)

Ordinamenti militari in Occidente nell'alto medioevo. Bd. 1–2. Spoleto 1968 (SSCI 15)

Russel, Frederick H.: The just war in the middle ages. Cambridge ... 1975 (CSMLT. S3 8)

Schmidtchen, Volker: Bombarden, Befestigungen, Büchsenmeister. Von den ersten Mauerbrechern des Spätmittelalters zur Belagerungsartillerie der Renaissance. Eine Studie zur Entwicklung der Militärtechnik. Düsseldorf 1977

Vale, Malcolm: War and chivalry. Warfare and aristocratic culture in England, France and Burgundy at the end of the middle ages. London 1981

War and peace in the middle ages. Hg. B.P. McGuire. Kopenhagen 1987

Wise, Terence: Medieval warfare. London 1976

13.5.8 Agrargeschichte, Agrarverfassung, Grundherrschaft

13.5.8.1 Mitteleuropa. Deutschland

Abel, Wilhelm: Geschichte der deutschen Landwirtschaft vom frühen Mittelalter bis zum 19. Jahrhundert. 3., neubearb. Aufl. Stuttgart 1978 (DAG 2)

–: Agrarkrisen und Agrarkonjunktur. Eine Geschichte der Land- und Ernährungswirtschaft Mitteleuropas seit dem hohen Mittelalter. 3., neubearb. und erw. Aufl. Hamburg ... 1978

Ennen, Edith; **Janssen**, Walter: Deutsche Agrargeschichte. Vom Neolithikum bis zur Schwelle des Industriezeitalters. Wiesbaden 1979 (WPSWG 12)

Die Grundherrschaft des Klosters Prüm. Hg. M. Willwersch ... Trier 1989

Die Grundherrschaft im späten Mittelalter. Hg. H. Patze. Tl. 1–2. Sigmaringen 1983 (VuF 27,1–2)

Henning, Friedrich-Wilhelm: Landwirtschaft und ländliche Gesellschaft in Deutschland. Bd. 1–2. Paderborn 1978–1979. Bd. 1: (850–1750). 2. Aufl. 1985

Kuchenbuch, Ludolf: Bäuerliche Gesellschaft und Klosterherrschaft im 9. Jahrhundert. Studien zur Sozialstruktur der Familia der Abtei Prüm. Wiesbaden 1978 (VSWG.Bh 66))

Lamprecht, Karl: Deutsches Wirtschaftsleben im Mittelalter. Untersuchungen über die Entstehung der materiellen Kultur des platten Landes auf Grund der Quellen zunächst des Mosellandes. 3 Tle. in 4 Bdn. Leipzig 1885–1886

Linck, Eberhard: Sozialer Wandel in klösterlichen Grundherrschaften des 11. bis 13. Jahrhunderts. Studien zu den familiae von Gembloux, Stablo-Malmedy und St. Trond. Göttingen 1979 (VMPIG 57)

Lütge, Friedrich: Geschichte der deutschen Agrarverfassung vom frühen Mittelalter bis zum 19. Jahrundert. 2., verb. und stark erw. Aufl. Stuttgart 1967 (DAG 3)

Ott, Hugo: Studien zur spätmittelalterlichen Agrarverfassung im Oberrheingebiet. Stuttgart 1970 (QFAG 23)

Reinicke, Christian: Agrarkonjunktur und technisch-organisatorische Innovationen auf dem Agrarsektor im Spiegel niederrheinischer Pachtverträge 1200–1600. Köln … 1989 (RhA 123)

Rösener, Werner: Einführung in die Agrargeschichte. Darmstadt 1997

–: Grundherrschaft im Wandel. Untersuchungen zur Entwicklung geistlicher Grundherrschaften im südwestdeutschen Raum vom 9. bis zum 14. Jahrhundert. Göttingen 1991 (VMPIG 102)

Scheler, Dieter: Herrenpfründen und Bauernpachten. Die Wirtschaftsführung des Stiftes Xanten im Mittelalter. Duisburg 1992 (XVGN 4)

Strukturen der Grundherrschaft im frühen Mittelalter. Hg. W. Rösener. Göttingen 1989 (VMPIG 92)

Strutture e trasformazioni della signoria rurale nei secoli X–XIII. Hg. G. Dilcher; C. Violante. Bologna 1996 (AISIGT.Q 44)

13.5.8.2 Andere europäische Länder und Regionen

The agrarian history of England and Wales. Hg. H.P.R. Finberg. Bd. 1–3. Cambridge 1972–1991

Beresford, M.; **Hurst**, J.G.: Deserted medieval villages. 2. Aufl. London 1971

Bleiber, Waltraut: Naturalwirtschaft und Ware-Geld-Beziehungen zwischen Somme und Loire während des 7. Jahrhunderts. Berlin 1981 (FMG 27)

Cherubini, Giovanni: L'Italia rurale del basso medioevo. Roma 1985 (BCM 910)

The countryside of medieval England. Hg. G. Astill; A. Grant. Oxford 1988

Duby, Georges: L'économie rurale et la vie des campagnes dans l'occident médiéval (France, Angleterre, Empire, IXe–XVe siècles). Essai de synthèse et perspectives de recherche. Bd. 1–2. Paris 1962

Fossier, Robert: Paysans d'occident (XIe–XIVe siècles). Paris 1984

Genicot, Léopold: L'économie rurale namuroise au bas Moyen Age (1199–1429). Bd. 1–2. Namur … 1943, 1960

Le grand domaine aux époques mérovingienne et carolingienne. Die Grundherrschaft im frühen Mittelalter. Hg. A. Verhulst. Gent 1985

Groneuer, Hannelore: Caresana. Eine oberitalienische Grundherrschaft im Mittelalter, 987–1261. Stuttgart 1970 (FSWG 15)

Histoire de la France rurale. Hg. G. Duby; A. Wallon. Bd. 1–4. Paris 1975–1977 [MA: Bd. 1–2]

Slicher van Bath, Bernard Hendryk: De agrarische geschiedenis van West-Europa. 500–1850. Utrecht … 1960

Sources et problématique de l'histoire des campagnes. Hg. R. Fossier; C. Higounet. Paris 1977
Verhulst, Adriaan: Histoire du paysage rurale en Flandre de l'époque romaine au XVIIIe siècle. Bruxelles 1966
Villa – curtis – grangia. Landwirtschaft zwischen Loire und Rhein von der Römerzeit zum Hochmittelalter. – L'économie rurale entre Loire et Rhin de l'époque gallo-romaine au XIIe–XIIIe siècle. Hg. W. Janssen; D. Lohrmann. Sigmaringen 1982 (Francia.Bh 11)

13.5.8.3 Bauer, Dorf, Landgemeinde

Die Anfänge der Landgemeinde und ihr Wesen. Bd. 1–2. Lindau … 1964 (VuF 7–8)
Bader, Karl Siegfried: Studien zur Rechtsgeschichte des mittelalterlichen Dorfes. Bd.1–3. Weimar … 1957–1973
Blickle, Peter: Studien zur geschichtlichen Bedeutung des deutschen Bauernstandes. Stuttgart … 1989 (QFAG 35)
Brunner, Karl; **Jaritz**, Gerhard: Landherr, Bauer, Ackerknecht. Der Bauer im Mittelalter. Klischee und Wirklichkeit. Wien … 1985
Les communautés villageoises en Europe occidentale du Moyen Age aux temps modernes. Auch 1984 (Flaran 4)
Deutsches Bauerntum im Mittelalter. Hg. G. Franz. Darmstadt 1976
Dollinger, Philippe: Der bayerische Bauernstand vom 9. bis zum 13. Jahrhundert. Hg. F. Irsigler. München 1982
Eiden, Herbert: »In der Knechtschaft werdet ihr verharren …« Ursachen und Verlauf des englischen Bauernaufstandes von 1381. Trier 1995 (THF 32)
Epperlein, Siegfried: Der Bauer im Bild des Mittelalters. Leipzig … 1975
Franz, Günther: Geschichte des deutschen Bauernstandes vom frühen Mittelalter bis zum 19. Jahrhundert. Stuttgart 1970 (DAG 4)
Landgemeinde und Stadtgemeinde in Mitteleuropa. Ein struktureller Vergleich. Hg. P. Blickle. München 1991
Le Roy Ladurie, Emmanuel: Die Bauern des Languedoc. Stuttgart 1983
Nikolay-Panter, Marlene: Entstehung und Entwicklung der Landgemeinde im Trierer Raum. Bonn 1976 (RhA 97)
Perrin, Charles-Edmond: Les classes paysannes et le régime seigneural au moyen-âge. Paris [1953]
Rösener, Werner: Bauern im Mittelalter. Sozialgeschichtliche Untersuchungen zum Wandel bäuerlicher Lebensverhältnisse. München 1985
–: Die Bauern in der europäischen Geschichte. München 1993
Schröder, Karl Heinz; **Schwarz**, Gabriele: Die ländlichen Siedlungsformen in Mitteleuropa. 2., erg. Aufl. Trier 1978 (FDLK 175)
Sivéry, Géraud: Terrois et communautés rurales dans l'Europe occidentale au moyen âge. Lille 1990
Steinbach, Franz: Ursprung und Wesen der Landgemeinde nach rheinischen Quellen. Köln 1960

Ulbrich, Claudia: Leibherrschaft am Oberrhein im Spätmittelalter. Göttingen 1979 (VMPIG 58)

Villages et villageois au Moyen Age. Paris 1992 (PubSorb HAM 26)

Wort und Begriff »Bauer«. Hg. R. Wenskus … Göttingen 1975 (AAWG.PHK F3 89)

Wunder, Heide: Die bäuerliche Gemeinde in Deutschland. Göttingen 1986

13.5.8.4 Wald. Jagd, Fischfang

Bechmann, Roland: Des arbres et des hommes. La forêt au moyen âge. Paris 1984

Il Bosco nel Medioevo. Hg. B. Andreolli; M. Montanari. Bologna 1988 (BSAM 4)

Cahn, Ernst: Das Recht der Binnenfischerei im deutschen Kulturgebiet von den Anfängen bis zum Ausgang des 18. Jahrhunderts. Hg. E. Kaufmann. Frankfurt/M. 1956

Epperlein, Siegfried: Waldnutzung, Waldstreitigkeiten und Waldschutz in Deutschland im hohen Mittelalter. 2. Hälfte 11. Jahrhundert bis ausgehendes 14. Jahrhundert. Stuttgart 1993 (VSWG.Bh 109)

Hasel, Karl: Forstgeschichte. Ein Grundriß für Studium und Praxis. Hamburg … 1985 (ParStud 48)

Havins, P.J.N.: The forests of England. London 1976

Jäger, Helmut; **Scherzer**, Walter: Territorialbildung, Forsthoheit und Wüstungsbewegung im Waldgebiet westlich von Würzburg. Würzburg 1984 (MFS 29)

Lindner, Kurt: Geschichte des deutschen Waidwerks. Bd. 2: Die Jagd im frühen Mittelalter. Berlin 1940

Rubner, Heinrich: Untersuchungen zur Forstverfassung des mittelalterlichen Frankreichs. Wiesbaden 1965 (VSWG.Bh 49)

Schwappach, Adam: Handbuch der Forst- und Jagdgeschichte Deutschlands. Bd. 1–2. Berlin 1886–1888

Timm, Albrecht: Die Waldnutzung in Nordwestdeutschland im Spiegel der Weistümer. Einleitende Untersuchungen über die Umgestaltung des Stadt-Land-Verhältnisses im Spätmittelalter. Köln … 1960

Der Wald in Mittelalter und Renaissance. Hg. J. Semmler. Düsseldorf 1991 (StudHum 17)

13.5.8.5 Weinbau

Bassermann-Jordan, Friedrich von: Geschichte des Weinbaus. Bd. 1–3. 2. Aufl. Frankfurt/M. 1923

Clemens, Lukas: Trier – Eine Weinstadt im Mittelalter. Trier 1993 (THF 22)

Pini, Antonio Ivan: Vite e vino nel medioevo. Bologna 1989 (BSAM 6)

Schreiber, Georg: Deutsche Weingeschichte. Der Wein in Volksleben, Kult und Wirtschaft. Köln 1980 (WuW.VUR 13)

Weinbau, Weinhandel und Weinkultur. Hg. A. Gerlich. Stuttgart 1993 (GLK 40)

13.5.8.6 Mensch und Pflanze. Gartenbau

L'ambiente vegetale nell'alto medioevo. Bd. 1–2. Spoleto 1990 (SSCI 37)

Geschichte des deutschen Gartenbaues. Hg. G. Franz. Stuttgart 1984 (DAG 6)

Hennebo, Dieter: Gärten des Mittelalters. Neu hg. und erw. von N. Ott. München ... 1987

13.5.8.7 Mensch und Tier

Delort, Robert: Les animaux ont une histoire. Paris 1984

L'uomo di fronte al mondo animale nell'alto medioevo. Bd. 1–2. Spoleto 1985 (SSCI 31)

13.5.9. Stadtgeschichte

13.5.9.1 Allgemein/übergreifend

[siehe auch: **BDHS** bei Ic und IIa–c]

Altständisches Bürgertum. Hg. H. Stoob. Bd. 1–3. Darmstadt 1978–1989

Boockmann, Hartmut: Die Stadt im Spätmittelalter. 2., durchges. Aufl. München 1987

Engel, Evamaria: Die deutsche Stadt des Mittelalters. München 1993

Ennen, Edith: Die europäische Stadt des Mittelalters. 4., verb. Aufl. Göttingen 1987

Europas Städte zwischen Zwang und Freiheit. Die europäische Stadt um die Mitte des 13. Jahrhunderts. Hg. W. Hartmann. Regensburg 1995

Gerteis, Klaus: Die deutschen Städte in der frühen Neuzeit. Zur Vorgeschichte der »bürgerlichen« Welt. Darmstadt 1986

Histoire de la France urbaine. Hg. G. Duby. Bd. 1–5. Paris 1980–1985 [MA: Bd. 2]

Isenmann, Eberhard: Die deutsche Stadt im Spätmittelalter. 1250–1500. Stadtgestalt, Recht, Stadtregiment, Kirche, Gesellschaft, Wirtschaft. Stuttgart 1988

Das Leben in der Stadt des späten Mittelalters. Hg. H. Kühnel. Wien 1977 (VIMRÖ 2; VÖAW.PHK 325)

Die okzidentale Stadt nach Max Weber. Zum Problem der Zugehörigkeit in Antike und Mittelalter. Hg. C. Meier. München 1994 (HZ.Bh NF 17)

Pini, Antonio Ivan: Città, comuni e corporazioni nel medioevo italiano. Bologna 1986

Pitz, Ernst: Europäisches Städtewesen und Bürgertum. Von der Spätantike bis zum hohen Mittelalter. Darmstadt 1991

Reynolds, Susan: Introduction to the history of English medieval towns. Oxford 1977

Schulz, Knut: »Denn sie lieben die Freiheit so sehr...«. Kommunale Aufstände und Entstehung des europäischen Bürgertums im Hochmittelalter. Darmstadt 1992

Stadt an der Grenze. Hg. B. Kirchgässner; W.O. Keller. Sigmaringen 1990 (SiG 26)

Stadtregiment und Bürgerfreiheit. Handlungsspielräume in deutschen und italienischen Städten des späten Mittelalters und der Frühen Neuzeit. Hg. K. Schreiner; U. Meier. Göttingen 1994 (BBEG 7)

Städte und Ständestaat. Zur Rolle der Städte bei der Entwicklung der Ständeverfassung in europäischen Staaten vom 13. bis zum 15. Jahrhundert. Hg. B. Töpfer. Berlin 1980 (FMG 26)

Waley, Daniel P.: The Italian city republics. 3. Aufl. London 1988

13.5.9.2 Stadtentstehung, Stadtentwicklung, Stadtgestalt

[siehe auch: **BDHS** bei IIIc]

Die alte Stadt: Denkmal oder Lebensraum? Hg. C. Meckseper; H. Siebenmorgen. Göttingen 1985

Benevolo, Leonardo: Die Stadt in der europäischen Geschichte. München 1993

Binding, Günther: Städtebau und Heilsordnung. Künstlerische Gestaltung der Stadt Köln in ottonischer Zeit. Düsseldorf 1986 (StudHum.SM 1)

Braunfels, Wolfgang: Abendländische Stadtbaukunst. Herrschaftsform und Baugestalt. Köln 1976

The Comparative History of Urban Origins in Non-Roman Europe. Ireland, Wales, Denmark, Germany, Poland and Russia from the Ninth to the Thirteenth Century. Tl. 1–2. Oxford 1985

Griep, Hans-Günther: Kleine Kunstgeschichte des deutschen Bürgerhauses. Darmstadt 1985

Grundherrschaft und Stadtentstehung am Niederrhein. Hg. K. Flink; W. Janssen. Kleve 1989 (KLAR 9)

Heers, Jacques: La ville au moyen âge en Occident. Paysages, pouvoirs et conflits. Paris 1990

Die mittelalterliche Städtebildung im südöstlichen Europa. Hg. H. Stoob. Köln … 1977 (SF.A 4)

Schirmacher, Ernst: Stadtvorstellungen. Die Gestalt der mittelalterlichen Städte – Erhaltung und planendes Handeln. Zürich … 1988

Stadtkern und Stadtteile. Hg. B. Kirchgässner; H. Schmitt. Sigmaringen 1991 (SiG 27)

13.5.9.3 Stadt und Land. Zentralität

[siehe auch: **BDHS** bei IIIb und Ve]

Bevölkerung, Wirtschaft und Gesellschaft. Stadt-Land-Beziehungen in Deutschland und Frankreich. 14. bis 19. Jahrhundert. Hg. N. Bulst … Trier 1983

Fehn, Klaus: Die zentralörtlichen Funktionen früherer Zeiten in Altbayern. Wiesbaden 1970

Fritze, Konrad: Bürger und Bauern zur Hansezeit. Studien zu den Stadt-Land-Beziehungen an der südwestlichen Ostseeküste vom 13. bis zum 16. Jahrhundert. Weimar 1976 (AHSG 16)

Kießling, Rolf: Die Stadt und ihr Land. Umlandpolitik, Bürgerbesitz und Wirtschaftsgefüge in Ostschwaben vom 14. bis ins 16. Jahrhundert. Köln … 1989 (SF.A 29)

Mitterauer, Michael: Markt und Stadt im Mittelalter. Beiträge zur historischen Zentralitätsforschung. Stuttgart 1980 (MGM 21)

Rippmann, Dorothee: Bauern und Städter. Stadt-Land-Beziehungen im 15. Jahrhundert. Das Beispiel Basel, unter besonderer Berücksichtigung der Nahmarktsbeziehungen und der sozialen Verhältnisse im Umland. Basel… 1990 (BBGW 159)

Städtisches Um- und Hinterland in vorindustrieller Zeit. Hg. H.K. Schulze. Köln … 1986 (SF.A 22)

13.5.9.4 Städtebünde

[siehe auch: **BDHS** bei Vd]

Berns, Jürgen Karl W.: Propter communem utilitatem. Studien zur Bündnispolitik der westfälischen Städte im Spätmittelalter. Düsseldorf 1991 (StudHum 16)

Hansische Studien III. Bürgertum – Handelskapital – Städtebünde. Hg. K. Fritze … Weimar 1975 (AHSG 15)

Kommunale Bündnisse Oberitaliens und Oberdeutschlands im Vergleich. Hg. H. Maurer. Sigmaringen 1987 (VuF 33)

Mägdefrau, Werner: Der Thüringer Städtebund im Mittelalter. Weimar 1976

Puhle, Matthias: Die Politik der Stadt Braunschweig innerhalb des Sächsischen Städtebundes und der Hanse im späten Mittelalter. Braunschweig 1985 (BWS.A 20)

13.5.9.5 König/Reich und Stadt

[siehe auch: **BDHS** bei IIb und Vc; 13.2.7.2]

Holtz, Eberhard: Reichsstädte und Zentralgewalt unter König Wenzel 1376–1400. Warendorf 1993 (SLZ 4)

Opll, Ferdinand: Stadt und Reich im 12. Jahrhundert (1125–1190). Köln … 1986 (FKPM 6)

13.5.9.6 Herrschaft und Gesellschaft

[siehe auch: **BDHS** bei IVa-c, Vc, Vf]

Alioth, Martin: Gruppen an der Macht. Zünfte und Patriziat in Straßburg im 14. und 15. Jahrhundert. Untersuchungen zu Verfassung, Wirtschaftsgefüge und Sozialstruktur. Bd. 1–2. Basel … 1988 (BBGW 156)

Bechtold, Klaus D.: Zunftbürgerschaft und Patriziat. Studien zur Sozialgeschichte der Stadt Konstanz im 14. und 15. Jahrhundert. Sigmaringen 1981 (KGRq 26)

Einungen und Bruderschaften in der spätmittelalterlichen Stadt. Hg. P. Johanek. Köln… 1991 (SF.A 32)

Eisenbart, Liselotte Constanze: Kleiderordnungen der deutschen Städte zwischen 1350 und 1700. Ein Beitrag zur Kulturgeschichte des deutschen Bürgertums. Göttingen 1962 (GBG 32)

Eitel, Peter: Die oberschwäbischen Reichsstädte im Zeitalter der Zunftherrschaft. Untersuchungen zu ihrer politischen und sozialen Struktur unter besonderer Berücksichtigung der Städte Lindau, Memmingen, Ravensburg und Überlingen. Stuttgart 1970 (SSLK 8)

Fees, Irmgard: Reichtum und Macht im mittelalterlichen Venedig. Die Familie Ziani. Tübingen 1988 (BDHIR 68)

Gleba, Gudrun: Die Gemeinde als alternatives Ordnungsmodell. Zur sozialen und politischen Differenzierung des Gemeindebegriffs in den innerstädtischen Auseinandersetzungen des 14. und 15. Jahrhunderts. Mainz … 1989 (DMG 7)

Keller, Hagen: Adelsherrschaft und städtische Gesellschaft in Oberitalien (9.–12. Jahrhundert). Tübingen 1979 (BDHIR 52)

Matheus, Michael: Trier am Ende des Mittelalters. Studien zur Sozial-, Wirtschafts- und Verfassungsgeschichte der Stadt Trier vom 14. bis 16. Jahrhundert. Trier 1983 (THF 5)

Rat und Verfassung im mittelalterlichen Braunschweig. Festschrift zum 600jährigen Bestehen der Ratsverfassung 1386–1986. Braunschweig 1986

Sauerbrey, Beate: Die Wehrverfassung der Stadt Braunschweig im Spätmittelalter. Braunschweig 1989 (BWS.A 27)

Stadt und Krieg. Hg. B. Kirchgässner; G. Scholz. Sigmaringen 1989 (SiG 15)

Stadtadel und Bürgertum in den italienischen und deutschen Städten des Spätmittelalters. Hg. R. Elze; G. Fasoli. Berlin 1991 (SIDHIT 2)

Städtische Randgruppen und Minderheiten. Hg. B. Kirchgässner; F. Reuter. Sigmaringen 1987 (SiG 13)

Voltmer, Ernst: Reichsstadt und Herrschaft. Zur Geschichte der Stadt Speyer im hohen und späten Mittelalter. Trier 1981 (THF 1)

Wübbeke, Brigitte Maria: Das Militärwesen der Stadt Köln im 15. Jahrhundert. Stuttgart 1991 (VSWG.Bh 91)

Wulf, Stefan: Arbeit und Nichtarbeit in norddeutschen Städten des 14. bis 16. Jahrhunderts. Studien zur Geschichte sozialer Zeitordnung. Hamburg 1991 (BDEG 7)

13.5.9.7 Recht und Verfassung

[siehe auch: **BDHS** bei Va]

Blattmann, Marita: Die Freiburger Stadtrechte zur Zeit der Zähringer. Rekonstruktion der verlorenen Urkunden und Aufzeichnungen des 12. und 13. Jahrhunderts. Bd. 1–2. Freiburg … 1991 (VASF 27,1–2)

Drüppel, Hubert: Iudex Civitatis. Zur Stellung des Richters in der hoch- und spätmittelalterlichen Stadt deutschen Rechts. Köln … 1981 (FDRG 12)

Ebel, Wilhelm: Der Bürgereid als Geltungsgrund und Gestaltungsprinzip des deutschen mittelalterlichen Stadtrechts. Weimar 1958

Erler, Adalbert: Bürgerrecht und Steuerpflicht im mittelalterlichen Städtewesen. 2. Aufl. Frankfurt 1963

Kroeschell, Karl: Weichbild. Untersuchungen zur Struktur und Entstehung der mittelalterlichen Stadtgemeinde in Westfalen. Köln … 1960

Kuhn, Walter: Die deutschrechtlichen Städte in Schlesien und Polen in der ersten Hälfte des 13. Jahrhunderts. Marburg/L. 1968

Scheper, Burchard: Frühe bürgerliche Institutionen norddeutscher Hansestädte. Beiträge zu einer vergleichenden Verfassungsgeschichte Lübecks, Bremens, Lüneburgs und Hamburgs im Mittelalter. Köln … 1975 (QDHG NF 20)

Studien zur Geschichte des sächsisch-magdeburgischen Rechts in Deutschland und Polen. Hg. D. Willoweit; W. Schich. Frankfurt/M. … 1980 (RR 10)

13.5.9.8 Wirtschaft und Finanzen

[siehe auch: **BDHS** bei IVd–f, Vb]

Ammann, Hektor: Die wirtschaftliche Stellung der Reichsstadt Nürnberg im Spätmittelalter. Nürnberg 1970 (NForsch 13)

Dirlmeier, Ulf: Untersuchungen zu Einkommensverhältnissen und Lebenshaltungskosten in oberdeutschen Städten des Spätmittelalters (Mitte 14. bis Anfang 16. Jahrunderts). Heidelberg 1978 (AHAW.PHK 1978,1)

Ehmann, Eugen: Markt und Sondermarkt. Zum räumlichen Geltungsbereich des Marktrechts im Mittelalter. Nürnberg 1987 (NWSLG 40)

Gilden und Zünfte. Kaufmännische und gewerbliche Genossenschaften im frühen und hohen Mittelalter. Hg. B. Schwineköper. Sigmaringen 1985 (VuF 29)

Herborn, Wolfgang; **Militzer**, Klaus: Der Kölner Weinhandel. Seine sozialen und politischen Auswirkungen im ausgehenden 14. Jahrhundert. Sigmaringen 1980 (VuF.Sb 25)

Horsch, Friedrich: Die Konstanzer Zünfte in der Zeit der Zunftbewegung bis 1430. Unter besonderer Berücksichtigung des Zunftbuches und der Zunftbriefe. Sigmaringen 1979 (KGRq 23)

Irsigler, Franz: Die wirtschaftliche Stellung der Stadt Köln im 14. und 15. Jahrhundert. Stuttgart 1979 (VSWG.Bh 65)

Ranft, Andreas: Der Basishaushalt der Stadt Lüneburg in der Mitte des 15. Jahrhunderts. Göttingen 1987 (VMPIG 84)

Reininghaus, Wilfried: Die Entstehung der Gesellengilden im Spätmittelalter. Stuttgart 1981 (VSWG.Bh 71)

Rosen, Josef: Verwaltung und Ungeld in Basel 1360–1535. Zwei Studien zu Stadtfinanzen im Mittelalter. Stuttgart 1986 (VSWG.Bh 77)

Schulz, Knut: Handwerksgesellen und Lohnarbeiter. Untersuchungen zur oberrheinischen und oberdeutschen Stadtgeschichte des 14. bis 17. Jahrhunderts. Sigmaringen 1985

Stadt und Salz. Hg. W. Rausch. Linz/Donau 1988 (BGSM 10)

Stadt und wirtschaftliche Selbstverwaltung. Hg. B. Kirchgässner; E. Naujoks. Sigmaringen 1987 (SiG 12)

Zwei Jahrtausende Kölner Wirtschaft. Hg. H. Kellenbenz. Bd. 1–2. Köln 1975

13.5.9.9 Hanse

[siehe auch: **BDHS** bei IIb; IVd]

Brügge-Colloquium. Referate und Diskussionen. Hg. K. Friedland. Köln … 1990 (QDHG NF 36)

Dollinger, Philippe: Die Hanse. 4., erw. Aufl. Stuttgart 1989

Friedland, Klaus: Die Hanse. Stuttgart … 1991

Die Hanse und der deutsche Osten. Hg. N. Angermann. Lüneburg 1990

Der hansische Sonderweg? Beiträge zur Sozial- und Wirtschaftsgeschichte der Hanse. Hg. M. North; S. Jenks. Köln … 1993 (QDHG NF 39)

Schildhauer, Johannes: Die Hanse. Geschichte und Kultur. Stuttgart … 1984

Stark, Walter: Untersuchungen zum Profit beim hansischen Handelskapital in der ersten Hälfte des 15. Jahrhunderts. Weimar 1985 (AHSG 24)

Wolter, Klaus: Die Schiffsrechte der Hansestädte Lübeck und Hamburg und die Entwicklung des hansischen Seerechts. Unter besonderer Berücksichtigung der rechtlichen Bestimmungen über Reisenotlagen und Schiffskollisionen. Hamburg 1975

13.5.9.10 Fürsorge und Vorsorge

[siehe auch: **BDHS** bei Vb]

Knefelkamp, Ulrich: Das Gesundheits- und Fürsorgewesen der Stadt Freiburg im Breisgau im Mittelalter Freiburg/Br. 1981 (VASF 17)

–: Stiftungen und Haushaltsführung im Heilig-Geist-Spital in Nürnberg. 14.–17. Jahrhundert. Nürnberg 1989

Militzer, Klaus: Geschichte des Markgröninger Heilig-Geist-Spitals im Mittelalter. Ein Beitrag zur Wirtschaftsgeschichte des 15. Jahrhunderts. Sigmaringen 1975 (VuF.Sb 19)

Stadt und Gesundheitspflege. Hg. B. Kirchgässner; J. Sydow. Sigmaringen 1982 (SiG 9)

13.5.9.11 Geistlichkeit und Kirche

[siehe auch: **BDHS** bei VIa–c]

Demandt, Dieter: Stadtherrschaft und Stadtfreiheit im Spannungsfeld von Geistlichkeit und Bürgerschaft in Mainz (11.–15. Jahrhundert). Wiesbaden 1977 (GLK 15)

Gechter, Marianne: Kirche und Klerus in der stadtkölnischen Wirtschaft im Spätmittelalter. Wiesbaden 1983 (BWSG 28)

Heitzenröder, Wolfram: Reichsstädte und Kirche in der Wetterau. Der Einfluß des städtischen Rates auf die geistlichen Institute vor der Reformation. Frankfurt/M. 1982 (StudFG 16)

Hergemöller, Bernd-Ulrich: »Pfaffenkriege« im spätmittelalterlichen Hanseraum. Quellen und Studien zu Braunschweig, Osnabrück, Lüneburg und Rostock. Tl. 1–2. Köln … 1988 (SF.C 2,1–2)

Kießling, Rolf: Bürgerliche Gesellschaft und Kirche in Augsburg im Spätmittelalter. Ein Beitrag zur Strukturanalyse der oberdeutschen Reichsstadt. Augsburg 1971 (AGSA 19)

Kommunalisierung und Christianisierung. Voraussetzungen und Folgen der Reformation 1400–1600. Hg. P. Blickle; J. Kunisch. Berlin 1989 (ZHF.Bh 9)

Stadt und Bischof. Hg. B. Kirchgässner; W. Baer. Sigmaringen 1988 (SiG 14)

Weiss, Ulman: Die frommen Bürger von Erfurt. Die Stadt und ihre Kirche im Spätmittelalter. Weimar 1988

Zmyslony, Monika: Die Bruderschaften in Lübeck bis zur Reformation. Kiel 1977 (BSWG 6)

13.5.9.12 Bildung und Kultur

[siehe auch: **BDHS** bei VIIa–e]

Attenberger-Gyarfas, Cornelia: Stadtbürgerliches Leben und Wirtschaften in Quellen des deutschen Spätmittelalters. Bonn 1982

Kintzinger, Martin: Das Bildungswesen der Stadt Braunschweig im hohen und späten Mittelalter. Verfassungs- und institutionsgeschichtliche Studien zu Schulpolitik und Bildungsförderung. Köln ... 1990 (AKG.Bh 32)

Kugler, Hartmut: Die Vorstellung der Stadt in der Literatur des deutschen Mittelalters. München ... 1986 (MTU 88)

Meier, Ulrich: Mensch und Bürger. Die Stadt im Denken spätmittelalterlicher Theologen, Philosophen und Juristen. München 1994

Stadt und Fest. Zur Geschichte und Gegenwart europäischer Festkultur. Stuttgart 1987

Stadt und Kultur. Hg. H.E. Specker. Sigmaringen 1983 (SiG 11)

Stadt und Universität. Hg. H. Duchhardt. Köln ... 1993 (SF.A 33)

Über Bürger, Stadt und städtische Literatur im Spätmittelalter. Hg. J. Fleckenstein; K. Stackmann. Göttingen 1980 (AAWG.PHK F3 121)

13.5.10 Juden

13.5.10.1 Einführungen

Gamm, Hans-Jochen: Das Judentum. Eine Einführung. Frankfurt/M. ... 1990

Greive, Hermann: Die Juden. Grundzüge ihrer Geschichte im mittelalterlichen und neuzeitlichen Europa. 4., erg. Aufl. Darmstadt 1992

13.5.10.2 Darstellungen

[siehe auch: **BDHS** bei VId]

Battenberg, Friedrich: Das europäische Zeitalter der Juden. Zur Entwicklung einer Minderheit in der nichtjüdischen Umwelt Europas. Bd. 1–2. Darmstadt 1990

Baron, Salo Wittmayer: A social and religious history of the Jews. Bd.1–16. New York ... 1962–1976

Church, state and jew in the middle ages. Hg. R. Chazan. New York 1980

Cohen, Jeremy: The Friars and the jews. The evolution of medieval antijudaism. Ithaca ... 1982

Dahan, Gilbert: Les intellectuels chrétiens et les juifs au moyen âge. Paris 1990

Gli ebrei nell'alto medioevo. Bd. 1–2. Spoleto 1980 (SSCI 26)

Geschichte des jüdischen Volkes. Hg. H. Hillel Ben-Sasson. Bd. 1–3. München 1978–1980 [MA: Bd. 1–2; Ausg. in 1 Bd. 3. Aufl. 1995]

Graus, František: Pest, Geißler, Judenmorde. Das 14. Jahrhundert als Krisenzeit. 2., durchges. Aufl. Göttingen 1988 (VMPIG 86)

Juden in der christlichen Umwelt während des Spätmittelalters. Hg. A. Haverkamp; F.-J. Ziwes. Berlin 1992 (ZHF.Bh 13)

Die Juden in ihrer mittelalterlichen Umwelt. Hg. A. Ebenbauer; K. Zatloukal. Wien ... 1991

Judentum im Mittelalter. Beiträge zum christlich-jüdischen Gespräch. Hg. P. Wilpert; W.P. Eckert. Berlin 1966 (MM 4)

Kirche und Synagoge. Handbuch zur Geschichte von Christen und Juden. Darstellung mit Quellen. Hg. K.H. Rengstorf; S. von Kortzfleisch. Bd. 1–2. Stuttgart 1968

Kisch, Guido: The Jews in medieval Germany. A study of their legal and social status. 2. Aufl. New York 1970

Die Legende vom Ritualmord. Die Geschichte der Blutbeschuldigung gegen Juden. Hg. R. Erb. Berlin 1993 (DTM 6)

Liebeschütz, Hans: Synagoge und Ecclesia. Religionsgeschichtliche Studien über die Auseinandersetzung der Kirche mit dem Judentum im Hochmittelalter. Heidelberg 1983 (VDASD 55)

Lohrmann, Klaus: Judenrecht und Judenpolitik im mittelalterlichen Österreich. Wien ... 1990 (Handbuch zur Geschichte der Juden in Österreich B 1)

Mentgen, Gerd: Studien zur Geschichte der Juden im mittelalterlichen Elsaß. Hannover 1995 (FGJ.A 2)

Metzger, Thérèse und Mendel: Jüdisches Leben im Mittelalter nach illuminierten hebräischen Handschriften vom 13. bis 16. Jahrhundert. Würzburg 1983

Pakter, Walter: Medieval Canon Law and the Jews. München 1988 (ARG 68)

Schubert, Kurt: Die Kultur der Juden. Tl. 2: Judentum im Mittelalter. Wiesbaden 1979 (Handbuch der Kulturgeschichte II)

Shatzmiller, Joseph: Shylock reconsidered. Jews, moneylending, and medieval society. Berkeley ... 1990

Stow, Kenneth R.: Alienated minority. The jews of medieval latin Europe. Cambridge/Mass. 1992

Ziwes, Franz-Josef: Studien zur Geschichte der Juden im mittleren Rheingebiet während des hohen und späten Mittelalters. Hannover 1995 (FGJ.A 1)

13.5.11 Alltagsgeschichte

13.5.11.1 Einführungen

Jaritz, Gerhard: Zwischen Augenblick und Ewigkeit. Einführung in die Alltagsgeschichte des Mittelalters. Wien ... 1989

13.5.11.2 Darstellungen

Alltag bei Hofe. Hg. W. Paravicini. Sigmaringen 1995 (RF 5)

Alltag im Spätmittelalter. Hg. H. Kühnel. Graz ... 1984

Alltag und Fortschritt im Mittelalter. Hg. H. Kühnel. Wien 1986 (VIMRÖ 8; SBÖAW.PHK 470)

Baur, Paul: Testament und Bürgerschaft. Alltagsleben und Sachkultur im spätmittelalterlichen Konstanz. Sigmaringen 1989 (KGRq 31)

Borst, Otto: Alltagsleben im Mittelalter. Frankfurt/M. 1983

Delort, Robert: La vie au Moyen Age. Lausanne 1972. 3., durchges. Aufl. Paris 1982

Die Erforschung von Alltag und Sachkultur des Mittelalters. Methoden, Ziele, Verwirklichung. Hg. H. Kühnel. Wien 1984 (VIMRÖ 6; SBÖAW.PHK 433)

Essen und Trinken in Mittelalter und Neuzeit. Hg. I. Bitsch ... Sigmaringen 1987

Frau und spätmittelalterlicher Alltag. Hg. H. Kühnel. Wien 1986 (VIMRÖ 9; SBÖAW.PHK 473)

Goetz, Hans-Werner: Leben im Mittelalter vom 7. bis 13. Jahrhundert. München 1986

Henisch, Bridget Ann: Fast and Feast. Food in medieval society. London 1976
Das Kochbuch des Mittelalters. Rezepte aus alter Zeit. Eingel., erl. und ausprob. von T. Ehlert. Zürich ... 1990
Manger et boire au Moyen Age. Hg. D. Menjot. Paris 1984 (PFLSHN I,27)
Mentalität und Alltag im Spätmittelalter. Hg. C. Meckseper; E. Schraut. Göttingen 1985
Meyer, Werner: Hirsebrei und Hellebarde. Auf den Spuren des mittelalterlichen Lebens in der Schweiz. Olten ... 1985
Montanari, Massimo: Der Hunger und der Überfluß. Kulturgeschichte der Ernährung in Europa. München 1993
Nahrung und Tischkultur im Hanseraum. Hg. G. Wiegelmann; R.-E. Mohrmann. Münster ... 1996
Pelner Cosman, Madeleine: Fabulous feasts. Medieval cookery and ceremony. New York 1976
Redon, Odile ...: Die Kochkunst des Mittelalters. Ihre Geschichte und 150 Rezepte des 14. und 15. Jahrhunderts, wiederentdeckt für Genießer von heute. Frankfurt/M. 1993
Schultz, Alwin: Das höfische Leben zur Zeit der Minnesänger. Bd. 1–2. Leipzig 1880

13.5.12 Umwelt, Klima

Alexandre, Pierre: Le climat en Europe au Moyen Age. Contribution à l'histoire des variations climatiques de 1000 à 1425, d'après les sources narratives de l'Europe occidentale. Paris 1987 (RHSS 24)
Curschmann, Fritz: Hungersnöte im Mittelalter. Ein Beitrag zur deutschen Wirtschaftsgeschichte des 8. bis 11. Jahrhunderts. Leipzig 1900 (LSGG 6,1)
Fumagalli, Vito: Der lebende Stein. Stadt und Natur im Mittelalter. Berlin 1989
Kulturgeschichte des Wassers. Hg. H. Böhme. Frankfurt/M. 1988
Le Roy Ladurie, Emmanuel: Histoire du climat depuis l'an mil. Bd. 1–2. Paris 1983
Mensch und Umwelt im Mittelalter. Hg. B. Herrmann. Stuttgart 1986
Menschen, Dinge und Umwelt in der Geschichte. Neue Fragen der Geschichtswissenschaft an die Vergangenheit. Hg. U. Dirlmeier ... St. Katharinen 1989 (SuG 5)
Umwelt in der Geschichte. Beiträge zur Umweltgeschichte. Hg. B. Herrmann. Göttingen 1989

13.6 Landesgeschichte. Historische Raumforschung. Siedlungsgeschichte

13.6.1 Forschungsgeschichte, Methoden

Gerlich, Alois: Geschichtliche Landeskunde des Mittelalters. Genese und Probleme. Darmstadt 1986

Landesgeschichte heute. Hg. C.H. Hauptmeyer. 2., durchges. Aufl. Göttingen 1987
Probleme und Methoden der Landesgeschichte. Hg. P. Fried. Darmstadt 1978

13.6.2 Raum, Landschaften, Grenzen

Aubin, Hermann ...: Kulturströmungen und Kulturprovinzen in den Rheinlanden. Geschichte, Sprache, Volkskunde. Erw. Fassung d. Ausg. Bonn 1926. Bonn 1966
Deutschlands Grenzen in der Geschichte. Hg. A. Demandt. 3., durchges. Aufl. München 1993
Jäger, Helmut: Entwicklungsprobleme europäischer Kulturlandschaften. Eine Einführung. Darmstadt 1987
»Landschaft« als interdisziplinäres Forschungsproblem. Hg. A. Hartlieb von Wallthor; H. Quirin. Münster 1977 (VPWLVF.I 21)
Ostdeutsche Geschichts- und Kulturlandschaften. Hg. H. Rothe. Tl. 1–3. Köln ... 1987–1988 (SDO 19); Tl. 1: Schlesien. 1987; Tl. 2: Ost- und Westpreußen. 1987; Tl. 3: Pommern. 1988
Siedlungen und Landesausbau zur Salierzeit. Hg. H.W. Böhme. Tl. 1–2. Sigmaringen 1991
Zwischen Gallia und Germania, Frankreich und Deutschland. Konstanz und Wandel raumbestimmender Kräfte. Hg. A. Heit ... Trier 1987 (THF 12)

13.7 Geistes- und Kulturgeschichte

[siehe auch 13.5.4.1–5; 17.3–5 sowie durchgängig **MEL**: Parte terza]

13.7.1 Allgemein/übergreifend

Alternative Welten in Mittelalter und Renaissance. Hg. L. Schrader. Düsseldorf 1988 (StudHum 10)
Antike und Orient im Mittelalter. Berlin 1962 (MM 1)
Antiqui und Moderni. Traditionsbewußtsein und Fortschrittsbewußtsein im späteren Mittelalter. Hg. A. Zimmermann. Berlin ... 1974 (MM 9)
Aufbruch – Wandel – Erneuerung. Beiträge zur »Renaissance« des 12. Jahrhunderts. Hg. G. Wieland. Stuttgart-Bad Cannstadt 1995
Burke, Peter: Die Renaissance in Italien. Sozialgeschichte einer Kultur zwischen Tradition und Erfindung. Berlin 1984
Burckhardt, Jacob: Die Kultur der Renaissance in Italien. Ein Versuch [Basel 1859]. Durchges. von W. Goetz. 13. Aufl. Stuttgart 1922
Carolingian culture: Emulation and innovation. Hg. R. McKitterick. Cambridge... 1994
Chenu, Marie-Dominique: L'éveil de la conscience dans la civilisation médiévale. Montréal ... 1969
Faulstich, Werner: Medien und Öffentlichkeiten im Mittelalter 800–1400. Göttingen 1996 (GM 2)
Fremdheit und Reisen im Mittelalter. Hg. I. Erfen; K.-H. Spieß. Stuttgart 1997

Das geographische Weltbild um 1300. Politik im Spannungsfeld von Wissen, Mythos und Fiktion. Hg. P. Moraw. Berlin 1989 (ZHF.Bh 6)

Gurjewitsch, Aaron J.: Das Weltbild des mittelalterlichen Menschen. München 1986

–: Mittelalterliche Volkskultur. München 1987

Handbuch der Kulturgeschichte. Begr. H. Kindermann, neu hg. von E. Thurnher. I. Abt.: Zeitalter deutscher Kultur: **Wolf**, Alois: Deutsche Kultur im Hochmittelalter. 1150–1250. Essen 1986; **Rosenfeld**, Hans-Friedrich und Hellmut: Deutsche Kultur im Spätmittelalter. 1250–1500. Wiesbaden 1978

Huizinga, Johan: Herbst des Mittelalters. Studien über die Lebens- und Geistesformen des 14. und 15. Jahrhunderts in Frankreich und in den Niederlanden. Hg. K. Köster. 9. Aufl. Stuttgart 1965

Kontinuität und Transformation der Antike im Mittelalter. Hg. W. Erzgräber. Sigmaringen 1989

Lebenslehren und Weltentwürfe im Übergang vom Mittelalter zur Neuzeit. Politik, Bildung, Naturkunde, Theologie. Hg. H. Boockmann … Göttingen 1989 (AAWG.PHK F3 179)

Le Goff, Jacques: Kultur des europäischen Mittelalters. München 1970

Memoria als Kultur. Hg. O.G. Oexle. Göttingen 1995 (VMPIG 121)

Meyer, Heinz; **Suntrup**, Rolf: Lexikon der mittelalterlichen Zahlenbedeutungen. München 1987 (MMS 56)

Renaissance and Renewal in the twelfth Century. Hg. R.L. Benson; G. Constable. Cambridge/Mass. 1982

Renaissances before the Renaissance. Hg. W. Treadgold. Stanford/Cal. 1984

Schmieder, Felicitas: Europa und die Fremden. Die Mongolen im Urteil des Abendlandes vom 13. bis in das 15. Jahrhundert. Sigmaringen 1994 (BGQM 16)

Simek, Rudolf: Erde und Kosmos im Mittelalter. Das Weltbild vor Kolumbus. München 1992

Studien zur mittelalterlichen Geistesgeschichte und ihren Quellen. Hg. A. Zimmermann; G. Vuillemin-Diem. Berlin … 1982 (MM 15)

Ullmann, Walter: Medieval foundations of renaissance humanism. London 1977

Universalismus und Partikularismus im Mittelalter. Hg. P. Wilpert. Berlin … 1968 (MM 5)

Das [vierzehnte] **14. Jahrhundert: Krisenzeit**. Hg. W. Buckl. Regensburg 1996

Volkskultur des europäischen Spätmittelalters. Hg. P. Dinzelbacher; H.-D. Mück. Stuttgart 1987 (BöblF 1)

Wenzel, Horst: Hören und Sehen. Schrift und Bild. Kultur und Gedächtnis im Mittelalter. München 1995

13.7.2 Politische Ideengeschichte

Der Begriff der repraesentatio im Mittelalter. Stellvertretung, Symbol, Zeichen, Bild. Berlin … 1971 (MM 8)

Black, Antony: Political thought in Europe 1250–1450. Cambridge … 1992

The Cambridge history of medieval political thought, c. 350 – c.1450. Hg. J.H. Burns. Cambridge 1988

Carlyle, Robert W.: A history of medieval political theory in the West. Bd. 1–6. Edinburgh 1970

Goez, Werner: Translatio imperii. Ein Beitrag zur Geschichte des Geschichtsdenkens und der politischen Theorien im Mittelalter und in der frühen Neuzeit. Tübingen 1958

Kölmel, Wilhelm: Soziale Reflexion im Mittelalter. Essen 1985

Löffelberger, Michael: Marsilius von Padua. Das Verhältnis zwischen Kirche und Staat im »defensor pacis«. Berlin 1992 (SRG 57)

Michaud-Quantin, Pierre: Universitas. Expressions du mouvement communautaire dans le Moyen Age. Paris 1970 (EEMA 13)

Pipers Handbuch der politischen Ideen. Hg. I. Fetscher; H. Münkler. Bd. 2: Mittelalter. München. ... 1993

Soziale Ordnung im Selbstverständnis des Mittelalters. Hg. A. Zimmermann. Tl. 1–2. Berlin ... 1979–1980 (MM 12)

Struve, Tilmann: Die Entwicklung der organologischen Staatsauffassung im Mittelalter. Stuttgart 1978 (MGM 16)

Stürner, Wolfgang: Natur und Gesellschaft im Denken des Hoch- und Spätmittelalters. Naturwissenschaftliche Kraftvorstellungen und die Motivierung politischen Handelns in Texten des 12. bis 14. Jahrhunderts. Stuttgart 1975 (SBGP 7,1)

–: Peccatum und Potestas. Der Sündenfall und die Entstehung der herrscherlichen Gewalt im mittelalterlichen Staatsdenken. Sigmaringen 1987 (BGQM 11)

Ullmann, Walter: Principles of government and politics in the middle ages. 4. Aufl. London 1978

13.7.3 Mentalitäten

[siehe auch 13.4.10; 13.5.4.1–5]

Althoff, Gerd: Spielregeln der Politik im Mittelalter. Kommunikation in Frieden und Fehde. Darmstadt 1997

L'attesa della fine dei tempi nel Medioevo. Hg. O. Capitani; J. Miethke. Bologna 1990 (AISIGT, Q 28)

Beiträge zum Berufsbewußtsein des mittelalterlichen Menschen. Berlin 1964 (MM 3)

Bergdolt, Klaus: Der Schwarze Tod in Europa. Die Große Pest und das Ende des Mittelalters. 3., durchges. Aufl. München 1995

Cadden, Joan: Meanings of sex difference in the Middle Ages. Medicine, science and culture. Cambridge 1993

Carozzi, Claude: Weltuntergang und Seelenheil. Apokalyptische Visionen im Mittelalter. Frankfurt/M. 1996

Death in the middle ages. Hg. H. Braet; W. Verbeke. Löwen 1983 (MLov.I 9)

Delumeau, Jean: Angst im Abendland. Die Geschichte kollektiver Ängste im Europa des 14.–18. Jahrhunderts. Bd. 1–2. Reinbek b. Hamburg 1985

Dinzelbacher, Peter: An der Schwelle zum Jenseits. Sterbevisionen im interkulturellen Vergleich. Freiburg/Br. 1989
–: Die Angst im Mittelalter. Teufels-, Todes- und Gotteserfahrung: Mentalitätsgeschichte und Ikonographie. Paderborn … 1996
Dohrn-van Rossum, Gerhard: Die Geschichte der Stunde. Uhren und moderne Zeitordnung. München … 1992
Duerr, Hans Peter: Der Mythos vom Zivilisationsprozeß. Bd. 1–3. Frankfurt/M. 1988–1993
Elias, Norbert: Über den Prozeß der Zivilisation. Soziogenetische und psychogenetische Untersuchungen. Bd. 1–2. 2., um eine Einleitung verm. Aufl. Bern … 1969
Europäische Mentalitätsgeschichte. Hauptthemen in Einzeldarstellungen. Hg. P. Dinzelbacher. Stuttgart 1993
Feste und Feiern im Mittelalter. Hg. D. Altenburg … Sigmaringen 1991
Geary, Patrick L.: Phantoms of remembrance. Memory and culture at the end of the first Millennium. Princeton 1994
Gepeinigt, begehrt, vergessen. Symbolik und Sozialbezug des Körpers im späten Mittelalter und in der frühen Neuzeit. Hg. K. Schreiner; N. Schnitzler. München 1992
Grübel, Isabel: Die Hierarchie der Teufel. Studien zum christlichen Teufelsbild und zur Allegorisierung des Bösen in Theologie, Literatur und Kunst zwischen Frühmittelalter und Gegenreformation. München 1991
Geuenich, Dieter: Zukunftsvorstellungen im Mittelalter. Duisburg 1990 (UGD.VFB1 5)
Heers, Jacques: Vom Mummenschanz zum Machttheater. Europäische Festkultur im Mittelalter. Frankfurt/M. 1986
Jeux de mémoire. Aspects de la mnémotechnique médiévale. Hg. B. Roy; P. Zumthor. Montréal 1985
Kieckhefer, Richard: Magie im Mittelalter. München 1992
Kortüm, Hans Henning: Menschen und Mentalitäten. Einführung in die Vorstellungswelten des Mittelalters. Berlin 1996
Koziol, Geoffrey: Begging pardon and favour. Ritual and political order in early medieval France. Ithaca; London 1992
Lecouteaux, Claude: Geschichte der Gespenster und Wiedergänger im Mittelalter. Köln … 1987
Le Goff, Jacques: Die Geburt des Fegefeuers. Stuttgart 1984
Die Mächte des Guten und Bösen. Vorstellungen im XII. und XIII. Jahrhundert über ihr Wirken in der Heilsgeschichte. Hg. A. Zimmermann. Berlin … 1977 (MM 11)
Mentalitäten im Mittelalter. Methodische und inhaltliche Probleme. Hg. F. Graus. Sigmaringen 1987 (VuF 35)
Nitschke, August: Bewegungen in Mittelalter und Renaissance. Kämpfe, Spiele, Tänze, Zeremoniell und Umgangsformen. Düsseldorf 1987 (HistSem 2)
Ohler, Norbert: Sterben und Tod im Mittelalter. München … 1990

Payer, Pierre: Sex and the penitentials. The development of a sexual code 550–1150. Toronto … 1984

Reichel, Ute: Astrologie, Sortilegium, Traumdeutung. Formen der Weissagung im Mittelalter. Bochum 1991 (BoHS.MG 10)

Rhythmus und Saisonalität. Hg. P. Dilg … Sigmaringen 1995

Riti e rituali nelle società medievali. Hg. J. Chiffoleau … Spoleto 1994

Rosenfeld, Hellmut: Der mittelalterliche Totentanz. Entstehung, Entwicklung, Bedeutung. 3., verb. und verm. Aufl. Köln … 1974 (AKG.Bh 3)

Sears, Elizabeth: The ages of man. Medieval interpretation of the life cycle. Prince-ton/N. J. 1986

Schmitt, Jean-Claude: Die Logik der Gesten im europäischen Mittelalter. Stuttgart 1992

–: Heidenspaß und Höllenangst. Aberglaube im Mittelalter. Frankfurt/M. … 1993

Sprandel, Rolf: Mentalitäten und Systeme. Neue Zugänge zur mittelalterlichen Geschichte. Stuttgart 1972

Spreitzer, Brigitte: Die stumme Sünde. Homosexualität im Mittelalter. Mit einem Textanhang. Göppingen 1988 (GAG 498)

Tod im Mittelalter. Hg. A. Borst … Konstanz 1993 (KonstB 20)

Trauer, Verzweiflung und Anfechtung. Selbstmord und Selbstmordversuche in mittelalterlichen und frühneuzeitlichen Gesellschaften. Hg. G. Signori. Tübingen 1994 (ForPsych 3)

Verletzte Ehre. Ehrkonflikte in Gesellschaften des Mittelalters und der Frühen Neuzeit. Hg. K. Schreiner; G. Schwerhoff. Köln … 1995 (NuS 5)

13.7.4 Wissenschaft und Bildung

13.7.4.1 Wissenschaft, Schule, Universität

Die Antike-Rezeption in den Wissenschaften während der Renaissance. Hg. A. Buck; K. Heitmann. Weinheim 1983 (MKHF 10)

Classen, Peter: Studium und Gesellschaft im Mittelalter. Hg. J. Fried. Stuttgart 1983 (SMGH 29)

Cobban, Alan B.: The medieval English universities: Oxford and Cambridge to c. 1500. London 1988

–: Universities in the middle ages. Liverpool 1990

Dialektik und Rhetorik im frühen Mittelalter. Rezeption, Überlieferung und gesellschaftliche Wirkung antiker Gelehrsamkeit vornehmlich im 9. und 12. Jahrhundert. München 1997 (SHK.K 27)

Grundmann, Herbert: Vom Ursprung der Universität im Mittelalter. 2. Aufl. mit Nachtrag. Darmstadt 1964

Histoire des universités en France. Hg. J. Verger. Toulouse 1986

History of universities. Bd. 1–7. Amersham 1981–1988

A history of the university in Europe. Hg. W. Ruegg. Bd. 1: Universities in the Middle Ages. Cambridge 1992

Jaeger, C. Stephen: The envy of angels. Cathedral schools and social ideals in medieval Europe, 950–1200. Philadelphia 1994

Lorenz, Sönke: Studium generale Erfordense. Zum Erfurter Schulleben im 13. und 14. Jahrhundert. Stuttgart 1988 (MGM 34)

Magister und Scholaren, Professoren und Studenten. Geschichte deutscher Universitäten und Hochschulen im Überblick. Hg. G. Steiger; W. Fläschendräger. Leipzig … 1981

Methoden in Wissenschaft und Kunst des Mittelalters. Hg. A. Zimmermann. Berlin 1970 (MM 7)

Orme, Nicholas: Education and society in medieval and renaissance England. London 1989

Philosophy and learning. Universities in the middle ages. Hg. M.J.F.M. Hoenen … Leiden 1995 (ESMAR 6)

Piltz, Anders: Die gelehrte Welt des Mittelalters. Köln … 1982

Rashdall, Hastings: The universities of Europe in the middle ages. A new edition ed. by F.M. Powicke; A. Brotherston Emden. Bd.1–3. London 1936

Die Renaissance der Wissenschaften im 12. Jahrhundert. Hg. P. Weimar. Zürich … 1981 (ZHFor 2)

Rexroth, Frank: Deutsche Universitätsstiftungen von Prag bis Köln. Die Intentionen des Stifters und die Wege und Chancen ihrer Verwirklichung im spätmittelalterlichen deutschen Territorialstaat. Köln … 1992 (AKG.Bh 34)

Riché, Pierre: Les écoles et l'enseignement dans l'Occident chrétien de la fin du Ve siècle au milieu du XIe siècle. Paris 1979

Schulen und Studium im sozialen Wandel des hohen und späten Mittelalters. Hg. J. Fried. Sigmaringen 1986 (VuF 30)

Swanson, Robert Norman: Universities, academics, and the Great Schism. Cambridge 1979 (CSML S3 12)

Timm, Albrecht: Einführung in die Wissenschaftsgeschichte. München 1973

Universitäten und Hochschulen in Deutschland, Österreich und der Schweiz. Eine Universitätsgeschichte in Einzeldarstellungen. Hg. L. Boehm; R.A. Müller. Düsseldorf 1983

Verger, Jacques: Les universités au moyen âge. Paris 1973

13.7.4.2 Bibliothek, Buch, Schriftkultur

Abrin, Leila: Scribes, scripts and books. The book arts from Antiquity to the Renaissance. Chicago … 1991

Das Buch in Mittelalter und Renaissance. Hg. R. Hiestand. Düsseldorf 1994 (StudHum 19)

Buzás, Ladislaus: Deutsche Bibliotheksgeschichte des Mittelalters. Wiesbaden 1975

Green, D.H.: Medieval listening and reading. The primnary reception of German literature 800–1300. Cambridge … 1994

Hoffmann, Hartmut: Buchkunst und Königtum im ottonischen und frühsalischen Reich. Tl. 1–2. Stuttgart 1986 (SMGH 30,1–2)

Humanistische Buchkultur. Deutsch-niederländische Kontakte im Spätmittelalter (1450–1520). Hg. J.M.M. Hermanns; R. Peters. Münster … 1994 (NiedStud 14)

Krämer, Sigrid: Handschriftenerbe des deutschen Mittelalters. Tl. 1–3. München 1989–1990 (MBDS.Ergbd 1–3)

List, Claudia; **Blum**, Wilhelm: Buchkunst des Mittelalters. Ein illustriertes Handbuch. Stuttgart … 1994

McKitterick, Rosamond: The carolingians and the written word. Cambridge 1989

Mittelalterliche Bibliothekskataloge Deutschlands und der Schweiz. Ab Bd. 4: Hg. B. Bischoff. Bd 1–. München 1918–

Mittelalterliche Bibliothekskataloge Österreichs. Bd. 1–. Wien 1915–

Pragmatische Schriftlichkeit im Mittelalter. Erscheinungsformen und Entwicklungsstufen. Hg. H. Keller … München 1992 (MMS 65)

The role of the book in medieval culture. Hg. P. Ganz. Bd. 1–2. Turnhout 1986

Stock, Brian: The implications of literacy. Written language and models of interpretation in the eleventh and twelfth centuries. Princeton/N.J. 1983

Trost, Vera: Skriptorium. Die Buchherstellung im Mittelalter. Stuttgart 1991

Widmann, H.: Geschichte des Buchhandels vom Altertum bis zur Gegenwart. Tl. 1: Bis zur Erfindung des Buchdrucks. Wiesbaden 1975

Worstbrock, Franz Josef …: Repertorium der Artes dictandi des Mittelalters. Tl. 1: Von den Anfängen bis um 1200. München 1992 (MMS 66)

13.7.4.3 Bildung, Erziehung

Bildungs- und schulgeschichtliche Studien zu Spätmittelalter, Reformation und konfessionellem Zeitalter. Hg. H. Dickerhof. Wiesbaden 1994 (WiM 19)

Boehm, Laetitia: Das mittelalterliche Erziehungs- und Bildungswesen, in: Propyläen Geschichte der Literatur. Bd. 2: Die mittelalterliche Welt. Berlin 1988, S. 143–181

Bruchhäuser, Hans-Peter: Kaufmannsbildung im Mittelalter. Determinanten des Curriculums deutscher Kaufleute im Spiegel der Formalisierung von Qualifizierungsprozessen. Köln … 1989 (DzP 3)

Garin, Eugenio: Geschichte und Dokumente der abendländischen Pädagogik. Bd. 1: Mittelalter. Reinbek b. Hamburg 1964

Humanismus im Bildungswesen des 15. und 16. Jahrhunderts. Hg. W. Reinhard. Weinheim 1984 (MKHF 12)

Literatur und Laienbildung im Spätmittelalter und in der Reformationszeit. Hg. L. Grenzmann; K. Stackmann. Stuttgart 1984 (GS.B 5)

13.7.5 Philosophie

13.7.5.1 Allgemein/übergreifend

The Cambridge history of later medieval philosophy. Hg. A. Kenny … Cambridge 1982

The Cambridge history of Renaissance philosophy. Hg. Ch. B. Schmitt … Cambridge … 1988

Copleston, F.C.: Geschichte der Philosophie im Mittelalter. München 1976

Flasch, Kurt: Das philosophische Denken im Mittelalter. Von Augustin zu Machiavelli. Stuttgart 1986

–: Einführung in die Philosophie des Mittelalters. Darmstadt 1987
Geschichte der Philosophie in Text und Darstellung. Hg. R. Bubner. Bd. 2: Mittelalter. Hg. K. Flasch. Stuttgart 1982
Heinzmann, Richard: Philosophie des Mittelalters. Stuttgart ... 1992 (GrPhil 7)
Libera, Alain de: La philosophie médiévale. Paris 1993
Philosophie im Mittelalter. Entwicklungslinien und Paradigmen. Hg. J. P. Beckmann... 2., durchges. Aufl. Hamburg 1996
Totok, Wilhelm ...: Handbuch der Geschichte der Philosophie. Bd. 2: Mittelalter. Frankfurt/M. 1973
Vorländer, Karl: Geschichte der Philosophie mit Quellentexten. Bd. 2: Mittelalter und Renaissance. Neuausgabe, z. T. vollst. neu bearb. Reinbek b. Hamburg 1990
Wöhler, Hans-Ulrich: Geschichte der mittelalterlichen Philosophie. Mittelalterliches europäisches Philosophieren einschließlich wesentlicher Voraussetzungen. Berlin 1990

13.7.5.2 Darstellungen

Chenu, Marie-Dominique O.P.: La théologie comme science au XIIIe siècle. 3., durchges. und erw. Aufl. Paris 1957 (BibThom 33)
Crombie, Alistair C.: Von Augustinus bis Galilei. Die Emanzipation der Naturwissenschaft. Köln ... 1964
Flasch, Kurt: Augustin. Einführung in sein Denken. Stuttgart 1980
Die Gegenwart Ockhams. Hg. W. Vossenkuhl; R. Schönberger. Weinheim 1990
Grane, Leif: Peter Abaelard. Philosophie und Christentum im Mittelalter. Göttingen 1969
Heinzmann, Richard: Thomas von Aquin. Eine Einführung in sein Denken. Mit ausgew. lat.-dt. Texten. Stuttgart ... 1994
Lagarde, Georges de: La naissance de l'esprit laïque au déclin du moyen âge. Bd. 1–5. Löwen 1956–1970
Leclercq, Jean: Wissenschaft und Gottverlangen. Zur Mönchstheologie des Mittelalters. Düsseldorf 1963
Das Licht der Vernunft. Die Anfänge der Aufklärung im Mittelalter. Hg. K. Flasch; R. Jeck. München 1997
Maier, Anneliese: Studien zur Naturphilosophie der Spätscholastik. Bd. 1–5. Rom 1949–1958 (SeL 22, 37, 41, 52, 69)
Le Moyen Age et la Bible. Hg. P. Riché; G. Lobrichon. Paris 1984 (BTT 4)
Murray, Alexander: Reason and society in the middle ages. Oxford 1978
Neue Richtungen in der hoch- und spätmittelalterlichen Bibelexegese. Hg. R.E. Lerner. München 1996 (SHK.K 32)
Smalley, Beryl: The study of the Bible in the middle ages. 3. Aufl. Oxford 1964
Sturlese, Loris: Die deutsche Philosophie im Mittelalter. Von Bonifatius bis zu Albert dem Großen (748–1280). München 1993

13.7.6 Sprache, Literatur

13.7.6.1 Einführungen

Dichtung des europäischen Mittelalters. Ein Führer durch die erzählende Literatur. Hg. R. Bräuer. München 1991

Dinse, Helmut; **Liptzin**, Sol: Einführung in die jiddische Literatur. Stuttgart 1978

Frey, Winfried ...: Einführung in die deutsche Literatur des 12. bis 16. Jahrhunderts. Bd. 1–3. Opladen 1979–1982

13.7.6.2 Allgemein/übergreifend

Adelsherrschaft und Literatur. Hg. H. Wenzel. Bern ... 1980 (BÄDLG 6)

Beiträge zur Geschichte der Predigt. Hg. H. Reinitzer. Hamburg 1981

Bertau, Karl: Deutsche Literatur im europäischen Mittelalter. Bd. 1–2. München 1972–1973

Borst, Arno: Der Turmbau von Babel. Geschichte der Meinungen über Ursprung und Vielfalt der Sprachen und Völker. Bd. 1–6. Stuttgart 1957–1963

Curtius, Ernst Robert: Europäische Literatur und lateinisches Mittelalter. Bern 1948

Dronke, Peter: Die Lyrik des Mittelalters. Eine Einführung. München 1973

Epische Stoffe des Mittelalters. Hg. V. Mertens; U. Müller. Stuttgart 1984

Geschichte der Textüberlieferung der antiken und mittelalterlichen Literatur. Bd. 1–2. Zürich 1961–1964

Grundlagen des Verstehens mittelalterlicher Literatur. Literarische Texte und ihr historischer Erkenntniswert. Hg. G. Hahn; H. Ragotzky. Stuttgart 1992

Höfische Literatur, Hofgesellschaft, höfische Lebensformen um 1200. Düsseldorf 1986 (StudHum 6)

Jauß, Hans Robert: Alterität und Modernität in der mittelalterlichen Literatur. München 1977

Kindermann, Heinz: Das Theaterpublikum des Mittelalters. Salzburg 1980

Literarisches Mäzenatentum. Ausgewählte Forschungen zur Rolle des Gönners und Auftraggebers in der mittelalterlichen Literatur. Hg. J. Bumke. Darmstadt 1982

Murphy, J.J.: Rhetoric in the middle ages. A history of rhetorical theory from Saint Augustine to the Renaissance. Berkeley 1974

Neues Handbuch der Literaturwissenschaft. Hg. K. von See. Wiesbaden 1974– [MA: Bd. 6, 7, 8]

Nitschke, August: Soziale Ordnungen im Spiegel der Märchen. Bd. 1: Das frühe Europa. Stuttgart 1976

Ohly, Friedrich: Schriften zur mittelalterlichen Bedeutungsforschung. Darmstadt 1977

Propyläen Geschichte der Literatur. Literatur und Gesellschaft der westlichen Welt. Bd. 1–6. Frankfurt/M. ... 1981–1984 [MA: Bd. 2]

Lo spazio letterario del Medioevo. I. Il Medioevo latino. Bd. 1–4. Rom 1992–1994 [Bd.4 und Bibliographie angekündigt]

Sprandel, Rolf: Gesellschaft und Literatur im Mittelalter. Paderborn ... 1982

13.7.6.3 Deutsche Sprache

Eggers, Hans: Deutsche Sprachgeschichte. Bd.1–3. Reinbek bei Hamburg 1963–1969

Geschichte der deutschen Sprache. Ein Lehrbuch für das germanistische Studium. Begr. W. Schmidt. Hg. H. Langner. 7., verb. Aufl. Stuttgart 1996

Polenz, Peter von: Deutsche Sprachgeschichte vom Spätmittelalter bis zur Gegenwart. Bd. 1: Einführung, Grundbegriffe, Deutsch in der frühbürgerlichen Zeit. Berlin … 1991

Schulze, Ursula: Lateinisch-deutsche Parallelurkunden des 13. Jahrhunderts. Ein Beitrag zur Syntax der mittelhochdeutschen Urkundensprache. München 1975 (MAE.PS 30)

Sprachgeschichte. Ein Handbuch zur Geschichte der deutschen Sprache und ihrer Erforschung. Hg. W. Besch … Tl. 1–2. Berlin … 1984, 1985

13.7.6.4 Deutsche Literatur

13.7.6.4.1 Allgemein/übergreifend

Bumke, Joachim …: Geschichte der deutschen Literatur im Mittelalter. Bd. 1–3. München 1990

de Boor, Helmut; **Newald**, Richard: Geschichte der deutschen Literatur von den Anfängen bis zur Gegenwart. Bd. 1–, München 1960– [MA: Bd. 1–4,1; versch. Neubearb.]

Deutsche Literatur. Eine Sozialgeschichte. Hg. H.A. Glaser. Bd. 1–. Reinbek bei Hamburg 1988– [MA: Bd. 1–2. 1988; 1991]

Geschichte der deutschen Literatur von den Anfängen bis zum Beginn der Neuzeit. Hg. J. Heinzle. Bd. 1–. Königstein/Ts. [teilw. Frankfurt/M.] 1984–

Nusser, Peter: Deutsche Literatur im Mittelalter. Lebensformen, Wertvorstellungen und literarische Entwicklungen. Stuttgart 1992

Wapnewski, Peter: Deutsche Literatur des Mittelalters. Ein Abriß von den Anfängen bis zum Ende der Blütezeit. 4., bibliogr. erg. Aufl. Göttingen 1980

Wehrli, Max: Geschichte der deutschen Literatur vom frühen Mittelalter bis zum Ende des 16. Jahrhunderts. Stuttgart 1984

13.7.6.4.2 Darstellungen

Assion, Peter: Altdeutsche Fachliteratur. Berlin 1973

Exempel und Exempelsammlungen. Hg. W. Haug; B. Wachinger. Tübingen 1991 (ForVit 2)

Geschichtsbewußtsein in der deutschen Literatur des Mittelalters. Hg. C. Gerhardt … Tübingen 1985

Haug, Walter: Literaturtheorie im deutschen Mittelalter von den Anfängen bis zum Ende des 13. Jahrhunderts. Eine Einführung. Darmstadt 1985

Heldensage und Heldendichtung im Germanischen. Hg. H. Beck. Berlin … 1988 (RGA.Ergbd 2)

Müller, Jan-Dirk: Gedechtnus. Literatur und Hofgesellschaft um Maximilian I. München 1982 (FGÄDL 2)

Müller, Ulrich: Untersuchungen zur politischen Lyrik des deutschen Mittelalters. Göppingen 1974

Die Reichsidee in der deutschen Dichtung des Mittelalters. Hg. R. Schnell. Darmstadt 1983

Schwitalla, Johannes: Deutsche Flugschriften 1460–1525. Textsortengeschichtliche Studien. Tübingen 1983 (RGL 45)

Wissensliteratur im Mittelalter und in der frühen Neuzeit. Bedingungen, Typen, Publikum, Sprache. Hg. H. Brunner; N. R. Wolf. Wiesbaden 1993 (WiM 13)

13.7.6.5 Romanische Literaturen

Grundriß der romanischen Literaturen des Mittelalters [GRLM]. Hg. H.U. Gumbrecht; U. Mölk. Bd. 1–. Heidelberg 1982–

13.7.6.6 Mittellateinische Literatur

Berschin, Walter: Griechisch-lateinisches Mittelalter. Von Hieronymus bis Nikolaus von Kues. Bern … 1980

Brunhölzl, Franz: Geschichte der lateinischen Literatur des Mittelalters. Bd. 1–2. München 1975–1992

Etudes sur le latin des chrétiens. Hg. C. Mohrmann. Bd. 1–4. Rom 1958–1977 (SeL 65, 87, 103, 143)

Langosch, Karl: Die deutsche Literatur des lateinischen Mittelalters in ihrer geschichtlichen Entwicklung. Berlin 1964

–: Europas Latein des Mittelalters. Essays und Quellen. Darmstadt 1990

–: Mittellatein und Europa. Führung in die Hauptliteratur. Darmstadt 1990

Manitius, Max: Geschichte der lateinischen Literatur des Mittelalters. Bd. 1–3. München 1911–1931 (HAW)

13.7.6.7 Slawische Literaturen

Tschizewskij, Dmitrij: Vergleichende Geschichte der slawischen Literaturen. Bd. 1–2. Berlin … 1968

13.7.6.8 Mystik

Dinzelbacher, Peter: Vision und Visionsliteratur im Mittelalter. Stuttgart 1981 (MGM 23)

–: Christliche Mystik im Abendland. Ihre Geschichte von den Anfängen bis zum Ende des Mittelalters. Paderborn 1994

Frauenmystik im Mittelalter. Hg. P. Dinzelbacher; D.R. Bauer. Ostfildern 1985

Peters, Ursula: Religiöse Erfahrung als literarisches Faktum. Zur Vorgeschichte und Genese frauenmystischer Texte des 13. und 14. Jahrhunderts. Tübingen 1988

Religiöse Frauenbewegung und mystische Frömmigkeit im Mittelalter. Hg. P. Dinzelbacher; D.R. Bauer. Köln … 1988 (AKG.Bh 28)

Ruh, Kurt: Geschichte der abendländischen Mystik. Bd. 1–3. München 1990–1996

13.7.7 Kunst. Musik. Architektur

13.7.7.1 Einführungen

Appuhn, Horst: Einführung in die Ikonographie der mittelalterlichen Kunst in Deutschland. 3., veränd. u. erw. Aufl. Darmstadt 1985

Chapeaurouge, Donat de: Einführung in die Geschichte der christlichen Symbole. 3., verb. Aufl. Darmstadt 1991

Kunstgeschichte. Eine Einführung. Hg. H. Belting … 3., durchges. und erw. Aufl. Berlin 1988

Pächt, Otto: Buchmalerei des Mittelalters. Eine Einführung. Hg. D. Thoss; U. Jenni. 2. Aufl. München 1985

Reinle, Adolf: Die Ausstattung deutscher Kirchen im Mittelalter. Eine Einführung. Darmstadt 1988

13.7.7.2 Allgemein/übergreifend

Binding, Günther: Architektonische Formenlehre. Darmstadt 1995

Braunfels, Wolfgang: Die Kunst im Heiligen Römischen Reich Deutscher Nation. Bd. 1–6. München 1979–1989

Handbuch der Formen und Stilkunde. Mittelalter. Frühchristliche, byzantinische, romanische, gotische Kunst. Bearb. Y. Christie … Wiesbaden 1988

Duby, Georges: Kunst, Ideen, Geschichte. Bd. 1–3. Genf 1966–1967 [auch als: Die Kunst des Mittelalters. Stuttgart 1984–1985]

Propyläen Kunstgeschichte. Bd. 1–18. Berlin 1967–1974 [MA: Bd. 3–7. 1968–1972]

Universum der Kunst. Bd. 1–. München 1962–. [MA: Bd. 9–]

Aspects de la musique liturgique au Moyen Age. Hg. M. Huglo … Paris 1991

Die Musik des Mittelalters. Hg. H. Müller; R. Stephan … 1991

Yudkin, J.: Music in medieval Europe. Englewood Cliffs 1989

13.7.7.3 Darstellungen

Argan, Carlo Giulio: Kunstgeschichte als Stadtgeschichte. München 1989

Assunto, Rosario: Die Theorie des Schönen im Mittelalter. Köln 1982

Bandmann, Günther: Mittelalterliche Architektur als Bedeutungsträger. Berlin 1951

Bielitz, Mathias: Musik und Grammatik. Studien zur mittelalterlichen Musiktheorie. München 1977 (BMF 4)

Binding, Günther …: Baubetrieb im Mittelalter. Darmstadt 1993

–: Der früh- und hochmittelalterliche Bauherr als ›sapiens architectus‹. Darmstadt 1996

– …: Kleine Kunstgeschichte des deutschen Fachwerkbaus. 4., überarb. Aufl. Darmstadt 1989

Böker, Hans Josef: Die mittelalterliche Backsteinarchitektur Norddeutschlands. Darmstadt 1988

Elbern, Viktor H.: Die Goldschmiedekunst im frühen Mittelalter. Darmstadt 1988

Fritz, Johann Michael: Goldschmiedekunst der Gotik in Mitteleuropa. München 1982
Grimme, Ernst Günther: Bronzebildwerke des Mittelalters. Darmstadt 1985
Gülke, Peter: Mönche, Bürger, Minnesänger. Musik in der Gesellschaft des europäischen Mittelalters. 2., erw. Aufl. Wien 1980 (WMB 4)
Hotz, Walter: Kleine Kunstgeschichte der deutschen Schlösser. Darmstadt 1970
–: Kleine Kunstgeschichte der deutschen Burg. 4., veränd. Aufl. Darmstadt 1979
–: Pfalzen und Burgen der Stauferzeit. Geschichte und Gestalt. 2., korr. Aufl. Darmstadt 1988
Italienische Frührenaissance und nordeuropäisches Spätmittelalter. Kunst der frühen Neuzeit im europäischen Zusammenhang. Hg. J. Poeschke. München 1993
Jakobi, Christine: Buchmalerei. Ihre Terminologie in der Kunstgeschichte. Berlin 1991
Kemp, Wolfgang: Sermo corporeus. Die Erzählung der mittelalterlichen Glasfenster. München 1987
Körner, Hans: Grabmonumente des Mittelalters. Darmstadt 1997
Legner, Anton: Deutsche Kunst der Romanik. München 1982
Der mittelalterliche Baubetrieb Westeuropas. Katalog der zeitgenössischen Darstellungen. Hg. G. Binding. Köln 1987 (VAKIUK 32)
Mittelalterliches Kunsterleben nach Quellen des 11. bis 13. Jahrhunderts. Hg. G. Binding; A. Speer. Stuttgart-Bad Cannstatt 1993
Möbius, Friedrich; **Schubert**, Ernst: Architektur des Mittelalters. Funktion und Gestalt. 2., durchges. Aufl. Weimar 1985
Öffentliches Bauen in Mittelalter und früher Neuzeit. Abrechnungen als Quellen für die Finanz-, Wirtschafts- und Sozialgeschichte des Bauwesens. Hg. U. Dirlmeier … St. Katharinen 1991 (SuG 9)
Rückbrod, Konrad: Universität und Kollegium. Baugeschichte und Bautyp. Darmstadt 1977
Sauer, Christine: Fundatio und Memoria. Stifter und Klostergründer im Bild, 1100 bis 1350. Göttingen 1993 (VMPIG 109)
Schmidt, Heinrich und Margarethe: Die vergessene Bildsprache christlicher Kunst. Ein Führer zum Verständnis der Tier-, Engel- und Mariensymbolik. 2., erw. Aufl. München 1982
Schöller, Wolfgang: Die rechtliche Organisation des Kirchenbaues im Mittelalter, vornehmlich des Kathedralbaues. Baulast, Bauherrenschaft, Baufinanzierung. Köln … 1989
Sedlmayr, Hans: Die Entstehung der Kathedrale. Graz 1976
Stange, Alfred: Deutsche Malerei der Gotik. Bd. 1–11. München 1934–1961
Untermann, Matthias: Der Zentralbau im Mittelalter. Form, Funktion, Verbreitung. Darmstadt 1989
Warnke, Martin: Bau und Überbau. Soziologie der mittelalterlichen Architektur nach den Schriftquellen. Frankfurt/M. 1976
Wirth, Jean: L'image médiévale. Naissance et développements (VIe–XVe siècle). Paris 1989

13.7.7.4 Ordensbaukunst

Badstübner, Ernst: Klosterkirchen im Mittelalter. Die Baukunst der Reformorden. 2., verb. Aufl. München 1985

Binding, Günther; **Untermann**, Matthias: Kleine Kunstgeschichte der mittelalterlichen Ordensbaukunst in Deutschland. Darmstadt 1985

Braunfels, Wolfgang: Abendländische Klosterbaukunst. 5. Aufl. Köln 1985

Duby, Georges: Sankt Bernhard. Die Kunst der Zisterzienser. Genf 1977

Hümmerich, Walther: Anfänge des kapuzinischen Klosterbaues. Untersuchungen zur Kapuzinerarchitektur in den rheinischen Ordensprovinzen. Mainz 1987 (QAmrhKG 58)

Zettler, Alfons: Die frühen Klosterbauten der Reichenau. Ausgrabungen, Schriftquellen, St. Galler Klosterplan. Sigmaringen 1988 (AuG 3)

13.7.8 Mathematik. Naturwissenschaften. Medizin

13.7.8.1 Einführungen

Becker, Oskar: Grundlagen der Mathematik in geschichtlicher Entwicklung. 2., erw. Aufl. Freiburg/Br. … 1964 (OrbAcad.II 6)

A guide to the culture of science, technology, and medicine. Hg. P.T. Durbin … New York 1980

Sarton, George: Introduction to the history of science. Bd.1–3. Baltimore 1927–1948

13.7.8.2 Darstellungen

Bäumer, Änne: Geschichte der Biologie. Bd. 1–2 [Antike bis Renaissance]. Frankfurt/M. … 1991

Borst, Arno: Das mittelalterliche Zahlenkampfspiel. Heidelberg 1986

–: Computus. Zeit und Zahl in der Geschichte Europas. Berlin 1990 (KKB 28)

Der kranke Mensch in Mittelalter und Renaissance. Hg. P. Wunderli. Düsseldorf 1986 (StudHum 5)

Diepgen, Paul: Frau und Frauenheilkunde in der Kultur des Mittelalters. Stuttgart 1963

Englisch, Brigitte: Die Artes liberales im frühen Mittelalter (5.–9. Jh.). Das Quadrivium und der Komputus als Indikatoren für Kontinuität der exakten Wissenschaften zwischen Antike und Mittelalter. Stuttgart 1994 (SudArch.Bh 33)

Geistliche Aspekte mittelalterlicher Naturlehre. Hg. B. K. Vollmann. Wiesbaden 1993 (Wim 15)

Goldammer, Kurt: Der göttliche Magier und die Magierin Natur. Religion, Naturmagie und die Anfänge der Naturwissenschaft vom Spätmittelalter bis zur Renaissance. Stuttgart 1991

Grant, Edward: Das physikalische Weltbild des Mittelalters. Zürich … 1980

Illustrierte Geschichte der Medizin. Bd. 1–6. Salzburg 1986

Klinkenberg, Hans Martin: Homo faber mentalis. Über den Zusammenhang von Technik, Kunst, Organisation und Wissenschaft. Köln … 1995 (AKG.Bh 37)

Lichtenthaeler, Charles: Geschichte der Medizin. Die Reihenfolge ihrer Epochen-

Bilder und die treibenden Kräfte ihrer Entwicklung. Ein Lehrbuch ... Bd. 1: Vorgeschichte, Antike und Mittelalter. 4., durchges. Aufl. Köln 1987

Das Lorscher Arzneibuch und die frühmittelalterliche Medizin. Hg. G. Keil; P. Schnitzer. Lorsch 1991 (GBKB.Sb 12)

Maladies et société (XIIe–XVIIIe siècles). Hg. N. Bulst; R. Delort. Paris 1989

Medizin im mittelalterlichen Abendland. Hg. G. Baader; G. Keil. Darmstadt 1982

Mensch und Natur im Mittelalter. Hg. A. Zimmermann; A. Speer. Halbbd. 1–2. Berlin ... 1991–1992 (MM 21,1–2)

Reier, Herbert: Leben, Krankheiten und Heilungen im Mittelalter (800–1400). Kiel 1987

Sarton, George: A history of science. Bd. 1–2. Cambridge/Mass. 1952–1959

Schipperges, Heinrich: Arabische Medizin im lateinischen Mittelalter. Berlin ... 1978

–: Der Garten der Gesundheit. München ... 1985

–: Die Kranken im Mittelalter. München 1990

Thorndike, Lynn: A history of magic and experimental science. Bd. 1–8. New York ... 1923–1958

Wagner, Siegfried: Die Entwicklung der exakten Naturwissenschaften von der Antike bis zur Gegenwart. Eine Quantifizierung ihrer Geschichte. Bd. 1–2. Bielefeld 1985 (SSR 27)

13.7.9 Byzanz

13.7.9.1 Einführungen

Wirth, Peter: Grundzüge der byzantinischen Geschichte. 2., überarb. Aufl. Darmstadt 1989

13.7.9.2 Darstellungen

Beck, Hans-Georg: Das byzantinische Jahrtausend. München 1978

–: Byzantinisches Lesebuch. München 1982

Bisanzio, Roma e l'Italia nell'alto medioevo. Bd. 1–2. Spoleto 1988 (SSCI 34)

Byzantinisches Handbuch. Bd. 1–5. München 1963–1977 [versch. Hg./Bearb., versch. Aufl.] (HAW 12)

Byzanz. Hg. F.-G. Maier. 5. Aufl. Frankfurt/M. 1983

Cutler, Anthony; **Spieser**, Jean-Michel: Das mittelalterliche Byzanz 725–1204. München 1996 (UdK 41)

Mazal, Otto: Handbuch der Byzantinistik. Graz 1989

Runciman, Steven: Kunst und Kultur in Byzanz. Ein Überblick. München 1978

Schreiner, Peter: Byzanz. 2., überarb. und erw. Aufl. München 1994 (OGG 22)

Weiss, Günter: Byzanz. München 1986 (HZ.Sh 14)

Winkelmann, Friedhelm; **Gomolka-Fuchs**, Gudrun: Die byzantinische Kultur. 2., überarb. Aufl. Leipzig 1989

13.7.10. Islam

13.7.10.1 Einführungen

Endress, Gerhard: Einführung in die islamische Geschichte. München 1982

Watt, William Montgomery: Der Einfluß des Islam auf das europäische Mittelalter. Eine Einführung in die islamische Hochkultur und ihre prägenden Kräfte für die Geburt der Wissenschaften im mittelalterlichen Europa. Berlin 1988 (KKB 4)

13.7.10.2 Darstellungen

Bacharach, Jere L.: A Middle East Studies Handbook. Cambridge 1984

Eickhoff, Ekkehard: Seekrieg und Seepolitik zwischen Islam und Abendland. Das Mittelmeer unter byzantinischer und arabischer Hegemonie (650–1040). Berlin 1966

Geschichte der arabischen Welt. Hg. U. Haarmann. München 1987

Grunebaum, Gustav Edmund von: Der Islam in seiner klassischen Periode (622–1258). Zürich … 1966

Hourani, Albert: Die Geschichte der arabischen Völker. Frankfurt/M. 1992

Irwin, Robert: The Middle East in the Middle Ages. The early Mamluk-Sultanate. 1250–1382. London … 1986

Der Islam I. Vom Ursprung bis zu den Anfängen des Osmanenreiches. Hg. C. Cahen. Frankfurt/M. 1968

Klein-Franke, Felix: Die klassische Antike in der Tradition des Islam. Darmstadt 1980

Köhler, Michael A.: Allianzen und Verträge zwischen fränkischen und islamischen Herrschern im Vorderen Orient. Eine Studie über das zwischenstaatliche Zusammenleben vom 12. bis ins 13. Jahrhundert. Berlin … 1991 (SSGKIO NF 12)

Lewis, Bernard: Der Islam von den Anfängen bis zur Eroberung von Konstantinopel. Bd. 1–2. Zürich … 1981–1982

Lombard, Maurice: Blütezeit des Islam. Eine Wirtschafts- und Kulturgeschichte. 8.–11. Jahrhundert. Frankfurt/M. 1991

Muslims under Latin Rule. 1100–1300. Hg. J.M. Powell. Princeton 1990

Nagel, Tilmann: Staat und Glaubensgemeinschaft im Islam. Geschichte der politischen Ordnungsvorstellungen der Muslime im Mittelalter. Bd. 1–2. Zürich … 1981

L'occidente e l'Islam nell'alto medioevo. Bd. 1–2. Spoleto 1965 (SSCI 12)

Rotter, Ekkehard: Abendland und Sarazenen. Das okzidentale Araberbild und seine Entstehung im Frühmittelalter. Berlin … 1986 (SSGKIO NF 11)

Werner, Ernst: Die Geburt einer Großmacht. Die Osmanen (1300–1481). Ein Beitrag zur Genesis des türkischen Feudalismus. 4., verb. und wesentl. verm. Aufl. Weimar 1985 (FMG 32)

14 Hilfswissenschaften

[siehe auch: **Caenegem/Ganshof**, S. 273–387; **Ditfurth**, S. 134–138; **Guyotjeannin**, S. 29–62]

14.1 Allgemeine Einführungen, Darstellungen, Hilfsmittel

Die archivalischen Quellen. Eine Einführung in ihre Benutzung. Hg. F. Beck; E. Henning. Weimar 1994 (VBL 29)

Brandt, Ahasver von: Werkzeug des Historikers. Eine Einführung in die Historischen Hilfswissenschaften. 14. Aufl. Stuttgart … 1996

Clavis medievalis. Kleines Wörterbuch der Mittelalterforschung. Hg. Otto Meyer. Wiesbaden 1962

Delort, Robert: Introduction aux sciences auxiliaires de l'histoire. Paris 1969

L'histoire et ses méthodes. Hg. Charles Samaran. Paris 1961 [S. 191–767]

Ribbe, Wolfgang; **Henning**, Eckart: Taschenbuch für Familiengeschichtsforschung. 10., erw. u. verb. Aufl. Neustadt/Aisch 1990

14.2 Chronologie

Brinckmeier, Eduard: Praktisches Handbuch der historischen Chronologie aller Zeiten und Völker. Besonders des Mittelalters. 2., vollst. umgearb. und verm. Aufl. Berlin 1882

Cappelli, Adriano: Cronologia, cronografia e calendario perpetuo. 4. Aufl. Mailand 1978

Grotefend, Hermann: Taschenbuch der Zeitrechnung des deutschen Mittelalters und der Neuzeit. 12., verb. Aufl. Hannover 1982

–: Zeitrechnung des deutschen Mittelalters und der Neuzeit. Bd. 1–2. Hannover 1891–1898

14.3 Diplomatik

14.3.1 Allgemein/übergreifend

Bresslau, Harry: Handbuch der Urkundenlehre für Deutschland und Italien. Bd. 1–2. Berlin; Bd. 1: 2. Aufl. 1912; Bd. 2,1. 1915; Bd. 2,2. 1931; Regbd. 1960

Bouard, Alain de: Manuel de diplomatique française et pontificale. Bd. 1–2. Paris 1929–1952

Erben, Wilhelm: Die Kaiser- und Königsurkunden des Mittelalters in Deutschland, Frankreich und Italien. 2. Aufl. München … 1907 (HMNG.IV 1)

Frenz, Thomas: Papsturkunden des Mittelalters und der Neuzeit. Stuttgart 1986 (HGE 2)

Guyotjeannin, Olivier ...: Diplomatique médiévale. Turnhout 1993 (AdM 2)

Redlich, Oswald: Die Privaturkunden des Mittelalters. München ... 1911 (HMNG.IV 3)

Santifaller, Leo: Urkundenforschung. Methoden, Ziele, Ergebnisse. 3., rev. Aufl. Köln ... 1968

14.3.2 Fälschungen

Fälschungen im Mittelalter. Internationaler Kongreß der Monumenta Germaniae Historica, München 16.–19. September 1986. Tl. 1–6. Hannover 1988–1990 (SMGH 33,1–6)

14.3.3 Kanzleiuntersuchungen

Bansa, Helmut: Studien zur Kanzlei Kaiser Ludwigs des Bayern vom Tag der Wahl bis zur Rückkehr aus Italien (1314–1329). Kallmünz 1968 (MHS.GH 5)

Brandenstein, Christoph Freiherr von: Urkundenwesen und Kanzlei, Rat und Regierungssystem des Pfälzer Kurfürsten Ludwig III. (1410–1436). Göttingen 1983 (VMPIG 71)

Frenz, Thomas: Die Kanzlei der Päpste der Hochrenaissance (1471–1527). Tübingen 1986 (BDHIR 63)

Hägermann, Dieter: Studien zum Urkundenwesen Wilhelms von Holland. Ein Beitrag zur deutschen Königsurkunde im 13. Jahrhundert. Köln ... 1977 (AfD.Bh 2)

Herde, Peter: Beiträge zum päpstlichen Kanzlei- und Urkundenwesen im 13. Jahrhundert. 2. Aufl. Kallmünz 1967 (MHS.GH 1)

Hlaváček, Ivan: Das Urkunden- und Kanzleiwesen des böhmischen und römischen Königs Wenzel (IV.) 1376–1419. Ein Beitrag zur spätmittelalterlichen Diplomatik. Stuttgart 1970 (SMGH 23)

Kortüm, Hans Henning: Zur päpstlichen Urkundensprache im frühen Mittelalter. Die päpstlichen Privilegien 896–1046. Sigmaringen 1994 (BGQM 17)

Landesherrliche Kanzleien im Spätmittelalter. München 1984 (MBMRF 35)

Schwarz, Brigide: Die Organisation kurialer Schreiberkollegien. Tübingen 1972 (BDHIR 37)

Sprinkart, Alfons: Kanzlei, Rat und Urkundenwesen der Pfalzgrafen bei Rhein und Herzöge von Bayern 1294 bis 1314 (1317). Forschungen zum Regierungssystem Rudolfs I. und Ludwigs IV. Köln ... 1986 (FKPM 4)

Wohlgemut, Hanns: Das Urkundenwesen des deutschen Reichshofgerichts 1273–1378. Eine kanzleigeschichtliche Studie. Köln ...1973 (QFHG 1)

14.3.4 Varia

Boshof, Egon; **Wolter**, Heinz: Rechtsgeschichtlich-diplomatische Studien zu frühmittelalterlichen Papsturkunden. Köln ... 1976

Diplomatische und chronologische Studien aus der Arbeit an den Regesta Imperii. Hg. Paul-Joachim Heinig. Köln ... 1991 (FKPM 8)

Fichtenau, Heinrich: Arenga. Spätantike und Mittelalter im Spiegel von Urkundenformeln. Graz ... 1957 (MIÖG.Ergbd 18)

–: Das Urkundenwesen in Österreich vom 8. bis zum frühen 13. Jahrhundert. Wien 1971 (MIÖG.Ergbd 23)

Genicot, Léopold: Les actes publics. Turnhout 1972 (TS 3)

Pitz, Ernst: Schrift- und Aktenwesen der städtischen Verwaltung im Spätmittelalter. Köln 1959 (MSAK 45)

–: Papstreskript und Kaiserreskript im Mittelalter. Tübingen 1971 (BDHIR 26)

Schuler, Peter-Johannes: Südwestdeutsche Notarszeichen. Mit einer Einleitung über die Geschichte des deutschen Notarszeichens. Sigmaringen 1976 (KGRq 22)

14.4 Paläographie und Kodikologie

14.4.1 Allgemein/übergreifend

Bischoff, Bernhard: Paläographie des römischen Altertums und des abendländischen Mittelalters. 2., verb. Aufl. Berlin 1986 (GGerm 24)

Cappelli, Adriano: Lexicon abbreviaturarum. Dizionario di abbreviature latine ed italiane. 6. Aufl. Mailand 1961 (Erg.: **Pelzer**, Auguste: Abréviations latines médiévales. 2. Aufl. Löwen 1966)

L'écriture. Le cerveau, l'oeuil et la main. Hg. C. Sirat ... Turnhout 1990 (Bibl 10)

Foerster, Hans: Abriß der lateinischen Paläographie. 2., neu bearb. und verm. Aufl. Stuttgart 1963

Grun, Paul Arnold: Schlüssel zu alten und neuen Abkürzungen. Wörterbuch lateinischer und deutscher Abkürzungen des späten Mittelalters und der Neuzeit. Limburg/L. 1966 (GGerm 6)

Heinemeyer, Walter: Studien zur Geschichte der gotischen Urkundenschrift. 2., verb. Aufl. Köln ... 1982 (AfD.Bh 4)

Mazal, Otto: Lehrbuch der Handschriftenkunde. Wiesbaden 1986 (EBBW 10)

Pergament. Geschichte, Struktur, Restaurierung, Herstellung. Hg. Peter Rück. Sigmaringen 1991 (HHW 2)

Probleme der Bearbeitung mittelalterlicher Handschriften. Hg. H. Härtel ... Wiesbaden 1986 (WoF 30)

Santifaller, Leo: Beiträge zur Geschichte der Beschreibstoffe im Mittelalter, mit besonderer Berücksichtigung der päpstlichen Kanzlei. Graz ... 1953 (MIÖG.Ergbd 16,1)

Stiennon, Jacques: Paléographie du Moyen Age. Paris 1973

14.4.2 Abbildungen, Tafelwerke

Arndt, Wilhelm; **Tangl**, Michael: Schrifttafeln zur Erlernung der lateinischen Paläographie. Lfg. 1–3. Berlin 1897–1929

Deutsche Schrifttafeln des IX. bis XVI. Jahrhunderts aus Handschriften der K. [Abt. 4f.: Bayerischen] Hof- und Staatsbibliothek in München. Hg. E. Petzet und O. Glauning. Abt. 1–5. München [4f.: Leipzig] 1910–1930

Diplomata Karolinorum. Recueil des reproductions en facsimilé des actes originaux des souverains carolingiens conservés dans les archives et bibliothèques de France. Hg. F. Lot; P. Lauer. Bd. 1–9. Toulouse … 1936–1949

Fees, Irmgard: Abbildungsverzeichnis der original überlieferten fränkischen und deutschen Königs- und Kaiserurkunden von den Merowingern bis zu Heinrich VI. Marburg/L. 1994 (ED 1)

Foerster, Hans: Mittelalterliche Buch- und Urkundenschriften auf 50 Tafeln, mit Erläuterungen und vollständiger Transkription. Bern 1946

Fotografische Sammlungen mittelalterlicher Urkunden in Europa. Geschichte, Umfang, Aufbau und Verzeichnungsmethoden der wichtigsten Urkundensammungen, mit Beiträgen zur EDV-Erfassung von Urkunden und Fotodokumenten. Hg. P. Rück. Sigmaringen 1989 (HHW 1)

Kaiserurkunden in Abbildungen. Hg. H. v. Sybel; T. v. Sickel. Lfg. 1–11. Berlin 1880–1891

Recueil de fac-similés à l'usage de l'Ecole des Chartes. Bd. 1–4. Paris 1880–1887

Steffens, Franz: Lateinische Paläographie. 100 Tafeln mit einer systematischen Darstellung der Entwicklung der lateinischen Schrift. 2. Aufl. Berlin … 1929; Ndr. 1964

Urkunden und Siegel in Nachbildungen für den akademischen Gebrauch. Hg. G. Seeliger. H. 2–4. Leipzig … 1914

14.5 Epigraphik

Kloos, Rudolf M.: Einführung in die Epigraphik des Mittelalters und der frühen Neuzeit. Darmstadt 1980

Vom Quellenwert der Inschriften. Hg. R. Neumüllers-Klauser. Heidelberg 1992 (SBHAW.PHK.Supplbd 7)

14.6 Sphragistik

Bascapè, Giacomo C.: Sigillografia. Il sigillo nella diplomatica, nel diritto, nella storia, nell'arte. Bd. 1–3. Mailand 1969–1984

Battenberg, Friedrich: Das Hofgerichtssiegel der deutschen Kaiser und Könige 1235–1451. Köln … 1979 (QFHG 6)

Diederich, Toni: Rheinische Städtesiegel. Neuss 1984
Pastoureau, Michel: Les sceaux. Turnhout 1978 (TS 36)
Die Siegel der deutschen Kaiser und Könige von 751 bis 1806. Hg. O. Posse. Bd. 1–5. Dresden 1909–1913
Vocabulaire international de la sigillographie. Rom 1990 (PAS.S 3)

14.7 Heraldik

Galbreath, Donald Leonel; **Jéquier**, Léon: Handbuch der Heraldik. Augsburg 1990
Johann Siebmachers grosses und allgemeines Wappenbuch. Hg. O. Titan von Hefner. Bd. 1–. Nürnberg 1854–. General-Index zu den Siebmacher'schen Wappenbüchern 1605–1961. Bearb. H. Jäger-Sunstenau. Graz 1964
Neubecker, Otfried: Heraldik. Wappen – Ihr Ursprung, Sinn und Wert. Frankfurt/M. 1977
Pastoureau, Michel: Traité d'Héraldique. 2., erw. Aufl. Paris 1993
Schroeder, Michael: Kleine Wappenkunst. Frankfurt/M. 1990
Wappenbilderordnung. Symbolorum armorialium ordo. Bearb. J. Arndt; W. Seeger. Bd. 1–2 [Indexbd.]. Neustadt/Aisch 1986–1990

14.8 Genealogie

Europäische Stammtafeln. Stammtafeln zur Geschichte der europäischen Staaten. Begr. W. K. Prinz zu Isenburg, fortgef. von F. Baron Freytag von Loringhoven. NF Hg. D. Schwennicke. Marburg 1979–1993. Bd. 1: Die deutschen Staaten. Die Stammesherzoge, die weltlichen Kurfürsten, die kaiserlichen, königlichen und großherzoglichen Familien. 1980; Bd. 2: Die außerdeutschen Staaten. Die regierenden Häuser der übrigen Staaten Europas. 1984; Bd. 3,1: Herzogs- und Grafenhäuser des Heiligen Römischen Reiches, andere europäische Fürstenhäuser; Bd. 3,2: Nichtstandesgemäße und illegitime Nachkommen der regierenden Häuser Europas; Bd. 3,3: Andere große europäische Familien, illegitime Nachkommen spanischer und portugiesischer Königshäuser. 1983–1985; Bd. 4–5: Standesherrliche Häuser I/II. 1981.1988; Bd. 6–7: Familien des alten Lotharingien I/II. 1978.1979; Bd. 8: West-, Mittel- und nordeuropäische Familien. 1980; Bd. 9: Familien des Früh- und Hochkapitalismus. 1987; Bd. 10: Pairs de France und ihre Familien. 1986; Bd. 11: Familien vom Mittel- und Oberrhein und aus Burgund. 1986; Bd. 12: Schwaben. 1992; Bd. 13–14: Les familles féodales de France I/II. 1990.1991; Bd. 15: La Bourgogne au Moyen Age. 1993
Genicot, Léopold: Les généalogies. Turnhout 1975 (TS 15)
Handbuch der Genealogie. Hg. E. Henning; W. Ribbe. Neustadt/Aisch 1972
Möller, Walther: Stamm-Tafeln westdeutscher Adelsgeschlechter im Mittelalter. Bd. 1–3. Darmstadt 1922–1936; NF Bd. 1–2. Darmstadt 1950–1951

Sokop, Brigitte: Stammtafeln europäischer Herrscherhäuser. Tl. A: Stammtafeln; Tl. B: Register. 2., völlig neu bearb. Aufl. Wien ... 1989

Stammtafeln zur Geschichte der europäischen Staaten. Hg. W. K. Prinz v. Isenburg. Bd. 1–3. Berlin 1936–1937; 2., verb. Aufl. Hg. F. Baron Freytag v. Loringhoven. Bd. 1–4; Ergbd. 1–2. Marburg 1953–1961; 3. Aufl. Bd. 1–5. 1964–1978 [fortgesetzt als: Europäische Stammtafeln]

14.9 Historische Geographie, Siedlungsforschung

Genetische Siedlungsforschung in Mitteleuropa und seinen Nachbarräumen. Hg. K. Fehn ... Bonn 1988

Géographie du monde au moyen âge et à la Renaissance. Hg. M. Pelletier. Paris 1989 (CTHS.MSG 15)

Historische Geographie der Deutschen Demokratischen Republik. Tl. 1–3. Hg. W. Strenz. Gotha ... 1976–1979

Jäger, Helmut: Historische Geographie. 2. Aufl. Braunschweig 1973

–: Entwicklungsprobleme europäischer Kulturlandschaften. Eine Einführung. Darmstadt 1987

Pounds, Norman J. G.: An Historical Geography of Europe 450 B.C.–A.D. 1330. London 1973

14.10 Historische Kartographie

Brincken, Anna-Dorothee von den: Kartographische Quellen. Welt-, See- und Regionalkarten. Turnhout 1988 (TS 51)

–: Fines Terrae. Die Enden der Erde und der vierte Kontinent auf mittelalterlichen Weltkarten. Hannover 1992 (SMGH 36)

Franz, Günther; **Jäger**, Helmut: Historische Kartographie, Forschung und Bibliographie. 3., erg. Aufl. Hannover 1980 (VARL.Bt 46)

The history of cartography. Bd. 1: Cartography in prehistoric, ancient and medieval Europe and in the Mediterranean. Hg. J.B. Harley; D. Woodward. Chicago; London 1987

Hüttermann, Armin: Karteninterpretation in Stichworten. Bd. 1: Geographische Interpretation topographischer Karten. 2., überarb. Aufl. Kiel 1981

Lexikon zur Geschichte der Kartographie von den Anfängen bis zum ersten Weltkrieg. Die Kartographie und ihre Randgebiete. Enzyklopädie. Hg. I. Kretschmer ... Bd. 1–2. Wien 1986

Medieval Maps. Hg. P.A.D. Harvey. London 1991

Ogrissek, Rudi: Die Karte als Hilfsmittel des Historikers. Gotha ... 1968 (GeoBS NR 4)

Ein Weltbild vor Columbus. Die Ebstorfer Weltkarte. Interdisziplinäres Colloquium 1988. Hg. H. Kugler; M. Eckhard. Weinheim 1991

14.11 Metrologie

Alberti, Hans-Joachim: Maß und Gewicht. Geschichte und tabellarische Darstellung von den Anfängen bis zur Gegenwart. Berlin (Ost) 1957

Handbuch der historischen Metrologie. Hg. H. Witthöft. Bd. 1–. St. Katharinen 1991– [Bd. 1. 1991. Bd. 2, Tl. 1–3. 1993–1994]

Die historische Metrologie in den Wissenschaften. Philosophie – Architektur und Baugeschichte – Geschichte der Mathematik und der Naturwissenschaften – Geschichte des Münz-, Maß- und Gewichtswesens. Hg. H. Witthöft … St. Katharinen 1986 (SuG 3)

Verdenhalven, Fritz: Alte Maße, Münzen und Gewichte aus dem deutschen Sprachgebiet. Neustadt/Aisch 1968

14.12 Numismatik, Geldgeschichte

Blanchet, Adrien; **Dieudonné**, Adolphe: Manuel de numismatique française. Bd. 1–4. Paris 1912–1936

Frey, Albert R.: Dictionary of numismatic names. With glossary of numismatic terms in English, French, German, Italian, Swedish. New York 1947

Friedensburg, Ferdinand: Münzkunde und Geldgeschichte der Einzelstaaten des Mittelalters und der neueren Zeit. München … 1926 (HMNG.IV)

Grierson, Philip: Münzen des Mittelalters. München 1976 (WMünz 4)

Holtz, Walter: Lexikon der Münzabkürzungen. München 1981

Jesse, Wilhelm: Quellenbuch zur Münz- und Geldgeschichte des Mittelalters. Bd. 1–2. Halle 1924

Kluge, Bernd: Deutsche Münzgeschichte von der späten Karolingerzeit bis zum Ende der Salier (ca. 900–1125). Sigmaringen 1991 (RGZFVF.M 29)

Luschin von Ebengreuth, Arnold: Allgemeine Münzkunde und Geldgeschichte des Mittelalters und der neueren Zeit. 2., stark verm. Aufl. München … 1926

Münzprägung, Geldumlauf und Wechselkurse – Minting, monetary circulation and exchange rates. Akten der C 7-Sektion des 8th International Economic History Congress Budapest 1982. Hg. E. van Cauwenberghe; F. Irsigler. Trier 1984 (THF 7)

Nicklis, Hans-Werner: Geldgeschichtliche Probleme des 12. und 13. Jahrhunderts im Spiegel zeitgenössischer Geschichtsschreibung. Tl. 1–2. Hamburg 1983 (NumSt 8)

Probszt, Günther: Österreichische Münz- und Geldgeschichte. Von den Anfängen bis 1918. Wien … 1973

Spufford, Peter: Handbook of medieval exchange. London 1986 (RHS.GaH 13)

Suhle, Arthur: Deutsche Münz- und Geldgeschichte von den Anfängen bis zum 15. Jahrhundert. 2., durchges. Aufl. Berlin (Ost) 1964

van Rey, Manfred: Einführung in die rheinische Münzgeschichte des Mittelalters. Mönchengladbach 1983 (BGSMö 17)

Wörterbuch der Münzkunde. Hg. F. Frh. von Schrötter. Berlin … 1930

14.13 Namenkunde

Bach, Adolf: Deutsche Namenkunde. Bd. 1–3. 2., stark erw. Aufl. Heidelberg 1952–1956

Familiennamenbuch der Schweiz – Repertoire des noms de famille suisses. Bearb. E. und Cl. Meier ... Bd. 1–3. 3., verb. Aufl. Zürich 1989

Ortsnamen und Urkunden. Frühmittelalterliche Ortsnamenüberlieferung. Münchener Symposion 10. bis 12. Oktober 1988. Hg. R. Schützeichel. Heidelberg 1990 (BNF.Bh 29)

Personennamen des Mittelalters. PMA. Ansetzungs- und Verweisungsformen gemäß den RAK. Erarbeitet von der Bayerischen Staatsbibliothek. Wiesbaden 1989 (RAK 6)

Personennamendatei. Projektleitung K. Haller. Berlin 1992 [DBI; enthält alle Namen aus »Personennamen des Mittelalters« nebst Nachträgen]

Probleme der Namenforschung im deutschsprachigen Raum. Hg. H. Steger. Darmstadt 1977

14.14 Mittellateinische Philologie

Arbusow, Leonid: Colores Rhetorici. Eine Auswahl rhetorischer Figuren und Gemeinplätze als Hilfsmittel für Übungen an mittelalterlichen Texten. 2. Aufl. Hg. H. Peter. Göttingen 1963

Langosch, Karl: Lateinisches Mittelalter. Einführung in Sprache und Literatur. 3., erg. Aufl. Darmstadt 1975

Mittellateinische Philologie. Beiträge zur Erforschung der mittelalterlichen Latinität. Hg. A. Önnerfors. Darmstadt 1975

Norberg, Dag Ludwig: Manuel pratique de latin médiéval. Paris 1968

Probleme der Edition mittel- und neulateinischer Texte. Hg. L. Hödl; D. Wuttke. Boppard 1978

Stotz, Peter: Handbuch zur lateinischen Sprache des Mittelalters. Bd. 3: Lautlehre. München 1996 [geplant insges. 5 Bde.]

Strecker, Karl: Introduction to medieval latin. English translation and revision by R.B. Palmer. 2., verb. Aufl. Berlin 1963

14.15 Germanische Philologie

de Boor, Helmut; **Wisniewski**, Roswitha: Mittelhochdeutsche Grammatik. 9., um eine Satzlehre erw. Aufl. Berlin 1984

Braune, Wilhelm: Althochdeutsche Grammatik. 13. Aufl. Bearb. H. Eggers. Tübingen 1975 (SKGGD.A 5)

Ehrismann, Otfried; **Ramge**, Hans: Mittelhochdeutsch. Eine Einführung in das Studium der deutschen Sprachgeschichte. Tübingen 1976 (GAH 19)

Sonderegger, Stefan: Althochdeutsche Sprache und Literatur. Eine Einführung in das älteste Deutsch. Darstellung und Grammatik. Berlin ... 1974

14.16 Romanische Philologie

Grundriß der romanischen Philologie. Hg. G. Gröber. 2., verb. und verm. Aufl. Bd. 1–3. Straßburg 1904–1906. [Nachfolgewerk: GRLM]

Vidos, Benedictus Elemer: Handbuch der romanischen Sprachwissenschaft. München 1968

14.17 Slawistik

Bräuer, Herbert: Slavische Sprachwissenschaft. Tl. 1–3. Berlin 1961–1969

14.18 Mittelalter-Archäologie

Fehring, Günter P.: Einführung in die Archäologie des Mittelalters. 2., verb. Aufl. Darmstadt 1992

Archäologische Beiträge zur Entwicklung und Struktur der bäuerlichen Siedlung. Berlin 1980 (SUFG 33)

Chapelot, Jean; **Fossier**, Robert: Le village et la maison au Moyen Age. Paris 1980

Experimentelle Archäologie in Deutschland. Bearb. M. Fansa ... Oldenburg 1990 (AMNWD.Bh 4)

Felgenhauer-Schmiedt, Sabine: Die Sachkultur des Mittelalters im Lichte der archäologischen Funde. Frankfurt/M. ... 1995 (EHS.XXXVIII 42)

Geschichtswissenschaft und Archäologie. Untersuchungen zur Siedlungs-, Wirtschafts- und Kirchengeschichte. Hg. H. Jankuhn; R. Wenskus. Sigmaringen 1979 (VuF 22)

Jankuhn, Herbert: Archäologie und Geschichte. Bd. 1: Beiträge zur siedlungsarchäologischen Forschung. Berlin ... 1976

–: Einführung in die Siedlungsarchäologie. Berlin ... 1977

Montanarchäologie in Europa. Berichte zum internationalen Kolloquium »Frühe Erzgewinnung und Verhüttung in Europa«. Hg. H. Steuer; U. Zimmermann. Sigmaringen 1993 (AuG 4)

Platt, Colin: Medieval England. A social history and archaeology from the conquest to A.D.1600. London 1978

Stadtarchäologie in Deutschland und den Nachbarländern. Ergebnisse, Verluste, Konzeptionen. Bonn 1988 (LSAKG 14)

Stark, Joachim: Haithabu – Schleswig – Danewerk. Aspekte einer Forschungsgeschichte mittelalterlicher Anlagen in Schleswig-Holstein. Oxford 1988 (BAR.IS 432)

Steuer, Heiko: Frühgeschichtliche Sozialstrukturen in Mitteleuropa. Eine Analyse der Auswertungsmethoden des archäologischen Quellenmaterials. Göttingen 1982 (AAWG.PHK 128)

Zur Keramik des Mittelalters und der beginnenden Neuzeit im Rheinland –

Medieval and later pottery from the Rhineland and its markets. Hg. R.M. Gaimster ... Oxford 1988 (BAR.IS 440)

14.19 Burgenkunde

Antonow, Alexander: Planung und Bau von Burgen im süddeutschen Raum. Frankfurt/M. 1983

Die Burgen im deutschen Sprachraum. Ihre rechts- und verfassungsgeschichtliche Bedeutung. Hg. H. Patze. Tl. 1–2. Sigmaringen 1976 (VuF 19,1–2)

Dictionnaire des châteaux de France. Bd. 1–. Paris 1978–

Glossarium Artis. Deutsch-französisches Wörterbuch zur Kunst. Bd. 1: Burgen und feste Plätze vor Einführung der Feuerwaffen; mit Anhang: Kriegsgeräte und schwere Waffen. 2., verm. Aufl. Tübingen 1977

Jäschke, Kurt-Ulrich: Burgenbau und Landesverteidigung um 900. Überlegungen zu Beispielen aus Deutschland, Frankreich und England. Sigmaringen 1975 (VuF.Sb 16)

Meyer, Werner; **Widmer**, Eduard: Das große Burgenbuch der Schweiz. München 1977

Piper, Otto: Burgenkunde. Bauwesen und Geschichte der Burgen zunächst innerhalb des deutschen Sprachgebietes. Frankfurt/M. 1967 [Ndr. der 3. Aufl. München 1912]

Platt, Colin: The castle in medieval England and Wales. London 1982

Salch, Charles-Laurent: Dictionnaire des châteaux et des fortifications du moyen âge en France. Strasbourg 1979

Stenzel, Gerhard: Österreichs Burgen. Wien 1989

Streich, Gerhard: Burg und Kirche während des deutschen Mittelalters. Untersuchungen zur Sakraltopographie von Pfalzen, Burgen und Herrensitzen, Pfalz- und Burgkapellen bis zur staufischen Zeit. Tl. 1–2. Sigmaringen 1984 (VuF.Sb 29,1–2)

Tillmann, Curt: Lexikon der deutschen Burgen und Schlösser. Bd. 1–4. Stuttgart 1958–1961

Zeune, Joachim: Burgen – Symbole der Macht. Ein neues Bild der mittelalterlichen Burg. Regensburg 1996

14.20 Realienkunde

Adelige Sachkultur des Spätmittelalters. Wien 1982 (SBÖAW.PHK 400; VIMRÖ 5)

Bäuerliche Sachkultur des Spätmittelalters. Wien 1984 (SBÖAW.PHK 439; VIMRÖ 7)

Bildwörterbuch der Kleidung und Rüstung. Vom alten Orient bis zum ausgehenden Mittelalter. Hg. H. Kühnel. Stuttgart 1992

Die Erforschung von Alltag und Sachkultur des Mittelalters. Methode – Ziel – Verwirklichung. Wien 1984 (SBÖAW.PHK 433; VIMRÖ 6)

Europäische Sachkultur des Mittelalters. Gedenkschrift aus Anlaß des zehnjährigen Bestehens des Instituts für mittelalterliche Realienkunde Österreichs. Hg. H. Kühnel. Wien 1980 (SBÖAW.PHK 374; VIMRÖ 4)

Die Funktion der schriftlichen Quelle in der Sachkulturforschung. Wien 1976 (SBÖAW.PHK 304,4; VIMRÖ 1)

Handwerk und Sachkultur im Spätmittelalter. Wien 1988 (SBÖAW.PHK 513; VIMRÖ 11)

Klösterliche Sachkultur des Spätmittelalters. Wien 1980 (SBÖAW.PHK 367; VIMRÖ 3)

Materielle Kultur und religiöse Stiftung. Wien 1990 (SBÖAW.PHK 554; VIMRÖ 12)

Terminologie und Typologie mittelalterlicher Sachgüter. Das Beispiel der Kleidung. Wien 1988 (SBÖAW.PHK 511; VIMRÖ 10)

14.21 Volkskunde, Alltagskultur

Bach, Adolf: Deutsche Volkskunde. Wege und Organisationen. Probleme. Systeme. Methoden. Ergebnisse und Aufgaben. Schrifttum. 3. Aufl. Heidelberg 1960

Bausinger, Hermann ...: Grundzüge der Volkskunde ... Darmstadt 1978

Geschichte der Alltagskultur. Aufgaben und neue Ansätze. Hg. G. Wiegelmann. Münster/W. 1980 (BVN 21)

Wandel der Alltagskultur seit dem Mittelalter. Phasen – Epochen – Zäsuren. Hg. G. Wiegelmann. Münster/W. 1987 (BVN 55); siehe auch FS **G. Wiegelmann**

Wörterbuch der deutschen Volkskunde. 3., neu bearb. Aufl. von R. Beitl; K. Beitl. Stuttgart 1974

15 Geschichtsatlanten, Geschichtskarten

15.1 Allgemein/übergreifend

Atlas historique. L'histoire du monde en 317 cartes. Hg. G. Duby. Paris 1978

Atlas zur Geschichte. Bd. 1–2. 4. Aufl, Berlin [Ost] 1989–1990

dtv-Atlas zur Weltgeschichte. Karten und chronologischer Abriß. Hg. H. Kinder; W. Hilgemann. Bd. 1. 20. Aufl. München 1985

Großer Historischer Weltatlas. Tl. 1–3. München 1953–1983; Tl. 2: Mittelalter. Red. J. Engel. 2., überarb. Aufl. 1979; Erläuterungen. Hg. E. W. Zeeden. 4. Aufl. 1983

Knaurs Historischer Weltatlas. Hg. G. Barraclough; N. Stone. 3. Aufl. München 1990

Putzger, Friedrich Wilhelm: Historischer Weltatlas. Jubiläumsausgabe. 100. Aufl. Bielefeld … 1980

Westermann. Großer Atlas zur Weltgeschichte. Hg. H.-E. Stier … . Braunschweig 1956

15.2 Kirchengeschichte

Atlas zur Kirchengeschichte. Die christlichen Kirchen in Geschichte und Gegenwart. Hg. H. Jedin … Neu bearb. J. Martin. Aktual. Sonderausg. 3. Aufl. Freiburg/Br. … 1988

Littell, Franklin H.: Atlas zur Geschichte des Christentums. o.O. 1980

15.3 Länder

[siehe auch: **DW** 26/976–1002; **BDHS** bei IIIa]

Atlas des Saale- und mittleren Elbegebietes. Hg. O. Schlüter; O. August. Tl. 1–3. 2., völlig neu bearb. Aufl. (Mitteldeutscher Heimatatlas). Leipzig 1959–1961

Atlas Östliches Mitteleuropa. Hg. Th. Kraus … Bielefeld 1959

Atlas von Niederösterreich und Wien. Red. E. Arnberger. Wien 1951–1958

Atlas von Oberösterreich. Hg. E. Burgstaller; F. Pfeffer. Linz 1958–1971; Erg.: Veröffentlichungen zum Atlas von Oberösterreich. 1–. Linz 1952–

Bayerischer Geschichtsatlas. Hg. M. Spindler. München 1969

Elsaß-Lothringischer Atlas. Landeskunde, Geschichte, Kultur und Wirtschaft Elsaß-Lothringens. Hg. G. Wolfram; W. Gley. Bd. 1–2. Frankfurt/M. 1931

Erläuterungen zum historischen Atlas der österreichischen Alpenländer. Klagenfurt 1956, 1958, 1959 (AVGT 45, 52, 53)

Geschichtlicher Atlas der Rheinlande. Hg. F. Irsigler. Bonn 1982– (PGRGK, Abt. 12/1b NF)

Geschichtlicher Atlas der Rheinprovinz [GARP]. Bonn 1894– (PGRGK Abt. 12/1b)
Geschichtlicher Atlas für das Land an der Saar. Hg. H. Ammann; E. Meynen. Lfg. 1–. Saarbrücken 1965–
Geschichtlicher Atlas von Hessen. Begr. und vorber. von E. E. Stengel. Bearb. F. Uhlhorn. Bd. 1–2. Marburg/L. 1978–1984
Geschichtlicher Handatlas der deutschen Länder am Rhein. Mittel- und Niederrhein. Bearb. J. Niessen. Köln ... 1950
Geschichtlicher Handatlas der Rheinprovinz. Hg. H. Aubin. Bearb. J. Niessen. Köln 1926
Geschichtlicher Handatlas von Niedersachsen. Bearb. G. Pischke. Neumünster 1989
Geschichtlicher Handatlas von Westfalen. Lfg. 1–. Münster/W. 1975–
Historisch-geographischer Atlas des Preußenlandes. Hg. H. Mortensen ... Lfg. 1–. Wiesbaden 1968–
Historisch-landeskundliche Exkursionskarte von Niedersachsen. Maßstab 1:50 000 Hg. H. Jäger ... Hildesheim 1964– (VIHLUG 2)
Historischer Atlas der Provinz Brandenburg. Berlin 1929–1962; 1. Abt.: Kirchenkarten. 1–2. 1929–1933; 2. Abt.: Politische Karten. 1–3. 1933–1939; NF: **Historischer Atlas von Brandenburg**. Lfg. 1–. 1962–
Historischer Atlas der Provinz Pommern. Bearb. F. Curschmann ... Tl. 1–3. Stettin 1935–1948/52; Erg. Leipzig 1960; NF: **Historischer Atlas von Pommern**. Hg. Franz Engel; Roderich Schmidt. Lfg. 1–. Köln ... 1959–; Sonderreihe. Köln ... 1969–
Historischer Atlas der Schweiz ... Hg. H. Ammann; K. Schib. 2. Aufl. Aarau 1958
Historischer Atlas von Baden-Württemberg. Wissenschaftl. Gesamtleitung K. H. Schröder ... Kartenteil; Erläuterungen; Ortsregister zum Kartenteil. Stuttgart 1988; Arbeiten zum Historischen Atlas von Südwestdeutschland. Bd. 1–. Konstanz, Stuttgart [später Sigmaringen] 1954–
Historischer Atlas von Bayerisch-Schwaben. 2., neubearb. und erg. Aufl. Hg. H. Frei ... Lfg. 1–. Augsburg 1982–
Historischer Atlas von Bayern. München 1950–; Tl. Altbayern. 1950– ; Tl. Franken. 1951– ; Tl. Schwaben. 1952–
Historischer Atlas von Mecklenburg. Hg. F. Engel; R. Schmidt. Kt. 1–. Köln ... 1960–
Historischer Handatlas von Brandenburg und Berlin. Begr. B. Schulze. Hg. H. Quirin ... Lfg. 1–60. Berlin 1962–1978; Nachträge H. 1–7. Berlin 1962–1980
Kaemmling, Werner: Atlas zur Geschichte Niedersachsens. 2., überarb. Aufl. Braunschweig 1988
Oberschlesien-Atlas. Bearb. W. Geisler. Berlin 1938
Pfalzatlas. Hg. W. Alter. Kartenbd. 1–. Speyer 1963–; Textbd. 1–. Speyer 1964–
Salzburg-Atlas. Bundesland Salzburg in 66 Kartenblättern. Hg. E. Lendl. Tl. 1: Karten; Tl. 2: Text. Salzburg 1955
Sudetendeutscher Atlas. Hg. E. Meynen; E. Bachmann. München 1954, 2. Aufl. München 1955

Tirol-Atlas. Hg. E. Troger. Innsbruck 1969–; A: Hauptbd. 1969–; B: Begleittexte. 1974–

15.4 Städte

Deutscher Städteatlas. Hg. H. Stoob. Lfg. 1–. Dortmund 1973–
Himly, François-J.: Atlas des villes médiévales d'Alsace. [Strasbourg] 1970
Klaus, Wolfram: Die Städte der DDR im Kartenbild. Bd. 1–2. Berlin 1972–1976; Bd. 1: Pläne und Grundrisse von 1550–1850. 1972; Bd. 2: Pläne und Grundrisse von 1851–1945. 1976
Niederrheinischer Städteatlas. Hg. G. Kallen. Reihe 1–2. Kleve 1952– (PGRGK 51)
Niedersächsischer Städteatlas. Hg. P. J. Meier ... Braunschweig ... 1922– (VHKOBSLB 5); Abt. 1: Die braunschweigischen Städte. 1922–1927; Abt. 2: Einzelne Städte. 1933–1935, 1953; Abt. 3: Oldenburgische Städte. 1960–1977
Österreichischer Städteatlas. Hg. F. Czeike ... Lfg. 1–. Wien 1982–
Rheinischer Städteatlas. Hg. E. Ennen. Bearb. K. Flink in Verb. mit M. Müller. Lfg. 1–. Bonn 1972–
Westfälischer Städteatlas. Hg. H. Stoob. Lfg. 1–. Dortmund 1975– (VHKW 36)

15.5 Spezielle Atlanten

Atlas de la France de l'an Mil. Etat de nos connaissances. Hg. M. Parisse. Paris 1994
Atlas der deutschen Agrarlandschaft. Hg. E. Otremba. Lfg. 1–4. Wiesbaden 1962–1971
Atlas zur Geschichte der deutschen Ostsiedlung. Bearb. W. Krallert ... Bielefeld ... 1958
Atlas zur Kulturgeschichte. Hg. H. Dollinger. München 1979
Großer Bildatlas der Kreuzzüge. Sechs Jahrhunderte abendländischer Kultur- und Glaubensgeschichte. Hg. J. Riley-Smith. Freiburg/Br. 1992
Hansische Handelsstraßen. Bearb. H. Weczerka (Reg. mit E. Engel). Bd. 1–3. Köln ... 1962–1968 (QDHG NF 13); Atlas. Köln ... 1962; Text-Bd. 1967; Reg.-Bd. 1968
Historischer Bild-Atlas. Daten & Fakten der Weltgeschichte. Hg. P. Vidal-Naquet; J. Bertin. Aktual. Sonderausg. München 1991
Hooper, Nicholas; **Bennett**, Matthew: The Cambridge illustrated atlas of warfare. The Middle Ages. Cambridge 1996
Österreichischer Volkskunde-Atlas. Hg. E. Burgstaller; A. Helbok. Mit Belegorteverzeichnis und Kommentar. Bd. 1–. Graz ... 1959–
Platt, Colin: The atlas of medieval man. London 1979

16 Quellenbibliographie

16.1 Allgemein/übergreifend

[siehe auch: 17; **Caenegem/Ganshof**, S. 241–261; **Berlioz**, S. 27–45; **Dithfurth**, S. 162-168; Dolzaner]

Potthast, August: Bibliotheca historica medii aevi. Wegweiser durch die Geschichtswerke des europäischen Mittelalters bis 1500. Bd. 1–2. 2., verm. und verb. Aufl. Berlin 1896

Wird ersetzt durch:

Repertorium fontium historiae medii aevi [RFont]. Roma 1962–. Bd. 1: Series collectionum. 1962; Add. I (1962–1972). 1977; Bd. 2–: Fontes. Rom 1967–

laufend zu ergänzen durch:

Medioevo latino [MEL]. Bollettino bibliografico della cultura europea dal secolo VI al XIII [ab Bd. 13: XIV; ab Bd. 16: da Boezio a Erasmo (secoli VI–XV)]. Hg. C. Leonardi ... Bd. 1–. Spoleto 1980– [Abt. »Autori e testi«] und:

Bibliographie annuelle du Moyen Age tardif. [BAMAT]. Auteurs et textes latins, vers 1250–1500. Rassemblée à la Section Latine de l'IHRS par J.-P. Rothschild. Bd. 1–. Turnhout 1991–

[sowie einzelne Zusammenstellungen und Anzeigen in wichtigen Zeitschriften wie ALMA, DA, RHE, StM; prospektive Bibliographie: Bibliography of editions and translations in progress, in: Speculum. Bd. 48–. 1973–]

Bak, János M.: Mittelalterliche Geschichtsquellen in chronologischer Übersicht nebst einer Auswahl von Briefsammlungen. Stuttgart 1987

Chevalier, Ulysse: Répertoire des sources historiques du moyen âge. Tl. 1: Bio-bibliographie. Bd. 1–2. 2., überarb. u. erw. Aufl. Paris 1905–1907; Tl. 2: Topo-bibliographie. Bd. 1–2. Montbéliard 1894–1903

Hofmann, Heinz: Bibliographische Hinweise zur mittelalterlichen Historiographie, in: La littérature historiographique des origines à 1500. Bd. 1: (Partie historique). Hg. H. U. Gumbrecht ... Heidelberg 1987 (GRLM 11,1), S. I–XXXII

16.2 Übersetzungen

Ohler, Norbert: Bibliographie ins Neuhochdeutsche übersetzter mittelalterlicher Quellen. Unter Berücksichtigung von Schriften des nachbiblischen Judentums und des Neuplatonismus. Wiesbaden 1991

Schule, Wolfgang: Bibliographie der Übersetzungen griechisch-byzantinischer Quellen. Wiesbaden 1982 (GFGÖE.Bh 1)

16.3 Einzelne Länder

16.3.1 England

A bibliography of English history to 1485. Hg. E. B. Graves. Oxford 1975

Haan, Heiner ...: Einführung in die englische Geschichte. München 1982, S. 221–262

Mullins, Edward Lindsay Corson: Texts and calendars. An analytical guide to serial publications. London 1958 (RHS.GaH 7)

Stephens, Will Beth: Sources for English local history. 2. Aufl. Cambridge 1981

16.3.2 Frankreich

Molinier, Auguste: Les sources de l'histoire de France. Des origines aux guerres d'Italie (1494). Bd. 1–6. Paris 1901–1906

Neubearbeitung:

Les sources de l'histoire de France des origines à la fin du XVe siècle. Hg. R. Fawtier... Bd. 1–. Paris 1971– [noch bei Spätantike/Frühmittelalter; mögliche Ergänzungen: **Bautier**, Robert Henri: L'historiographie en France aux Xe et XIe siècles. France du Nord et de l'Est, in: La storiografia altomedievale. Bd. 2. Spoleto 1970 (SSCI 17,2), S. 793–850; die neueren Bände der »Histoire littéraire de la France«; **Bossuat**, Robert: Manuel bibliographique de la littérature française au Moyen Age. Melun 1951; 3 Supplbde. Paris 1955–1991. Bd. 1 (1949–1953). 1955; Bd. 2 (1954–1958). 1961; Bd. 3,1–2 (1960–1980). Hg. F. Vieilliard; J. Monfrin. 1986. 1991]

16.3.3 Niederlande, Belgien

Repertorium van verhalende historische bronnen uit de middeleeuwen. Heiligenlevens, annalen, kronieken en andere in Nederland geschreven verhaldende bronnen. Hg. M. Carasso-Kok. 's-Gravenhage 1981 (BRNHG 2)

Index scriptorum operumque latino-belgicorum medii aevi. Nouveau répertoire des oeuvres médiolatines belges. Hg. L. Genicot; P. Tombeur. Bruxelles 1973–1979 [derzeit bis einschl. 12. Jh.; immer noch unentbehrlich: **Pirenne**, Henri ...: Bibliographie de l'histoire de Belgique, 3. Aufl., Brüssel 1931]

16.4 Spezialbibliographien, Autoren- und Werkverzeichnisse

Ars mercatoria. Eine analytische Bibliographie. Handbücher und Traktate für den Gebrauch des Kaufmanns, 1470–1820. Hg. J. Hoock; P. Jeannin. Paderborn ... 1991– [Bd. 1: 1470–1600]

Clavis scriptorum graecorum et latinorum. Répertoire des auteurs grecs et latins. Hg. R. LaRue. Bd. 1–4. Quebec 1985

Tusculum-Lexikon griechischer und lateinischer Autoren des Altertums und des

Mittelalters. 3., neu bearb. und erw. Aufl. Hg. W. Buchwald ... München ... 1982; übs. und erw. als: **Dictionnaire des auteurs grecs et latins de l'Antiquité et du Moyen Age**. Übs. J. D. Berger; J. Billen. Turnhout 1991

[siehe auch die Quellenverzeichnisse von: **Mittellateinisches Wörterbuch**. Abkürzungs- und Quellenverzeichnis. 2., verb. Aufl. München 1996; **Niermeyer**: Mediae latinitatis lexicon minus. Leiden 1976; **Novum glossarium** ... Index scriptorum novus mediae latinitatis (800–1200). Kopenhagen 1973 (Suppl. 1989)]

17 Quellenkunde und mittelalterliche Historiographie

[siehe auch 16; **Goetz**: Proseminar, S. 62–190; **Berlioz**, S. 27–45; auch **Theuerkauf**, Gerhard: Die Interpretation historischer Quellen. Schwerpunkt: Mittelalter. Paderborn ... 1991]

17.1 Allgemein/übergreifend

Typologie des sources du Moyen Age occidental [TS]. Hg. L. Genicot. Fasz. 1–. Turnhout 1972– [A: Sources écrites; B: Sources non écrites; umfangreiche, differenzierte Quellentypologie, bisher über 74 Fasz.; Erg. zu Fasz. 2–39. 1985; Register der Fasz. 1–50. 1992; im einzelnen vgl. Katalog von Brepols Publishers]

Caenegem/Ganshof, Tl. I

17.2 Einzelne Länder/Bereiche

17.2.1 Deutschland, Österreich, Schweiz

[siehe auch: **DW** 24; 107/122–138; 162/5–920; 163/1–42, 148–178; 164/1–70; 166/1–179; 200/66–178; 201/1–75; 202/1–251; 238/1–261; 239/1–262; 260/1–87]

Dotzauer, Winfried: Quellenkunde zur deutschen Geschichte im Spätmittelalter. Darmstadt 1996 [umfängliche Quellenbibliographie]

Jacob, Karl: Quellenkunde der deutschen Geschichte im Mittelalter (Bis zur Mitte des 15. Jahrhunderts). Bd. 1–3. Berlin. Bd. 1 u. 2: 6. Aufl. Bearb. H. Hohenleutner. 1959; 1968. Bd. 3: Bearb. F. Weden. 1952

Jansen, Max; **Schmitz-Kallenberg**, Ludwig: Historiographie und Quellen der deutschen Geschichte bis 1500. 2. Aufl. Leipzig ... 1914 (GGW. I 7)

Lorenz, Ottokar: Deutschlands Geschichtsquellen im Mittelalter seit der Mitte des dreizehnten Jahrhunderts. Bd. 1–2. 3., in Verb. mit A. Goldmann umgearb. Aufl. Berlin 1886–1887

Vildhaut, Heinrich: Handbuch der Quellenkunde zur deutschen Geschichte. Vom Falle der Staufer bis zum Auftreten des Humanismus. 2. Aufl. Werl 1909 (QAG 4)

Wattenbach, Wilhelm; **Holtzmann**, Robert: Deutschlands Geschichtsquellen im Mittelalter. Die Zeit der Sachsen und Salier. Tl. 1–3. Neuausg. von F.-J. Schmale. Darmstadt 1967–1971

Wattenbach, Wilhelm ... [**Wattenbach-Levison-Löwe**]: Deutschlands Geschichtsquellen im Mittelalter. Vorzeit und Karolinger. H. 1–6. Weimar 1952–1990; Beih. (Rechtsquellen). 1953

Wattenbach, Wilhelm ... [**Wattenbach-Dümmler-Huf**]: Deutschlands Geschichtsquellen im Mittelalter. Frühzeit und Karolinger. Bd. 1–2. Hg. A. Heine. Kettwig 1991

Wattenbach, Wilhelm; **Schmale**, Franz-Josef: Deutschlands Geschichtsquellen im Mittelalter. Vom Tode Kaiser Heinrichs V. bis zum Ende des Interregnum. Von F.-J. Schmale. Mitarb. I. Schmale-Ott; D. Berg. Bd. 1. Darmstadt 1976

Bodmer, Jean-Pierre: Chroniken und Chronisten im Spätmittelalter. Bern 1976 (MSchwG 10)

Feller, Richard; **Bonjour**, Edgar: Geschichtsschreibung der Schweiz vom Spätmittelalter zur Neuzeit. Bd. 1–2. 2., durchges. u. erw. Aufl. Basel ... 1979 [Bd. 1: 14.–17. Jahrhundert]

Lhotsky, Alphons: Quellenkunde zur mittelalterlichen Geschichte Österreichs. Graz ... 1963 (MIÖG.Ergbd 19)

Die Quellen der Geschichte Österreichs. Hg. E. Zöllner. Wien 1982 (SIÖK 40)

17.2.2 Italien

Balzani, Ugo: Le cronache italiane nel medioevo. 3. Aufl. Mailand 1909

Cochrane, Eric W.: Historians and historiography in the Italian Renaissance. Chicago ... 1981

17.2.3 England

Gransden, Antonia: Historical writing in England. Bd. 1–2. London 1974–1982

17.2.4 Byzanz

Karayannopolus, Johannes; **Weiss**, Günter: Quellenkunde zur Geschichte von Byzanz (324–1453). Tl. 1–2. Wiesbaden 1982 (SGÖE 14)

17.2.5 Islam

Historians of the middle east. Hg. B. Lewis; P. M. Holt. London 1962

Rosenthal, Fr.: A history of Muslim historiography. 2., rev. Aufl. Leyden 1968

17.3 Geschichtsschreibung

[Siehe auch: **Caenegem/Ganshof**, S. 17–61; **Goetz**: Proseminar, S. 78–105; laufend **MEL**, parte terza: Generi letterari]

17.3.1 Allgemein/übergreifend

La chronique et l'histoire au Moyen Age. Hg. D. Poirion. Paris 1984 (CCM 2)

Ehlers, Joachim: Historiographische Literatur, in: Neues Handbuch der Literaturwissenschaft. Bd. 7, S. 425–460

Geschichtsbewußtsein und Geschichtsschreibung in der Renaissance. Hg. A. Buck. Budapest 1989 (StudHumanit 7)

Geschichtsschreibung und Geschichtsbild im späten Mittelalter. Hg. H. Patze. Sigmaringen 1987 (VuF 31)

Graus, František: Lebendige Vergangenheit. Überlieferung im Mittelalter und in den Vorstellungen vom Mittelalter. Köln ... 1975

Grundmann, Hermann: Geschichtsschreibung im Mittelalter. Gattungen, Epochen, Eigenart. Göttingen 1965

Guenée, Bernard: Histoire et culture historique dans l'occident médiéval. Paris 1980

Hay, Denis: Annalists and historians. Western historiography from the VIIIth to the XVIIIth centuries. London 1977

Historiographie im frühen Mittelalter. Hg. A. Scharer; G. Scheibelreiter. Wien ... 1994 (VIÖG 32)

L'historiographie médiévale en Europe. Hg. J.-P. Genet. Paris 1991

La littérature historiographique des origines à 1500. Hg. H. U. Gumprecht ... Teilbd. 1–3. Heidelberg 1986–1987 (GRLM 11,1)

Le métier d'historien au Moyen Age. Etudes sur l'historiographie médiévale. Hg. B. Guenée. Paris 1977

Metzner, Ernst Erich: Die deutschsprachige chronikalische Geschichtsdichtung im Rahmen der europäischen Entwicklung, in: Neues Handbuch der Literaturwissenschaft. Bd. 8, S. 623–643

Roth, Oskar: Die Geschichtsschreibung in Frankreich. Der Beginn der Prosa-Historiographie, ebd., S. 607–621

Schmale, Franz-Josef: Funktion und Formen mittelalterlicher Geschichtsschreibung. Eine Einführung. Darmstadt 1985

Smalley, Beryl: Historians in the middle ages. London 1974

La storiografia altomedievale. Bd. 1–2. Spoleto 1970 (SSCI 17)

17.3.2 Biographie, Autobiographie. Hagiographie

[siehe auch: **DW** 165/1–28; **Goetz**: Proseminar, S. 105–111]

Berschin, Walter: Biographie und Epochenstil im lateinischen Mittelalter. Bd. 1–3. Stuttgart 1986–1991 (QULPM 8–10)

Biographie und Autobiographie in der Renaissance. Hg. A. Buck. Wiesbaden 1983 (WARF 4)

Dubois, Jacques; **Lemaître**, Jean-Loup: Sources et méthodes de l'hagiographie médiévale. Paris 1993

Hagiographies. Internationale Geschichte der lateinischen und einheimischen hagiographischen Literatur im Abendland von den Anfängen bis 1550. Hg. G. Philippart. Bd. 1–3. Turnhout 1994; 1996 (CC.H 1–3) [fehlt noch Bd. 3]

Misch, Georg: Geschichte der Autobiographie. Bd. 1–4. Frankfurt/M. 1949–1974 [versch. Aufl.]

Nahmer, Dieter von der: Die lateinische Heiligenvita. Eine Einführung in die lateinische Hagiographie. Darmstadt 1994

17.3.3 Darstellungen

[siehe auch: **DW** 6; 167; 203; 219; 241; 257]

Beumann, Helmut: Ideengeschichtliche Studien zu Einhard und anderen Geschichtsschreibern des frühen Mittelalters. Darmstadt 1962

Dirsch-Weigand, Andrea: Stadt und Fürst in der Chronistik des Spätmittelalters. Studien zur spätmittelalterlichen Historiographie. Köln ... 1991 (KESWM NF 1)

Eggert, Wolfgang; **Pätzold**, Barbara: Wir-Gefühl und Regnum Saxonum bei frühmittelalterlichen Geschichtsschreibern. Weimar 1984 (FMG 31); auch: Köln ... 1985 (AKG.Bh 21)

Ehlers, Joachim: Hugo von St. Viktor. Studien zum Geschichtsdenken und zur Geschichtsschreibung des 12. Jahrhunderts. Wiesbaden 1973 (FHA 7)

Epp, Verena: Fulcher von Chartres. Studien zur Geschichtsschreibung des ersten Kreuzzugs. Düsseldorf 1990 (StudHum 15)

Franke, Maria Elisabeth: Kaiser Heinrich VII. im Spiegel der Historiographie. Eine faktenkritische und quellenkundliche Untersuchung ausgewählter Geschichtsschreiber der ersten Hälfte des 14. Jahrhunderts. Köln ... 1992 (FKPM 9)

Frase, Michael: Friede und Königsherrschaft. Quellenkritik und Interpretation der Continuatio Reginonis (Studien zur ottonischen Geschichtsschreibung). Frankfurt/M. 1990 (StudIr 35)

Görich, Knut: Otto III. Romanus Saxonicus et Italicus. Kaiserliche Rompolitik und sächsische Historiographie. Sigmaringen 1993 (HKAWLM.HF 18)

Goetz, Hans-Werner: Das Geschichtsbild Ottos von Freising. Ein Beitrag zur historischen Vorstellungswelt und zur Geschichte des 12. Jahrhunderts. Köln ... 1984 (AKG.Bh 19)

Goffart, Walter: The narrators of barbarian history (A.D. 550–800). Jordanes, Gregory of Tours, Bede and Paul the Deacon. Princeton 1988

Haeusler, Martin: Das Ende der Geschichte in der mittelalterlichen Weltchronistik. Köln ... 1980 (AKG.Bh 13)

Heinzelmann, Martin: Gregor von Tours (538–594). »Zehn Bücher Geschichte«. Historiographie und Gesellschaftskonzept im 6. Jahrhundert. Darmstadt 1994

Hilpert, Hans-Eberhard: Kaiser- und Papstbriefe in den Chronica majora des Matthaeus Paris. Stuttgart 1981 (VDHIL 9)

Historiographie am Oberrhein im späten Mittelalter und in der frühen Neuzeit. Hg. Kurt Andermann. Sigmaringen 1988 (OrhSt 7)

Ianziti, Gary: Humanistic historiography under the Sforzas. Politics and propaganda in fifteenth century Milan. Oxford 1988

Karpf, Ernst: Herrscherlegitimation und Reichsbegriff in der ottonischen Geschichtsschreibung des 10. Jahrhunderts. Stuttgart 1985 (HKAWLM.HF 10)

Knoch, Peter: Studien zu Albert von Aachen. Der erste Kreuzzug in der deutschen Chronistik. Stuttgart 1966 (SBGP 1)

Kortüm, Hans-Henning: Richer von Saint-Remi. Studien zu einem Geschichtsschreiber des 10. Jahrhunderts. Stuttgart 1985 (HKAWLM.HF 8)

Lettinck, Nico: Geschiedbeschouwing en beleving van de eigen tijd in de eerste halft van de twaalfde eeuw. Amsterdam 1983

Liebertz-Grün, Ursula: Das andere Mittelalter. Erzählte Geschichte und Geschichtserkenntnis um 1300. Studien zu Ottokar von Steiermark, Jans Enikel, Seifried Helbling. München 1984 (FGÄDL 5)

Lippelt, Helmut: Thietmar von Merseburg. Reichsbischof und Chronist. Köln ... 1973 (MdtF 72)

Menzel, Michael: Die Sächsische Weltchronik. Quellen und Stoffauswahl. Sigmaringen 1985 (VuF.Sb 34)

Mierau, Heike Johanna ... : Studien zur Überlieferung der *Flores temporum*. Hannover 1996 (MGHST 14)

Morse, Ruth: Truth and convention in the Middle Ages. Rhetoric, representation, and reality. Cambridge 1991

Nass, Klaus: Die Reichschronik des Annalista Saxo und die sächsische Geschichtsschreibung im 12. Jahrhundert. Hannover 1996 (SMGH 41)

Ponert, Dietmar Jürgen: Deutsch und Latein in deutscher Literatur und Geschichtsschreibung des Mittelalters. Stuttgart ... 1975

Proksch, Constance: Klosterreform und Geschichtsschreibung im Spätmittelalter. Köln ... 1994 (KESWM NF 2)

Rentschler, Michael: Liudprand von Cremona. Eine Studie zum ost-westlichen Kulturgefälle im Mittelalter. Frankfurt/M. 1981 (FWB.KR 14)

Rödig, Thomas: Zur politischen Ideenwelt Wilhelms von Tyrus. Frankfurt/M.1990 (EHS.III 429)

Seibt, Gustav: Anonimo Romano. Geschichtsschreibung in Rom an der Schwelle der Renaissance. Stuttgart 1992 (SuG 17)

Sommerlechner, Andrea: Stadt, Partei und Fürst. Mentalitätsgeschichtliche Studien zur Chronistik der trevisanischen Mark. Wien ... 1988 (VIÖG 28)

Sonntag, Regine: Studien zur Bewertung von Zahlenangaben in der Geschichtsschreibung des frühen Mittelalters. Die Decem libri historiarum des Gregor von Tours und die Chronica Reginos von Prüm. Kallmünz 1989 (MHS.MG 4)

Sprandel, Rolf: Chronisten als Zeitzeugen. Forschungen zur spätmittelalterlichen Geschichtsschreibung in Deutschland. Köln ... 1994 (KESWM NF 3)

Studt, Birgit: Fürstenhof und Geschichte. Legitimation durch Überlieferung, Norm und Struktur. Köln ... 1992 (NuS 2)

Thomas, Heinz: Studien zur Trierer Geschichtsschreibung des 11. Jahrhunderts, insbesondere zu den Gesta Treverorum. Bonn 1968 (RhA 68)

Tönnies, Bernhard: Die Amalertradition in den Quellen zur Geschichte der Ostgoten. Untersuchungen zu Cassiodor, Jordanes, Ennodius und den Excerpta Valesiana. Hildesheim ... 1989 (BAW 8)

Tremp, Ernst: Die Überlieferung der Vita Hlodowici imperatoris des Astronomus. Hannover 1991 (MGHST 1)

Vicent de Beauvais. Intentions et réceptions d'une oeuvre encyclopédique au Moyen-Age. Hg. M. Paulmier-Foucart ... Saint-Laurent 1990

Weigand, Rudolf: Vincenz von Beauvais. Scholastische Universalchronistik als Quelle volkssprachlicher Geschichtsschreibung. Hildesheim ... 1991

Wellmer, Hansjörg: Persönliches Memento im deutschen Mittelalter. Stuttgart 1973 (MGM 5)

Wenzel, Horst: Höfische Geschichte. Literarische Tradition und Gegenwartsdeutung in den volkssprachigen Chroniken des hohen und späten Mittelalters. Frankfurt/M. 1980

Zahnd, Urs Martin: Die autobiographischen Aufzeichnungen Ludwig von Diesbachs. Studien zur spätmittelalterlichen Selbstdarstellung im oberdeutschen und schweizerischen Raum. Bern 1986

Zweisprachige Geschichtsschreibung im spätmittelalterlichen Deutschland. Hg. R. Sprandel. Wiesbaden 1993 (WiM 14)

17.4 Andere Textgattungen

[siehe auch: **TS**; **Caenegem/Ganshof**, S. 62–119; **Goetz**: Proseminar, S. 131–181; **Berlioz**]

Bühler, Theodor: Rechtsquellenlehre. Bd. 1–3. Zürich 1977–1985

Concilia im späten Mittelalter. Zum historischen Aussagewert einer Quellengattung. Hg. I. Baumgärtner. Sigmaringen 1995 (Studi 13)

Deutsche ländliche Rechtsquellen. Probleme und Wege der Weistumsforschung. Hg. P. Blickle. Stuttgart 1977

Eis, Gerhard: Mittelalterliche Fachliteratur. 2., durchges. Aufl. Stuttgart 1967

Les *Exempla* médiévaux. Introduction à la recherche, suivie de tables critiques de l'Index exemplorum de Frederic C. Tubach. Hg. J. Berlioz; M.A. Polo de Beaulieu. Carcassonne 1992

Fortschritte in der Geschichtswissenschaft durch Reichstagsaktenforschung. Hg. H. Angermeier; E. Meuthen. Göttingen 1988 (SHKBAW 35)

Fuchs, Rüdiger: Das Domesday Book und sein Umfeld. Zur ethnischen und sozialen Aussagekraft einer Landesbeschreibung im England des 11. Jahrhunderts. Wiesbaden … 1987 (HKAWLM.HF 13)

Ganshof, François Louis: Was waren die Kapitularien? Weimar 1961

Gaudemet, Jean: Les sources du droit canonique. VIIIe–XXe siècle. Repères canoniques. Sources occidentales. Paris 1993

Gerschow, Jan: Die Gedenküberlieferung der Angelsachsen. Mit einem Katalog der libri vitae und Necrologien. Berlin … 1988 (AzF 20)

Hagenmeyer, Christa: Das Regimen Sanitatis Konrads von Eichstätt. Quellen – Texte – Wirkungsgeschichte. Stuttgart 1995 (SudArch.Bh 35)

Hoffmann, Hartmut; **Pokorny**, Rudolf: Das Dekret des Bischofs Burchard von Worms. Textstufen – Frühe Verbreitung – Vorlagen. München 1991 (MGHHm 12)

Jasper, Detlev: Das Papstwahldekret von 1059. Überlieferung und Textgestalt. Sigmaringen 1986 (BGQM 12)

Karlinger, Felix: Legendenforschung. Aufgaben und Ergebnisse. Darmstadt 1986

Kerff, Franz: Der Quadripartitus. Ein Handbuch der karolingischen Kirchenreform. Überlieferung, Quellen und Rezeption. Sigmaringen 1982 (QFRM 1)

Körntgen, Ludger: Studien zu den Quellen der frühmittelalterlichen Bußbücher. Sigmaringen 1993 (QFRM 7)

Lauterbach, Klaus H.: Geschichtsverständnis, Zeitdidaxe und Reformgedanke an der Wende zum 16. Jahrhundert. Das Oberrheinische »Buch der hundert Capiteln« im Konzept des spätmittelalterlichen Reformbiblizismus. Freiburg 1985 (FOLG 33)

Les problèmes posés par l'édition critique des textes anciens et médiévaux. Turnhout 1992 (UCL.PIEM.TEC 13)

Methoden und Probleme der Edition mittelalterlicher deutscher Texte. Hg. R. Bergmann; K. Gärtner. Tübingen 1993 (Editio.Bh 4)

Meulengracht Sorensen, Preben: Saga and society. An introduction to Old Norse Literature. Odense 1993 (StudBor 1)

Moos, Peter von: Geschichte als Topik. Das rhetorische Exemplum von der Antike zur Neuzeit und die historiae im »Policraticus« des Johann von Salisbury. Hildesheim … 1988 (OSLG 2)

Oppitz, Ulrich-Dieter: Deutsche Rechtsbücher des Mittelalters. Bd. 1–3. Köln … 1990

Reichert, Volker E.: Begegnungen mit China. Die Entdeckung Ostasiens im Mittelalter. Sigmaringen 1992 (BGQM 15)

Reisen in reale und mythische Ferne. Reiseliteratur in Mittelalter und Renaissance. Hg. P. Wunderli. Düsseldorf 1993 (StudHum 22)

Reisen und Reiseliteratur im Mittelalter und in der frühen Neuzeit. Hg. X. von Ertzdorff; D. Neukirchen. Amsterdam … 1992 (Chloe 13)

Richter, Gregor: Lagerbücher- oder Urbarlehre. Hilfswissenschaftliche Grundzüge nach württembergischen Quellen. Stuttgart 1979 (VSAVBW 36)

Schulte, Johann Friedrich von: Die Geschichte der Quellen und Literatur des kanonischen Rechts von Gratian bis auf die Gegenwart. Bd. 1–3. Stuttgart 1875–1880

Spieß, Karl-Heinz: Das älteste Lehnsbuch der Pfalzgrafen bei Rhein vom Jahr 1401. Edition und Erläuterungen. Stuttgart 1981 (VKGLBW.A 30)

Sources of social history. Private acts of the late Middle Ages. Hg. P. Brezzi; E. Lee. Toronto 1984 (PMS 5)

Überlieferung und Geltung normativer Texte des frühen und hohen Mittelalters. Hg. H. Mordek. Sigmaringen 1986 (QFRM 4)

Voigt, Klaus: Italienische Berichte aus dem spätmittelalterlichen Deutschland. Von Francesco Petrarca zu Andrea de'Franceschi (1333–1492). Stuttgart 1973 (KHS 17)

Vogel, Cyrille: Medieval liturgy. An introduction to the sources. Revised and transl. by W.G. Storey; N.K. Rasmussen. Washington 1986

Werkmüller, Dieter: Über Aufkommen und Verbreitung der Weistümer. Nach der Sammlung von Jacob Grimm. Berlin 1972

Woll, Ingrid: Untersuchungen zu Überlieferung und Eigenart der merowingischen Kapitularien. Frankfurt/M. … 1994 (FBMG 6)

17.5 Historische Bildkunde

[siehe auch 13.2.4; 13.7.7; **Goetz**: Proseminar, S. 182–190; **Berlioz**, S. 259–277]

Duchet-Suchaux, Gaston: Iconographie médiévale. Images, texte, contexte. Paris 1990

Haskell, Francis: Die Geschichte und ihre Bilder. Die Kunst und die Deutung der Vergangenheit. München 1995

Historische Bildkunde. Probleme – Wege – Beispiele. Hg. B. Tolkemitt; R. Wohlfeil. Berlin 1991 (ZHF.Bh 12)

Text - Bild - Interpretation. Untersuchungen zu den Bilderhandschriften des Sachsenspiegels. Hg. R. Schmidt-Wiegand. Bd. 1–2. München 1986 (MMS 55,1–2)

18 Quelleneditionen

[siehe auch: **Caenegem/Ganshof**, S. 217–240; **RFont**.; **MEL**]

18.1 Zum Einstieg: Gemischte Quellenlektüre, übersetzt und kommentiert

Abaelard: Der Briefwechsel mit Heloisa. Übs. H.-W. Krautz. Stuttgart 1989

Appelt, Heinrich: Privilegium minus. Das staufische Kaisertum und die Babenberger in Österreich. Wien ... 1973

Benjamin von Tudela; **Petachja von Regensburg**: Jüdische Reisen im Mittelalter. Übs. S. Schreiner. Leipzig 1991

Borst, Arno: Lebensformen im Mittelalter. Frankfurt/M. ... 1973 [umfassend]

Bühler, Johannes: [Übs. nach zeitgenöss. Quellen. Insel Verlag. Leipzig] Klosterleben im Mittelalter. 1923 [2. Aufl. Frankfurt/M. 1989]; Die Franken. 1923; Die sächsischen und salischen Kaiser. 1924; Die Hohenstaufen. 1925.; Das deutsche Geistesleben im Mittelalter. 1927; Ordensritter und Kirchenfürsten. 1927; Fürsten und Ritter. 1928; Bauern, Bürger und Hanse. 1929

Byzantinische Geschichtsschreiber. Hg. E. von Ivánka. Bd. 1–. Graz ... 1954– [RFont I, S. 114]

Deutsche Geschichte in Quellen und Darstellung. Bd. 1: Frühes und hohes Mittelalter 750–1250. Hg. W. Hartmann. Stuttgart 1995 [Bd. 2: Spätmittelalter 1250–1495]

Einhard: Vita Karoli Magni/Das Leben Karls des Großen. Lat./Dt. Übs. E. Scherabon Firchow. Stuttgart 1989

Eike von Repgow: Der Sachsenspiegel. Hg. C. Schott. Zürich 1984

Geschichte in Quellen. Bd. 2: Mittelalter. Bearb. W. Lautemann. München 1970

Guggenbühl, Gottfried: Quellen zur Geschichte des Mittelalters. Zürich 1954 (QAG 2)

Höxter, Julius: Quellenbuch zur jüdischen Geschichte und Literatur: Bd. 1. Tl. 3: Deutschland, Frankreich und Italien im Mittelalter [1927]. Neuaufl. Zürich 1983

Kaiser Friedrich II. in Briefen und Berichten seiner Zeit. Übs. K. J. Heinisch. Darmstadt 1968

Kaiser und Reich. Klassische Texte und Dokumente des Hl. Römischen Reiches Deutscher Nation vom Beginn des 12. Jahrhunderts bis zum Jahre 1806. Hg. A. Buschmann. München 1984

Ketsch, Peter: Frauen im Mittelalter. Bd. 1: Frauenarbeit im Mittelalter. Quellen und Materialien. Hg. A. Kuhn. Düsseldorf 1983

Die Kreuzzüge in Augenzeugenberichten. Hg. R. Pernoud. Düsseldorf 1961

Kroeschell, Karl: Deutsche Rechtsgeschichte. Bd. 1–2. Reinbek b. Hamburg 1972, 1973 [mit Quellen und Quellenkunde]

Lateinische Prosa des Mittelalters. Lat./Dt. Übs. D. Walz. Stuttgart 1995

Leben in Paris im Hundertjährigen Krieg. Ein Tagebuch. Frankfurt/M. … 1992
Die Legenda aurea des Jacobus de Voragine. Übs. R. Benz. 10. Aufl. Heidelberg 1984
Leuschner, Joachim: Das Reich des Mittelalters 800–1500. Stuttgart 1953 (QAG 7)
Lust an der Geschichte. Leben im Mittelalter. Ein Lesebuch. Hg. E. Pitz. München … 1990
Miethke, Jürgen; **Bühler**, Arnold: Kaiser und Papst im Konflikt. Zum Verhältnis von Staat und Kirche im späten Mittelalter. Düsseldorf 1988 (HistSem 8)
Das Mittelalter. Ein Lesebuch aus Texten und Zeugnissen vom 6. bis 16. Jahrhundert. Hg. H. Boockmann. 2. Aufl. München 1989
Die Pest 1348 in Italien. Fünfzig zeitgenössische Quellen. Übs. K. Bergdolt. Nachwort G. Keil. Heidelberg 1989
Der Prozeß der Jeanne d'Arc. Akten und Protokolle 1431–1456. Übs. R. Schirmer-Imhoff. München 1961
Rudolf, Hans Ulrich: Grundherrschaft und Freiheit im Mittelalter. Düsseldorf 1976
Vita Caroli Quarti. Die Autobiographie Karls IV. Übs. E. Hillebrand. Stuttgart 1979
A source book of medieval science. Hg. E. Grant. Cambridge/Mass. 1974
Wilhelm von Ockham: Texte zur politischen Theorie. Exzerpte aus dem Dialogus. Lat./dt. Hg. J. Miethke. Stuttgart 1995
[siehe auch fremdsprachige Übersetzungen, z.B. **Mediaeval sources in translation**. Bd. 1–. Leiden 1949–; **Oxford Medieval Texts** (Medieval classics 1949–; Medieval texts 1953–; lat./engl.). London 1966–; **Translations and reprints** from the original sources of European history. Sources of medieval history. Hg. E. Peters. Bd. 1–. Philadelphia 1971–; **Sources chrétiennes**; auch »Internet Medieval Sourcebook«, **Dithfurt**, S. 166–167]

18.2 Deutsches Reich

[siehe auch: **DW** 166/1–206; 200/1–178; 201/1–144; 202/1–483; 237/1–36; 238/1–448; 239/1–497; **Dotzauer** 62–362 (Urkunden, Akten), 1196–1649 (erzählende Quellen]
Monumenta Germaniae Historica [MGH]. Im Auftrag der Gesellschaft für ältere Geschichtskunde hg. von G. H. Pertz [Scriptores, Bd. 1–12, 16–23; Leges, Bd. 1–4; Diplomata, Bd. 1; andere Bde.: Zentraldirektion der MGH; 1936–1945: Reichsinstitut für ältere deutsche Geschichtskunde; im einzelnen siehe: **RFont**. I, S. 466–479, Add. I, S. 87–91; **Dotzauer** 25 und jeweils das neueste Gesamtverzeichnis der MGH, jetzt auch im Internet: http://www.mgh.de]
Mehrere und wechselnde Verlagsorte werden mit … angezeigt, unveränderte Nachdrucke nicht aufgeführt, sondern nur das maßgebende Erscheinungsjahr der Originalausg., ferner veränd. Neuaufl. und insbes. Neubearb.

Abt. I. Scriptores [SS]

1. Auctores antiquissimi [AA]. Bd. 1–15 (Quart). Berlin 1877–1919
2. Scriptores rerum Merovingicarum [SS rer. Merov.]. Bd. 1–7 (Quart). Hannover 1884–1920
3. Scriptores rerum Langobardicarum et Italicarum saec. VI–IX [SS rer. Lang.]. Bd 1 (Quart). Hannover 1878
4. Gesta pontificum Romanorum [Gesta pont. Rom.]. Liber Pontificalis. Tl. 1 (Quart). Berlin 1898
5. Scriptores (in Folio) [SS]. Bd. 1–32, 33,1, 34–37 (ab Bd. 31 Quart). Hannover … 1826–1997
6. Scriptores rerum Germanicarum. Nova Series [SS rer. Germ. NS]. Bd. 1–17 (Oktav). Berlin … 1922–1997
7. Scriptores rerum Germanicarum in usum scholarum separatim editi [SS. rer. Germ.]. Bd. 1–67 (Oktav). Hannover … 1839–1996 [versch. neubearb. Aufl.]
8. Deutsche Chroniken und andere Geschichtsbücher des Mittelalters (Scriptores qui vernacula lingua usi sunt). [Dt. Chron.]. Bd. 1–6 (Quart). Hannover … 1877–1909
9. Libelli de lite imperatorum et pontificum saec. XI et XII conscripti [Ldl]. Bd. 1–3. (Quart) Hannover 1891–1897
10. Staatsschriften des späteren Mittelalters [Staatsschriften]. Bd. 1,1; 2,1; 2,4; 3,1–3; 5,1–2; 6 (Groß-Oktav). Leipzig … 1941–1984

Abt. II. Leges [LL]

1. Leges (in Folio) [LL in–2°]. Bd. 1–5. Hannover 1835–1889
2. Leges (in Quarto) [LL in–4°]
   - Legum sectio I: Leges nationum Germanicarum [LL nat. Germ]. Bd. 1; 2,1; 3,2; 4,1–2; 5,1–2. Hannover … 1888–1969
   - Legum sectio II: Capitularia regum Francorum [Capit.]. Bd. 1–2. Hannover 1883–1897. – Capitularia regum Francorum. Nova Series. Bd. 1. 1996
   - Legum sectio III: Concilia [Conc.]. Bd. 1; 2 (Suppl); 3; 4 (Suppl.); 6,1. Hannover … 1893–1997. – Capitula episcoporum. Tl. 1–4. 1984–1997. – Ordines de celebrando concilio. 1996
   - Legum sectio IV: Constitutiones et acta publica imperatorum et regum [Const.]. Bd. 1; 2 (Suppl.); 3–6/2,1; 8–11. Hannover … 1893–1996
   - Legum sectio V: Formulae [Form.]. Bd. 1. Hannover 1882–1886
3. Fontes iuris Germanici antiqui in usum scholarum separatim editi [Font. iur. Germ.]. Bd. 1–14 (Oktav). Hannover …1869–1990 [Neubearb.: Bd. 3. 1980; Bd. 8. 1966]
4. Fontes iuris Germanici antiqui. Nova series [Font. iur. Germ. NS]. Bd. 1–5 (Oktav). Hannover … 1933–1995 [Neubearb.: Bd. 1,1. 1995; 1,2. 1989; 4,1–2. 1974]

Abt. III. Diplomata [DD]

1. Diplomata (in Folio) [DD in–2°]. Bd. 1. Hannover 1872
2. Diplomata (in Quarto) [DD in–4°]

- Diplomata Karolinorum. Die Urkunden der Karolinger [DD Kar.]. Bd. 1; 3; 4. Hannover 1906–1994
- Regum Burgundiae e stirpe Rudolfina Diplomata et Acta. Die Urkunden der burgundischen Rudolfinger. Bd. 1. München 1977
- Diplomata regum Germaniae ex stirpe Karolinorum. Die Urkunden der deutschen Karolinger [DD Kar. Germ.]. Bd. 1–4. Berlin 1932–1960
- Diplomata regum et imperatorum Germaniae. Die Urkunden der deutschen Könige und Kaiser [DD]. Bd. 1–6; 8–10; 11,3; 18,1. Hannover … 1879–1990
- Laienfürsten- und Dynastenurkunden der Kaiserzeit [Laienfürst.]. Bd. 1; 2 (Groß-Oktav). Leipzig … 1941–1949; Hannover 1997

Abt. IV. Epistolae [Epp.]

1. Epistolae (in Quarto) [Epp. in–4°]. Bd. 1–8,1. Berlin 1887–1939
2. Die Briefe der deutschen Kaiserzeit [Briefe]. Bd. 1–7 (Groß-Oktav). Weimar … 1949–1995

[2a. Briefe des späteren Mittelalters]

3. Epistolae saec. XIII e regestis pontificum Romanorum selectae [Epp. saec. XIII]. Bd. 1–3 (Quart). Berlin 1883–1894
4. Epistolae selectae [Epp. sel.]. Bd. 1–5. Berlin … 1916–1952

Abt. V. Antiquitates

1. Poetae Latini Medii Aevi (ab Bd. 5: Die lateinischen Dichter des deutschen Mittelalters …) [Poetae]. Bd. 1–6,1 (Quart). Berlin … 1881–1979
2. Necrologia Germaniae [Necr.]. Bd. 1–5 (Quart). Berlin 1886–1920; Suppl.: Libri confraternitatum [Libri confr.]. Bd. 1 (Quart). Berlin 1884
3. Libri memoriales [Libri mem.]. Bd. 1 (Quart). München 1970
4. Libri memoriales et necrologia. Nova series [Libri mem. NS]. Bd. 1–4 (Folio). Hannover 1979–1997

[VI.] **Quellen zur Geistesgeschichte des Mittelalters** [Quell. Geistesgesch.]. Bd. 1–15. (Oktav) Weimar 1955–1994

[VII.] **Deutsches Mittelalter**. Kritische Studientexte … Bd. 1–4 (Oktav). Leipzig … 1937–1949

Indices eorum quae Monumentorum Germaniae historicorum tomis hucusque editis continentur. Bearb. O. Holder-Egger; K. Zeumer. Hannover 1890

Elektronische Monumenta Germaniae Historica (EMGH). CD-ROM [zus. mit Brepols Publishers, Turnhout] – 1. Lfg. 1996

Freiherr vom Stein-Gedächtnisausgabe. A. Ausgewählte Quellen zur deutschen Geschichte des Mittelalters [FSGA.A]. Begr. von R. Buchner und fortgef. von F.-J. Schmale. Bd. 1a–b, 2, 3, 4a, 4b, 5–12, 12a, 12b, 13, 15–17, 17a, 19, 22, 25, 26a, 26b, 31–33, 36–37, 38a. Darmstadt 1955–1995; versch. Neuaufl. bzw. Ndr. [aufgenommen nur wenn durchges., veränd., ber., erg.; ohne latein. Paralleltitel; im einzelnen, auch für die Bde. in Vorbereitung, siehe: Wissenschaftliche Buchgesellschaft [WB], Jahreskatalog 1996, S. 126–132; vgl. auch Jahreskatalog 1997/98, S. 111–118, 119]

Bd. 1a–b: Altes Germanien. Auszüge aus den antiken Quellen über die Germanen und ihre Beziehungen zum Römischen Reich. Quellen der alten Geschichte bis zum Jahr 238 n. Chr. Hg. und Übs. H.-W. Goetz; K.-W. Welwei. 1995

Bd. 2: Gregor von Tours: Zehn Bücher Geschichten. Neu bearb. von R. Buchner. Bd.1: Buch 1–5. 5., durchges. und erg. Aufl. 1977

Bd. 3: Gregor von Tours: Zehn Bücher Geschichten. Bd. 2: Buch 6–10. 4., durchges. und ber. Aufl. 1970

Bd. 4a: Quellen zur Geschichte des 7. und 8. Jahrhunderts. Die vier Bücher der Chroniken des sogenannten Fredegar [Buch 2, Kapitel 53 bis Buch 4, leicht gekürzt]. Unter Ltg. von H. Wolfram neu übertr. von A. Kusternig. – Die Fortsetzungen der Chroniken des sogenannten Fredegar – Das Buch von der Geschichte der Franken [leicht gekürzt] – Das alte Leben Lebuins [Auswahl] – Jonas erstes Buch vom Leben Columbans. Unter Ltg. von H. Wolfram neu übertr. von H. Haupt. 1982

Bd. 4b: Briefe des Bonifatius – Willibalds Leben des Bonifatius – Nebst einigen zeitgenössischen Dokumenten. Neu bearb. von R. Rau. 1968

Bd. 5: Quellen zur karolingischen Reichsgeschichte. Tl. 1: Die Reichsannalen – Einhards Leben Karls des Großen – Zwei »Leben« Ludwigs – Nithard Geschichten. Neu bearb. von R. Rau. 2., um einige Literaturangaben erg. Aufl. 1977

Bd. 6: Quellen zur karolingischen Reichsgeschichte. Tl. 2: Jahrbücher von St. Bertin – Jahrbücher von St. Vaast – Xantener Jahrbücher. Neu bearb. von R. Rau. 1958

Bd. 7: Quellen zur karolingischen Reichsgeschichte. Tl. 3: Jahrbücher von Fulda – Regino Chronik – Notker Taten Karls. Neu bearb. von R. Rau. 1960

Bd. 8: Quellen zur Geschichte der sächsischen Kaiserzeit. Widukinds Sachsengeschichte [jetzt auch: Lat./Dt. Übs. und Hg. E. Rotter; B. Schneidmüller. Stuttgart 1981] – Adalberts Fortsetzung der Chronik Reginos – Liudprands Werke. Neu bearb. von A. Bauer; R. Rau. 2., durchges. und ber. Aufl. 1977

Bd. 9: Thietmar von Merseburg: Chronik. Neu übertr. und erl. von W. Trillmich. 1957

Bd. 10: Ekkehard IV.: St. Galler Klostergeschichten. Übs H. F. Haefele. 1980

Bd. 11: Quellen des 9. und 11. Jahrhunderts zur Geschichte der Hamburgischen Kirche und des Reiches. Rimbert Leben Ansgars – Adam von Bremen – Bischofsgeschichte der Hamburger Kirche – Wipo Taten Kaiser Konrads II. Neu übertr. von W. Trillmich – Hermann von Reichenau Chronik. Neu bearb. von R. Buchner. 5., durchges. Aufl. 1978

Bd. 12: Quellen zur Geschichte Kaiser Heinrichs IV. Die Briefe Heinrichs IV. – Das Lied vom Sachsenkrieg – Brunos Sachsenkrieg. Neu übs. von F.-J. Schmale – Das Leben Kaiser Heinrichs IV. Neu übers. von I. Schmale-Ott. 1963

Bd. 12a: Quellen zum Investiturstreit. Tl 1: Ausgewählte Briefe Papst Gregors VII. Übs. F.-J. Schmale. 1978

Bd. 12b: Quellen zum Investiturstreit. Tl. 2: Schriften über den Streit zwischen Regnum und Sacerdotium. Übs. I. Schmale-Ott. 1984

Bd. 13: Lampert von Hersfeld: Annalen. Neu übs. von A. Schmidt. Erl. von W. D. Fritz. 1957

Bd. 15: Frutolfs und Ekkehards Chroniken und die anonyme Kaiserchronik. Übs. F.-J. Schmale; I. Schmale-Ott. 1972

Bd. 16: Otto Bischof von Freising: Chronik oder die Geschichte der zwei Staaten. Übs. A. Schmidt. Hg. W. Lammers. 1960

Bd. 17: Otto Bischof von Freising und Rahewin: Die Taten Friedrichs oder richtiger Cronica. Übs. A. Schmidt. Hg. F.-J. Schmale. 2., korrig. Aufl. 1974

Bd. 17a: Italische Quellen über die Taten Kaiser Friedrichs I. in Italien und der Brief über den Kreuzzug Kaiser Friedrichs I. – Ottos Morena und seiner Fortsetzer Buch über die Taten Kaiser Friedrichs – Eines unbekannten Mailänder Bürgers Erzählung über die Unterdrückung und Unterwerfung der Lombardei – Aus Oberts Genueser Annalen – Aus der Chronik des Erzbischofs Romoald von Salerno – Brief über den Kreuzzug Kaiser Friedrichs I. Übs. F.-J. Schmale. 1986

Bd. 19: Helmold von Bosau: Slawenchronik. Neu übertr. und erl. von H. Stoob. 1963; 2., verb. Aufl. 1973

Bd. 22: Lebensbeschreibungen einiger Bischöfe des 10.–12. Jahrhunderts: Leben des hl. Ulrich, Bischofs von Augsburg, verfaßt von Gerhard – Leben des hl. Bruno, Erzbischofs von Köln, verfaßt von Ruotger – Leben des hl. Bernward, Bischofs von Hildesheim, verfaßt von Thangmar (?) – Leben Bischof Bennos II. von Osnabrück, verfaßt von Norbert – Leben des hl. Norbert, Erzbischofs von Magdeburg – Taten Erzbischof Alberos von Trier, verfaßt von Balderich. Übs. H. Kallfelz. 1973

Bd. 24: Heinrich von Lettland: Livländische Chronik. Neu übs. von A. Bauer. 1959; 2., korrig. Aufl. 1975

Bd. 25: Peter von Dusburg: Chronik des Preußenlandes. Übs. und erl. von K. Scholz; D. Wojtecki. 1984

Bd. 26a: Urkunden und erzählende Quellen zur deutschen Ostsiedlung im Mittelalter. Hg. H. Helbig; L. Weinrich. Tl. 1: Mittel- und Norddeutschland, Ostseeküste. 2., verb. Aufl. 1975

Bd. 26b: Urkunden und erzählende Quellen zur deutschen Ostsiedlung im Mittelalter. Tl. 2: Schlesien, Polen, Böhmen-Mähren, Österreich, Ungarn-Siebenbürgen. 1970

Bd. 31: Quellen zur Geschichte des deutschen Bauernstandes im Mittelalter. Hg. G. Franz. 2., durchges. Aufl. 1974

Bd. 32: Quellen zur deutschen Verfassungs-, Wirtschafts- und Sozialgeschichte bis 1250. Ausgew. und übs. von L. Weinrich. 1977

Bd. 33: Quellen zur Verfassungsgeschichte des römisch-deutschen Reiches im Spätmittelalter (1250–1500). Ausgew. und übs. von L. Weinrich. 1983

Bd. 36: Quellen zur Hanse-Geschichte. Mit Beitr. von J. Bohmbach; J. Goetze. Hg. R. Sprandel. 1982
Bd. 37: Quellen zur Wirtschafts- und Sozialgeschichte mittel- und oberdeutscher Städte im Spätmittelalter. Ausgew. und übs. von G. Möncke. 1982
Bd. 38a: Quellen zur Kirchenreform im Zeitalter der großen Konzilien des 15. Jahrhunderts. Tl. 1: Die Konzilien von Pisa (1409) und Konstanz (1414–1418). Ausgew. und übs. von J. Miethke; L. Weinrich. 1995

FSGA.B – Bd. 14: Quellen zur Geschichte Maximilians I. und seiner Zeit. Hg. I. Wiesflecker-Friedhuber. 1996

Neben der FSGA.A ersatzweise heranzuziehen:

Die Geschichtsschreiber der deutschen Vorzeit [GdV]. 3. Gesamtausg. Hg. K. Langosch. Bd. 1–103. Köln ... 1943– [siehe im einzelnen: **RFont** I, S. 286–290, nebst Add. I, S. 65; **Dotzauer** 35]

Leipziger Übersetzungen und Abhandlungen zum Mittelalter. Hg. E. Engelberg ... Berlin [Ost] 1956–1967

Bd. 1: Konrad von Megenberg: Klagelied der Kirche über Deutschland. Leipzig 1956
Bd. 2: Marsilius von Padua: Der Verteidiger des Friedens. Bd. 1–2. Bearb. H. Kusch. 1958
Bd. 3: Kaiser, Volk und Avignon. Ausgewählte Quellen zur antikurialen Bewegung in Deutschland in der 1. Hälfte des 14. Jahrhunderts. Hg. O. Berthold ... 1960
Bd. 4: Das Buch der hundert Kapitel und der vierzig Statuten des sog. Oberrheinischen Revolutionärs. Hg. A. Franke; G. Zschäbitz. 1967

[siehe auch fremdsprachige Übersetzungen, z.B. **Mediaeval sources in translation**. Hg. Pontificial Institute of Mediaeval Studies Toronto; **Oxford Medieval Texts** ...; **Sources chrétiennes**; auch oben 18.1]

Deutsche Reichstagsakten. **Ältere Reihe** [RTA.ÄR]. (Von König Wenzel bis Friedrich III., 1486). Hg. Historische Kommission bei der Bayerischen Akademie der Wissenschaften. München 1867–; Gotha ... 1878–; 2., unveränd. Aufl. (photomech. Ndr.): Bd. 1–9, 10/1–2; 11–16, 17/1–2,1. Göttingen 1956–1957; Bd. 19/1; 22/1. Göttingen 1969, 1973 [siehe auch: **Dotzauer** 31, 32]

Bd. 1–3: Deutsche Reichstagsakten unter König Wenzel. Abt. 1–3. 1376–1400. Hg. J. Weizsäcker. 1956
Bd. 4–6: Deutsche Reichstagsakten unter König Ruprecht. Abt. 1–3. 1400–1410. Hg. J. Weizsäcker. 1956
Bd. 7–12: Deutsche Reichstagsakten unter Kaiser Sigmund. Abt. 1–6. 1410–1437. Hg. D. Kerler ... 1956. 1957
Bd. 13–14: Deutsche Reichstagsakten unter König Albrecht II. Abt. 1–2. 1438–1439. Hg. G. Beckmann; Helmut Weigel. 1957
Bd. 15–17: Deutsche Reichstagsakten unter Kaiser Friedrich III. Abt. 1–3/1.1440–1445 [1444]. Hg. H. Herre ... 1957. 1969
Bd. 19: Deutsche Reichstagsakten unter Kaiser Friedrich III. Abt. 5/1. 1453–1454. Hg. H. Weigel; H. Grüneisen. 1969

Bd. 22: Deutsche Reichstagsakten unter Kaiser Friedrich III. Abt. 8/1. 1468–1470. Hg. I. Most-Kolbe. 1973

Beihefte: Die Reformation Kaiser Sigmunds. Eine Schrift des 15. Jahrhunderts zur Kirchen- und Reichsreform. Hg. K. Beer. Stuttgart 1933

Deutsche Reichstagsakten. Mittlere Reihe [RTA.MR]. Deutsche Reichstagsakten unter Maximilian I. (1486–1518) Hg. Historische Kommission bei der Bayerischen Akademie der Wissenschaften. Bd. 1–. Göttingen 1972–

Bd. 1: Reichstag zu Frankfurt 1486. Tl. 1–2. Bearb. H. Angermeier; R. Seyboth. 1989

Bd. 3: 1488–1490. Tl. 1–2 [Reichstag von Frankfurt 1489]. Bearb. E. Bock. 1972–1973

Bd. 5: Reichstag von Worms 1495. Tl. 1/1–2: Akten, Urkunden und Korrespondenzen; Tl. 2: Berichte und Instruktionen. Bearb. H. Angermeier. 1981

Bd. 6: Reichstage von Lindau, Worms und Freiburg 1496–1498. Bearb. H. Gollwitzer. 1979

Ausgewählte Urkunden zur Erläuterung der Verfassungsgeschichte Deutschlands im Mittelalter. Hg. W. Altmann; E. Bernheim. 5. Aufl. Berlin 1920

Acta imperii Angliae et Franciae ab anno 1267 ad annum 1313. Dokumente vornehmlich zur Geschichte der auswärtigen Beziehungen Deutschlands. Hg. F. Kern. Tübingen 1911

Acta imperii inedita [saeculi XIII/XIV]. Hg. Ed. Winkelmann. Bd. 1–2. Innsbruck 1880–1885

Acta imperii selecta. Ed. J. F. Böhmer. Hg. J. Ficker. Innsbruck 1870

Bibliotheca rerum Germanicarum. Bd. 1–6. Hg. P. Jaffé. Berlin 1864–1873

Fontes rerum Germanicarum. Geschichtsquellen Deutschlands [12.–14. Jhdt.] Hg. J. F. Boehmer … Bd. 1–4. Stuttgart 1843–1868

Historia diplomatica Friderici secundi … Hg. J.-L.-A. Huillard-Bréholles. Tl. 1–6 [Bd. 1–11]. Paris 1852–1861

Nova Alamanniae. Urkunden, Briefe und andere Quellen besonders zur deutschen Geschichte des 14. Jahrhunderts. Hg. E. E. Stengel; K. Schäfer. Bd. 1–2, 1–2. Berlin … 1921–1976

Quellensammlung zur deutschen Geschichte. Hg. E. Brandenburg; G. Seeliger. Leipzig 1907–

Quellensammlung zur Geschichte der deutschen Reichsverfassung in Mittelalter und Neuzeit. Hg. K. Zeumer. 2. Aufl. Tübingen 1913 (QSVVR 2)

18.3 Länder und Landschaften des Deutschen Reiches

[siehe auch: **RFont**. I, S. 799–802 (nebst Add.); **HHS, HHSD, HHSÖ, HHSSchw; DW** 108–136; 238/1–448; 239/1–497; **BDHS** bei Id; **Dotzauer** 363–446, 887–1034]

18.3.1 Baden

Mone, Franz-Joseph: Quellensammlung zur badischen Landesgeschichte. 1846–1874 [RFont. I, S. 461]

18.3.2 Baltikum

Liv-, est- und curländisches Urkundenbuch nebst Regesten. Abt. I. 1853–1910; Abt. II. 1900–1914 [RFont. I, S. 381]

18.3.3 Bayern

Monumenta Boica. Reihe I. 1763–1829; Reihe II. 1829–1905; NF 1902– [RFont. I, S. 462–464]
Quellen und Erörterungen zur bayerischen und deutschen Geschichte. Reihe I. Bd. 1–9. 1856–1864; NF 1903– [RFont. I, S. 585f.; Add. I, S. 114]

18.3.4 Belgien

Commission Royale d'Histoire (Académie Royale de Belgique). Reihe I. 1836–; Reihe II. 1854–; Reihe III. 1866–; Reihe IV. 1904–; Reihe V. 1936–; Reihe VI. 1948– [RFont. I., S. 170–177]
Commission Royale des anciennes lois et ordonnances de Belgique. Reihe I. 1855–; Reihe II. 1868– [RFont. I, S. 165f.]

18.3.5 Böhmen, Mähren

Codex diplomaticus et epistolaris Moraviae. 1836–1903 [RFont. I, S. 135f.]
Codex diplomaticus et epistolaris regni Bohemiae. 1904– [RFont. I, S. 136; Add. I, S. 21]
Codex iuris Bohemici. 1867–1898 [RFont. I, S. 140f.]
Codex iuris municipalis regni Bohemiae. 1886– [RFont. I, S. 141]
Fontes rerum Bohemicarum. 1873–1932 [RFont. I, S. 268–270]
Historicky archiv. 1893–1949 [RFont. I, S. 328f.]
Monumenta Historica Bohemiae. 1764–1785 [RFont. I, S. 483]
Quellen und Forschungen aus dem Gebiete der Geschichte (Böhmens). 1922–1942 [RFont. I, S. 586]
Quellen-Schriften zur Geschichte Mährens und Österr.-Schlesiens. 1858–1861 [RFont. I, S. 594]
Reliquiae tabularum terrae regni Bohemiae. 1870–1899 [RFont. I, S. 609f.]
Scriptores rerum Bohemicarum. 1783–1829 [RFont. I, S. 666]
Städte- und Urkundenbücher aus Böhmen. 1876–1941 [RFont. I, S. 712]

18.3.6 Brandenburg

Codex diplomaticus Brandenburgensis. Sammlung der Urkunden, Chroniken und sonstigen Quellenschriften für die Geschichte der Mark Brandenburg und ihrer Regenten. Hg. A. F. Riedel. Bd. 1–41. Berlin 1838–1869 [siehe auch: **Ribbe**, Wolfgang: Quellen und Historiographie zur mittelalterlichen Geschichte von Berlin-Brandenburg. Berlin ... 1977 (SVGB 61), S. 1–81]

18.3.7 Franken

Quellen und Forschungen zur Geschichte des Bistums und Hochstifts Würzburg. 1948– [RFont. I, S. 588; Add. I, S. 114]
Quellensammlung für fränkische Geschichte. 1849–1852 [RFont. I, S. 593f.]
Veröffentlichungen der Gesellschaft für fränkische Geschichte. Reihe I. 1907–; Reihe III. 1912–; Reihe X. 1934– [RFont. I, S. 762f.; Add. I, S. 151]

18.3.8 Hessen

Hessische Urkunden. Hg. L. Baur. Bd. 1–6. Darmstadt 1860–1873; Ndr. mit Indices. Aalen 1979
Hessisches Urkundenbuch. Bd. 1–7. Abt. 1: Deutschordensballei Hessen. Hg. A. Wyss; Abt. 2: Herren von Hanau. Hg. H. Reimer. Leipzig 1879–1899 (PKPSA 3, 19, 48, 51, 60, 69, 73)
Veröffentlichungen der Historischen Kommission für Hessen und Waldeck. 1899– [RFont. I, S. 765]

18.3.9 Lothringen

Quellen zur lothringischen Geschichte. 1901–1910 [RFont. I, S. 591]

18.3.10 Luxemburg

Urkunden- und Quellenbuch zur Geschichte der altluxemburgischen Territorien. Hg. C. Wampach. Bd. 1–10. 1935–1958 [RFont. I, S. 772]

18.3.11 Mecklenburg

Mecklenburgisches Urkundenbuch. Bd. 1–25. Schwerin 1863–1936; 1977

18.3.12 Nassau

Veröffentlichungen der Historischen Kommission für Nassau. 1899– [RFont. I, S. 765]

18.3.13 Niederlande

Codex diplomaticus Neerlandicus. Reihe I. 1848; Reihe II. 1852–1862 [RFont. I, S. 137]

Werken der Vereniging tot Uitgaaf der Bronnen van het Oud-Vaderlandsche Recht. Reihe I. 1880–1897; Reihe II. 1900–1931; Reihe III. 1931– [RFont. I, S. 773f.; Add. I, S. 153]

18.3.14 Niedersachsen

Quellen und Darstellungen zur Geschichte Niedersachsens. 1883– [RFont. I, S. 584f.; Add. I, S. 113. – Übs.: **Strunk**, Hermann: Quellenbuch zur Geschichte des alten Erzstifts Bremen und Niedersachsens bis zum Ausgang des Mittelalters. Halle 1911]

18.3.15 Österreich, Ungarn

Diplomata Hungariae antiquissima (accedunt epistolae et acta ad historiam Hungariae pertinentia). Bd. 1–. Budapest 1992–

Fontes rerum Austriacarum. Österreichische Geschichtsquellen. 1. Abt.: Scriptores. 1855–; 2. Abt.: Diplomataria et acta. 1849–; 3. Abt.: Fontes iuris. 1953– [RFont. I, S. 266–268; Add. I, S. 59]

Quellen zur Verfassungs- und Verwaltungsgeschichte der Steiermark. 1914– [RFont. I, S. 593]

Salzburger Urkundenbuch. Bearb. W. Hautaler; F. Martin. Bd. 1–4. Salzburg 1899–1933 [RFont. I, S. 637]

Urkunden-Buch des Landes ob der Enns. 1852– [RFont. I, S. 757]

Urkundenbuch zur Geschichte der Babenberger in Österreich. Bearb . H. Fichtenau; E. Zöllner. Bd. 1–4. Wien 1950–1968

18.3.16 Pommern

Pommersches Urkundenbuch. Bd. 1–. Stettin 1868–. Ndr. und Neubearb. Köln … 1958– [bis Bd. 10. 1984; RFont. I, S. 567]

Quellen zur pommerschen Geschichte. 1885–1922 [RFont. I, S. 591; Add. I, S. (115), 151]

Veröffentlichungen der Historischen Kommission für Pommern. 1913–1940 [RFont. I, S. 765f.]

18.3.17 Preußen

Codex diplomaticus Prussicus. 1836–1861 [RFont. I, Add. I, S. 21f.]

Preußisches Urkundenbuch. 1882– [RFont. I, Add. I, S. 107f.]

Scriptores rerum Prussicarum. 1861–1874. Nachtr. 1968 [RFont. I, S. 673; Add. I, S. 125]

18.3.18 Rheinlande

Urkundenbuch für die Geschichte des Niederrheins oder des Erzstifts Köln, der Fürstentümer Jülich und Berg, Geldern, Moers, Kleve und Mark, und der Reichsstifte Elten, Essen und Werden. Hg. Th. J. Lacomblet. Bd. 1–4. Düsseldorf 1840–1858; Supplbd: Nachweis der Überlieferung. Bearb. W.-R. Schleidgen. Siegburg 1981 (VSANRW.C 10)

Publikationen der Gesellschaft für rheinische Geschichtskunde [PGRGK]. 1884– [RFont. I, S. 581–583]

Sauerland, Heinrich Volbert: Urkunden und Regesten zur Geschichte der Rheinlande aus dem Vatikanischen Archiv. Bd. 1–7. Bonn 1902–1913 (PGRGK 23)

18.3.19 Sachsen

Codex diplomaticus Saxoniae regiae [CDSax]. Hg. H. Ermisch; O. Posse. Reihe I (Mgfn. von Meißen); Reihe II (Bistum Meißen, Städte, Universität Leipzig). Leipzig 1864–1941

Codex diplomaticus Anhaltinus. Hg. O. Heinemann. Tl. 1–6. Dessau 1867–1883

Geschichtsquellen der Provinz Sachsen. Ältere Reihe. 1870–1923; Neue Reihe [mit Sachsen-Anhalt]. 1925– [RFont. I, S. 290–292]

Quellen zur Geschichte Sachsen-Anhalts. 1954–

Schriften der (kgl.) sächsischen Kommission für Geschichte. 1899– [RFont. I, S. 658]

18.3.20 Schlesien

Codex diplomaticus Silesiae. Breslau 1857–. Reihe I. 1857–1933; Reihe II, 1. Abt. 1940

Quellen und Darstellungen zur schlesischen Geschichte. 1952– [RFont., Add. I, S. 113f.]

Quellen-Schriften [siehe unter Böhmen, Mähren]

Scriptores rerum Silesiacarum. 1835– [RFont. I, S. 673f.]

Silesiacarum rerum Scriptores. 1929–1932 [RFont. I, S. 683]

18.3.21 Schleswig-Holstein

Quellensammlung der Schleswig-Holstein-Lauenburgischen Gesellschaft. 1862–1913 [RFont. I, S. 593]

18.3.22 Schwaben [siehe auch Württemberg]

Schwäbische Chroniken der Stauferzeit. 1938– [auch als Einzeleditionen; RFont. I, S. 659]

Veröffentlichungen der Schwäbischen Forschungsgemeinschaft. Reihe II. 1952–; Reihe IIb. 1955– [RFont. I, S. 766]

18.3.23 Schweiz

Quellen zur Schweizer Geschichte. Bd. 1–25. Basel 1877–1906; NF 1. Abt.: Chroniken. 1908–; 2. Abt.: Akten. 1911–; 3. Abt.: Briefe und Denkwürdigkeiten. 1927–; 4. Abt.: Handbücher. 1914. Sonderpublikationen. 1890–1935 [RFont. I, S. 591–593; Add. I, S. 115]

Quellenwerk zur Entstehung der Schweizerischen Eidgenossenschaft. Aarau 1933–. Abt.I: Urkunden. 1933–; Abt.II: Urbare und Rödel. Bd. 1–4. 1941–1957; Abt.III: Chroniken. 1947–

Sammlung schweizerischer Rechtsquellen. 1898– [RFont. I, S. 640f.]

Scriptoria Medii Aevi Helvetica. 1935– [RFont. I, S. 676; Add. I, S. 125f.]

18.3.24 Siebenbürgen

Urkundenbuch zur Geschichte der Deutschen in Siebenbürgen. 1892–1937 [RFont. I, S. 757]

18.3.25 Thüringen

Thüringische Geschichtsquellen. Reihe I. 1854–1859; NF 1883–1936 [RFont. I, S. 744]

Thüringisch-sächsische Geschichtsbibliothek. 1889–1895 [RFont. I, S. 744]

18.3.26 Tirol

Tiroler Urkundenbuch. 1. Abt. 1937–1959; NF 1883–1936 [RFont. I, S. 745]

Tirolische Geschichtsquellen. 1867–1891 [RFont. I, S. 745]

18.3.27 Trierer Lande (Mosel-Mittelrhein)

Günther, Wilhelm: Codex diplomaticus Rheno-Mosellanus. Urkundensammlung zur Geschichte der Rhein- und Mosellande, der Nahe- und Ahrgegend, und des Hundsrückens, des Meinfeldes und der Eifel. Tl. 1–5. Koblenz 1822–1826

Urkundenbuch zur Geschichte der jetzt die preussischen Regierungsbezirke Coblenz und Trier bildenden mittelrheinischen Territorien. Bearb. H. Beyer … Bd. 1–3. Koblenz 1860–1874

18.3.28 Westfalen

Veröffentlichungen der Historischen Kommission der Provinz Westfalen. Reihe I. 1859–; Reihe III. 1851–1937; Reihe IV. 1872–1914; Reihe VII. 1900; Reihe XIII. 1917–; Reihe XVI. 1930 [RFont. I, S. 763–765]

Westfälisches Urkundenbuch. Bd. 1–. Münster/W. 1847–

18.3.29 Württemberg [siehe auch Schwaben]

Hohenlohisches Urkundenbuch. Bd. 1–3. Hg. K. Weller. Stuttgart 1899–1912
Monumenta Zollerana. Urkundenbuch zur Geschichte des Hauses Hohenzollern. Hg. R. v. Stillfried; T. Märker. Bd. 1–7. Berlin 1852–1866. Ergbd. Berlin 1890
Wirtembergisches Urkundenbuch. Bd. 1–11. Stuttgart 1849–1913
Württembergische Geschichtsquellen. (A). 1887–1890; (B). 1894– [RFont. I, S. 781f.]

18.4 Städte

[siehe auch: **BDHS** bei Id]

18.4.1 Übergreifende Quellensammlungen

[siehe auch: **Dotzauer** 33, 447–450]
Die Chroniken der deutschen Städte vom 14. bis ins 16. Jahrhundert. Hg. Historische Kommission bei der Bayerischen Akademie der Wissenschaften. Bd. 1–36. 2., unveränd. Aufl. Göttingen 1961–1969 [Ndr. der Ausg. Leipzig ... 1862–1931]:
Bd. 1–3: Die Chroniken der fränkischen Städte: Nürnberg. Bd. 1–3. 1961; Bd. 4–5: Die Chroniken der schwäbischen Städte: Augsburg. Bd. 1–2. 1965; Bd. 6: Die Chroniken der niedersächsischen Städte: Braunschweig. Bd. 1. 1962; Bd. 7: Die Chroniken der niedersächsischen Städte: Magdeburg. Bd. 1. 1963; Bd. 8–9: Die Chroniken der oberrheinischen Städte: Straßburg. Bd. 1–2. 1961; Bd. 10–11: Die Chroniken der fränkischen Städte: Nürnberg. Bd. 4–5. 1961; Bd. 12–14: Die Chroniken der niederrheinischen Städte: Cöln. Bd. 1–3. 1968; Bd. 15: Die Chroniken der baierischen Städte: Regensburg, Landshut, Mühldorf. München 1967; Bd. 16: Die Chroniken der niedersächsischen Städte: Braunschweig. Bd. 2. 1962; Bd. 17–18: Die Chroniken der mittelrheinischen Städte: Mainz. Bd. 1–2. 1968; Bd. 19: Die Chroniken der niedersächsischen Städte: Lübeck. Bd. 1. 1967; Bd. 20: Die Chroniken der westfälischen und niederrheinischen Städte. Bd. 1: Dortmund, Neuß. 1969; Bd. 21: Die Chroniken der westfälischen und niederrheinischen Städte. Bd. 2: Soest. 1969; Bd. 22–23: Die Chroniken der schwäbischen Städte: Augsburg. Bd. 3–4. 1965; 1966; Bd. 24: Die Chroniken der westfälischen und niederrheinischen Städte. Bd. 3: Soest und Duisburg. 1969; Bd. 25: Die Chroniken der schwäbischen Städte: Augsburg. Bd. 5. 1966; Bd. 26: Die Chroniken der niedersächsischen Städte: Lübeck. Bd. 2. 1967; Bd. 27: Die Chroniken der niedersächsischen Städte: Magdeburg. Bd. 2. 1962; Bd. 28: Die Chroniken der niedersächsischen Städte: Lübeck. Bd. 3. 1968; Bd. 29: Die Chroniken der schwäbischen Städte: Augsburg. Bd. 6, 2. 1966; Bd. 30–31: Die Chroniken der niedersächsischen Städte: Lübeck. Bd. 4–5/1. 1968; Bd. 32–34: Die Chroniken der schwäbischen Städte: Augsburg. Bd. 7–9. 1966; Bd. 35: Die Chroniken der

niedersächsischen Städte: Braunschweig. Bd. 3/1. 1969; Bd. 36: Die Chroniken der niedersächsischen Städte: Lüneburg. Bd. 2. 1968; Bd. 37: Die Chroniken der niedersächsischen Städte: Bremen. Bremen 1968

Städte-Übersicht: Augsburg (Bd. 4–5, 22–23, 25, 29, 32–34); Braunschweig (6, 16, 35); Bremen (37); Dortmund (20); Duisburg (24); Köln (12–14); Landshut (15); Lübeck (19, 26, 28, 30–31); Lüneburg (36); Magdeburg (7, 27); Mainz (17–18); Mühldorf (15); München (15); Neuß (20); Nürnberg (1–3, 10–11); Regensburg (15); Soest (21, 24); Straßburg (8–9)

[dazu wie zur weiteren chronikalischen Überlieferung siehe auch: **Dotzauer** 1515–1649]

Elenchus fontium historiae urbanae. Bd. 1. Hg. C. van de Kieft ... Bd. 1–. Leiden ... 1967–; Bd. 1. 1967 [Deutschland, Belgien, Niederlande, Skandinavien]; Bd. 2,1. Arras-Luxemburg 1996 [Frankreich, Luxemburg]; Bd. 2,2. 1988 [England, Irland]; Bd. 3,1. 1992 [Österreich]

Keutgen, Friedrich: Urkunden zur städtischen Verfassungsgeschichte. Berlin 1901 (AUDV 1)

Oberrheinische Stadtrechte. Bd. 1–. Heidelberg 1895–; 1. Abt.: Fränkische Rechte. 1895–1922; 2. Abt.: Schwäbische Rechte. 1905–1913; 3. Abt.: Elsässische Rechte. 1902–1938

Quellen zur älteren Geschichte des Städtewesens in Mitteldeutschland. Tl. 1–2. Weimar 1949 (QMLVG 1; StudB 4, 5)

Die Urkunden und Akten der oberdeutschen Städtebünde vom 13. Jahrhundert bis 1549. Bearb. K. Ruser. Bd. 1–. Göttingen 1979–. Bd. 1: Vom 13. Jahrhundert bis 1347. 1979; Bd. 2: 1348–1380. 1988

Urkunden zur Geschichte des Städtewesens in Mittel- und Niederdeutschland bis 1350. Hg. H. Stoob ... Köln; Wien 1985 (SF.C 1)

Urkundensammlung zur Geschichte des Ursprungs der Städte und der Einführung und Verbreitung deutscher Kolonisten und Rechte in Schlesien und der Ober-Lausitz. Hg. G. A. Tzschoppe; G. A. Stenzel. Hamburg 1832

[Siehe auch **FSGA.A** 36, 37]

18.4.2 Einzelne Städte

[siehe auch: **BDHS** bei Id; **Dotzauer** 451–590, 1035–1103]

[**Aachen**] Aachener Urkunden (1101–1250). Bearb. E. Meuthen. Bonn 1972 (PGRGK 58)

[**Allenstein**] Urkundenbuch der Geschichte Allensteins. Hg. H. Bonk. Bd. 1–3. Allenstein 1912–1926 (GSA 3–5)

[**Altenburg**] Altenburger Urkundenbuch (976–1350). Bearb. H. Patze. Jena 1955 (VTHK 5)

Urkundenbuch der Stadt **Arnstadt** (704–1495). Hg. C. A. H. Burckhardt. Jena 1883 (ThGQ 4; NF 1)

Urkundenbuch der Stadt **Augsburg**. Hg. Ch. Meyer. Bd. 1–2. Augsburg 1874–1878

[**Basel**] Basler Chroniken. Bd. 1–8. Leipzig ... 1872–1945

Urkundenbuch der Stadt Basel. Bearb. R. Wackernagel; R. Thommen. Bd. 1–11. Basel 1890–1900

Fidicin, Eduard: Historisch–diplomatische Beiträge zur Geschichte der Stadt **Berlin**. Tl. 1–5. Berlin 1837–1842

[**Bern**] Fontes rerum Bernensium. Berns Geschichtsquellen. Bd. 1–10 [bis 1390]. Bern 1883–1956

Urkundenbuch der Stadt und des Stifts **Bielefeld**. Hg. B. Vollmer. Bielfeld 1937

Urkundenbuch der Stadt **Braunschweig** bis zum Jahre 1350. Hg. L. Hänselmann; H. Mack. Bd. 1–4. Braunschweig 1873–1912

[**Bremen**] Bremisches Urkundenbuch. Hg. D. R. Ehmck; W. v. Bippen. Bd. 1–5. Bremen 1873–1902; Bd. 6, Lfg. 1–2. Hg. H. Entholt. 1940

[**Breslau**] Breslauer Urkundenbuch. Bearb. G. Korn. Tl. 1 [mehr nicht ersch.]. Breslau 1870

Urkunden der Stadt **Brieg**. Urkundliche und chronikalische Nachrichten über die Stadt Brieg … bis zum Jahre 1550. Hg. C. Grünhagen. Breslau 1870 (CDSil 9)

Urkundenbuch der Stadt **Chemnitz** und ihrer Klöster. Hg. H. Ermisch. Leipzig 1879 (CDSax II,6)

Die Urkunden der Stadt **Dinkelsbühl**. Bearb. L. Schnurrer. Bd. 1–2 (1282–1500). München 1960–1962 (BAI 15, 19)

[**Dortmund**] Dortmunder Urkundenbuch. Hg. K. Rübel; Ed. Roese. Bd. 1–2. Dortmund 1881–1894; Ergbd. 1 (789–1350). 1910

Urkundenbuch der freien Reichsstadt Dortmund. Bearb. A. Fahne. Bd. 1–2. Köln 1855–1857

Urkundenbuch der Städte **Dresden** und Pirna. Hg. K. F. v. Posern-Klett. Leipzig 1875 (CDSax II,5)

Urkundenbuch der Stadt **Duderstadt** bis zum Jahre 1500. Hg. F. J. Jaeger. Hildesheim 1883

Urkundenbuch der Stadt **Düren** 748–1500. Bearb. W. Kaemmerer. Bd. 1/1. Düren 1971 (BGDL 12)

Urkundenbuch der Stadt **Erfurt**. Bearb. K. Beyer. Tl. 1–2. Halle 1889–1897 (GQPS 23, 24)

Urkundenbuch der Stadt **Eßlingen**. Bearb. A. Diehl. Bd. 1–2. Stuttgart 1899–1905 (WGQ 4, 7)

[**Frankfurt am Main**] Die Bürgerbücher der Reichsstadt Frankfurt 1311–1400 und das Einwohnerverzeichnis von 1387. Hg. D. Andernacht; O. Stamm. Frankfurt/M. 1955

Die Bürgerbücher der Reichsstadt Frankfurt 1401–1470. Hg. D. Andernacht; E. Berger. Frankfurt/M. 1978 (VHKSF 14)

Codex diplomaticus Moenofrancofurtanus. Urkundenbuch der Reichsstadt Frankfurt (794–1340). Hg. J. F. Boehmer. Frankfurt/M. 1836; Neubearb. von F. Lau. Bd. 1–2. Frankfurt/M. 1901–1905

Frankfurter Amts- und Zunfturkunden bis zum Jahre 1612. Hg. K. Bücher; B. Schmidt. Bd. 1–3. Frankfurt/M. 1914–1915 (VHKSF 4,1–3)

Die Gesetze der Stadt Frankfurt am Main im Mittelalter. Hg. A. Wolf. Frankfurt/M. 1969 (VHKSF 13)

Urkundenbuch zur Geschichte der Juden in Frankfurt am Main. Bearb. I. Kracauer. Bd. 1–2. Frankfurt/M. 1914

Die Stadt **Frankfurt** [**an der Oder**]. Hg. A. F. Rieder. Berlin 1862 (CDBrand I, 23)

Urkundenbuch der Stadt **Freiberg in Sachsen**. Hg. H. Ermisch. Bd. 1–3. Leipzig 1883–1891 (CDSax II,12–14)

[**Freiburg im Breisgau**] Freiburger Urkundenbuch. Hg. F. Hefele. Bd. 1–3; Tafelbd. Freiburg/Br. 1940–1958

Urkundenbuch der Stadt Freiburg im Breisgau. Hg. H. Schreiber. Freiburg/Br. 1828–1829

Die Stadtrechte von **Freiburg im Üchtland** und Arconciel-Illens. Hg. R. Zehntbauer. Innsbruck 1906

Urkundenbuch der Stadt **Friedberg**. Bearb. M. Foltz. Bd. 1 (1216–1410). Marburg 1904 (VHKH 3,1)

Quellen zur Geschichte der Stadt **Görlitz** bis 1600. Hg. R. Jecht. Görlitz 1909

Urkundenbuch der Stadt **Göttingen** bis 1500. Hg. G. Schmidt. Bd. 1–2. Hannover 1863–1867

Urkundenbuch der Stadt **Goslar** und der in und bei Goslar gelegenen geistlichen Stiftungen (922–1365). Hg. G. Bode. Tl. 1–5. Tl. 5 bearb. von U. Hölscher. Halle 1893–1905; Berlin 1922 (GQPS 29–32, 45)

Urkundenbuch der Stadt **Halberstadt**. Bearb. G. Schmidt. Tl. 1–2. Halle 1878–1879 (GQPS 7,1–2)

Urkundenbuch der Stadt **Halle**, ihrer Stifter und und Klöster. Bearb. A. Bierbach. Bd. 1–3. Magdeburg 1930; Halle/Saale 1930–1957 (GQPS, Neue Reihe 10, 20; QGSA 2, 5)

[**Hamburg**] Hamburger Testamente 1351 bis 1400. Bearb. H.-D. Loose. Hamburg 1970 (VSAH 11)

Hamburgisches Urkundenbuch. Hg. J. M. Lappenberg … Bd. 1–4. Hamburg 1907–1967

Urkundenbuch des Stiftes und der Stadt **Hameln** bis zum Jahre 1576. Hg. O. Meinardus; E. Fink. Bd. 1–2. Hannover 1887–1903

Urkundenbuch der Stadt **Hannover**. Tl. 1: Vom Ursprung bis 1369. Hg. C. L. Grotefend; G. F. Fiedeler. Hannover 1860

Urkundenbuch der Stadt **Heilbronn**. Bearb. E. Knupfer; M. v. Rauch. Bd. 1–4. Stuttgart 1904–1922 (WGQ 5, 15, 19, 20)

Urkundenbuch der Stadt **Herford**. Tl. 1 (1224–1450). Bearb. R. Pape; E. Sandow. Herford 1968 (HGQ 1)

Urkundenbuch der Stadt **Hildesheim** (bis 1597). Hg. R. Doebner. Bd. 1–8. Hildesheim 1881–1901; Bd. 9: Glossar zu Bd. 1–4 von H. Brandes. 1980

[**Innsbruck**] Schadelbauer, Karl: Innsbrucker Urkunden aus dem Stiftsarchiv Wilten von 1238–1350. Innsbruck 1951 (VSAI 2)

Schadelbauer, Karl: Quellen zur Innsbrucker Häusergeschichte. Bd. 1–2. Innsbruck 1966, 1967 (VSAI 29, 30)

Urkundenbuch der Stadt **Jena** und ihrer geistlichen Anstalten. Hg. J. E. A. Martin und E. Devrient. Bd. 1–3. Jena 1888–1936 (ThGQ 6; NF 3,1–3)

Urkundenbuch der Städte **Kamenz** und Löbau. Hg. H. Knothe. Leipzig 1883 (CD-Sax II,7)

Die Urkunden der Stadt **Kaufbeuren** (Stadt, Spital, Pfarrei, Kloster) (1240–1500). Bearb. R. Dertsch. Augsburg 1955

Bär, Max: Urkunden und Akten zur Geschichte der Verfassung und Verwaltung der Stadt **Koblenz** bis zum Jahre 1500. Bonn 1898

Quellen zur Geschichte der Stadt **Köln**. Hg. L. Ennen; G. Eckertz. Bd. 1–6. Köln 1860–1879

Knipping, Richard: Die Kölner Stadtrechnungen des Mittelalters. Mit einer Darstellung der Finanzverwaltung. Bd. 1–2. Bonn 1897–1898 (PGRGK 15)

Beschlüsse des Rates der Stadt Köln. 1320–1550. Bearb. M. Groten. Bd. 1–. Düsseldorf 1990– (PGRGK 65–)

Kölner Schreinsurkunden des 12. Jahrhunderts. Quellen zur Rechts- und Wirtschaftsgeschichte der Stadt Köln. Bd. 1–2. Köln 1884–1894 (PGRGK 1)

Planitz, Hans; Buyken, Thea: Die Kölner Schreinsbücher des 13. und 14. Jahrhunderts. Weimar 1937

Loesch, Heinrich v.: Die Kölner Zunfturkunden nebst anderen Kölner Gewerbeurkunden bis zum Jahre 1500. Bd. 1–2. Bonn 1907 (PGRGK 22)

Urkundenbuch der Stadt **Königsberg** in Preußen. Bearb. H. Mendthal. Tl. 1 (1256–1400). Königsberg 1910

[**Konstanz**] Konstanzer Häuserbuch. Bd. 1. Bearb. F. Hirsch ...; Bd. 2. Bearb. K. Beyerle; A. Maurer. Heidelberg 1906–1908

Konstanzer Stadtrechtsquellen. Bd. 1–5. Konstanz 1949–1951; ab Bd. 6 unter dem Titel: Konstanzer Geschichts- und Rechtsquellen [KGRq]. Lindau ... 1954–

Urkundenbuch der Stadt **Krefeld** und der alten Grafschaft Moers. Bearb. H. Keussen. Bd. 1–5. Krefeld 1938–1940

[**Landshut**] Landshuter Urkundenbuch. Bearb. Th. Herzog. Bd. 1–4. Neustadt/Aisch 1959–1963

Urkundenbuch der Stadt **Liegnitz** und ihres Weichbildes bis zum Jahre 1445. Hg. F. W. Schirrmacher. Liegnitz 1866

[**Linz an der Donau**] Linzer Regesten. Linz 1952– [zahlreiche Reihen; vgl. Bibliographie zur Geschichte der Städte Österreichs, S. 159–160]

[**Löbau**; siehe unter Kamenz]

[**Lübeck**] Codex diplomaticus Lubecensis. Lübisches Urkundenbuch. Abt. 1: Urkundenbuch der Stadt Lübeck. Bd. 1–11. Lübeck 1843–1905; Wort- und Sachregister zu Bd. 1–11 (1139–1470) von F. Techen. 1932

Lübecker Ratsurteile. Hg. W. Ebel. Bd. 1–3. Göttingen 1955–1958; Bd. 4: Erg. und Nachtr. 1297–1550. Göttingen 1967

Urkundenbuch der Stadt **Lüneburg**. Bearb. W. F. Volger. Bd. 1–3. Hannover 1872–1877

Urkundenbuch der Stadt **Lünen** bis 1341. Bearb. W. Bockhorst; F. Niklowitz. Lünen 1991

Urkundenbuch der Stadt **Magdeburg**. Bearb. G. Hertel. Bd. 1–3. Halle 1892–1896 (GQPS NR 26, 27, 29)

[**Mainz**] Mainzer Urkundenbuch. Bearb. M. Stimming; P. Acht. Bd. 1–2. Darmstadt 1932; 1971 [bis 1200]

Urkundenbuch der Stadt **Meißen** und ihrer Klöster. Hg. E. G. Gersdorf. Leipzig 1873 (CDSax II,4)

Urkundenbuch der ehemals freien Reichsstadt **Mühlhausen in Thüringen**. Hg. K. Herquet. Halle/Saale 1874 (GQPS 3)

[**Münster** in Westfalen] Münsterisches Urkundenbuch. Tl. 1: Das Stadtarchiv Münster. 1. Halbbd.: 1176–1440. Bearb. J. Prinz. Münster 1960 (QFGSM NF 1)

Die Urkunden der Stadt **Nördlingen**. Hg. K. Puchner ... Bd. 1–4. Augsburg 1952–1968

[**Nordhausen**] Nordhäuser Urkundenbuch. Bearb. G. Linke; G. Meißner. Tl. 1–2. Nordhausen 1936–1939 (VSAN)

Quellen und Forschungen zur Geschichte der Stadt **Nürnberg**. Bd. 1–. Nürnberg 1959– [Bd. 1: Nürnberger Urkundenbuch. 1959; Bd. 2: Die Acht-, Verbots- und Fehdebücher Nürnbergs von 1285–1400. 1960; Bd. 3: Satzungsbücher und Satzungen der Reichsstadt Nürnberg aus dem 14. Jahrhundert. 1965; Bd. 9,1: Die Nürnberger Bürgerbücher. Tl. 1: Die pergamentenen Neubürgerlisten 1302–1448. 1974]

[**Oldenburg** in Oldenburg] Oldenburgisches Urkundenbuch. Hg. D. Kohl; G. Rüthning. Bd. 1–8. Oldenburg 1914; 1926–1935 [Bd. 1: Stadt Oldenburg. 1914]

[**Osnabrück**] Osnabrücker Urkundenbuch (772–1300). Hg. F. Philippi; M. Bär. Bd. 1–4. Osnabrück 1892–1902

Osnabrücker Geschichtsquellen. Bd. 1–5. Osnabrück 1891–1932

[**Pirna**; siehe unter Dresden]

Urkundenbuch der Stadt **Quedlinburg**. Hg. K. Janicke. Tl. 1–2. Halle 1873–1882 (GQPS 2)

[**Regensburg**] Regensburger Urkundenbuch. Bd. 1–2. München 1912; 1956. Bearb. J. Widemann; F. Bastian (MB 53, 54, NF 7, 8)

Urkundenbuch der Stadt **Rottweil**. Bearb. H. Günther. Stuttgart 1896 (WGQ 3)

Urkunden und Akten der ehem. Reichsstadt **Schwäbisch–Gmünd** (777– 1500). Bearb. A. Nitsch. Tl. 1–2. Schwäbisch Gmünd 1966; 1967 (INABW 11, 12)

Die Urkunden des Archivs der Reichsstadt **Schwäbisch Hall**. Bearb. F. Pietsch. Bd. 1–2. Stuttgart 1967–1972

Urkunden und Quellen zur Geschichte von Stadt und Abtei **Siegburg**. Bearb. E. Wisplinghoff. Bd. 1: (948)1065–1399. Siegburg 1964

Das älteste Bürgerbuch der Stadt **Soest** 1302–1449. Hg. H. Rothert. Münster/W. 1956 (VHKW 27)

Soester Recht. Eine Quellen-Sammlung von W.-H. Deus. Soest 1969 (SoestB 32)

Urkunden-Regesten der Soester Wohlfahrtsanstalten. Bearb. F. v. Klocke. Bd. 1–3. Münster/W. 1963–1964 (VHKW 25)

Toversichtsbriefe für Soest. Schreiben in Nachlaßangelegenheiten an die Stadt Soest von 1325 bis 1639. Als Regesten bearb. von E. Dösseler. Münster/W. 1969 (VHKW 31)

Urkunden zur Geschichte der Stadt **Speyer**. Hg. A. Hilgard. Straßburg 1885

Urkundenbuch der Stadt **Stade** (Bremer Urkundenbuch, 12. Abt.). Bearb. J. Bohmbach. Hildesheim 1981 (VHKNB 37; VSASt 1)

Urkunden und Akten der Stadt **Straßburg**. Abt. 1: Urkundenbuch der Stadt Straßburg. Bearb. W. Wiegand … Bd. 1–7. Straßburg 1879–1900

Urkundenbuch der Stadt **Straubing**. Bearb. F. Solleder. Straubing 1911–1918

Quellen zur Rechts- und Wirtschaftsgeschichte der rheinischen Städte. Kurtrierische Städte. Tl. 1: **Trier**. Hg. F. Rudolph. Mit einer Einleitung von G. Kentenich. Bonn 1915 (PGRGK 29)

[**Ulm**] Ulmisches Urkundenbuch (bis 1378). Hg. F. Pressel … Bd. 1–2. Stuttgart … 1873;1900

Urkundenbuch der Stadt **Wernigerode** bis zum Jahre 1460. Bearb. Ed. Jacobs. Halle 1891 (GQPS 25)

Urkundenbuch der Stadt **Wetzlar**. Bd. 1–3. Marburg 1911–1969. Bd. 1: 1141–1350. Bearb. E. Wiese. 1911; Bd. 2: 1214–1350. Bearb. M. Sponheimer. 1943; Bd. 3: Das Marienstift zu Wetzlar im Spätmittelalter. Regesten 1351–1500. Bearb. W.-H. Struck. 1969 (VHKH 8)

Quellen zur Geschichte der Stadt **Wien**. Wien 1895–1927. Abt. 1. Bd. 1–10: Regesten aus in- und ausländischen Archiven; Abt. 2. Bd. 1–5: Regesten aus dem Archiv der Stadt Wien; Abt. 3. Bd. 1–3: Grundbücher der Stadt Wien

Tomascheck, Johann A.: Rechte und Freiheiten der Stadt Wien. Wien 1877–1879 (GQSW I,1–2)

Urkunden und Regesten aus dem Archive der k. k. Reichshaupt- und Residenzstadt Wien. Hg. K. Uhlirz. Bd. 1–3. Wien 1896 [Bd. 1–2: 1289–1519]

Das Wiener Stadtrechts- oder Weichbildbuch. Hg. H. M. Schuster. Wien 1873

Urkundenbuch der Stadt **Windsheim** von 741–1400. Bearb. W. Schultheiß. Würzburg 1963 (VGFG.R3 4)

Quellen zur Geschichte der Stadt **Worms**. Hg. H. Boos. Bd. 1–3. Berlin 1886–1893. Bd. 1–2: Urkundenbuch der Stadt Worms (627–1400). 1886–1890; Bd. 3: Annalen und Chroniken. 1893

Engel, Wilhelm: Urkundenregesten zur Geschichte der Stadt **Würzburg** (1201–1400). Würzburg 1952

Zittauer Urkundenbuch. Bd. 1: Regesten zur Geschichte der Stadt und des Landes **Zittau** 1234–1437. Hg. J. Prochno. Görlitz 1938 (MZGMV 19, 20)

Urkundenbuch der Stadt und Landschaft **Zürich**. Hg. J. Escher und P. Schweizer. Bd. 1–13. Zürich 1888–1957

Die Zürcher Stadtbücher des 14. und 15. Jahrhunderts. Hg. H. Zeller-Werdmüller; H. Nabholz. Bd. 1–3. Leipzig 1899–1906

Schnyder, Werner: Quellen zur Zürcher Wirtschaftsgeschichte. Von den Anfängen bis 1500. Bd. 1–2. Zürich 1934–1937

Schnyder, Werner: Quellen zur Zürcher Zunftgeschichte. 13. Jahrhundert bis 1798. Bd. 1–2. Zürich 1936

18.4.3 Hanse

[siehe auch: **FSGA.A** 36; **Dotzauer** 591–606]

Hanserecesse. Hg. Historische Commission bei der Kgl. Akademie der Wissenschaften. 1. Abt.: Recesse und andere Akten der Hansetage (1256–1430). Bd. 1–8. Leipzig 1870–1897; 2. Abt. (1431–1476). Hg. Verein für Hansische Geschichte. Bd. 1–7. Leipzig 1876–1892; 3. Abt. (1477–1530). Hg. D. Schäfer; F. Techen. Bd. 1–9. Leipzig 1881–1913; 4. Abt. (1531–1560). Hg. Hansischer Geschichtsverein

Hansische Geschichtsquellen. Hg. Verein für Hansische Geschichte. Bd. 1–7. Halle 1875–1894 [ab Bd. 6: Quellen und Darstellungen zur Hansischen Geschichte]; NF Bd. 1–11. Berlin ... 1900–1939; NF Bd. 12–35. Köln ... 1956–1989

Hansisches Urkundenbuch. Hg. Verein für Hansische Geschichte. Bd. 1–7,1; 8–11. Halle Saale ... 1876–1939. Bd. 1 (975–1300). 1876; Bd. 2 (1300–1342). 1879; Bd. 3 (1343–1360), Glossar. 1882–1886; Bd. 4 (1361–1392). 1896; Bd. 5 (1392–1414). 1899; Bd. 6 (1415–1433). 1905; Bd. 7,1 (1434–1441). 1939; Bd. 8 (1451–1463). 1899; Bd. 9 (1463–1470). 1903; Bd. 10 (1471–1485). 1907; Bd. 11 (1486–1500). 1916 [Sachreg.: Bd. 4–6; 8–11]

18.5 Kirche

[siehe auch: **Caenegem/Ganshof**, S. 206–217; vor allem: **Berlioz**, S. 111–119; 145–221; daneben: **RFont** (mit Add.); **Dotzauer** 41–51 sowie laufend: **MEL** und **RHE**]

18.5.1 Übergreifende Quellensammlungen

Bibliothèque de la Revue d'histoire ecclésiastique. 1927– [RFont I, S. 881; Add. I, S. 13]

Fontes Christiani. Zweisprachige Neuausgabe christlicher Quellentexte aus Altertum und Mittelalter. Hg. N. Brox ... Bd. 1–. Freiburg/B. 1990–

Leuschner, Joachim: Die Kirche des Mittelalters. Stuttgart 1955

Rerum ecclesiasticarum documenta. Series maior. 1956– [RFont I, S. 619; Add. I, S. 119; liturg. Quellen]

Texte und Arbeiten. 1. Abt. 1917– [RFont I, S. 737f.; Add. I, S. 142]

18.5.2 Mittelalter allgemein und Patristik

Migne, Jacques Paul: Patrologiae cursus completus. Series latina [**Patrologia Latina**. PL]. Bd. 1–221. Paris 1844–1855 [Tertullian bis Innozenz III.]; Bd. 218–221: Generalindex, Spezialindices. 1862–1864

Migne, J.P.: Patrologiae cursus completus. Series graeco-latina [Patrologia Graeca. PG]. Bd. 1–167. Paris 1857–1868 [griech. Texte mit lat. Übers., bis zum Konzil von Florenz 1493; 2 Indexbde. Paris 1928–1936; Übersicht PL/PG nach Bdn.: RFont I, S. 420 ff.]

Berichtigungen der PL: **Glorieux**, Palémon: Pour revaloriser Migne. Tables rectificatives. Lille 1952 (MSR 9); **Hamman** OFM, Adalbert: Patrologiae latinae supplementum. Bd. 1–5. Turnhout 1958–1974 [mit Index; für PL. Bd. 1–96]; für die Erschließung der komplizierten Indices siehe jetzt: **Berlioz**, S. 279–294

CD-ROM: **Patrologia Latina Database** [PLD]. 4 CD-ROM. 4. Aufl. Cambridge ... 1995 [PL. Bd.1–129, 158–185]; siehe: **Berlioz**, S. 280f.]

Kritische Neuedition – Patristische Periode [PL. Bd. 1–96]:

Corpus Christianorum. Series Latina [CC.SL]. Bd. 1–. Turnhout 1954– [bisher ca. 180 Bde.]; siehe dazu: **Dekkers**, Eligius (E. Gaar): Clavis patrum latinorum [CPL]. 3., vollst. neu bearb. Aufl. Turnhout 1995 [Tertullian bis Beda Venerabilis]; **Machielsen**, Johannes: Clavis patristica pseudoepigraphorum medii aevi. Bd. 1–2. Turnhout-Steenbrugge 1990–1994

Corpus Christianorum. Continuatio mediaevalis [CC.CM]. Bd. 1–. Turnhout 1966– [bisher ca. 140 Bde.; siehe dazu: **Clavis scriptorum latinorum medii aevi**. Auctores Galliae 735–987. Tl.1. Bd.1–2. Hg. M.-H. Jullien; F. Perelman. Turnhout 1994; für CC.Series Graeca; CC. Series Apocryphorum sowie im einzelnen siehe jährlich den Verlagskatalog von Brepols Publishers]

Thesaurus patrum latinorum [TPL] – Indices und Konkordanzen zu CC.SL, CC.CM u.a. Autoren:

Microfiche: **Instrumenta lexicologica latina** [ILL]. Turnhout 1982–. Series A: Formae [1995: 88 Fasc.]; Series B: Lemmata [1994: 10 Fasc.; außerdem Spezial-Thesauri für Augustinus, Bernhard von Clairvaux u.a.]

CD-ROM: **CETEDOC Library of Christian Latin Texts** [CLCLT]. Turnhout 1991– [alle zwei Jahre überarbeitet und fortgeführt; enthält alle Bde. von CC.SL, CC.CM; aus CSEL, PL, SC: Augustinus, Hieronymus, Gregor der Große; dazu: Isidor von Sevilla, Benediktinerregel u.a.; eine weitere CD-ROM (mit Vulgata, Cassianus, Petrus Lombardus, Bernhard von Clairvaux) in Vorb.; siehe: **Berlioz**, S. 81ff.]

Corpus scriptorum ecclesiasticorum latinorum [CSEL]. Bd. 1–. Wien 1866– [auch Kirchenrecht, Geschichtsschreibung; Reg. Bd. 69. 1940]

Bibliothek der Kirchenväter. München 1911–. Alte Reihe. Bd. 1–. 1911– [Bd. 1–61; 2 Regbde.]; Neue Reihe. Bd. 1–20. 1932–1938

Kirchen- und Theologiegeschichte in Quellen. Ein Arbeitsbuch. Hg. H. A. Oberman ... Neukirchen-Vluyn 1977–. Bd. 1: Alte Kirche. 1977; 4. Aufl. 1987; Bd. 2: Mittelalter. 1980; 3. Aufl. 1989

Sources chrétiennes [SC]. 1942– [mit frz. Übs.; RFont I, S. 706–708; Add. I, S. 130–133]

18.5.3 Kirchenrecht

[siehe auch: **TS** 2;10; **Berlioz**, S. 145–176; **Dotzauer** 634–639]

Corpus Iuris Canonici. Hg. E. Friedberg. Leipzig 1879–. Tl.1: Decretum magistri Gratiani. 1879; Tl.2: Decretalium collectiones. 1881

Monumenta juris canonici. Rom 1965–. Serie A: Corpus Glossatorum. Bd. 1–. 1969–; Serie B: Corpus Collectionum. Bd. 1–. 1973–; Serie C: Subsidia. Bd. 1–. 1965–

Schmitz, Hermann J.: Die Bußbücher und die Bußdisziplin der Kirche. Bd. 1–2. Mainz 1883; Düsseldorf 1898

Würdtwein, Stephan Alexander: Subsidia diplomatica ad selecta juris ecclesiastici Germaniae ... Bd. 1–13. Heidelberg ... 1772–1780;

– : Nova subsidia diplomatica... Bd. 1–14. Heidelberg 1781–1792

18.5.4 Konzilien

[siehe auch: **Berlioz**, S. 177–189; **Dotzauer** 697–761]

Mansi, Giovanni Domenico: Sacrorum conciliorum nova et amplissima collectio... Bd. 1–31. Florenz [ab Bd. 14: Venedig] 1759–1798; 2., erw. Aufl.: Sacrorum conciliorum nova et amplissima collectio. Tl. 1–53. Bd. 1–59. Graz 1960–1962 [Ndr. d. Ausg. Paris ... 1901–1927; enthält auch die Collectio conciliorum recentiorum Ecclesiae Universae. Hg. J. B. Martin; J. L. Petit; Indexbd.; Bd. 36 A: Register zu Bd. 1–35, mit Erg. für die anderen Bde.

Alberigo, J. ...: Conciliorum oecumenicorum decreta. Freiburg/Br. 1962; 3. Aufl. Bologna 1973 [vgl. auch: Decrees of the Ecumenical Councils. Hg. N.P. Tanner .... Georgetown 1990]. Auf dieser Textgrundlage:

Mollat, Michel; **Tombeur**, Paul: Les conciles oecuméniques médiévaux. Turnhout/Louvain-la-Neuve 1974–. Bd. 1: Latran I à Latran IV. 1974; Bd. 2: Lyon I et Lyon II. 1974; Bd. 3: Le concile de Vienne. 1978 [Konkordanzen, Wortindices, Teilnehmerlisten, Tafeln - CETEDOC; siehe auch: Geschichte der ökumenischen Konzilien]

Schwartz, Eduard (;**Straub**, Johannes): Acta conciliorum oecumenicorum. Tl. 1–4. Berlin 1914– [frühe Konzilien; siehe: RFont. I, S. 660; Add. I, S. 123; für die fränk.-otton. Zeit MGH Conc.]

18.5.4.1 Deutschland

Schannat, Johann Friedrich; **Hartzheim**, Joseph: Concilia Germaniae ... Bd. 1–11. Köln 1759–1790 [fortgef. und erg. (6.–18. Jh.) durch: **Binterim,** A. J.; **Floss** J.: Supplementum conciliorum Germaniae. Köln 1851]

18.5.4.2 Sondereditionen

Constitutiones Concilii quarti Lateranensis una cum commentariis Glossatorum. Hg. A. Garcia y Garcia. Rom; Città del Vaticano 1981 (MIC.A 2)

Acta concilii Constantiensis. Hg. H. Finke ... Bd. 1–4. Münster/W. 1896–1928

Concilium Basiliense. Studien und Quellen zur Geschichte der Jahre 1431–1437. Hg. J. Haller. Bd. 1–8. Basel 1896–1936

Concilium Florentinum. Documenta et scriptores. Rom 1940–

Codicis Iuris Canonici Fontes. Hg. P. Gasparri; I. Seredi: Concilia Generalia, Romani Pontifices usque 1745. Bd. 1–8. Bd. 9, Tab. Rom 1923–1939

18.5.5 Papsttum – Kirchenstaat

[Zu den Papsturkunden allgemein siehe: **Frenz**; für einzelne Länder nach P.F. Kehrs Regesta Pontificia: **RFont** I, S. 815–819; **Guyotjeannin**, S. 113 ff., 347 ff.; **Dotzauer** 618–656, 658–693]

Acta pontificum Romanorum inedita. 748–1198. Hg. J. v. Pflugk-Harttung. Bd. 1–3. Tübingen [Bd. 2–3: Stuttgart]. 1881–1886

Foerster, Hans: Liber Diurnus Romanorum pontificum. Bern 1958

Le Liber pontificalis. Texte, introduction et commentaire. Hg. L. Duchesne. Bd. 1–2. Paris 1886–1892; Bd. 3: Additions et corrections. Hg. C. Vogel. Paris 1957

Quellen zur Geschichte des Papsttums und des römischen Katholizismus. Bd. 1: Von den Anfängen bis zum Tridentinum. Hg. C. Mirbt. 6., völlig neu bearb. Aufl. von K. Aland. Tübingen 1967

Quellen und Forschungen aus dem Gebiete der Geschichte (Görres-Ges.). 1892–1940 [RFont I, S. 587]

Papsturkunden 896–1046. Bearb. H. Zimmermann. Bd. 1–3. Wien 1984–1989; 2., rev. Aufl. [Bd. 1–2]. 1988 (Denkschr./ÖAW.PHK 174, 177, 198) (VHK.ÖAW 3, 4, 5)

Brackmann, Albert: Papsturkunden der Schweiz. Berlin 1904 (NAWG.PHK 1904. H 5)

Die Papsturkunden der Schweiz von Innozenz III. bis Martin V. Hg. A. Largiadèr. Bd. 1–2. Zürich 1968–1970 [ohne Zürich]

Ramackers, Johannes: Papsturkunden in den Niederlanden [Belgien, Luxemburg, Holland, Französisch-Flandern]. Bd. 1–2. Berlin 1933–1934 (AAWG.PHK F3 8, 9)

Kehr, Paul: Papsturkunden in Italien. Bd. 1–6. Rom 1977 [Ndr. der 1896–1904 in den NAWG ersch. Berichte]

Wiederholt, Wilhelm: Papsturkunden in Frankreich. Bd. 1–7. Berlin 1906–1913 (NAWG.PHK.Bh)

Meinert, Hermann Dietrich … : Papsturkunden in Frankreich. NF Bd. 1–. Berlin, Göttingen 1932– (AAWG.PHK F3) [bisher 9 Bde.]

Hiestand, Rudolf: Papsturkunden für Templer und Johanniter. Vorarbeiten zum Oriens Pontificius. Bd. 1: Archivberichte und Texte; Bd. 2: Neue Folge. Göttingen 1972; 1984 (VOP 1; 2) (AAWG.PHK F3 77, 135)

–: Papsturkunden für Kirchen im Heiligen Lande. Göttingen 1985 (VOP 3) (AAWG.PHK F3 136)

Die Quellen zur Geschichte der Entstehung des Kirchenstaates. Hg. J. Haller. Leipzig … 1907

Theiner, Augustin: Codex diplomaticus dominii temporalis S. Sedis. Receuil de documents pour servir à l'histoire du gouvernement temporel des états du Saint-Siège extraits des archives du Vatican [756–1389]. Bd. 1–3. Rom 1861–1862

18.5.5.1 Papstbriefe/-register

[siehe auch: **MGH Epp.**; **Dotzauer** 615–617]

Epistolae pontificum Romanorum ineditae. Hg. S. Loewenfeld. Leipzig 1885

Kempf, Friedrich: Regestum Innocentii III papae super negotio Romani Imperii. Rom 1947 (MHP 12)
Die Register Innozenz'III. Hg. O. Hageneder ... Bd. 1–. Graz ... 1964– (PÖKIR.Q 1–)
Regesta Honorii Papae III. Hg. P. Pressuti. Bd. 1–2. Rom 1888–1895 [1216–1227]
Régistres et lettres des papes du XIIIe siècle. Bd. 1–. Paris 1884– (BEFAR 2e série)
Régistres et lettres des papes du XIVe siècle. Bd. 1–. Paris 1899– (BEFAR 3e série) [1227–1378; Übersicht: RFont I, S. 92–95; Add. I, S. 13f.; Caenegem/Ganshof, S. 214–216]

18.5.6 Orden, Ritterorden, Kreuzzüge

[siehe auch: **Dotzauer** 762–782, 1104–1195, Anhang II.1–44 (Dt. Orden)]
Corpus consuetudinum monasticarum. Hg. K. Hallinger... Bd. 1–. 1963– [RFont, Add. I, S. 36]
Quellen und Forschungen zur Geschichte des Dominikanerordens in Deutschland. 1907– [RFont I, S. 588f.]
St. Gallische Geschichtsquellen. 1870–1920 [RFont I, S. 64]
Die Berichte der Generalprokuratoren des Deutschen Ordens an der Kurie. Bearb. K. Forstreuter; H. Koeppen. Bd. 1–6. Göttingen 1961–1976 (VNAV 12, 13, 21, 29, 32, 37)
Codex diplomaticus ordinis Sanctae Mariae Theutonicorum. Urkundenbuch des Deutschen Ordens. Hg. J. H. Hennes. Bd. 1–2. Mainz 1845–1861 [RFont I, S. 137]
Quellen zur Geschichte des Deutschen Ordens. Hg. W. Hubatsch. Göttingen ... 1954 (QSKG 5)
Quellen zur Geschichte der Klöster und Stifte im Gebiet der mittleren Lahn bis zum Ausgang des Mittelalters. Bearb. W.-H. Struck. Bd. 1–5. Wiesbaden 1956–1983 (VHKN 12)
Staatsschriften des Deutschen Ordens in Preussen im 15. Jahrhundert. 1970– [RFont, Add. I, S. 136]
Die Staatsverträge des Deutschen Ordens in Preussen im 15. Jahrhundert. Hg. E. Weise. Bd. 1–3. 2 Regbde. Königsberg ... 1939–1970
Documents relatifs à l'histoire des croisades. Bd. 1–. Paris 1945ff.
Recueil des historiens des croisades [RHC]. Bd. 1–16. Paris 1841–1906. Sér. 1: Historiens occidentaux; Sér. 2: Historiens orientaux [frz. Übs.]; Sér. 3: Historiens grecs; Sér. 4: Documents arméniens [frz. Übs.]; Sér. 5: Lois [RFont I, S. 5–7; Add.I, S. 1–2]

18.5.7 Heilige, Ketzer, Frömmigkeit, Predigt, Mystik
[siehe auch: **Dotzauer** 801–843]

Acta Sanctorum ..., quae ex Latinis et Graecis, aliarumque gentium antiquis monumentis collegit ... Ioannes Bollandus Theologus Societatis Iesu... [AASS].

Antwerpen, Brüssel 1643–1940 [bisher 68 Bde.: Tagesheilige vom 1. Januar bis 10. November]. 3. Aufl. Paris … 1863–1870: Bd. 1–3: Jan I–III [1863]; Bd. 4–6: Feb I–III [1863–1865]; Bd. 7–9: Mrz I–III [1865]; Bd. 10–12: Apr I–III [1866]; Bd. 13–20: Mai I–VII [VIII; 1866–1868]; Bd. 21–27: Jun I–VII [1866–1867]; Bd. 28–34: Jul I–VII [1867–1868]; Bd. 35–40: Aug I–VI [1867–1868]; Bd. 41–48: Sep I–VIII [1866–1868]; Bd. 49–62: Okt I–XIII [1866–1870]; Bd. 63–68: Nov I–IV [V: Propylaeum; 1867–1931; Prop. Dec. 1940].
Bd. 69: Dez [I: Synaxarium; Propylaeum; Martyrologium; 1940]. Bd. 70: Supplementum et Tabulae Generales [1875]

Konkordanz der versch. Aufl. der AASS in **Delehaye**, H.: L'oeuvre des Bollandistes. 2. Aufl. Brüssel 1959, S. 166–170, in Tafelform S. 172f. Alphabetische Übersicht nach Heiligen in:

Bibliotheca hagiographica latina, antiquae et mediae aetatis … [BHL]. Bd. 1–2. Brüssel 1898–1901 (Subhag 6); zu benutzen mit dem **Novum supplementum**. Hg. H. Fros. Brüssel 1986 (Subhag 70)

Acta sanctorum ordinis S. Benedicti … Collegit domnus Lucas d'Achery, congregationis Sancti Mauri monachus, ac cum eo edidit D. Joannes Mabillon… [AASS.OSB]. Bd. 1–9. Paris 1668–1701; 2. Aufl. Venedig 1733–1738

[siehe auch die hagiographischen Texte in: MGH SS rer. Merov.]

Heresies of the middle ages. Hg. W. L. Wakefield; A. P. Evans. New York … 1969

Quellen zur Geschichte der Waldenser. Hg. A. Patschovsky; K. Viktor Selge. Gütersloh 1973 (TKTG 18)

Wegbereiter der Reformation. Hg. G. A. Benrath. Bremen 1967 (KProt 1)

18.6 Wirtschaft und Gesellschaft

[siehe auch: **FSGA.A** 36; 37; **Dotzauer** 1725–1771; 1650–1654, 1663–1667]

Bastian, Franz: Das Runtingerbuch 1383–1407 und verwandtes Material zum Regensburger-südostdeutschen Handel und Münzwesen. Bd. 1–3. Regensburg 1935–1944 (DHMN 6–8)

Documenti per la storia economica dei secoli XIII–XVI. Hg. F. Melis. Con una nota di paleografia commerciale a cura di E. Cecchi. Firenze 1972 (PDatini Ser. 1,1)

De economische ontwikkeling van Europa. Documenten. Middeleeuwen 950–1450. Hg. E. Aerts … Leuven 1985 (Ancorae 1)

Deutsche Handelsakten des Mittelalters und der Neuzeit. Bd. 1–. Stuttgart, Berlin 1923–

Dietz, Alexander: Frankfurter Handelsgeschichte. Bd. 1. Frankfurt/M. 1910

Europäisches Montanwesen im Hochmittelalter. Das Trienter Bergrecht 1185–1214. Hg. D. Hägermann; K.-H. Ludwig. Köln … 1986

Das Handlungsbuch der Holzschuher in Nürnberg von 1304–1307. Hg. A. Chroust; H. Proesler. Erlangen 1934 (VGFG.R10 1)

Kuske, Bruno: Quellen zur Geschichte des Kölner Handels und Verkehrs. Bd. 1–4. Bonn 1917–1934 (PGRGK 33)

Lesnikov, Michail P.: Die Handelsbücher des hansischen Kaufmannes Veckinchusen. Berlin 1973 (FMG 19)

Medieval trade in the mediterranean world. Hg. R. S. Lopez; I. Raymond. New York 1950 [Quellenstücke in englischer Übersetzung]

Quellen zur älteren Wirtschaftsgeschichte Mitteldeutschlands. Hg. H. Helbig. Tl. 1–5. Weimar 1952–1953 (QMLVG 2)

Quellen zur Handelsgeschichte der Stadt Nürnberg seit 1400. Bearb. W. Biebinger; W. Neukam. Bd. 1,1 (1400–1405). Erlangen 1934 (VGFG.R10 2)

18.7 Thematisch orientierte Quellensammlungen

18.7.1 Allgemein/übergreifend

Historische Texte. **Mittelalter**. Hg. A. Borst; J. Fleckenstein. Bd. 1–17. Göttingen 1965–1976 [mit knappen Auswahlbibliographien]

- Bd. 1: Politische Propaganda Kaiser Friedrich II. und seiner Gegner. Hg. H. M. Schaller. 1965
- Bd. 2: Idee und Wirklichkeit der Kreuzzüge. Hg. H. E. Mayer. 1965
- Bd. 3: Politische Verträge des frühen Mittelalters. Hg. P. Classen. 1966
- Bd. 4: Kaiserkrönung Karls des Großen. Hg. K. Reindel. 1966
- Bd. 5: Kapitularien. Hg. R. Schneider. 1968
- Bd. 6: Cluny im 10. und 11. Jahrhundert. Hg. J. Wollasch. 1967
- Bd. 7: Quellen zur Entstehung des Kirchenstaates. Hg. H. Fuhrmann. 1968
- Bd. 8: Ketzer und Ketzerbekämpfung im Hochmittelalter. Hg. J. Fearns. 1968
- Bd. 9: Die deutsche Königswahl im 13. Jahrhundert. H. 1: Die Wahlen von 1198 bis 1247. Hg. B. Schimmelpfennig. 1968
- Bd. 10: Die deutsche Königswahl im 13. Jahrhundert. H. 2: Die Wahlen von 1256/57 und 1273. Hg. B. Schimmelpfennig. 1968
- Bd. 11: Lehnrecht und Staatsgewalt im deutschen Hochmittelalter. Hg. W. Goez. 1969
- Bd. 12: Das Papsttum und die süditalienischen Normannenstaaten 1053–1212. Hg. J. Deér. 1969
- Bd. 13: Quellen zur Entstehung der Landesherrschaft. Hg. H. Patze. 1969
- Bd. 14: Die deutsche Königserhebung im 10.–12. Jahrhundert. H. 1: Die Erhebungen von 911 bis 1005. Hg. W. Böhme. 1970
- Bd. 15: Die deutsche Königserhebung im 10.–12. Jahrhundert. H. 2: Die Erhebungen von 1125 bis 1198. Hg. W. Böhme. 1970
- Bd. 16: Die mittelalterliche Universität. Hg. H. Rüthing. 1973
- Bd. 17: Juden im Mittelalter. Hg. Dieter Berg; H. Steuer. 1976

[Studientexte auch: **Toronto medieval latin texts**, bisher ca. 20 Bde.]

18.7.2 Recht

[siehe auch: **Dotzauer** 300–329, 634–643]

Bibliotheca juridica Medii Aevi. 1888–1901 [RFont I, S. 76]

Corpus Iuris Civilis. Bd. 1: Institutiones. Hg. P. Krüger; Digesta. Hg. T. Mommsen; P. Krüger. 1872; Bd. 2: Codex Iustinianus. Hg. P. Krüger. 1877; Bd. 3: Novellae. Hg. R. Schoell; W. Kroll. 1895

jetzt auch: **Corpus Iuris Civilis**. Text und Übers. auf der Grundlage der von T. Mommsen und P. Krüger besorgten Ausgaben. Hg. E. Behrends … Bd. 1–. Heidelberg 1990– [siehe auch: **Berlioz**, S. 134–136]

Römisches Recht in einem Band. Berlin … 1983

Die Konstitutionen Friedrichs II. für das Königreich Sizilien. Hg. W. Stürner. Hannover 1996 (MGH Const. II. Suppl.)

Germanenrechte. Texte und Übersetzungen. Hg. K. A. Eckhardt. Bd. 1–16. Weimar …1934–; 1955– NF Bd. 1–9. 1939–; 1953–

Für die deutschen **Rechtsbücher/»Spiegel«** (Sachsenspiegel, Deutschenspiegel, Schwabenspiegel) siehe: **MGH Font. iur. Germ**. NS

Quellen zur Geschichte des römisch-kanonischen Processes im Mittelalter. 1905–1931 [Rep. Font. I, S. 590]

18.7.3 Weistümer. Urbare (Agrarbereich, Jagd)

[siehe auch: **Dotzauer** 421–438, 607–614, 1655–1662]

Badische Weistümer und Dorfordnungen. Heidelberg, dann Stuttgart 1917– [später in VKGLBW.A]

Österreichische Urbare. Wien, Leipzig 1904–. 1. Abt.: Landesfürstliche Urbare. 1904–; 2. Abt.: Urbare geistlicher Grundherrschaften. 1906–

Österreichische Weistümer. Wien 1870–

Pfälzische Weistümer. Bearb. W. Weizsäcker. Bd. 1–. Speyer 1962– (VPGFW 35–)

Rheinische Urbare. Sammlung von Urbaren und anderen Quellen zur rheinischen Wirtschaftsgeschichte. Düsseldorf 1902– (PGRGK 20)

Die Weistümer der Rheinprovinz [später: Rheinische Weistümer]. Bonn 1900– (PGRGK 18)

Quellen und Studien zur Geschichte der Jagd. 1954– [RFont I, S. 589; siehe auch: FSGA.A 31]

18.7.4 Juden

[siehe auch: **Dotzauer** 695, 696, 1668–1673a]

Kracauer, Isidor: Urkundenbuch zur Geschichte der Juden in Frankfurt am Main von 1150–1400. Frankfurt/M. 1914

Quellen und Forschungen zur Geschichte der Juden in Deutschösterreich. 1908–1931 [RFont I, S. 587]

Quellen zur Geschichte der Juden in Deutschland. 1888–1898 [RFont, Add. I, S. 114f.]

Simonsohn, Shlomo: The Apostolic See and the Jews. Documents. Bd. 1–3 (492–1521); Bd. 7–8: History. Addenda, Corrigenda. Toronto 1988–1990; 1991 (ST 94, 95, 99, 109, 110)

18.7.5 Kultur, Wissen, Bildung

[siehe auch: **Dotzauer** 783–800, 844–886]
Altdeutsche Textbibliothek. Begr. von H. Paul ... Bd. 1–. Halle/Saale 1881– [ab 1954: Tübingen]; Erg. Bd. 1–. 1963– [RFont I, S. 23–25]
Analecta hymnica Medii Aevi. Bd. 1–. Leizig 1886– [RFont I, S. 29f.]
Beiträge zur Geschichte der Philosophie des Mittelalters. Begr. von Cl. Baeumker, fortgef. von M. Grabmann.... Bd. 1–. Münster/W. 1891– [RFont I, S. 59–61]
Bibliothek des literarischen Vereins in Stuttgart. Bd. 1–. Stuttgart 1842– [auch »historische« Quellen; RFont I, S. 83–86]
Deutsche Texte des Mittelalters. 1904– [RFont I, S. 217–219; Add. I, S. 45]
Münchener Texte und Untersuchungen zur deutschen Literatur des Mittelalters. 1960– [RFont, Add. I, S. 95]
Sammlung mittellateinischer Texte. 1911–1929 [RFont I, S. 640]
Texte des späten Mittelalters. 1956– [RFont I, S. 737; Add. I, S. 142]
Texte zur Kulturgeschichte des Mittelalters. 1925–1933 [RFont I, S. 739]
Textes philosophiques du moyen âge. 1955– [RFont I, S. 740; Add. I, S. 142f.]
Vom Mittelalter zur Reformation. Forschungen zur Geschichte der deutschen Bildung (Quellen). 1912– [RFont I, S. 770f.]
Zu den Quellen der **Universitätsgeschichte**, insbesondere den Matrikeln, siehe: **Weisert**, Hermann: Universitätsgeschichte, in: BDLG 119, 1983, S. 324–327; BDLG 126, 1990, S. 421–473; **Dotzauer** 1698–1724

18.7.6 Inschriften

[siehe auch: **Kloos**, Einführung, S. 26ff.]
Die deutschen Inschriften. Hg. von den Akademien der Wissenschaften Berlin, Göttingen, Heidelberg, Leipzig, München und der Österreichischen Akademie in Wien ... Bd. 1–. 1942– [Gesamtzählung]. Berliner Reihe. Bd. 1–. 1959–; Göttinger Reihe. Bd. 1–. 1980–; Heidelberger Reihe. Bd. 1–. 1942–; Mainzer Reihe. Bd. 1–. 1984–; Münchener Reihe. Bd. 1–. 1958–; Wiener Reihe. Bd. 1–. 1953–

18.8 Summarische Verweise auf Quellenwerke, vor allem zur außerdeutschen Geschichte [RFont I, Register]

Arabica: RFont I, S. 790; Add. I, S. 164
Balkanländer (Jugoslawien): RFont I, S. 808f.; Add. I, S. 170
Belgien: Caenegem/Ganshof, S. 232f.; RFont I., S. 791; Add. I, S. 164
Böhmen/Tschechien/Slowakei: RFont I, S. 791f.; Add. I, S. 164

Böhmen/Tschechien/Slowakei: RFont I, S. 791f.; Add. I, S. 164
Bulgarien: RFont I, S. 794; Add. I, S. 165
Byzanz: RFont I, S. 794–797; Add. I, S. 165f.
Deutschland: RFont I, S. 799–802; Add. I, S. 166f. (Reg.)
Frankreich: Caenegem/Ganshof, S. 217–220; RFont I, S. 797–799; Add. I, S. 166f.
Großbritannien: Caenegem/Ganshof, S. 226–232; RFont I, S. 792–794; Add. I, S. 164f.; auch: Haan ...: Einführung, S. 221ff.
Irland: Caenegem/Ganshof, S. 238; RFont I, S. 803; Add. I, S. 168
Italien: Caenegem/Ganshof, S. 234–236; RFont I, S. 805–808; Add. I, S. 169f.
Juden: RFont I, S. 808; Add. I, S. 168
Kirche und multinationale Belange: RFont I, S. 815–819; Add. I, S. 172–174
Niederlande: Caenegem/Ganshof, S. 233f.; RFont I, S. 809; Add. I, S. 170
Österreich: RFont I, S. 790; Add. I, S. 164
Polen: Caenegem/Ganshof, S. 237 f.; RFont I, S. 809–811; Add. I, S. 171
Portugal: Caenegem/Ganshof, S. 237; RFont I, S. 809; Add. I, S. 170
Rumänien: RFont I, S. 797; Add. I, S. 166
Rußland, Baltikum etc.: RFont I, S. 811–813; Add. I, S. 171
Schweiz: Caenegem/Ganshof, S. 226; RFont I, S. 802f.; Add. I, S. 168
Skandinavien (Dänemark, Schweden Norwegen), **Finnland, Island**: Caenegem/Ganshof, S. 238; RFont I, S. 813–815; Add. I, S. 171f.
Spanien: Caenegem/Ganshof, S. 236f.; RFont I, S. 803f.; Add. I, S. 168f.
Türkei: RFont I, S. 815; Add. I, S. 172
Ungarn: Caenegem/Ganshof, S. 239; RFont I, S. 804f.; Add. I, S. 169
[Microfiche – siehe auch: **Brepols Microfiche Library**:
Muratori, Ludovico Antonio: Rerum italicarum scriptores. Bd. 1–25. Mailand 1723–1751; **Mittarelli,** Giovanni Benedetto: Ad scriptores rerum Italicarum accessiones historicae Faventinae. Venedig 1771.
»Rolls Series«: Rerum Britanicarum Medii Aevi scriptores, or Chronicles and Memorials of Great Britain and Ireland during the Middle Ages. Bd. 1–253 [99 Werke]. London 1858–1869. **Rymer,** Thomas: Foedera, conventiones, litterae, et cujuscunque generis acta publica, inter reges Angliae, et alios quosvis imperatores, reges, pontifices, principes, vel communitates. Bd. 1–20. 2. Aufl. London 1727–1735.
Recueil des Historiens des Gaules et de la France. Rerum Gallicarum et Francicarum scriptores. Hg. Dom Martin Bouquet [Bd.1–10] ... Neuausgabe. Bd. 1–24. Hg. Léopold Delisle. Paris 1738–1904. **Gallia Christiana** in provincias ecclesiasticas distributa. Hg. Denys de Sainte-Marthe ... Bd. 1–16. Paris 1715–1865]

19 Regestenwerke

[siehe auch: **Caenegem/Ganshof**, S. 255–261; **Guyotjeannin**, S. 329–347; **Dotzauer** 26–30 (auch 77–256), 888–1195]

19.1 Deutsches Reich

Ältere Reichsregesten [noch zu benutzen, da Neubearbeitung ganz oder teilweise aussteht]

Böhmer, Johann Friedrich: Regesta chronologico-diplomatica regum atque imperatorum Romanorum inde a Conrado I. usque ad Heinricum VII. Die Urkunden der Römischen Könige und Kaiser von Conrad I. bis Heinrich VII. 911–1313. Frankfurt/M. 1831

Böhmer, Johann Friedrich: Regesta imperii inde ab anno MCCXLVI usque ad annum MCCCXIII. Die Regesten des Kaiserreichs unter Heinrich Raspe, Wilhelm, Richard, Rudolf, Adolf, Albrecht und Heinrich VII. 1246–1313. Stuttgart 1844; [J.F.B.]: Add. I. Stuttgart 1849; Add. II. Mit Beigabe der Regesten Otakars Königs von Böhmen, sodann der Grafen von Habsburg und der Habsburgischen Herzoge Österreichs bis ins 14. Jahrhundert. Stuttgart 1857

Böhmer, Johann Friedrich: Regesta imperii inde ab anno MCCCXIII usque ad annum MCCCXLVII. Die Urkunden Kaiser Ludwigs des Baiern, König Friedrichs des Schönen und König Johanns von Böhmen. Nebst einer Auswahl der Briefe und Bullen der Päpste und anderer Urkunden, welche für die Geschichte Deutschlands von 1314–1347 vorzüglich wichtig sind. Frankfurt/M. 1839; [J.F.B.]: Add. I. Frankfurt/M. 1841; Add. II. Leipzig 1846; Add. III. Hg. aus seinem Nachlasse. Innsbruck 1865

Regesta Imperii [RI]

J. F. Böhmer: Regesta Imperii. Hg. Österr. Akademie der Wissenschaften; [ab II.4] Kommission für die Neubearb. der RI bei der Österr. Akad. der Wiss. und Deutsche Komm. für die Bearb. der RI; [ab III.2, 3] Komm. für die Bearb. der RI bei der Österr. Akad. der Wiss. und Deutsche Komm. für die Bearb. der RI bei der Akad. der Wiss. und der Literatur zu Mainz

I. Karolinger 751–918 (926)

Die Regesten des Kaiserreichs unter den Karolingern 751–918 [BM]. Neubearb. E. Mühlbacher; J. Lechner. Vorwort, Konkordanztabellen und Erg. C. Brühl; H. H. Kaminsky. Hildesheim 1966; verb. Ndr. der 2. Aufl. Innsbruck 1980

[I.] Die Regesten des Kaiserreichs unter den Karolingern. 751–918 (926). Bd. 3. Die Regesten des Regnum Italiae und der burgundischen Regna. Tl. 1: Die Karolinger im Regnum Italiae 840–887 (888). Bearb. H. Zielinski. Wien … 1991

II. Sächsisches Haus 919–1024
1. Abt.: Die Regesten des Kaiserreichs unter Heinrich I. und Otto I. 919–973. Neubearb. E. v. Ottenthal. Erg. H. H. Kaminsky. Hildesheim 1967; verb. Ndr. der Ausg. Innsbruck 1893
2. Abt.: Die Regesten des Kaiserreiches unter Otto II. 955 (973)–983. Neubearb. H. L. Mikoletzky. Graz 1950
3. Abt.: Die Regesten des Kaiserreiches unter Otto III. 980 (983)–1002. Neubearb. M. Uhlirz. Graz ... 1956–1957
4. Abt.: Die Regesten des Kaiserreiches unter Heinrich II. 1002–1024. Neubearb. T. Graff. Wien ...1971
5. Abt.: Papstregesten. 911–1024. Bearb. H. Zimmermann. Wien ... 1969
6. Abt.: Register [zur 5. Abt.]. Erarb. von H. Zimmermann. Köln ... 1982

III. Salisches Haus 1024–1125
1. Tl.: 1024–1056; 2. Tl.: 1056–1125
1. Abt.: Die Regesten des Kaiserreiches unter Konrad II. 1024–1039. Neubearb. H. Appelt. Graz 1951
2. Abt.: [Heinrich III. 1039–1056: steht noch aus]
3. Abt.: Die Regesten des Kaiserreiches unter Heinrich IV. 1056 (1050)–1106. 1. Lfg.: 1056 (1050)–1065. Neubearb. T. Struve. Köln ... 1984

IV. Ältere Staufer 1125–1197
1. Abt.: Die Regesten des Kaiserreichs unter Lothar III. und Konrad III. 1125–1152. 1. Lfg.: Lothar III. 1125(1075)–1137. Bearb. W. Petke. Köln ... 1994
2. Abt.: Die Regesten des Kaiserreiches unter Friedrich I. 1152 (1122)–1190. 1. Lfg.: 1152 (1122)–1158. Neubearb. F. Opll. Wien ... 1980; 2. Lfg.: 1158–1168. Neubearb. F. Opll. Wien ... 1991
3. Abt.: Die Regesten des Kaiserreiches unter Heinrich VI. 1165 (1190)–1197. Neubearb. G. Baaken. Köln ... 1972
Namenreg., Erg. und Berichtigungen, Nachtr. Bearb. K. u. G. Baaken. Köln 1979

V. Die Regesten des Kaiserreiches unter Philipp, Otto IV., Friedrich II., Heinrich (VII.), Conrad IV. Heinrich Raspe, Wilhelm und Richard. 1198–1272. Neubearb. J. Ficker [BFW]
1. Bd. (Abt. 1–2): Kaiser und Könige. Neubearb. J. Ficker; Ed. Winkelmann. Hildesheim 1971; verb. Ndr. der Ausg. Innsbruck 1881–1882
2. Bd. (Abt. 3–4): Päpste und Reichssachen. Initienverzeichnis von H. M. Schaller. Hildesheim 1971; verb. Ndr. der Ausg. Innsbruck 1892–1894
3. Bd. (Abt. 5): Einleitung und Register. Bearb. F. Wilhelm. Hildesheim 1971; Ndr. der Ausg. Innsbruck 1901
4. Bd. (Abt. 6): Nachträge und Erg. Bearb. P. Zinsmaier. Köln ... 1983

VI. Die Regesten des Kaiserreichs unter Rudolf, Adolf, Albrecht, Heinrich VII. 1273–1313
1. Abt.: Rudolf von Habsburg. 1273–1291. Neubearb. O. Redlich. Anhang von C. Brühl. Hildesheim ... 1969; verb. Ndr. der Ausg. Innsbruck 1898

2. Abt.: Adolf von Nassau. 1291–1298. 1.–3. Lfg. Bearb. V. Samanek. Innsbruck 1933–1948
3. Abt.: [Albrecht I. von Habsburg. 1298–1308: steht noch aus]
4. Abt.: [Heinrich VII. von Luxemburg. 1309–1313: steht noch aus]

VII. Ludwig der Bayer. 1314–1347. Friedrich der Schöne. 1314–1330
Regesten Kaiser Ludwigs des Bayern (1314–1347). Nach Archiven und Bibliotheken geordnet. Hg. P. Acht. H. 1–. Köln … 1991–
H. 1: Die Urkunden aus den Archiven und Bibliotheken Württembergs. Bearb. J. Wetzel. 1991; H. 2: Die Urkunden aus den Archiven und Bibliotheken Badens. Bearb. J. Wetzel. 1994
[Friedr. d. Schöne. 1314–1330; siehe: Regesta Habsburgica. Bd. 3]

VIII. Die Regesten des Kaiserreichs unter Karl IV. 1346–1378. Neubearb. A. Huber. Hildesheim 1968; verb. Ndr. der Ausg. Innsbruck 1877; Add. I. Bearb. A. Huber. Innsbruck 1889

[IX. Wenzel. 1378–1400: steht noch aus]

X. Ruprecht. 1400–1410 [siehe: Regesten der Pfalzgrafen am Rhein. Bd. 2]

XI. Die Urkunden Kaiser Sigmunds. 1410–1437. Bearb. W. Altmann. Bd. 1–2. Nachtr. und Reg. Hildesheim 1968; Ndr. der Ausg. Innsbruck 1896–1900

XII. Albrecht II. 1438–1439. Bearb. G. Hödl. Wien … 1975

XIII. Regesten Kaiser Friedrichs III. (1440–1493). Nach Archiven und Bibliotheken geordnet. Hg. H. Koller. H. 1–. Wien … 1982–
H. 1: Die Urkunden und Briefe aus Stadtarchiven im Bayerischen Hauptstaatsarchiv München (mit Ausnahme von Augsburg und Regensburg). Bearb. H. Koller. 1982
H. 2: Urkunden und Briefe aus Klosterarchiven im Bayerischen Hauptstaatsarchiv München. Bearb. Ch. E. Janotta. 1983
H. 3: Die Urkunden und Briefe aus den Archiven des Regierungsbezirks Kassel (vornehmlich aus dem Hessischen Staatsarchiv Marburg/L.). Bearb. P.-J. Heinig. 1983
H. 4: Die Urkunden und Briefe aus dem Stadtarchiv Frankfurt am Main. Bearb. P.-J. Heinig. 1986
H. 5: Die Urkunden und Briefe aus dem Hessischen Hauptstaatsarchiv Wiesbaden. Bearb. R. Neumann. 1988
H. 6: Die Urkunden und Briefe aus den Archiven des Kantons Zürich (vornehmlich aus dem Staatsarchiv Zürich). Bearb. A. Niederstätter. 1989
H. 7: Die Urkunden und Briefe aus den Archiven und Bibliotheken des Regierungsbezirks Köln. Bearb. T. R. Kraus. 1990
H. 8–9: 1993–1996 (Darmstadt, Gießen; Koblenz, Trier)

XIV. Ausgewählte Regesten des Kaiserreiches unter Maximilian I. 1493–1519. Bearb. H. Wiesflecker ... Wien 1989–
Bd. 1. Tl. 1–3: 1493–1495. Wien 1989–1996; Bd. 2. Tl. 1–2: 1496–1498. Wien 1993

19.1.1 Ergänzungen zu den RI (zum Füllen der Lücken der Neubearb.)

[siehe auch: **Jahrbücher der deutschen Geschichte**]

Stumpf-Brentano, Karl Friedrich: Die Reichskanzler, vornehmlich des 10., 11. und 12. Jahrhunderts in 3 Bänden. Innsbruck 1865–1883. Bd. 1: Die Reichskanzler. Einleitung, Rückblick auf die Merowinger- und Karolinger-Urkunden. 1865; Bd. 2: Die Kaiserurkunden des 10., 11. und 12. Jahrhunderts. Mit Nachträgen von J. Ficker (1883). 1865–1883; Bd. 3: Acta imperii inde ab Heinrico I. ad Heinricum VI. usque adhuc inedita. Urkunden des Kaiserreichs aus dem 10., 11. und 12. Jahrhundert. 1865–1881 [zu IV.]

Bansa, Helmut: Die Register der Kanzlei Ludwigs des Bayern. Darstellung und Edition. Bd. 1–2. München 1971; 1974 (QEBG 24,1–2)

Chmel, Joseph: Regesta chronologico-diplomatica Friderici IV. Romanorum Regis (Imperatoris III.) Auszug aus den im k. k. geheimen Haus-, Hof- und Staatsarchive zu Wien sich befindenden Reichsregistraturbüchern vom Jahre 1440–1493. Nebst Auszügen aus Original-Urkunden, Manuskripten und Büchern. Abt. 1–2. Wien 1838–1840. Abt. 1: 1440 bis März 1452; Abt. 2: 1452 (März) bis 1493

–: Aktenstücke und Briefe zur Geschichte des Hauses Habsburg im Zeitalter Maximilians. Bd. 1–3. Wien 1854–1858 (Monumenta Habsburgica 1) [zu RI XIII. und XIV.]

19.1.2 Reichsregesten im weiteren Sinne

Urkundenregesten zur Tätigkeit des deutschen Königs- und Hofgerichts bis 1451. Hg. B. Diestelkamp. Köln ... 1986– (QFHG.Sr)

Bd. 1: Die Zeit von Konrad I. bis Heinrich VI. 1988
Bd. 2: Die Zeit von Philipp von Schwaben bis Richard von Cornwall 1198–1272. 1994
Bd. 3: Die Zeit Rudolfs von Habsburg. 1986
Bd. 4: Die Zeit Adolfs von Nassau, Albrechts I. von Habsburg, Heinrichs von Luxemburg. 1292–1313. 1992
Bd. 5: Die Zeit Ludwigs des Bayern und Friedrichs des Schönen. 1987
Bd. 6: Die Königszeit Karls IV. 1990

19.2 Geistliche Fürsten

[siehe auch: **BDHS** bei Id; **Dotzauer** 888–940; 1104–1195 (Klöster, Stifte, Spitäler)]

Die Regesten der Bischöfe und des Domkapitels von **Augsburg**. Bd. 1: Von den Anfängen bis 1152. Bearb. W. Volkert. Augsburg 1985 (VSFKBL.R2b 1)

Die Regesten der Bischöfe und des Domkapitels von **Bamberg**. Bearb. E. Frhr. v. Guttenberg. Würzburg 1963 (VGFG.R6 2)

Regesten der Erzbischöfe von **Bremen**. Hannover, Bremen 1937–1971. Bd. 1: 787–1306. 1937 (VHKHOBSLB 11); Bd. 2,1: 1306–1327. Bearb. G. Möhlmann. 1953 (VHKNB 11); Bd. 2,2: 1327–1344. Bearb. J. König. 1971 (VHKNB 11)

Regesten der Bischöfe von **Eichstätt**. Abt. 1.–3. Bearb. M. Lefflad. Eichstätt 1871–1882. Abt. 1: Von 741–1229. 1871; Abt. 2: Von 1229–1297. 1874; Abt. 3,1–2: Von 1297–1305 (1306). 1881; 1882

Die Regesten der Bischöfe von Eichstätt. Bearb. F. Heidingsfelder. Bd. 1 (bis 1324). Innsbruck 1915–1921; Würzburg 1927; Erlangen … 1938

Die Regesten der Erzbischöfe von **Köln** im Mittelalter. Bd. 1–. Bonn, Köln 1901–1977; Düsseldorf 1981– (PGRGK 21). Bd. 1: 313–1099. Bearb. F. W. Oediger. 1954; Ndr. 1961, 1978; Bd. 2: 1100–1205. Bearb. R. Knipping. 1901; Ndr. 1964, 1985; Bd. 3, 1–2: 1205–1304. Bearb. R. Knipping. 1909; 1915 (Ndr. 1964, 1985); Bd. 4: 1304–1332. Bearb. W. Kisky. 1915; Ndr. 1964, 1985; Bd. 5: 1332–1349 (Walram von Jülich). Bearb. W. Janssen. 1973; Bd. 6: 1349–1362 (Wilhelm von Gennep). Bearb. W. Janssen. 1977; Bd. 7: 1362–1370 (Adolf von der Mark, Engelbert von der Mark, Kuno von Falkenstein). Bearb. W. Janssen. 1982; Bd. 8–10: 1370–1400 (Friedrich von Saarwerden). Bearb. N. Andernach. 1981; 1983; 1987

[**Konstanz**] Regesta Episcoporum Constantiensium. Regesten zur Geschichte der Bischöfe von Constanz. Von Bubulcus bis Thomas Berlower. 517–1496. Innsbruck 1895–1941; Ndr. Glashütten/Taunus 1970. Bd. 1: 517–1293. Bearb. P. Ladewig; Th. Müller. 1895; Ndr. 1970; Bd. 2: 1293–1383. Bearb. A. Cartellieri. Nachtr. und Reg. 1905; Bd. 3: 1384–1436. Bearb. K. Rieder. 1913; Bd. 4: 1436–1474. Bearb. K. Rieder. Reg. 1941; Bd. 5: 1474–1480. Bearb. K. Rieder. 1931 [mit Bd. 5, 1–2 Erscheinen eingestellt; siehe: **Krebs**, Manfred: Nachlese zu den Konstanzer Bischofsregesten, in: ZGO 98, 1950, S. 181–282]

Regesta Archiepiscopatus Magdeburgensis. Sammlung von Auszügen aus Urkunden und Annalisten zur Geschichte des Erzstifts und Herzogthums **Magdeburg**. … Bearb. G. A. v. Mülverstedt. Magdeburg 1876–1899. Tl. 1: Bis 1192. 1876; Tl. 2: Von 1192 bis 1269. 1881; Tl. 3: Von 1270 bis 1305. Nachtr. Tab. 1886; Regbd. 1899

[**Mainz**] Böhmer, Johann Friedrich: Regesta Archiepiscoporum Maguntinensium. Regesten zur Geschichte der Mainzer Erzbischöfe. Von Bonifatius bis Heinrich II. 742?–1288. Bearb. C. Will. Bd. 1–2. Innsbruck 1877;1886; Ndr. Aalen 1966. Bd. 1: Von Bonifatius bis Arnold von Selehofen. 742?–1160; Bd. 2: Von Konrad I. bis Heinrich II. 1161–1288

Regesten der Erzbischöfe von Mainz von 1289–1396. Abt. 1: 1289–1353. Bd. 1: 1289–1328. Bearb. E. Vogt. Leipzig 1913; Bd. 2: 1328–1353. Bearb. H. Otto [nur Lfg. 1: bis 1337]. Darmstadt 1932; Abt. 2: 1354–1396. Bd. 1: 1354–1371. Bearb. F. Vigener. Leipzig 1913; Ndr. Berlin 1970. Namenreg. Bearb. W. Kreimes. Darmstadt 1958

[**Salzburg**] Regesta Archiepiscoporum Salisburgensium inde ab anno MCVI usque ad annum MCCXLVI. Regesten zur Geschichte der Salzburger Erzbischöfe Conrad I., Eberhard I., Conrad II., Adalbert, Conrad III. und Eberhard II. Gesammelt und erl. von A. v. Meiller. Wien 1866; Ndr. Aalen 1974

Die Regesten der Erzbischöfe und des Domkapitels von Salzburg. 1247–1343. Bearb. F. Martin. Bd. 1–3. Salzburg 1928–1934. Bd. 1: 1247–1290. 1928; Bd. 2: 1290–1315. 1931; Bd. 3: 1315–1343. 1934

Regesten der Bischöfe von **Strassburg**. Bd. 1–2. Innsbruck 1908–1928. Bd. 1,1: **Bloch**, Hermann: Die elsässischen Annalen der Stauferzeit. Eine quellenkritische Einleitung zu den Regesten der Bischöfe von Strassburg. Anhang E. Polaczek. 1908; Bd. 1,2: Regesten der Bischöfe von Strassburg bis zum Jahre 1202. Bearb. P. Wentzcke. 1908; Bd. 2. Hg. A. Hessel; M. Krebs. 2,1: Heinrich von Veringen und Berthold von Teck. 1202–1244. 1924; 2,2: Heinrich von Stahleck. 1244–1260. 1925; 2,3: Walter und Heinrich von Geroldseck. 1260–1273. 1925; 2,4: Konrad von Lichtenberg. 1273–1299. 1926; 2,5: Friedrich von Lichtenberg. 1299–1305. Ber., Nachtr. und Reg. zu Bd. 2. 1928

Regesten der Erzbischöfe zu **Trier**. Von Hetti bis Johann II. 814–1503. Bearb. A. Goerz. Trier 1861; ber. Ndr. Aalen 1969

19.3 Weltliche Fürsten

[siehe auch: **BDHS** bei Id; **Dotzauer** 941–1034]

Regesten der Markgrafen von Baden und Hachberg. 1050–1515. Bd. 1–. Innsbruck 1900–1915. Bd. 1: Markgrafen von Baden. 1050–1431. Markgrafen von Hachberg. 1218–1428. Bearb. R. Fester. 1900; Bd. 2: Markgrafen von Hachberg 1422–1503. Bearb. H. Witte. 1901; Bd. 3: Markgrafen von Baden 1431 (1420)–1453. Bearb. H. Witte. 1901; Bd. 4: Markgrafen von Baden 1453–1475. Bearb. A. Krieger. 1915

Regesten der Markgrafen von **Brandenburg** aus dem askanischen Hause. Bearb. H. Krabbo; G. Winter. Leipzig … 1910–; Berlin-Dahlem 1955. Lfg. 1–11 [um 1100–um 1323]; Lfg. 12: Nachtr. und Ber. Bisher ungedr. Urk. Namenverz., Stammtafeln [danach Erscheinen eingestellt]

Regesta Habsburgica. Regesten der Grafen von **Habsburg** und der Herzoge von Österreich aus dem Hause Habsburg. Hg. O. Redlich. Abt. 1. Bd. 1–3. Innsbruck 1905–1934. Bd. 1: Die Regesten der Grafen von Habsburg. (Nach 950) bis 1281. Bearb. H. Steinacker. 1905; Bd. 2: Die Regesten der Herzoge von Österreich von 1281–1314. Halbbd. 1: Die Regesten Albrechts I. von 1281–1298. Bearb. H. Steinacker. 1934; Bd. 3: Die Regesten der Herzoge von Österreich sowie Friedrichs des Schönen als deutschen Königs von 1314–1330. Bearb. L. Gross. 1922–1924

Regesten der Landgrafen von **Hessen**. Marburg/L. 1929–1990 (VHKH 6). Bd. 1: 1247–1328. Bearb. O. Grotefend; F. Rosenfeld. 1929; Bd. 2, 1–2: Regesten der landgräflichen Kopiare. Bearb. K. E. Demandt. 1990

Regesten der Grafen von **Katzenelnbogen**. 1060–1486. Bearb. K. E. Demandt. Bd. 1–4. Wiesbaden 1953–1957. Bd. 1: 1060–1418. 1953; Bd. 2: 1418–1482. 1954; Bd. 3: Rechnungen, Besitzverzeichnisse, Steuerlisten und Gerichtsbücher. 1295–1486. 1956; Bd. 4: Register. 1957

Katzenelnbogener Urkunden. Regesten zu den Urkunden der Grafen von Katzenelnbogen im Staatsarchiv Darmstadt (Abt. B 3) und in anderen Archiven – Nachträge, Ergänzungen und Konkordanz. Bearb. K. E. Demandt; A. Eckhardt. Darmstadt 1989 (RHSAD 26)

Regesten der **Pfalzgrafen am Rhein**. 1214–1508. Hg. Ed. Winkelmann. Bd. 1–2. Innsbruck 1894–1939. Bd. 1: 1214–1400. Bearb. A. Koch; J. Wille. 1894; Bd. 2: 1400–1410. Regesten König Ruprechts. Bearb. Graf L. v. Oberndorff. Nachtr. Erg. und Ber. zu Bd. 1–2, Namen- und Sachreg. zu Bd. 2. Bearb. M. Krebs. 1912–1939

Regesten des Archivs der Grafen von **Sponheim** 1065–1437. Bearb. J. Mötsch. Koblenz 1987–1991 (VLARK 41–45)

[**Wittelsbach**] Wittelsbachische Regesten von der Erwerbung des Herzogthums Baiern 1180 bis zu dessen erster Wiedervereinigung 1340. In Oberbaiern bis auf Rudolfs I. Tod und Ludwigs des Baiern Königswahl 1314, in Niederbaiern bis auf das Erlöschen der ersten Niederbairischen Linie 1340. Bearb. J. F. Böhmer. Stuttgart 1854

19.4 Landesgeschichte – Stadtgeschichte

[siehe auch: **DW** 109–136; **BDHS** bei Id; **Dotzauer** 1035–1103]

Regesten der Reichsstadt **Aachen**. (Einschließlich des Aachener Reiches und der Reichsabtei Burtscheid). Hg. A. Huyskens. Bd. 1–2 (1251–1350). Bearb. W. Mummenhoff. Bonn 1961 (PGRGK 47); Köln 1937

[**Böhmen, Mähren**] Regesta diplomatica nec non epistolaria Bohemiae et Moraviae. Tl. 1–. Prag 1855–. Tl. 1: 600–1253. Hg. K. J. Erben. 1855; Tl. 2: 1253–1310. Hg. J. Emler. 1882; Tl. 3: 1311–1333. Hg. J. Emler. 1890; Tl. 4: 1333–1346. Hg. J. Emler. 1892; Tl. 5: 1346–1355. Fasc. 1–2: 1346–1350. Hg. J. Spěváček. 1958–1960; Tl. 6: 1355–1358. Hg. B. Mendl; M. Linhartova. 1928–1979; Tl. 7: 1358–1363. Hg. B. Mendl; M. Linhartova. 1954–1963

Regesta Bohemiae et Moraviae aetatis Venceslai IV. (1378 dec.–1419 aug. 16). Bd. 1–. Prag 1967–. Bd. 1: Fontes Archivi capituli metropolitani ecclesiae Pragensis. Fasc. 1–7 (1378–1400). Hg. V. Jenšovská. 1967–1981; Bd. 2: Fontes Archivi capituli ecclesiae Wissegradensis. Hg. V. Vavřínek. 1969; Bd. 3: Fontes

Archivi publici Trebonensis. Hg. B. Kopičková. 1977; Bd. 4: Fontes Archivi publici Olomucensis et Opaviensis. Hg. B. Kopičková. 1989

[**Lippe**] Lippische Regesten Neue Folge. Bearb. H.-P. Wehlt. Lfg. 1–3 (Loseblattsammlung). Lemgo 1989–1992 (LGq 17)

[**Lübeck**] Regesten der Lübecker Bürgertestamente des Mittelalters. Bearb. A. v. Brandt. Bd. 1: 1278–1350. Lübeck 1964; Bd. 2: 1351–1363. Lübeck 1973 (VGHL 18; 24) [**Brandt**, A. v.: Mittelalterliche Bürgertestamente. Neuerschlossene Quellen zur Geschichte der materiellen und geistigen Kultur. Heidelberg 1973 (SBHAW.PHK 1973,3)]

Dertsch, Richard: Die Urkunden des Stadtarchivs **Mainz**. Tl. 1–4. Mainz 1962–1967 (BGSMz 20,1–4)

[**Mittelrhein**] Mittelrheinische Regesten oder chronologische Zusammenstellung des Quellenmaterials für die Geschichte der Territorien der beiden Regierungsbezirke Coblenz und Trier. Bearb. A. Goerz. Bd. 1–4. Coblenz 1876–1886

[**Preußen**; **Deutscher Orden**] Preußische Regesten bis zum Ausgange des 13. Jahrhunderts. Hg. M. Perlbach. Königsberg 1876

Regesta historico-diplomatica Ordinis S(anctae) Mariae Theutonicorum. 1198–1525. Hg. Walther Hubatsch. Bearb. E. Joachim. Göttingen 1948–1973. Tl. I: Regesten zum Ordensbriefarchiv: Bd. 1,1: 1198–1432. 1948; 1,2: 1433–1454. 1948; Bd. 2: 1455–1510. 1950; Bd. 3: 1511–1525. Sachreg. 1973. Tl. II: Regesten der Pergament-Urkunden aus der Zeit des Deutschen Ordens. 1948. Regbd. [Tl. I, ohne Bd. 3; Tl. II.] 1965

Wieser, Klemens: Nordosteuropa und der Deutsche Orden. Kurzregesten. Bd. 1–2. Bad Godesberg 1969; 1972 (QSGDO 17, 27)

[**Schlesien**] Regesten zur schlesischen Geschichte [bis 1342]. Hg. C. Grünhagen; K. Wuttke. Tl. 1–8. Breslau 1875–1930 (CDSil 7,1–3, 16, 18, 22, 29, 30) [zeitl. Anschluß: Regesty slaskie/Schlesische Regesten. Tl. 1–. Breslau 1975–]

[**Schleswig-Holstein, Lauenburg**] Schleswig-Holstein-Lauenburgische Regesten und Urkunden. Bearb. P. Hasse. Bd. 1–3 (786–1340). Hamburg; Leipzig 1887–1896

Schleswig-Holsteinische Regesten und Urkunden. Bearb. V. Pauls … Neumünster 1925–1988. [Bd. 1–3; Reg.] Bd. 4: 1341–1375. 1925; Bd. 5: Reg. 1932; Bd. 6,1–2: 1376–1400. 1962–1970; Bd. 7: Reg. 1980; Bd. 9: Herrschaft Breitenburg 1256–1598. 1988

[**Thüringen**] Regesta diplomatica necnon epistolaria historiae Thuringiae. Bearb. O. Dobenecker. Jena 1896–1939. Bd. 1: c. 500–1152. 1896; Bd. 2: 1152–1227. 1900; Bd. 3: 1228–1266. 1925; Bd. 4: 1267–1288. Namenreg. 1939

[**Württemberg**] Württembergische Regesten von 1301 bis 1500. Abt. 1: Altwürttemberg. Stuttgart 1916–1940 (Urkunden und Akten des K. Württ. Haus- und Staatsarchivs 1). Bd. 1, 1–3. Nachtr., Ber. und Erg. Reg.

[**Würzburg**] Veith, Paul A.: Regesten aus Würzburger Urkunden. Ein Beitrag zur Geschichte und Kirchengeschichte der Gemeinden in Württembergisch-Franken, ehemals zum Bistum Würzburg gehörig. Schwäbisch Hall 1990 (Beilage zu Württembergisch Franken, Bd. 74)

19.5 Juden

Regesten zur Geschichte der Juden im fränkischen und deutschen Reiche bis zum Jahre 1273. Bearb. J. Aronius. Berlin 1887–1902

Andernacht, Dietrich: Regesten zur Gesichte der Juden in der Reichsstadt Frankfurt am Main von 1401–1519. Bd. 1,1–3. Hannover 1996 (FGJ. B 1,1–3)

19.6 Papstregesten

[siehe auch: **RI** II,5, V,2; **Dotzauer** 657]

Regesten der Kaiser und Päpste für die Jahre 311 bis 476 n. Chr. Vorarbeit zu einer Prosopographie der christlichen Kaiserzeit. Bearb. O. Seeck. Stuttgart 1919

Regesta Pontificum Romanorum ab condita ecclesia ad annum post Christum natum MCXCVIII (1198). Ed. Philippus **Jaffé**. Editionem secundam correctam et auctam auspiciis Gulielmi Wattenbach curaverunt S. Loewenfeld, F. Kaltenbrunner, P. Ewald. Bd. 1–2. Leipzig 1885;1888. Bd. 1: Bis 1143; Bd. 2: 1143–1198 [JL; JK; JE]

Regesta Pontificum Romanorum inde ab anno post Christum natum MCXCVIII (1198) ad annum MCCCIV (1304). Ed. Augustus **Potthast**. Bd. 1–2. Berlin 1874–1875

Regesta Pontificum Romanorum. Hg. P. F. Kehr; Th. Schieffer [ab. Bd. 4; siehe auch: Initienverzeichnis und chronologisches Verzeichnis zu den Archivberichten und Vorarbeiten der Regesta pontificum Romanorum. Bearb. R. Hiestand. München 1983 (MGHHm 7)]:

Germania Pontificia sive Repertorium privilegiorum et litterarum a Romanis Pontificibus ante annum MCLXXXXVIII Germaniae ecclesiis monasteriis civitatibus singulisque personis concessorum. Bearb. A. Brackmann. Bd. 1–. Berlin [Bd. 4–: Göttingen] 1911–. Bd. 1: Provincia Salisburgensis et Episcopatus Tridentinus. 1911; Bd. 2: Provincia Maguntinensis. Tl. 1: Dioecesis Eichstettensis, Augustensis, Constantinensis I. 1923; Tl. 2: Dioecesis Constantinensis II et Curiensis et Episcopatus Sedunensis, Genevensis, Lausannensis, Basiliensis. 1927; Bd. 3: Provincia Maguntinensis. Tl. 3: Dioecesis Strassburgensis, Spirensis, Wormatiensis, Wirciburgensis, Bambergensis. 1935; Bd. 4: Provincia Maguntinensis. Tl. 4: S. Bonifatius, Archidioecesis Maguntinensis, Abbatia Fuldensis. Bearb. H. Jakobs [H. Büttner]. 1978; [Bd. 5: steht noch aus]; Bd. 6: Provincia Hammaburgo-Bremensis. Bearb. W. Seegrün; Th. Schieffer. 1981; Bd. 7: Provincia Coloniensis.Tl. 1: Archidioecesis Coloniensis. Bearb. Th. Schieffer. 1986; [Bd. 8–9: stehen noch aus]; Bd. 10: Provincia Treverensis. Tl. 1: Archidioecesis Treverensis. Bearb. E. Boshof. 1992

Italia Pontificia sive Repertorium privilegiorum et litterarum a Romanis Pontificibus ante annum MCLXXXXVIII Italiae ecclesiis, monasteriis, civitatibus singulisque personis concessorum. Bearb. P. F. Kehr. Bd. 1–10. Berlin [Bd. 10: Zürich] 1906–1975. Bd. 1: Roma; Bd. 2: Latium. 1907; Bd. 3: Etruria. 1908; Bd. 4: Umbria, Picenum, Marsia. 1909; Bd. 5: Aemilia sive Provincia Ravennas. 1909; Bd. 6: Liguria sive Provincia Mediolanensis. Tl. 1: Lombardia. 1913; Tl. 2: Pedemontium, Liguria Maritima. 1914; Bd. 7: Venetia et Histria. Tl. 1: Provincia Aquileiensis. 1923; Tl. 2: Respublica Venetiarum, Provincia Gradensis, Histria. 1925; Bd. 8: Regnum Normannorum, Campania. 1935; Bd. 9: Samnium, Apulia, Lucania. Bearb. W. Holtzmann. 1962; Bd. 10: Calabria, Insulae. Bearb. D. Girgensohn [W. Holtzmann]. 1975.

Initien- und Empfängerverzeichnis zu Italia pontificia I-X. Bearb. R. Hiestand. München 1983 (MGHHm 6)

[Oriens Pontificius: siehe: **Hiestand**: Papsturkunden]

Repertorium Germanicum. Regesten aus den päpstlichen Archiven zur Geschichte des deutschen Reiches und seiner Territorien im XIV. und XV. Jahrhundert. Bd. 1: Pontificat Eugens IV. (1431–1447). Bd. 1. Bearb. R. Arnold. Berlin 1897

Repertorium Germanicum. Verzeichnis der in den päpstlichen Registern und Kameralakten vorkommenden Personen, Kirchen und Orte des Deutschen Reiches, seiner Diözesen und Territorien vom Beginn des Schismas bis zur Reformation. Hg. [Preußisches] Deutsches Historisches Institut in Rom. Bd. 1–. Berlin; Tübingen 1916–. Bd. 1: Clemens VII. (Avignon; 1378–1394). 1916; Bd. 2: Urban VI., Bonifaz IX., Gregor XII. (1378–1415). 1933–1961; Bd. 3: Alexander V., Johann XXIII., Konstanzer Konzil (1409–1417). 1935; Bd. 4: Martin V. (1417–1431). 1943–1979; Bd. 6: Nikolaus V. (1447–1455). 1985–1989; Bd. 7: Calixt III. (1455–1458). 1989; Bd. 8: Pius II. (1458–1464). 1993; Bd. 9: Paul II. (1464–1471). [Bd. 10: Sixtus IV. (1471–1484); weitere Bde. bisher nicht geplant; vgl. auch: **Das Repertorium Germanicum**. EDV-gestützte Auswertung vatikanischer Quellen: neue Forschungsperspektiven. Tübingen 1992 = QFIAB 71, 1991, S. 241–339]

Abkürzungen

Das Abkürzungsverzeichnis löst die in dieser Bibliographie funktional benutzten Abkürzungen auf. Abkürzungen, die vollständigen Zitationen informativ beigegeben sind, werden nicht wiederholt. Das Verzeichnis kann auch als Ergänzung, vor allem von Kap. 3 (Reihen), genutzt werden. Zu den für Historiker/Mediävisten wichtigen Abkürzungsverzeichnissen siehe S. 59–60.

AAS	Asian and African Studies
AAWG.PHK	Abhandlungen der Akademie der Wissenschaften in Göttingen. Phil.-Hist. Klasse
ABAW.PHK	Abhandlungen der Bayerischen Akademie der Wissenschaften. Phil.-Hist. Klasse
ABUN	Ausgewählte Bibliographien und andere Nachschlagewerke (K. Schreiber in ZfBB 1974-1993)
Add.	Additamentum
AdM	L'Atelier du médiéviste
AEA	Archives de l'Eglise d'Alsace
AfD.Bh	Archiv für Diplomatik. Beiheft
AGSA	Abhandlungen zur Geschichte der Stadt Augsburg
AHAW.PHK	Abhandlungen der Heidelberger Akademie der Wissenschaften. Phil.-Hist. Klasse
AHC	Annuarium historiae conciliorum
AHF-Jb	Jahrbuch der Historischen Forschung in der Bundesrepublik Deutschland
AHSG	Abhandlungen zur Handels- und Sozialgeschichte
AIHI	Archives internationales d'histoire des idées
AISIGT.Q	Annali dell'Istituto Storico Italo-Germanico in Trento. Quaderno (= JIDHIT.Bt)
AKG.Bh	Archiv für Kulturgeschichte. Beiheft
ALMA	Archivum latinitatis medii aevi
AMNWD	Archäologische Mitteilungen aus Nordwestdeutschland
AnCart	Analecta Cartusiana
Ancorae	Ancorae. Steunpunten voor studie en onderwije
ArbKG	Arbeiten zur Kirchengeschichte
ARG	Abhandlungen zur rechtswissenschaftlichen Grundlagenforschung
ARS	Arbeiten zur Rechts- und Sprachwissenschaft
ASÄE	Aachener Studien zur Älteren Energiegeschichte
ASKG	Archiv für schlesische Kirchengeschichte
AUDV	Ausgewählte Urkunden zur deutschen Verfassungsgeschichte
AuG	Archäologie und Geschichte. Freiburger Forschungen zum ersten Jahrtausend in Südwestdeutschland

AVGO	Abhandlungen und Vorträge zur Geschichte Ostfrieslands
AVGT	Archiv für Vaterländische Geschichte und Topographie
AVSG	Abhandlungen zur Verkehrs- und Seegeschichte
AWLM.AGSK.E	Akademie der Wissenschaften und der Literatur Mainz. Abhandlungen der Geistes- und Sozialwissenschaftlichen Klasse. Einzelveröffentlichung
AzF	Arbeiten zur Frühmittelalterforschung
BÄDLG	Beiträge zur älteren deutschen Literaturgeschichte
BAI	Bayerische Archivinventare
BAR.IS	B.A.R. (Oxford) British Archaeological Reports. International Series
BAW	Beiträge zur Altertumswissenschaft
BBBW	Beiträge zum Buch- und Bibliothekswesen
BBEG	Bürgertum. Beiträge zur europäischen Gesellschaftsgeschichte
BBGW	Basler Beiträge zur Geschichtswissenschaft
BBKG	Bonner Beiträge zur Kirchengeschichte
BBSP.CS	Biblioteca del Bollettino Storico Pisano. Collana storica
BCM	Biblioteca di cultura moderna
BCS	Biblioteca di cultura storica
BDEG	Beiträge zur Deutschen und Europäischen Geschichte
BDHIR	Bibliothek des Deutschen Historischen Instituts in Rom
BDHS	Bibliographie zur deutschen historischen Städteforschung
BDLG	Blätter für deutsche Landesgeschichte
BDLM	Bibliographien zur deutschen Literatur des Mittelalters
BEFAR	Bibliothèque des Ecoles Françaises d'Athènes et de Rome
BETL	Bibliotheca ephemeridium Theologicarum Lovaniensium
BFPLUL	Bibliothèque de la Faculté de Philosophie et de Lettres de l'Université de Liège
BGDL	Beiträge zur Geschichte des Dürener Landes
BGDSL	Beiträge zur Geschichte der deutschen Sprache und Literatur
BGLO	Bibliographien zur Geschichte und Landeskunde Ostmitteleuropas
BGPTM	Beiträge zur Geschichte der Philosophie und Theologie des Mittelalters
BGQM	Beiträge zur Geschichte und Quellenkunde des Mittelalters
BGSM	Beiträge zur Geschichte der Städte Mitteleuropas
BGSMö	Beiträge zur Geschichte der Stadt Mönchengladbach
BGSMz	Beiträge zur Geschichte der Stadt Mainz
BGWT	Beiträge zur Geschichte der Wissenschaft und Technik
BHF	Bonner Historische Forschungen
BHHW	Bibliographie der Historischen Hilfswissenschaften
BHK	Bayreuther Historische Kolloquien
BHL	Bibliotheca hagiographica latina
BHS	Berliner Historische Studien

BHST	Bibliographies of the history of science and technology
BHVPGFB	Bericht Historischer Verein für die Pflege der Geschichte des ehemaligen Fürstbistums Bamberg
BibEr	Biliotheca Eruditorum
Bibl	Bibliologia
BibMEL	Biblioteca di Medioevo Latino
BibThom	Bibliothèque Thomiste
BIM	Bibliothèque des initiations modernes
BMA	Bibliothèque du Moyen Age
BMF	Beiträge zur Musikforschung
BMG	Beiträge zur Mentalitätsgeschichte
BMOI	Bibliographische Mitteilungen des Osteuropainstituts an der Freien Universität Berlin
BMUJ	Bibliographische Mitteilungen der Universitätsbibliothek Jena
BNF.Bh	Beiträge zur Namenforschung. Beiheft
BNV	Beiträge zur Volkskultur in Nordwestdeutschland
BöblF	Böblinger Forum
BodBibl	Bodensee-Bibliothek
BoHS.MG	Bochumer Historische Studien. Mittelalterliche Geschichte
BP	Bibliothekspraxis
BPV	Beiträge zur Pfälzischen Volkskunde
BrandBibl	Brandenburgische Bibliographien
BRNHG	Bibliografische Reeks van het Nederlands Historische Genootschap
BSAM	Biblioteca di storia agraria medievale
BSHK	Buchreihe der Südostdeutschen Historischen Kommission
BSVGAR	Beiträge zur Sozial- und Verfassungsgeschichte des Alten Reiches
BTT	Bible de Tous les Temps
BVN	Beiträge zur Volkskultur in Nordwestdeutschland
BVSAWL.PHK	Berichte über die Verhandlungen der Sächsischen Akademie der Wissenschaften zu Leipzig. Phil.-Hist. Klasse
BWG	Beiträge zur Wirtschaftsgeschichte
BWS.A	Braunschweiger Werkstücke. Reihe A. Veröffentlichungen aus dem Stadtarchiv und der Stadtbibliothek
BWSG	Beiträge zur Wirtschafts- und Sozialgeschichte
Cass	Cassiciacum
CC.CM	Corpus Christianorum. Continuatio medievalis
CC.H	Corpus Christianorum. Hagiographies
CC.SL	Corpus Christianorum. Series latina
CCM	Cultures et Civilisations Médiévales
CDBrand	Codex diplomaticus Brandenburgensis
CDSax	Codex diplomaticus Saxoniae

CDSil	Codex diplomaticus Silesiae
CEFR	Collection de l'Ecole Française de Rome
CEHE	The Cambridge Economic History of Europe
CeS	Civilisations et Sociétés
CETEDOC	Centre de traitement électronique des documents
Château-Gaillard	Château-Gaillard. Etudes de castellologie européenne
Chloe	Chloe. Beihefte zu Daphnis
CHPC	Collection Histoire Pro Civitate
CHPS	Cahiers d'histoire et de philosophie des sciences
CI.C	Centro italiano di studi sull'alto medioevo. Collectanae
CI.R	Centro italiano di Studi sull'alto medioevo. Reprints
CIHU	Commission internationale pour l'histoire des universités. Etudes et travaux
CLCLT	CETEDOC Library of Christian Latin Texts
CMH	The Cambridge Medieval History
CollHist	Collection Histoire
CPL	Clavis patrum latinorum
CPPM	Clavis patristica pseudoepigraphorum medii aevi
CRHP.V	Centre de recherches d'histoire et de philologie de la VIe Section de l'Ecole Pratique des Hautes Etudes. V. Hautes Etudes Médiévales Modernes (HEMM)
CSEL	Corpus scriptorum ecclesiasticorum latinorum
CSML	Cambridge Studies in medieval literature
CSMLT	Cambridge Studies in medieval life and thought
CSS	Collected Studies Series
CTHS.MSG	Comité des travaux historiques et scientifiques. Mémoires de la Section de géographie
DA	Deutsches Archiv für [Geschichte] Erforschung des Mittelalters
DAAD.DuM	Deutscher Akademischer Austauschdienst. Dokumente und Mitteilungen
DAG	Deutsche Agrargeschichte
DBA	Deutsches Biographisches Archiv
DBI	Deutsches Bibliotheksinstitut (Berlin)
dbi-mat	dbi-materialien [Deutsches Bibliotheksinstitut DBI, Berlin]
DDC	Dictionnaire de droit canonique
DFG	Deutsche Forschungsgemeinschaft
DHGE	Dictionnaire d'histoire et de géographie ecclésiastiques
DHMN	Deutsche Handelsakten des Mittelalters und der Neuzeit
DHP	Dictionnaire historique de la papauté
DKPf	Deutsche Königspfalzen
DMG	Dissertationen zur Mittelalterlichen Geschichte
DocCist	La Documentation Cistercienne
DTM	Dokumente. Texte. Materialien

DW	Dahlmann-Waitz: Quellenkunde der Deutschen Geschichte. 10. Auflage
DWE	Dokumentation Westeuropa
DzP	Dissertationen zur Pädagogik
EBBW	Elemente des Buch- und Bibliothekswesens
ED	Elementa diplomatica
EDA	Etudes et Documents d'Aquitaine
EDG	Enzyklopädie Deutscher Geschichte
EEMA	L'Eglise et l'Etat au Moyen Age
EFF	Ergebnisse der Frauenforschung
EGA	Enzyklopädie der geisteswissenschaftlichen Arbeitsmethoden
EHKB	Einzelveröffentlichungen der Historischen Kommission zu Berlin
EHS.III	Europäische Hochschulschriften. Reihe III. Geschichte und ihre Hilfswissenschaften
EHS.XXIII	Europäische Hochschulschriften. Reihe XXIII. Theologie
EHS.XXXVIII	Europäische Hochschulschriften. Reihe XXXVIII. Archäologie
ElDipl	Elementa diplomatica
EMA	Europe in the Middle Ages. Selected Studies
EMGH	Elektronische Monumenta Germaniae Historica
EPCIHAE	Etudes présentées à la Commission internationale pour l'histoire des assemblées d'états
EPHE.VIe Sect. SES.CC	Ecole Pratique des Hautes Etudes. VIe Section. Sciences économiques et sociales. Congrès et colloques
ErlHS	Erlanger Historische Studien
ErlStud	Erlanger Studien
ESMAR	Education and society in the Middle Ages and Renaissance
EWWS.P	Epistemata. Würzburger Wissenschaftliche Schriften. Reihe Philosophie
F3	Folge 3/III (Dritte Folge)
FaWF	Forschungen aus Württembergisch Franken
FBAMBW	Forschungen und Berichte der Archäologie des Mittelalters in Baden-Württemberg
FBMG	Freiburger Beiträge zur mittelalterlichen Geschichte
FDLK	Forschungen zur deutschen Landeskunde
FDRG	Forschungen zur deutschen Rechtsgeschichte
FF.C	Folklore Fellows. Communications
FGÄDL	Forschungen zur Geschichte der älteren deutschen Literatur
FGD	Forum Geschichtsdidaktik
FGG	Frauen in Geschichte und Gesellschaft
FGJ.A; –.B	Forschungen zur Geschichte der Juden. A: Abhandlungen; –.B: Quellen

FGLS	Forschungen zur Geschichte und Landeskunde der Sudetenländer
FGOÖ	Forschungen zur Geschichte Oberösterreichs
FHA	Frankfurter Historische Abhandlungen
FIP.HS	Franciscan Institute Publications. History Series
FJ	Franco-Judaica
FKDG	Forschungen zur Kirchen- und Dogmengeschichte
FKGG	Forschungen zur Kirchen- und Geistesgeschichte
FKPM	Forschungen zur Kaiser- und Papstgeschichte des Mittelalters. Beihefte zu J. F. Böhmer, Regesta Imperii
FKRK	Forschungen zur kirchlichen Rechtsgeschichte und zum Kirchenrecht
FKRW	Forschungen zur Kirchenrechtswissenschaft
Flaran	Flaran. Journées Internationales d'Histoire
FMG	Forschungen zur Mittelalterlichen Geschichte
FOLG	Forschungen zur Oberrheinischen Landesgeschichte
ForPsych	Forum Psychohistorie
Forum	Forum. Materialien und Beiträge zur Mittelalter-Rezeption
ForVit	Fortuna vitrea
FQKKO	Forschungen und Quellen zur Kirchen- und Kulturgeschichte Ostdeutschlands
Francia.Bh	Francia. Forschungen zur westeuropäischen Geschichte. Beiheft
FranzF	Franziskanische Forschungen
FRKG	Forschungen zur Rechts- und Kulturgeschichte
FS	Festschrift
FSGA.A	Freiherr vom Stein-Gedächtnisausgabe. A: Ausgewählte Quellen zur deutschen Geschichte des Mittelalters
FSWG	Forschungen zur Sozial- und Wirtschaftsgeschichte
FTS	Frankfurter Theologische Studien
FuI	Forschung und Information
FWB.KR	Frankfurter Wissenschaftliche Beiträge. Kulturwissenschaftliche Reihe
GAAWEO	siehe OHLH.R1
GAB	Göppinger Akademische Beiträge
GAG	Göppinger Arbeiten zur Germanistik
GAH	Germanistische Arbeitshefte
GAWL	Geschichtliche Arbeiten zur Westfälischen Landesforschung
GBen	Germania Benedictina
GBG	Göttinger Bausteine zur Geschichtswissenschaft
GBKB.Sb	Geschichtsblätter Kreis Bergstraße. Sonderband
GBWS	Göttinger Beiträge zur Wirtschafts- und Sozialgeschichte
GD	Geschichtsdidaktik
GdV	Geschichtsschreiber der deutschen Vorzeit

GeoBS	Geographische Bausteine
GeschB	Geschichtswissenschaftliche Beiträge
GFGÖE.Bh	Glossar zur frühmittelalterlichen Geschichte im östlichen Europa. Beiheft
GGerm	Grundlagen der Germanistik
GGH	Geschichte – Grundlagen und Hintergründe
GGW.I	Grundriß der Geschichtswissenschaft. Reihe I. Historische Hilfswissenschaften und Propädeutik
GGW.II	Grundriß der Geschichtswissenschaft. Reihe II. Historische Sonderwissenschaften
GKS.MB	Gesellschaft, Kultur und Schrift. Mediävistische Beiträge
GLK	Geschichtliche Landeskunde. Veröffentlichungen des Instituts für Geschichtliche Landeskunde an der Universität Mainz
GM	Die Geschichte der Medien
GMB	Garland medieval bibliographies
GPSD	Geschichte Politik. Studien zur Didaktik
GQPS	Geschichtsquellen der Provinz Sachsen
GQSW	Geschichtsquellen der Stadt Wien
GRegABUN	Schreiber, K.: ABUN. 1974–1993. Generalregister zur gleichnamigen Rubrik … (ZfBB.Sh 61); siehe ABUN
GRLH	Garland reference library of the humanities
GRLM	Grundriß der romanischen Literatur des Mittelalters
GRLSS	Garland reference library of social science
GrPhil	Grundkurs Philosophie
GRS	Göttinger Rechtswissenschaftliche Studien
GS	Germania Sacra
GS.B	Germanistische Symposien. Berichtsbände
GSA	Geschichte der Stadt Allenstein
GSl	Germania Slavica
GSM	Geschichtsdidaktik. Studien, Materialien
GSRG; –.Sb	Göttinger Studien zur Rechtsgeschichte; –.Sonderband
GuG	Geschichte und Gesellschaft
GuGeschl	Geschichte und Geschlechter
GuS	Geschichte und Sozialwissenschaften
GuSt	Geschichte und Staat
GW	Geschichtswerkstatt
GWZ	Geist und Werk der Zeiten. Arbeiten aus dem Historischen Seminar der Universität Zürich
HAMNG	Heidelberger Abhandlungen zur Mittleren und Neueren Geschichte
HansStud	Hansische Studien
HAW	Handbuch der Altertumswissenschaft
HAW.PHK	Sitzungsberichte der Heidelberger Akademie der Wissenschaften. Hist.-Phil. Klasse

HB	Historische Bibliographie
HBH	Hiersemanns Bibliographische Handbücher
HdA	Handwörterbuch des deutschen Aberglaubens
HDF	Histoire des diocèses de France
HF	Historische Forschungen
HGE	Historische Grundwissenschaften in Einzeldarstellungen
HGQ	Herforder Geschichtsquellen
HHM	Handbuch der historischen Metrologie
HHS	Handbuch der historischen Stätten
HHSD	Handbuch der historischen Stätten Deutschlands
HHSDk	Handbuch der historischen Stätten Dänemark
HHSÖ	Handbuch der historischen Stätten Österreich
HHSSchw	Handbuch der historischen Stätten Schweiz
HHW	Historische Hilfswissenschaften
HIDI	Handbook of international documentation and information
HiMoN	Historische Mobilität und Normenwandel
HistSem	Historisches Seminar
HistSer	History Series
HKAWLM.HF	Historische Kommission der Akademie der Wissenschaften und der Literatur, Mainz. Historische Forschungen
HLOS	Historische und landeskundliche Ostmitteleuropa-Studien
HMNG.IV	Handbuch der mittelalterlichen und neueren Geschichte. Abt. IV. Hilfswissenschaften und Altertümer
HRG	Handwörterbuch zur deutschen Rechtsgeschichte
HS	Historische Studien
HSF	Historisch-Sozialwissenschaftliche Forschungen
HTh.Bh	History and Theory. Studies in the philosophy of history. Beiheft
HuP	Historie und Politik
HZ; –.Bh; –.Sh	Historische Zeitschrift; – . Beiheft; – . Sonderheft
IC.Sh	Ius commune. Veröffentlichungen des Max-Planck-Instituts für Europäische Rechtsgeschichte. Sonderheft
ID.OSFM	Istituto internazionale di storia economica »F. Datini« Prato. Opere sparse di Federigo Melis
IDU	Informatica e discipline umanistiche
IFB; –.Bh	Informationsmittel für Bibliotheken; – . Beiheft (DBI)
ILL	Instrumenta lexicologica latina
IMB	International medieval bibliography
INABW	Inventare der nichtstaatlichen Archive in Baden-Württemberg
IRB-LA	Informationszentrum Raum und Bau der Fraunhofer-Gesellschaft – Literaturauslese
IRHT	Institut de Recherche et d'Histoire des Textes
IS.SDSE	Italia Sacra. Studi e documenti di Storia ecclesiastica

JakStud	Jakobus-Studien
JFDG	Jahresberichte für deutsche Geschichte
JFLF	Jahrbuch für fränkische Landesforschung
JG	Jahresberichte der Geschichtswissenschaft
JGF	Jahrbuch für Geschichte des Feudalismus
JGMO	Jahrbuch für die Geschichte Mittel- und Ostdeutschlands
JIDHIT.Bt	Jahrbuch des italienisch-deutschen historischen Instituts in Trient. Beiträge (= AISIGT.Q)
JLNÖ	Jahrbuch für Landeskunde von Niederösterreich
JSK	Jahrbuch des Stifts Klosterneuburg
KCL.MS	King's College London. Medieval studies
KESWM	Kollektive Einstellungen und Sozialer Wandel im Mittelalter
KGF	Kulturgeschichtliche Forschungen
KGRq	Konstanzer Geschichts- und Rechtsquellen
KHA	Kölner Historische Abhandlungen
KHS	Kieler Historische Studien
KKB	Kleine Kulturwissenschaftliche Bibliothek
KLAR	Klever Archiv. Schriftenreihe des Stadtarchivs Kleve
KonstB	Konstanzer Bibliothek
KProt	Klassiker des Protestantismus
KSGK	Kölner Schriften zur Geschichte und Kultur
KSGW	Kritische Studien zur Geschichtswissenschaft
KTVÜ	Kleine Texte für Vorlesungen und Übungen
KulSt	Kulturstudien
KUR	Konstanzer Universitätsreden
KWS.C	Kieler Werkstücke. Reihe C: Beiträge zur Europäischen Geschichte des Frühen und Hohen Mittelalters
KWS.D	Kieler Werkstücke. Reihe D: Beiträge zur Europäischen Geschichte des Spätmittelalters
KZSS.Sh	Kölner Zeitschrift für Soziologie und Sozialpsychologie. Sonderheft
LexMa	Lexikon des Mittelalters
LGq	Lippische Geschichtsquellen
LiLi	Zeitschrift für Literaturwissenschaft und Linguistik
LIR	Literatur, Imagination, Realität
LKReg IFB	Laufend kumulierendes Register. IFB Besprechungsdienst und Berichte. 1/3. 1993/95 (IFB.Bh 3)
LSAKG	Lübecker Schriften zur Archäologie und Kulturgeschichte
LSGG	Leipziger Studien aus dem Gebiet der Geschichte
LThK	Lexikon für Theologie und Kirche
MA	Mittelalter
MAA	Medieval Academy of America. Publications

MAE.PS	Medium Aevum. Philologische Studien
MB	Monumenta Boica
MBDS; -.Ergbd	Mittelalterliche Bibliothekskataloge Deutschlands und der Schweiz; – . Ergänzungsband
MBM	Miscellanea Bavarica Monacensia
MBMRF; -.Bh	Münchener Beiträge zur Mediävistik und Renaissance-Forschung; –. Beiheft
MBVFG	Münchener Beiträge zur Vor- und Frühgeschichte
MDEC	Mémoires et Documents Publiés par la Société de l'Ecole des Chartes
MDÖU	Militärgeschichtliche Dissertationen Österreichischer Universitäten
MdtF	Mitteldeutsche Forschungen
MedAev	Medium Aevum
MEL	Medioevo Latino
MFCG	Mitteilungen und Forschungsbeiträge der Cusanus Gesellschaft
MFS	Mainfränkische Studien
MGH	Monumenta Germania Historica (Institut; Quellensammlung)
MGHHm	Monumenta Germaniae Historica. Hilfsmittel
MGHST	Monumenta Germaniae Historica. Studien und Texte
MGM	Monographien zur Geschichte des Mittelalters
MGSL; –.Sb	Mitteilungen der Gesellschaft für Salzburger Landeskunde; – . Sonderband
MHF	Münstersche Historische Forschungen
MHP	Miscellanea Historiae Pontificiae
MHS.BG	Münchener Historische Studien. Abt. Bayerische Geschichte
MHS.GH	Münchener Historische Studien. Abt. Geschichtliche Hilfswissenschaften
MHS.MG	Münchener Historische Studien. Abt. Mittelalterliche Geschichte
MHVS	Mitteilungen des Historischen Vereins für die Saargegend
MIC.A	Monumenta Iuris Canonici. Series A: Corpus Glossatorum
MIÖG; -.Ergbd	Mitteilungen des Instituts für Österreichische Geschichtsforschung; – . Ergänzungsband
MKHF	Mitteilungen der Kommission für Humanismusforschung
MLov.I	Mediaevalia Lovaniensia. Series I. Studia
MM	Miscellanea Mediaevalia. Veröffentlichungen des Thomas-Instituts an der Universität Köln
MMS	Münstersche Mittelalter-Schriften
MMus	Magdeburger Museumsschriften
MÖS	Mitteilungen des Österreichischen Staatsarchivs
MSAK	Mitteilungen aus dem Stadtarchiv Köln
MSchwG	Monographien zur Schweizer Geschichte
MSR	Mélanges de sciences religieuses
MTA	Münsteraner Theologische Abhandlungen

MTU	Münchener Texte und Untersuchungen zur Deutschen Literatur des Mittelalters
MZGMV	Mitteilungen des Zittauer Geschichts- und Museumsvereins
Nat	Nationes
NAWG.PHK; –.Bh	Nachrichten der Akademie der Wissenschaften Göttingen. Phil.-Hist. Klasse; – . Beiheft
NF	Neue Folge
NFBPG	Neue Forschungen zur Brandenburg-Preußischen Geschichte
NForsch	Nürnberger Forschungen. Einzelarbeiten zur Nürnberger Geschichte
NiedStud	Niederländische Studien
NordS	The Nordic Series
NouvCl	Nouvelle Clio
NR	Neue Reihe
NS	Nova series; Nuova serie; Nouvelle série
NumSt	Numismatische Studien
NuS	Norm und Struktur. Studien zum sozialen Wandel in Mittelalter und Früher Neuzeit
NWSLG	Nürnberger Werkstücke zur Stadt- und Landesgeschichte
OCA	Orientalia Christiana Analecta
ÖAW.PHK	Österreichische Akademie der Wissenschaften. Phil.-Hist. Klasse
OGG	Oldenbourg Grundriß der Geschichte
OH	Orientierungshilfen
OHLH.R1	Osteuropastudien der Hochschulen des Landes Hessen. Reihe 1. Gießener Abhandlungen zur Agrar- und Wirtschaftsforschung des Europäischen Ostens (GAAWEO)
OPAC	Online-Public-Access-Catalogue
OrbAcad.II	Orbis Academicus. II. Naturwissenschaftliche Abteilung
OrhStud	Oberrheinische Studien
OSLG	Ordo. Studien zur Literatur und Gesellschaft des Mittelalters und der Frühen Neuzeit
OSt	Ordensstudien
OVG	Ostmitteleuropa in Vergangenheit und Gegenwart
ParStud	Pareys Studientexte
PAS.S	Pubblicazioni degli Archivi di Stato. Sussidi
PatrSorb	Patristica Sorbonensia
PBG	Piccola Biblioteca Gisem
PCLUDEM	Publication du Centre Luxembourgeois de Documentation et d'Etudes Médiévales
PDatini	Pubblicazioni dell'Istituto Internazionale di Storia Economica F. Datini, Prato

PFLSHN	Publications de la Faculté des Lettres et sciences humaines de Nice
PFSHAA	Publications de la Fédération des sociétés d'histoire et d'archéologie d'Alsace
PGRGK	Publikationen der Gesellschaft für Rheinische Geschichtskunde
PHF	Passauer Historische Forschungen
PHS	Pariser Historische Studien
PKPSA	Publikationen aus den K. Preußischen Staatsarchiven
PL	Patrologia Latina
PLD	Patrologia Latina Database
PMS	Papers in mediaeval studies
PÖKIR.Q	Publikationen des Österreichischen Kulturinstituts in Rom. Abt. II. Quellen. I. Reihe
PSTH	Pasold Studies in Textile History
PTS	Paderborner Theologische Studien
PubSorb.E	Publications de la Sorbonne. Série Etudes
PubSorb.HAM	Publications de la Sorbonne. Série Histoire Ancienne et Médievale
PubSorb.S	Publications de la Sorbonne. Série Sorbonne
PuG	Persönlichkeit und Geschichte
PuH	Poetik und Hermeneutik
PuP	Päpste und Papsttum
QAG	Quellen zur Allgemeinen Geschichte
QAmrhKG	Quellen und Abhandlungen zur mittelrheinischen Kirchengeschichte
QDGN	Quellen und Darstellungen zur Geschichte Niedersachsens
QDHG	Quellen und Darstellungen zur Hansischen Geschichte
QDSG	Quellen und Darstellungen zur schlesischen Geschichte
QEBG	Quellen und Erörterungen zur bayerischen Geschichte
QFAG	Quellen und Forschungen zur Agrargeschichte
QFBG	Quellen und Forschungen zur Braunschweigischen Geschichte
QFEE	Quellen und Forschungen zur Europäischen Ethnologie
QFGBHW	Quellen und Forschungen zur Geschichte des Bistums und Hochstifts Würzburg
QFGD	Quellen und Forschungen zur Geschichte des Dominikanerordens
QFGG	Quellen und Forschungen aus dem Gebiet der Geschichte
QFGSH	Quellen und Forschungen zur Geschichte Schleswig-Holsteins
QFGSM	Quellen und Forschungen zur Geschichte der Stadt Münster
QFHessG	Quellen und Forschungen zur hessischen Geschichte
QFHG; -.Sr	Quellen und Forschungen zur Höchsten Gerichtsbarkeit im Alten Reich; – . Sonderreihe

QFIAB	Quellen und Forschungen aus italienischen Archiven und Bibliotheken
QFRM	Quellen und Forschungen zum Recht im Mittelalter
QFRSGD	Quellen und Forschungen zur Rechts- und Sozialgeschichte des Deutschordenslandes
QFSKGV	Quellen und Forschungen zur Sprach- und Kulturgeschichte der germanischen Völker
QGSA	Quellen zur Geschichte Sachsen-Anhalts
QMLVG	Quellen zur mitteldeutschen Landes- und Volksgeschichte
QSGDO	Quellen und Studien zur Geschichte des Deutschen Ordens
QSGÖE	Quellen und Studien zur Geschichte des Östlichen Europa
QSKG	Quellensammlung zur Kulturgeschichte
QSVDR	Quellen und Studien zur Verfassungsgeschichte des Deutschen Reiches
QSVVR	Quellensammlung zum Staats-, Verwaltungs- und Völkerrecht
QULPM	Quellen und Untersuchungen zur Lateinischen Philologie des Mittelalters
RAK	Regeln für die alphabetische Katalogisierung
Regio	Regio. Forschungen zur Schwäbischen Regionalgeschichte
RF	Residenzenforschung
RFont	Repertorium fontium historiae medii aevi
RGA.Ergbd	Reallexikon der germanischen Altertumskunde. Ergänzungsband
RGL	Reihe Germanistische Linguistik
RGST.Supplbd	Reformationsgeschichtliche Studien und Texte. Supplementband
RGZFVF.M	Römisch-Germanisches Zentralmuseum. Forschungsinstitut für Vor- und Frühgeschichte. Monographien
RhA	Rheinisches Archiv
RHE	Revue d'histoire ecclésiastique
RHF	Regensburger Historische Forschungen
RHS.GaH	Royal Historical Society. Guides and Handbooks
RHSAD	Repertorien des Hessischen Staatsarchivs Darmstadt
RHSS	Recherches d'Histoire et de Sciences Sociales = Studies in History and the Social Sciences
RI	Regesta Imperii
RIM	Répertoire international des médiévistes
RMF	Rhein-Mainische Forschungen
RPhM	Rencontre de philosophie médiévale
RR	Rechtshistorische Reihe
RSVGG	Rechts- und Staatswissenschaftliche Veröffentlichungen der Görres-Gesellschaft
RTHP	Recueil de Travaux d'Histoire et de Philologie
RVB	Rheinische Vierteljahrsblätter

S3	Series 3/III (Third series)
SAA.B – CCRA.A	Schriftenreihe der Arbeitsgemeinschaft Alpenländer. Berichte der Historikertagungen – Collana della Comunità di lavoro regioni alpine. Atti dei Convegni storici
SaecSp	Saecula Spiritualia
SAGG	Siedlungsforschung. Archäologie – Geschichte – Geographie
SAHD	Studien zum Althochdeutschen
SAWDDR.GR	Sitzungsberichte der Akademie der Wissenschaften der DDR. Gesellschaftswissenschaftliche Reihe
SAWW.PHK	Sitzungsberichte der Akademie der Wissenschaften Wien. Phil.-Hist. Klasse
SaxFran	Saxonia Franciscana
SBGP	Stuttgarter Beiträge zur Geschichte und Politik
SBHAW.PHK; –.Supplbd	Sitzungsberichte der Heidelberger Akademie der Wissenschaften. Phil.-Hist. Klasse; –. Supplementband
SBLG	Schriftenreihe zur Bayerischen Landesgeschichte
SBNHVP	Schriftenreihe der Bezirksgruppe Neustadt im Historischen Verein der Pfalz
SBÖAW.PHK	Sitzungsberichte der Österreichischen Akademie der Wissenschaften. Phil.- Hist. Klasse
SBÖAW.PHK	Sitzungsberichte der Österreichischen Akademie der Wissenschaften. Phil.- Hist. Klasse
SC	Sources chrétiennes
SCH	Studies in Church History
SDDRG	Studienbibliothek DDR Geschichtswissenschaft
SDGP	Studien und Dokumente zur Gallia Pontificia
SDO	Studien zum Deutschtum im Osten
SE	Saggi Einaudi
SEG	Studien zur Europäischen Geschichte
SeL	Storia e Letteratura
Sénéf	Sénéfiance. Publications du Centre Universitaire d'Etudes et de Recherches Médiévales d'Aix (CUERMA)
SERG	Studien zur Europäischen Rechtsgeschichte
SF.A; –.B; –.C	Städteforschung. Reihe A. Darstellungen; –. Reihe B. Handbücher; –. Reihe C. Quellen
SFG	Studien zur Fuggergeschichte; Reihe erscheint ab Bd. 10 parallel mit VSFKBL.R4
SFGG.II	Spanische Forschungen der Görresgesellschaft. Reihe II
SFN	Spätmittelalter und Frühe Neuzeit. Tübinger Beiträge zur Geschichtsforschung
SGDF	Schriftenreihe der Gesellschaft für Deutschlandforschung
SGEIIS	Schriftenreihe des Georg-Eckert-Instituts für Internationale Schulbuchforschung
SGL	Kleine Schriften zur Geschichte und Landeskunde
SGÖE	Schriften zur Geistesgeschichte des östlichen Europa

SGS	Studien zur Germania Sacra
SGWG	Schriften zur Geographie und Wirtschaftsgeschichte
Sh	Sonderheft(e)
SHCT	Studies in the history of christian thought
Shist	Studia historica (Societas Historica Finlandiae)
SHK.D	Schriften des Historischen Kollegs. Dokumentationen
SHK.K	Schriften des Historischen Kollegs. Kolloquien
SHKBAW	Schriftenreihe der Historischen Kommission bei der Bayerischen Akademie der Wissenschaften
SHS	Schriftenreihe der Hochschule Speyer
SHSW	Studien zur Historischen Sozialwissenschaft
SIDHIT	Schriften des Italienisch-Deutschen Historischen Instituts in Trient
SiG	Stadt in der Geschichte. Veröffentlichungen des Südwestdeutschen Arbeitskreises für Stadtgeschichtsforschung
SIÖK	Schriften des Instituts für Österreichkunde
SJA	Studia Judaica Austriaca
SKGGD.A	Sammlung kurzer Grammatiken germanischer Dialekte. A. Hauptreihe
SKK	Schriften des Kopernikuskreises Freiburg im Breisgau
SKKG	Studien zur Kölner Kirchengeschichte
SKMR	Schriften des Kulturhistorischen Museums in Rostock
SLS	Schriftenreihe für Ländliche Sozialfragen
SLZ	Studien zu den Luxemburgern und ihrer Zeit
SMEMCL	Studies in medieval and early modern canon law
SMGB	Studien und Mitteilungen zur Geschichte des Benediktinerordens und seiner Zweige
SMGH	Schriften der Monumenta Germaniae Historica (Monumenta Germaniae Historica. Schriften)
SMPhF	Schriften der Mainzer Philosophischen Fakultätsgesellschaft
SMRT	Studies in medieval and Renaissance thought
SNKL	Schriften des Nordostdeutschen Kulturwerks Lüneburg
SOEA	Südosteuropäische Arbeiten
SoestB	Soester Beiträge
Speculum	Speculum. A journal of medieval studies
SQWKFII	Studien und Quellen zur Welt Kaiser Friedrichs II.
SRG	Schriften zur Rechtsgeschichte
SRMA	Schriften des Rheinischen Museumsamtes
SRNOA	Schriftenreihe Nordost-Archiv
SSCI	Settimane di studio del Centro italiano di studi sull'alto medioevo
SSGK	Schriften zur Staufischen Geschichte und Kunst
SSGKIO	Studien zur Sprache, Geschichte und Kultur des Islamischen Orients
SSLK	Schriften zur Südwestdeutschen Landeskunde

SSN	Schriftenreihe des Stadtarchivs Nürnberg
SSR	Science Studies Report
SSSH	Schriftenreihe des Stadtarchivs und der Stadtbibliothek Hildesheim
ST	Studies and texts
StB	Studienbücherei
STG	Studien zur Theologie und Geschichte
STHIC	Pontifica Studiorum Universitas Salesiana. Facultas Iuris Canonici. Studia et Textus Historiae Iuris Canonici
StM	Studi medievali
StudAns	Studia Anselmiana
StudBor	Studia Borealia/Norse Studies. Monograph Series
StudFG	Studien zur Frankfurter Geschichte
StudGesch	Studienbuch Geschichte
StudGrat	Studia Gratiana
StudGreg	Studi Gregoriani per la storia di Gregorio VII e della riforma gregoriana
StudHum; –.SM	Studia Humaniora. Düsseldorfer Studien zu Mittelalter und Renaissance; –. Series minor
StudHumanit	Studia Humanitatis
Studi	Schriftenreihe des Deutschen Studienzentrums in Venedig – Centro Tedesco di Studi Veneziani
StudIr	Studia Irenica
StudMed	Studien zur Mediävistik
StudStor	Studi Storici
Subhag	Subsidia hagiographica
SubMed	Subsidia medievalia
SudArch.Bh	Sudhoffs Archiv. Beiheft
SUFG	Schriften zur Ur- und Frühgeschichte
SuG	Sprache und Geschichte
SuL	Sprache und Literatur
Sulte	Schriftenreihe De sulte
SUR	Schriftenreihe der Universität Regensburg
SVG	Schriften zur Verfassungsgeschichte
SVGB	Schriften des Vereins für die Geschichte Berlins
SVSHK.I	Schriften des Vereins für Schleswig-Holsteinische Kirchengeschichte. Reihe I. Größere Publikationen
SzG	Studien zur Geschichte
SZSEEKV.B	Sammlung Zebra. Schriften zur Entwicklung und Erziehung im Kleinkind- und Vorschulalter. Reihe B. Bücher für die Ausbildung und Weiterbildung der Erzieher
TAJDG	Tel Aviver Jahrbuch für deutsche Geschichte
TAPS	Transactions of the American Philosophical Society
THEP	Travaux d'Histoire Ethico-Politique

THF	Trierer Historische Forschungen
ThGQ	Thüringische Geschichtsquellen
TKTG	Texte zur Kirchen- und Theologiegeschichte
TMB	Toronto medieval bibliographies
TR	Travaux et recherches
TRE	Theologische Realenzyklopädie
TS	Typologie des Sources du Moyen Age Occidental
TST	Toronto studies in theology
TTS	Thurn und Taxis-Studien
TuT	Texte und Textgeschichte
UCL.PIEM.TEC	Université Catholique de Louvain. Publications de l'Institut d'Etudes Médiévales. Textes, Etudes, Congrès
UdK	Universum der Kunst
UDSRG	Untersuchungen zur Deutschen Staats- und Rechtsgeschichte
UGD.VFB1	Universität-Gesamthochschule Duisburg. Veröffentlichungen des Fachbereichs 1
UMVL	Untersuchungen und Materialien zur Verfassungs- und Landesgeschichte
UPT	Untersuchungen zur praktischen Theologie
USR.FM.ISS	Università degli Studi di Roma. Facoltà di Magistero. Istituto di Scienze Storiche
VAAB	Veröffentlichungen der Arbeitsgemeinschaft für das Archiv- und Bibliothekswesen in der Evangelischen Kirche
VAIF	Veröffentlichungen des Alemannischen Instituts Freiburg i. B.
VAKIUK	Veröffentlichungen der Abteilung Architektur des Kunsthistorischen Instituts der Universität Köln
VAM	Veröffentlichungen der Archivschule Marburg
VAPK	Veröffentlichungen aus den Archiven Preußischer Kulturbesitz
VARL.Bt	Veröffentlichungen der Akademie für Raumforschung und Landesplanung. Beiträge
VASF	Veröffentlichungen aus dem Archiv der Stadt Freiburg i. B.
VBAT	Veröffentlichungen des Bistumsarchivs Trier
VBGK	Veröffentlichungen zur bayerischen Geschichte und Kultur
VBHK	Veröffentlichungen der Berliner Historischen Kommission beim Friedrich-Meinecke-Institut der Freien Universität Berlin
VBL	Veröffentlichungen des Brandenburger Landeshauptarchivs
VCC	Veröffentlichungen des Collegium Carolinum
VDASD	Veröffentlichungen der Deutschen Akademie für Sprache und Dichtung Darmstadt
VDHIL	Veröffentlichungen des Deutschen Historischen Instituts London
VGAK	Veröffentlichungen des Göttinger Arbeitskreises

VGFG.R3	Veröffentlichungen der Gesellschaft für Fränkische Geschichte. Reihe 3. Fränkische Regesten und Urkundenbücher
VGFG.R6	–. Reihe 6. Regesten fränkischer Bistümer
VGFG.R9	–. Reihe 9. Darstellungen aus der fränkischen Geschichte
VGFG.R10	–. Reihe 10. Quellen zur Wirtschaftsgeschichte Frankens
VGHL	Veröffentlichungen zur Geschichte der Hansestadt Lübeck
VGI	Veröffentlichungen des Grabmann-Institutes
VHIUM	Veröffentlichungen des Historischen Instituts der Universität Mannheim
VHK.ÖAW	Veröffentlichungen der Historischen Kommission. Österreichische Akademie der Wissenschaften
VHKBB	Veröffentlichungen der Historischen Kommission für die Provinz Brandenburg und die Reichshauptstadt Berlin
VHKH	Veröffentlichungen der Historischen Kommission für Hessen (und Waldeck)
VHKN	Veröffentlichungen der Historischen Kommission für Nassau
VHKNB; –.Sb	Veröffentlichungen der Historischen Kommission für Niedersachsen und Bremen; - . Sonderband
VHKOBSLB	Veröffentlichungen der Historischen Kommission von Hannover, Oldenburg, Braunschweig, Schaumburg-Lippe und Bremen
VHKP.V	Veröffentlichungen der Historischen Kommission für Pommern. Reihe V. Forschungen zur pommerschen Geschichte
VHKSF	Veröffentlichungen der Historischen Kommission der Stadt Frankfurt am Main
VHKW	Veröffentlichungen der Historischen Kommission für Westfalen
VHKWL	Veröffentlichungen der Historischen Kommission für Westfälische Landeskunde und Volksforschung des Landschaftsverbandes Westfalen-Lippe
VHMAGH	Veröffentlichungen des Hamburger Museums für Archäologie und die Geschichte Hamburgs
VIEG.UG	Veröffentlichungen des Instituts für Europäische Geschichte. Abt. Universalgeschichte
VIGAIW.A	Veröffentlichungen des Instituts für Geschichte der Arabisch-Islamischen Wissenschaften. Reihe A. Texte und Studien
VIHKEDO	Veröffentlichung der Internationalen Historischen Kommission zur Erforschung des Deutschen Ordens
VIHLUG	Veröffentlichungen des Instituts für Historische Landesforschung an der Universität Göttingen
VIMRÖ	Veröffentlichungen des Instituts für Mittelalterliche Realienkunde Österreichs
VIÖG	Veröffentlichungen des Instituts für Österreichische Geschichtsforschung

VKGLBW.A; –.B	Veröffentlichungen der Kommission für Geschichtliche Landeskunde in Baden-Württemberg. Reihe A. Quellen; Reihe B. Darstellungen
VKGÖ	Veröffentlichungen der Kommission für Geschichte Österreichs
VKSLV	Veröffentlichungen der Kommission für Saarländische Landesgeschichte und Volksforschung
VKSM	Veröffentlichungen des Kölner Stadtmuseums
VL [VerfLex]	Die deutsche Literatur des Mittelalters. Verfasserlexikon. 2. Aufl. 1977–
VLAK	Veröffentlichungen der Landesarchivverwaltung Koblenz
VLARK	Veröffentlichungen der Landeskundlichen Arbeitsgemeinschaft im Regierungsbezirk Koblenz e.V.
VMPIG	Veröffentlichungen des Max-Planck-Instituts für Geschichte
VNAV	Veröffentlichungen der Niedersächsischen Archivverwaltung
VÖAW	Veröffentlichungen der Österreichischen Akademie der Wissenschaften
VOP	Vorarbeiten zum Oriens Pontificus
VPGFW	Veröffentlichungen der Pfälzischen Gesellschaft zur Förderung der Wissenschaften
VPWLVF.I	Veröffentlichungen des Provinzialinstituts für Westfäliche Landes- und Volksforschung des Landschaftsverbandes Westfalen-Lippe. Reihe I
VRF	Vorreformatorische Forschungen
VSAA	Veröffentlichungen des Stadtarchivs Aachen
VSABW	Veröffentlichungen der Staatlichen Archivverwaltung Baden-Württemberg
VSAH	Veröffentlichungen des Staatsarchivs Hamburg
VSAI	Veröffentlichungen des Staatsarchivs Innsbruck
VSAN	Veröffentlichungen des Staatsarchivs Nordhausen
VSANRW.C; –.E	Veröffentlichungen der Staatlichen Archive des Landes Nordrhein-Westfalen. Reihe C. Quellen und Forschungen; – . Reihe E. Beiträge zur Archivpraxis
VSASt	Veröffentlichungen aus dem Stadtarchiv Stade
VSAVBW	Veröffentlichungen der Staatlichen Archivverwaltung Baden-Württemberg
VSFKBL.R2b	Veröffentlichungen der Schwäbischen Forschungsgemeinschaft bei der Kommission für Bayerische Landesgeschichte. Reihe 2. Urkunden und Regesten/Urkundenregesten (ab Bd. 3); b. Die Regesten der Bischöfe und des Domkapitels von Augsburg
VSFKBL.R4	Schwäbische Forschungsgemeinschaft bei der Kommission für Bayerische Landesgeschichte. Reihe 4. Studien zur Fuggergeschichte; vgl. SFG
VSFKBL.R7	Veröffentlichungen der Schwäbischen Forschungsgemein-

	schaft bei der Kommission für Bayerische Landesgeschichte. Reihe 7. Augsburger Beiträge zur Landes-geschichte Bayrisch-Schwabens (ABLBS)
VSGGP	Veröffentlichungen der schweizerischen Gesellschaft für Geschichte der Pharmazie
VSHU	Veröffentlichungen der Schleswig-Holsteinischen Universitätsgesellschaft
VSWG.Bh	Vierteljahrschrift für Sozial- und Wirtschaftsgeschichte. Beiheft
VTHK	Veröffentlichungen der Thüringischen Historischen Kommission
VuF; -.Sb	Vorträge und Forschungen; –. Sonderband
VVGMB	Veröffentlichungen des Vereins für Geschichte der Mark Brandenburg
VZKM	Veröffentlichungen des Zentralinstituts für Kunstgeschichte in München
WAGMN	Wissenschaftliche Arbeitshilfen zur Geschichte des Mittelalters und der Neuzeit
WARF	Wolfenbütteler Abhandlungen zur Renaissanceforschung
WestGS	Westfälische Geographische Studien
WGQ	Württembergische Geschichtsquellen
WiM	Wissensliteratur im Mittelalter. Schriften des Sonderforschungsbereiches 226 Würzburg/Eichstätt
WMB	Wiener musikwissenschaftliche Beiträge
WMünz	Die Welt der Münzen
WoF	Wolfenbütteler Forschungen
WPSWG	Wissenschaftliche Paperbacks. Sozial- und Wirtschaftsgeschichte
WuW.VUR	Werken und Wohnen. Volkskundliche Untersuchungen im Rheinland
WZUR.GR	Wissenschaftliche Zeitschrift der Universität Rostock. Gesellschaftliche Reihe
XVGN	Xantener Vorträge zur Geschichte des Niederrheins
ZAA.Sb	Zeitschrift für Agrargeschichte und Agrarsoziologie. Sonderband
ZBLG	Zeitschrift für bayerische Landesgeschichte
ZfBB; –.Sh	Zeitschrift und Bibliothekswesen und Bibliographie; –. Sonderheft
ZfG.Sb	Zeitschrift für Geschichtswissenschaft. Sonderband
ZgKG	Zugänge zur Kirchengeschichte
ZGO	Zeitschrift für die Geschichte des Oberrheins
ZHF.Bh	Zeitschrift für Historische Forschung. Beiheft

Abkürzungen

ZHFor	Zürcher Hochschulforum. Universität Zürich – Eidgenössische Technische Hochschule Zürich
ZiR	Zisterzienser im Rheinland
ZWLG	Zeitschrift für Württembergische Landesgeschichte

Register der Autoren und Sachtitel

Mit Ausnahme der Kap. 2 (Zeitschriften) und 3 (Reihen) erfaßt das Register den gesamten Titelbestand. Als Einträge erscheinen: Einzelautor, Doppelautoren (in der originalen Abfolge), der erste von drei Autoren (mit Punktierung), Sachtitel. Die Herausgeber, Bearbeiter, Übersetzer, Autoren von Begleittexten (»Nebeneinträge«) entfallen. Bei den Sachtiteln wird raumsparend mit Anfangstitelsegmenten und Abkürzungen gearbeitet. Städtische Urkunden(bücher) und sonstige Quellen werden zweckdienlich verwiesen (vgl. den Eintrag »UB ....«). Die alphabetische Sortierung erfolgte nach WORD (Umlaute berücksichtigt).

Von eindeutigen Einträgen abgesehen, informiert das Register durch der Seitenzahl in Klammern nachgestellte Buchstaben (B = Bibliographie/bibliographischer Bereich; Q = Quellen; R = Regesten; Sekundärliteratur ohne Kennzeichnung) zusätzlich über die jeweils einschlägige funktionale Zuordnung der Titel. Außerdem geben eingeklammerte Ziffern nach der Seitenzahl die Häufigkeit der Einträge an. Kursive Seitenzahlen verweisen auf Festschriften, gesternte Seitenzahlen auf Sammelschriften des Autors. Beide Gattungen vermitteln weiterführende bibliographische Informationen (subjektive Personalbibliographie, Auflistung von Schülerarbeiten; Sammlung bzw. Zusammenstellung von erneuten – evtl. verbesserten und durch Register erschlossenen – Abdrucken verstreuter unselbständiger Veröffentlichungen).

Für die Titelsuche zu thematischen Zwecken empfehlen wir in erster Linie das Inhaltsverzeichnis.

Abkürzungen. [Nicht aufgelöst sind Endungskürzungen und leicht erschließbare Abk.] Bf.– Bischöfe; Bt.– Bistum; dt.– deutsch(...); Ebf.– Erzbischöfe; Hdb.– Handbuch; Hdwb.– Handwörterbuch; Jh.– Jahrhundert; Lit.– Literatur; MA– Middle Ages, Mittelalter, Moyen Age; ma.– mittelalterlich(...); Reg.– Regesta, Regesten; UB – Urkundenbuch.